모든 것의 핵심은 소프트웨어입니다.
사실 소프트웨어는 사용자가 하는 경험이죠.
우리는 경험에서 시작해서
거꾸로 거슬러 올라가 기술을 만지작거려야 합니다.

스티브 잡스 Steve Jobs
1997년, 《포춘》 인터뷰, 전 세계 개발자 콘퍼런스에서

서비스 경험 디자인
SERVICE DESIGN FOR EXPERIENCE

2017년 2월 10일 초판 발행 · 2022년 8월 30일 5쇄 발행 · **지은이** 김진우 · **펴낸이** 안미르 안마노 · **기획·진행** 문지숙
편집 우하경 · **디자인** 안마노 · **일러스트레이션** 강준모 최지연 소민경 · **영업** 이선화 · **커뮤니케이션** 김세영
제작 세걸음 · **종이** 그린라이트 80g/m², 아르떼 UW 230g/m² · **글꼴** Sabon LT, SM3신신명조. SM3신중고딕, 아리따 돋움

안그라픽스
주소 10881 경기도 파주시 회동길 125-15 · **전화** 031.955.7755 · **팩스** 031.955.7744
이메일 agbook@ag.co.kr · **웹사이트** www.agbook.co.kr · **등록번호** 제2-236(1975.7.7)

이 책은 2016년 정부(교육부)의 재원으로 한국연구재단의 지원을 받아 수행된 기초연구사업입니다.
NRF-2016R1D1A1B02015987

This research was supported by Basic Science Research Program through
the National Research Foundation of Korea(NRF) funded by the Ministry of Education.
NRF-2016R1D1A1B02015987

ISBN 978.89.7059.882.6(03000)

서비스 경험 디자인

SERVICE DESIGN FOR EXPERIENCE

나, 스티브 잡스를 만나다

김진우 지음

안그라픽스

시작하며

요즘 Y대학 K교수는 고민이 많다. 정년이 얼마 안 남았는데 꼭 해야 할 일이 생겼다. 그래서 남은 동안 진짜 서비스를 하나 준비하기로 했다. 대학에 교원 창업을 신청했고 좋은 동업자도 만나서 작년 말에 창업을 했다. 지인의 사무실에 세 들어서 열 명 남짓한 사람들이 함께 일할 공간을 장만했다. 30대에 해도 늦다는 창업을 55세에 한 것이다. 그런데 막상 시작하고 나니까 걱정이 많아졌다. 지금까지 스타트업이나 벤처 창업에 관해서 많은 강의와 대기업 자문을 했었는데 막상 직접 하려니까 아는 것이 아무것도 없는 것 같아서다. 이러다 망하면 정말 창피한 일인데……. 계속 걱정을 하다 보니 밤에 잠을 이룰 수 없었고 열심히 기도하기 시작했다. 스티브 잡스를 만나게 해달라고 말이다. 스티브 잡스는 애플이 어려운 상황에 처했을 때 애플로 돌아와 아이폰과 아이튠즈 서비스를 출시하여 새로운 패러다임을 만들었다. 그가 한수 가르쳐주면 무엇인가 굉장히 새로운 아이디어가 생길 것 같았다.

> "사람들이 아이폰을 쓰면서 느끼는 멋지고 좋은 경험을
> 우리나라 사람들에게 서비스로 제공해주면 어떨까? 스티브 잡스를 만나
> 이야기를 나누고 싶은데, 그분은 이미 작고하셨으니 어쩌지?"

며칠 밤을 설쳐가면서 기도한 효과가 있었는지 하루는 꿈에 스티브 잡스가 나타났다. 너무 반가워서 잡스에게 동반자 서비스에 대해서 열심히 설명하고 도움을 청했다. 꿈속에서 잡스는 K교수의 이야기를 모두 듣고 나서 그 취지에 적극적으로 동감했다. 하늘나라에도 외로움 때문에 자신의 목숨을 끊는 사람들이 큰 이슈가 되고 있기 때문이다. 스티브 잡스는 이렇게 말했다.

> "사람들에게 정말로 좋은 경험을 주는 서비스를 만들기는 쉽지
> 않아요. 시간도 오래 걸리지요. 하지만 당신 정성이 지극한 만큼
> 한번 도와드리겠습니다. 하지만 각오해야 해요. 지금부터 한 달에
> 한 번, 총 네 번 당신 꿈에 나타나지요. 그때마다 많은 숙제를
> 드릴 겁니다. 힘들더라도 잘 따라와주기 바랍니다. 우선 첫 번째 숙제는
> 많은 사람을 관찰하고 많은 대화를 나누는 것이에요. 실제로 사람들이
> 동반자에 대해서 어떤 생각을 하고 있고, 어떻게 행동하는지 관찰하고
> 물어보세요. 여기서 주의할 점이 있어요. 가능한 한 초심으로 돌아가서

아는 척하지 말고 있는 그대로를 받아들여야 합니다. 당신 같은 교수들이 참 하기 어려운 것이죠. 자신이 이 분야의 고수라고 생각하고 조금만 보고 난 뒤 판단하려 드니까요. 그래서 이번 달 숙제는 이거에요. 아침에 일어나서 저녁에 잘 때까지 끊임없이 사람들을 만나서 들은 내용이나 관찰한 내용을 아무런 판단 없이 있는 그대로 포스트잇에 적어 오는 것."

K 교수는 속으로 코웃음을 쳤다.

'내가 한국에서는 한 가닥 하는 교수인데, 초등학생에게 어울릴만한 숙제를 내주다니. 이 사람이 나를 완전히 무시하는군……. 그래도 어렵게 만난 고수이니 한번 해보기는 해야지?'

그래서 스티브 잡스에게 물었다.

"포스트잇을 몇 장이나 만들면 될까요?"

스티브 잡스가 답했다.

"최소한 100만 장은 만들어오세요."

K 교수가 화들짝 놀란다.

"100만 장이라고요? 당신 미쳤어요? 내가 이래 봬도 교수인데, 100장만 하면 안 될까요? 100만 송이 장미도 아니고, 포스트잇 100만 장을 어떻게 만들어요?"

스티브 잡스가 답했다.

"싫으면 말고요. 당신이 정말로 새롭고 좋은 경험을 주는 서비스를 만들고 싶다면 한 달 안에 포스트잇 100만 장을 만들어오세요."

그리고 스티브 잡스는 사라졌다. 잠에서 깬 K교수는 그냥 개꿈이라고 생각하고 무시하기로 한다. 그런데 그 다음 주에 큰일이 생겼다. 아주 가까운 지인이 또 스스로 목숨을 끊고 세상을 떠난 것이다. 그 사람 주위에는 손만 뻗으면 도와줄 사람들이 쎄고 쎘는데도 말이다. 장례식장을 다녀오면서 이제 더는 미루어서는 안되겠다고 생각했다. '그래, 한번 해보지 뭐. 스티브 잡스가 하라는 데는 뭔가 이유가 있지 않겠어?' 남은 동안 열심히 주위 사람들을 관찰하면서 포스트잇을 써나가기 시작했다. 드디어 100만 장의 포스트잇을 다 쓰는 순간 너무 피곤해서 곯아떨어졌다. 그랬더니 스티브 잡스가 꿈에 다시 나타났다.

> "아주 잘했어요. 역시 교수는 단순 무식하다더니……. 100만 송이
> 장미도 중요하지만 100만 장의 포스트잇은 정말 좋은 서비스를
> 만드는 데 무척이나 중요합니다. 하지만 이제 시작이에요.
> 다음이 더 어렵지요. 자, 이제부터 당신이 적은 100만 장의
> 포스트잇을 모두 외워오세요."

K교수는 정말 난감했다. 나이가 들어가면서 집 전화번호도 못 외우는데 100만 장의 포스트잇을 다 외우라니. 젊었을 때도 외우는 게 싫어서 수학을 공부하고 컴퓨터를 했는데 말이다. 그래서 스티브 잡스에게 애걸복걸했다.

> "아니 어떻게 100만 장을 다 외우란 말입니까? 인간이 한 번에
> 외울 수 있는 것은 일곱 개 정도라는 것 모르세요?"

스티브 잡스는 딱하다는 표정을 지으면서 말했다.

> "머리만 쓰지 말고 손도 쓰고 발도 쓰고 눈도 써보세요.
> 그럼 다음 달에 봅시다."

꿈에서 깬 K교수는 난감하기 짝이 없었다. 100만 개의 포스트잇을 쓰라는 것은 자존심 상하지만 그런대로 할 수는 있었다. 그런데 그 100만 개를 다 외우는 것은 죽었다 깨어나도 할 수 없을 것 같았다. 그래서 일찌감치 포기하고 회사도 접을 생각을 한다. 그렇게 고민하면서 사무실 책상 위에 쌓아 놓은 포스트잇 중 몇

장을 사무실 유리창에 붙였다. 사무실 세 면이 유리로 되어 있는데 동향으로 해가 뜰 때는 너무 눈이 부시고 서향으로 해가 질 때는 너무 더웠다. 무언가로 햇빛을 막아야 했고 포스트잇이 제격 같았다. 그렇게 포스트잇을 붙이다 보니 나름대로 재미가 있었다. 그냥 붙이지 말고 서로 연관된 것들을 나누어서 붙이니 더 재미있었다. 이리저리 묶다 보니 포스트잇이 하나씩 마치 생명체를 가진 것처럼 느껴지기 시작했고, 그렇게 손과 발과 눈을 쓰면서 포스트잇을 묶고 헤치고 반복하다 보니 어느새 그것들을 얼추 다 외우게 되었다. 그리고 지나가던 동료들과 사무실을 방문한 손님들도 마치 퍼즐 맞추듯이 한 수씩 거들기 시작했다. 한참 하다 보니까 100만 장을 유리창에 다 붙이게 되었고 그것은 마치 하나의 작품처럼 보였다. 바로 그때, 어떻게 알았는지 스티브 잡스가 지쳐 쓰러진 K 교수 꿈에 다시 나타났다.

"잘했어요. 교수도 쓸 데가 있네요……. 다음 숙제를 드립니다. 당신이
   100만 장의 포스트잇을 비슷한 것들끼리 묶어 놓은 것 중 하나를
   선택해서 공상 과학 소설을 하나 써오세요. 분량은 적어도 A4 용지로
   1,000장 이상이어야 해요. 크기는 12폰트, 줄 간격은 1줄입니다."

K 교수는 어이가 없었다. 아니 논문도 잘 못 쓰는 자신에게 소설을 써오라니 말이다. 그것도 공상 과학 소설을.

"나는 학술 논문은 써보았지만 소설은 써본 적은 없는데
   어떻게 1,000장이나 되는 소설을 씁니까?"

스티브 잡스가 다 알고 있다는 표정을 지으면서 이야기했다.

"대학교수들도 가끔 소설 쓰지 않습니까. 연구 결과가
   생각처럼 안 나왔을 때."

K 교수는 속으로 뜨끔했다.

"그렇다고 임시로 하라는 것은 아닙니다. 사람들이 토로한 어려움을
포스트잇에 적었죠? 미래에 나올 서비스가 그 어려움을 어떻게
해소할지 방안을 마련하는 것이에요. 단 소설의 특징이 있어요.
첫째, 소설 안에 대화가 많아야 해요. 서비스를 제공하는 사람이나
시스템, 서비스를 사용하는 사람들 사이에 말이지요. 그리고 둘째,
소설 안에 그림을 많이 그려보세요. 실제로 사람들이 그 서비스를
쓴다고 가정하고 그 상황이나 시스템을 될 수 있는 대로 구체적으로
묘사하는 그림 말이지요."

이번에도 황당해하면서 꿈에서 깬 K 교수는 한동안 망연자실하다가 일단 해보
기로 한다. 그런데 대화를 많이 쓰고 그림을 많이 그리다 보니 1,000장이 쉽게
넘어가는 게 아닌가. 또 여러 가지 상상의 나래를 펴보니 재미있는 아이디어들
이 더 많이 나오게 되고 그것을 바탕으로 더 많은 글을 쓰게 되었다. 그래서 어렵
지 않게 1,000장짜리 소설을 쓸 수 있었다. 소설을 탈고하는 날 어김없이 꿈속
에 스티브 잡스가 나타났다.

"아주 잘했어요. 역시 대학교수는 설을 잘 푸는군요."

스티브 잡스의 말에 할 말이 없었다. 앞에 두 과제에 비해서 이번 과제는 쉽게
했으니 말이다.

"자, 마지막 과제입니다. 소설 쓸 때는 좋았지요? 그럼 이제부터
그 소설에 나온 대로 서비스를 실제로 해보세요."

K 교수는 이 말을 듣고 어이가 없었다.

"아니, 공상 과학 소설을 쓰라고 해서 세상에 없는 시스템을
상상해내고 기가 막힌 사람들도 만들어내면서 완전 허구의 소설을
썼는데 실제로 해보라고요? 내가 무슨 마술사입니까?"

스티브 잡스가 답한다.

> "MVP라는 말 압니까? 가장 최소한으로 가장 핵심에 있는 내용만으로 서비스를 해보는 거죠. 시스템이 없으면 사람이 대신해보고, 다른 사람이 없으면 본인이 직접 해보는 겁니다. 이번 과제의 가장 어려운 점이 뭔지 알아요? 바로 첫 주부터 수익과 비용을 브레이크 이븐으로 만들어야 해요. 전문 용어로 똔똔이를 맞춰야 하는 겁니다."

K 교수는 너무 놀라서 잠에서 화들짝 깼다. 공익적이고 멋진 서비스를 만드는데 당장 첫 달부터 수익을 내라니. 스티브 잡스가 성격이 고약하다고 하더니 알 것 같았다. 그것도 한 달 만에…….

•

비록 완전히 지어낸 이야기이지만 과연 K 교수가 이 난국을 뚫고 새로운 서비스를 만들어낼 수 있을지 궁금하신 독자는 이 책을 끝까지 읽으면 소설의 결말을 볼 수 있을 것이다. 『서비스 경험 디자인: 나, 스티브 잡스를 만나다』에는 스티브 잡스가 꿈속에서 K 교수에게 전했던 서비스 개발 과정 네 단계에 관한 이야기를 자세하게 수록하고 있다.

이 책은 앞서 출간된 『경험 디자인: 잡스, 철학자 듀이를 만나다』의 속편이다. 앞서 경험 디자인의 철학적 배경과 개념적인 틀을 다루었다. 그래서 스티브 잡스가 하늘나라에 가서 경험주의 철학자 존 듀이를 만난 것이다. 반면 이 책에서는 경험 디자인의 방법how to을 중점적으로 다루고 있다. 이전 책에서 이론적인 이야기를 충분히 한 만큼 이 책에서는 실무적인 이야기를 중점적으로 한다. 『경험 디자인: 잡스, 철학자 듀이를 만나다』를 읽은 독자가 실제로 디자인을 하려고 하는데 도대체 어디서 어떻게 시작해야 할지 모르겠다고 말하곤 했다. 이 책은 그런 독자의 요청을 받아서 작성한 것이다.

『서비스 경험 디자인: 나, 스티브 잡스를 만나다』에는 일곱 개의 사례가 계속해서 나온다. 이 사례는 여러 해 동안 서비스 디자인을 강의하면서 진행했던 프로젝트 중에서 구체적이고 현실성 있는 주제를 선정하여 보완한 것이다. 실제 사례도 많은데 가상의 사례를 선택한 이유는 이 책이 실무적인 워크북이기 때문이다. 이 책을 이용해서 실제 서비스를 만들려는 독자에게 각 단계에 맞는 구체적인 사례를 제시하는 것이 적합하다고 판단했다. 나아가 이 사례들은 다 한국적인 상황에서 만들어졌다.

이 책은 경험 디자인 방법을 적용하여 서비스를 기획하고 디자인하려는 사람들을 대상으로 한다. 경험 디자인, HCI, UX, UI를 공부하는 학생, 기업에서 서비스를 기획하는 사람, 새로운 서비스를 만들어 벤처 창업을 준비하는 사람에게 도움이 될 수 있으며 공공 서비스를 기획하고 실현하는 사람에게도 유용하리라 생각한다.

서비스는 이제 우리 사회를 움직이는 성장 엔진이 되어가고 있다. 그런데 서비스는 제품과 달라서 눈에 보이지도 않고, 저장할 수도 없고, 바로 사용하지 않으면 없어진다. 이러한 특성들이 경험 디자인을 하는 사람들에게는 큰 도전이자 기회이기도 하다. 경험 디자인의 방법과 절차를 활용한 지속 가능하고 혁신적인 서비스들이 많이 나왔으면 좋겠다. Y대 K교수의 서비스도 말이다.

서비스 경험 디자인

발견 단계

정의 단계

개발 단계

전달 단계

현재 그리고 미래 탐색

시놉시스

디자인 사고는 디자이너만이 할 수 있을까? 우리는 특별한 사람만 디자인 사고를 한다고 생각하는 경향이 있다. 그러나 디자인 사고를 하는 모든 사람이 꼭 디자인 학교에서 양성되지는 않는다. 오히려 전문적인 디자인 분야에 속해 있지 않은 많은 사람이 디자인 사고에 소질을 갖고 있기도 하다.

다음은 연세대학교 서비스 디자인 수업에서 진행된 학생들의 일곱 가지 프로젝트이다. 여기서 프로젝트의 간단한 개요를 살펴본 뒤 자세한 내용은 본문에서 확인하자.

휠에이블

휠체어가 갈 수 있는 곳과 경로 정보 제공

이용자 소통 창구

장소 추천 및 관련 상품 플랫폼 기능

모든 사회적 행동은 '가다'를 전제한다. 우리는 장애인의
사회적 행동에서의 제약 문제를 너무 쉽게 간과한다.
휠에이블(WheelAble)은 지체장애인이 세상과
더 가까워질 수 있도록 도와주는 서비스를 제안한다.

누구를 위한 서비스인가

- 우리나라 정부에 등록된 장애인 인구 250만 명
  중에서 30퍼센트에 달하는 휠체어 이용자
- 휠체어 이용자의 이동을 도와주는 친구, 친지
- 장애인의 98.6퍼센트가 후천적인 장애라는 사실을
  알고 있는 자원봉사자
- 갈 수 있어야 할 수 있고, 할 수 있어야 살 수 있다는
  사실에 공감하는 모든 시민

어떤 가치를 제공하는가

지체장애인을 위한 내비게이션 서비스를 제공한다.
휠체어가 다니기 쉬운 턱 없는 구간, 저상 버스 실시간
도착 정보 등 유용한 정보를 우선적으로 알려주어
대중교통을 이용하기 전에 미리 경로를 알 수 있도록 3D
경로 서비스를 제공한다. 사용자 친화적 필터링 기능이
있어 장소 상세 정보와 장애인 시설 정보 등을 한눈에
알아보기 쉽다. 장애인 시설 정보에는 장애인 주차장,
화장실, 전동 휠체어 충전소, 복지관 등이 있다. 장애인
특화 장소 정보는 사용자 참여에 기반해 실시간으로
업데이트되며 누구나 정보를 수정할 수 있다. 더불어
자연스러운 리뷰 작성 요인을 제공하여 상호 피드백이
활발하게 이루어지도록 한다. 또한 휠체어 이용자의 소통의
장을 마련하였으며 신문고 게시판을 통해 불만을 제기할
수 있도록 한다. 마지막으로 개인 맞춤형 추천 서비스를
제공한다. 신뢰도 높은 에디터의 추천 경로와 자주 가는
장소 기반으로 추천 장소를 제시한다. 관련 내용은 정부와
기업에 전달된다.

어떤 절차로 제공되는가

장소 검색을 할 때 필터를 먼저 설정한다. 사용자 친화
필터링 기능으로 장애인 주차장, 화장실, 전동 휠체어
충전소나 복지관 등을 검색할 수 있도록 한다. 다음
목적지를 선택할 때는 접근성을 단계별로 가시화하여,
접근 가능, 부분 접근 가능, 접근 불가능, 미확인 등으로
표시한다. 다음 장소에 대한 상세 정보 제공 단계에서는
장애인 특화 정보를 알려준다. 주 출입구 접근로, 장애인
주차 구역 이용 가능 여부, 주 출입구의 높이 차이, 장애인
화장실 위치 등을 상세하게 제시한다. 경로 탐색을
위해서 사용자가 출발지와 도착지를 설정하면 지하철은
엘리베이터와 리프트가 있는 출입구를 기준으로 하고,
버스는 저상 버스만을 제공하며 환승 시 이동 가능한
경로를 함께 제공한다. 도보의 경우는 사용자 GPS 정보를
기반으로 장애인이 이동 가능한 경로만을 제공한다.
만약 제공된 정보와 다른 상황이 생기거나 미등록된 곳에
대해서는 누구나 정보 수정 및 업데이트를 할 수 있도록
하고 신뢰도를 높이기 위해서 최종 수정일과 수정자 정보를
제시한다. 장소를 방문한 뒤에는 리뷰 시스템에 접속해서
리뷰의 유용성과 신뢰도를 평가해 등급을 부여하고 칭찬,
불만을 제기하고 리뷰에 대한 답글 형태로 상호 피드백이
가능하도록 한다.

제안자 및 소유자: 고정용, 김유진, 김혜명, 박영상, 송서희, 유선엽
공동 제안자: 김진우

굿모닝 홈 서비스

1인 가구를 위한 알람 및 식사 패키지 구독 서비스

1인 가구의 아침은 외롭고 부산스럽고 허전하다. AM559는 매일 아침이 버거운, 혼자 아침을 맞는 사람들에 집중했다. 사람들에게 건강함과 여유로움, 그리고 기대감을 주고자 라디오를 메타포로 가져왔다. 원하는 아침 이미지를 선택하면 다음 날 아침 해당 이미지에 맞는 음식으로 건강하게 시작할 수 있다. 아침이 더 건강하고 여유롭게 바뀐다면 일상 전체에 활력을 줄 수 있지 않을까.

누구를 위한 서비스인가

- 쳇바퀴처럼 돌아가는 일상 속 다음 날 아침이 두려운 밤을 맞고 있는 분
- 홀로 아침을 보내는 것이 버거운 1인 가구
- 아침을 먹고 싶지만 시간과 여력이 없어 건강을 챙기지 못하는 분
- 아침을 생산적으로 보내기 위해 일찍 일어나고 싶지만 혼자 일어나기 힘든 분

어떤 가치를 제공하는가

AM559는 바쁘고 정신없는 사람들의 아침 경험을 개선하는 서비스이다. 밤잠 설치게 하는 다음 날에 대한 두려움 대신 "내일 아침에는 어떤 패키지가 올까?"라는 기대감을 준다. 아무도 챙겨주지 않는 외로운 아침에 도착하는 라디오 패키지와 음악은 여유와 따뜻함을 줄 것이다. 매일 규칙적인 시간에 일어나 거르지 않고 아침을 챙겨 먹을 수 있다면 몸과 마음의 건강 또한 챙길 수 있을 것이다. 또한 준비 없이 밀려오는 아침이 아닌 생산적인 아침을 만들 수 있다.

어떤 절차로 제공되는가

서비스 구조는 매우 단순하다. 사용자는 밤에 다음 아침을 위한 이야기를 선택하고 다음 날 아침, 선택된 이야기에 어울리는 알람 음악과 패키지가 도착한다. 이 서비스가 단순한 아침 배송 서비스와 다른 점은 다음 날 아침 이미지를 콘텐츠화해 사용자에게 매일 새로운 기대감을 제공한다는 점이다. 서비스는 아침을 준비하는 전날 밤부터 시작된다. 사용자는 AM559 애플리케이션을 통해 다음 날 아침을 대표하는 세 가지 이야기를 접한다. 그리고 패키지로 확인하고 싶은 이야기를 선택한다. 다음 날 아침 애플리케이션에서 알람이 울리고 사용자가 알람을 끄면 전날 선택한 이미지에 맞는 음악이 재생된다. 그리고 문 앞에 걸린 라디오 상자를 받는다. 상자에는 커피와 같은 음료, 향기가 있는 보송한 수건, 달콤하고 상큼한 디저트 그리고 메모가 적힌 엽서가 있다. 사용자는 자신이 선택한 이야기의 이미지와 맞으며 기능적으로도 필요한 물건들을 받고 아침을 조금 더 여유롭게 맞을 수 있다. 사용자가 사용한 수건을 다시 상자에 담아 집 앞에 걸어두면 서비스가 종료된다.

제안자 및 소유자: 김나은, 김하늘, 노대원, 이미나
공동 제안자: 김진우

미라쿡

**눈으로 보고 입으로 먹고 손으로 만드는
기적의 요리 경험 서비스**

미라쿡(MiraCook)은 사람들이 일상에서 받는 스트레스를
대처할 방법이 무엇일까 고민에서 시작했다. 스트레스를
해소하는 방법은 사람들이 주어진 일에 몰입하고 성취감을
느끼게 돕는 것으로 생각했다. '사람들이 삶의 역량을
키울 수 있도록 일상을 디자인하자'는 목표로 프로젝트를
진행했다. 이 서비스는 요리에 초점을 맞췄는데, 맛있는
음식을 먹는 것은 인간 모두가 지닌 기본 욕구이며
동시에 요리는 누구나 즐기고 도전할 수 있을 만큼 일상적
활동이다. 그래서 사람들이 쉽게 몰입과 성취를 경험할 수
있는 영역으로 요리를 꼽았으며 요리를 통해 사용자가
삶의 역량을 기를 수 있는 서비스를 제공하고자 한다.

누구를 위한 서비스인가

- 요리를 잘하고 요리로 유명해지고 싶은 이들(장금이형)
- 요리하고 싶은 마음만 앞서고 몸은 따라주지
  않는 이들(새댁이형)
- 먹는 것을 아주 좋아하나 방송에서 눈으로만
  먹는 것에 지친 이들(식탐이형)

어떤 가치를 제공하는가

요리하고 먹고 나누는 모든 경험을 할 수 있다. 장금이형
사용자는 자신의 요리를 사람들과 나누며 스타 셰프가
되어보고, 새댁이형 사용자는 다른 사용자와 소통하며
어렵기만 하던 요리를 쉽고 편하게 도전한다. 식탐이형
사용자는 자신이 먹고 싶은 요리에 투표하면 찾아오는
푸드 트럭에서 요리를 직접 먹는 즐거움을 누린다.
이 서비스는 사용자가 변화와 성취, 재미, 도움이라는
가치를 얻길 바라며 단순히 맛있는 음식을 먹고 끝나는
것을 넘어 궁극적으로는 식(食)이라는 영역을 매개로 삶의
진정한 경험을 느끼게 되길 바란다.

어떤 절차로 제공되는가

먼저 미라쿡에서 웹사이트나 앱을 통해 이달의 요리
주제를 공지한다. 나이와 성별에 상관없이 관심 있는 모든
사람이 주제에 맞는 요리의 과정과 완성본을 찍어 올린다.

사용자는 먹어보고 싶은 요리를 선택해 투표한다. 투표는
먹고 싶은 요리에 숟가락을 얹는 모습이 된다. 가장 많은
숟가락(표)을 얻은 요리 세 가지가 결정되면 요리를 출품한
세 명의 사용자가 직접 미라쿡의 전문가와 스타 셰프
앞에서 요리를 시연한다. 전문가는 이를 관찰하고 먹어본
뒤 평가한다. 가장 잠재력 있는 요리가 선출되면 선출된
사용자는 전문가와 함께 요리를 상용화한다. 그 단계에서
푸드 트럭에서 구현 가능한 요리, 상품성 있는 요리로
다듬어진다. 상용화 단계가 끝나면 이제 푸드 트럭이
사람들에게 찾아온다. 앱을 통해 푸드 트럭이 찾아가는
장소, 판매 시간 확인, 예약 등이 가능하다. 푸드 트럭에서는
요리를 만들어볼 수 있는 레시피와 재료 DIY 팩을 판매한다.
(음식, 레시피, 재료 팩 판매 수익은 해당 요리의 사용자와
함께 나눈다) 사람들은 요리가 맛있으면 레시피와 재료
팩을 트럭에서 쉽게 구매해 집에 가서 요리해볼 수 있다.
재료팩 안의 재료는 요리 양에 맞게 손질되어 들어가 있어
남는 음식물 처리 문제를 해결하고 요리를 만들어보기 위해
마트에 가는 번거로움을 피할 수 있다. 상세한 레시피가
제공되지만 그럼에도 궁금증이나 나누고 싶은 팁이 있다면
쿡톡(Cook Talk: 미라쿡에서 제공하는 채팅)을 통해 경험을
나눌 수 있다.

제안자 및 소유자: 김규인, 백민철, 안미나, 이정규, 이현지
공동 제안자: 김진우

버스킹 어라운드

예술가와 공간을 연결하여 공연을 열도록 하는 온라인 플랫폼 서비스
소규모 공연 예술가의 활발하고 자유로운 공연 보장

공연장에 한 번이라도 가본 사람이라면 이어폰으로 음원 파일을 듣는 것과 실제로 연주를 듣는 것이 얼마나 다른지 알 것이다. 후자의 경우가 더 즐겁고 기억에 남는 경험이 되곤 한다. 버스킹 어라운드(Buskin' Around)는 더 많은 사람이 더 자주 공연을 접하도록 하는 서비스다. 이 서비스는 다양한 공연 장르 중에서도, 신촌과 홍대 등지에서 자주 열리는 버스킹 공연(거리 공연)과 소규모 공연을 타깃으로 하였다. 이런 공연들은 규모가 작고 산발적이어서 공연 제공자나 관객 모두 공연 준비나 정보를 탐색하는 데 불편함을 겪고 있었다. 이를 해결하고 공연 예술가들이 더 자유롭고 활발하게 활동하도록 돕는 것을 목표로 최적의 서비스를 제공하고자 하였다.

누구를 위한 서비스인가

- 공연 장소를 찾는 데 어려움을 겪는 예술가
- 자신의 공간에서 공연을 열고 싶은 사람
- 가볍게 볼 수 있는 공연이 언제 어디서 열리는지 확인하고 싶은 관객

어떤 가치를 제공하는가

공연 예술가와 공간을 연결하여 공연을 가능케 하는 플랫폼 서비스이다. 이 서비스를 통해 공연 장소에 모인 사람들은 음악으로 소통하고 예술가와 공간은 서로 소통하며 상생 관계를 맺는다. 공연을 통해 해당 공간은 특색 있는 장소로 탈바꿈하여 수익을 창출하고 예술가는 음악 활동의 기회를 넓히고 인지도를 높일 수 있다. 마지막으로 관객들은 일상적으로 접하기 쉽지 않은 생생한 공연의 즐거움을 가까이에서 경험할 수 있다.

어떤 절차로 제공되는가

공연 희망자나 공간 주인이 각각 공연 장소와 아티스트를 찾는 과정은 에어비앤비 같은 플랫폼 서비스와 유사하다. 예술가와 공간 주인은 프로필과 지도상의 장소를 기반으로 적절한 상대를 검색한다. 상대를 찾으면 메시지에 간단한 신청 양식을 채워서 연락한다. 연락된 뒤 예술가가 공간

대여료를 지불하거나 공간 주인이 아티스트 섭외비를 낼 수 있는데, 오픈 입찰(Open Bidding) 방식으로 가격을 결정한다. 프로필에 입력한 수용 가능 금액을 보고 상대를 찾을 수 있다. 결제는 온라인 결제 모듈로 진행한다. 공연 날짜를 확정하면 웹 페이지 메인의 뉴스피드에 티저 영상을 등록하여 공연을 홍보할 수 있다. 관객은 뉴스피드뿐만 아니라 모든 공연 일정이 등록된 캘린더를 통해 관심 있는 공연 정보를 알게 된다. 위치 기반 필터를 사용하면 가까운 장소에 어떤 공연이 예정되어 있는지 한눈에 볼 수 있다. 관객 역시 예술가와 공간의 프로필을 자유롭게 열람할 수 있다. 웹/앱 메인의 뉴스피드는 동영상 위주로 구성되는데, 가장 위에 '나우버스킹'이라는 이름의 라이브 동영상이 있다. 이는 현재 진행되는 공연을 생방송으로 보여주는 것이다. 예술가와 공간 주인의 연결 과정에서 '나우버스킹'을 하겠다고 신청하면 자신의 공연을 생중계할 수 있으며 필요하면 촬영 장비나 공연 장비를 대여할 수 있다. 동영상을 시청하면서 모바일 앱을 통해 원하는 만큼의 팁을 지급할 수 있다. 공연이 끝나면 모든 참여자가 리뷰를 남길 수 있고 데이터를 활용하여 다음 공연, 아티스트, 공연 장소를 추천받기도 한다.

제안자 및 소유자: 강동연, 김수현, 김영우, 김진우, 윤보령, 최건호
공동 제안자: 김진우

여기, 신촌

신촌 지역의 유휴 공간과 공간이 필요한 사용자를 실시간으로 연결해주는 서비스

신촌의 지역 사회를 활성화할 수 있도록 상인과 방문객의 연결 고리 강화

신촌은 대학가라는 특수성을 지닌 공간이다. 학기가 시작되면 삼삼오오 어울려 공간을 찾는 학생들이 거리에 북적인다. 하지만 선배들이 소개해준 가게들은 이미 자리가 없고, 구석구석 숨어 있는 빈 가게들을 찾아내기란 어렵다. 여기, 신촌은 공간에 대한 학생들의 요구와 신촌 지역의 소외된 상권을 연결하여 신촌의 전체적인 발전을 꿈꾼다. 공간을 함께 이용하는 서대문구청, 신촌 상인, 학생 간의 선순환 모델을 만들어 공동체 의식을 강화하고, 상업적으로 과도하게 집중된 자본을 신촌의 문화적 발전에 재투자할 수 있는 플랫폼의 역할을 수행하고자 하였다.

누구를 위한 서비스인가

- 신촌에 대한 정보 부족으로 마땅히 갈 곳이 없는 분
- 예약의 번거로움 없이 원하는 조건에 맞는 공간을 찾고 싶으신 분
- 신촌 지역의 숨은 공간들을 찾아보고 싶으신 분
- 상점의 유휴 공간을 효율적으로 활용하고 싶으신 분

어떤 가치를 제공하는가

여기, 신촌은 실시간으로 유휴 공간과 공간이 필요한 사람들을 연결하는 서비스다. 개인 사용자는 실시간 예약을 통해 공간에 대한 요구를 적시에 충족할 수 있고, 상인 사용자는 공간의 효율적인 운영이 가능해진다. 또한 해시태그 기능으로 공간 예약 과정을 간소화하였기 때문에 누구나 쉽게 사용할 수 있다. 서비스 사용이 반복될수록 적립되는 '신촌 마일리지'와 '신촌 땅따먹기 지도'를 통해 신촌에 대한 애정과 재미, 특별함을 느낄 수 있다.

어떤 절차로 제공되는가

사용자는 두 유형으로 나뉜다. 공간을 찾는 사용자와 공간을 대여하려는 사용자이다. 공간을 찾는 사용자는 온라인에서 회원 가입을 한 뒤 자신이 원하는 시간과 조건을 입력하여 검색하고, 조건에 적합한 공간들을 찾아 예약할 수 있다. 다만 다른 예약 플랫폼과는 달리 실시간 예약을 전제로 하고 있기에 당일 예약만이 가능하다. 공간 예약이 완료되고 난 뒤에는 메신저를 통해 공간의 위치와 예산 정보를 공유할 수 있다. 공유 받은 일행 역시 사용자라면 금액을 나누어 결제할 수 있다. 공간을 대여하려는 사용자는 공간을 찾는 사용자와는 다르게 오프라인으로만 회원 가입이 가능하다. 신촌 플레이버스나 신촌번영회를 방문해 회원으로 등록할 수 있는데 실제 공간의 소유주가 아닌 사용자의 허위 등록을 막기 위함이다. 회원 등록 절차를 마친 뒤에는 각 등록처에서 부여하는 고유의 코드로 앱에 로그인해 공간 정보를 관리할 수 있다. 간단하게 온·오프 버튼을 눌러 시간대별 예약 가능 여부를 관리할 수 있고, 앱을 통해 예약이 진행된 경우 방문할 사용자의 요구 사항을 미리 받아볼 수 있다.

제안자 및 소유자: 김동심, 김민재, 문찬양, 이의, 임슬기
공동 제안자: 김진우

타인의 서재

**타인의 이야기를 책과 함께 전달하는
중고 책 판매 서비스**

**책 자체뿐 아니라 책을 고르는 과정과 읽은 다음까지
사회적 맺음의 즐거움 제공**

사람들은 왜 책을 읽을까? 사람들은 책을 통해 유용한
정보나 다른 사람들의 이야기를 들을 뿐만 아니라 대화
주제를 얻고 트렌드에 뒤처지지 않고 싶어 한다. 독서는
사회적 욕구를 충족시키려는 행위이다. 타인의 서재는
책과 독서가 많은 사람으로부터 멀어져 가는 상황에
주목해 독서 경험을 더 즐겁고 의미 있게 만들 방법을
고민하면서 시작했다. 이 서비스는 중고 책을 판매자와
구매자 사이 소통의 매개로 활용하여 독서의 사회적 기능을
극대화하고자 하였다. 독서 경험 역시 더 유익하면서도
즐거워질 것이다.

누구를 위한 서비스인가

- 서점에 가도 끌리는 책이 없는 분
- 우연인 듯 운명인 듯 책과의 세렌디피티(serendipity)적
  만남을 꿈꿔왔던 분
- 뻔한 리뷰보다 간결하고 마음이 울리는 책 고유의
  이야기를 듣고 싶던 분
- 책을 통한 나의 경험을 진지하게 들어줄 대나무 숲이
  필요하던 분
- 내가 판 책들이 어떤 경로로 새로운 여행을 하고
  있는지 궁금했던 분

어떤 가치를 제공하는가

책을 읽은 사람의 이야기를 책과 함께 전달하는 서비스다.
이 서비스로 중고 책 구매자는 책에 붙어 있는 책갈피를
통해 다른 사람들의 이야기를 엿볼 수 있는 즐거움과
적시에 알맞은 책을 고르는 유용함의 가치를 얻게 된다.
중고 책 판매자는 자신의 이야기로 타인에게 영향을 미치는
과정에서 관계 맺음의 즐거움을 느낄 수 있고, 트래킹
맵(tracking map)이라는 모바일 애플리케이션 서비스를
통해 내 책을 읽는 타인의 이야기와 내 책의 여정을
지켜보며 뿌듯함과 재미를 얻을 수 있다.

어떤 절차로 제공되는가

책을 매입하는 과정은 일반적인 중고 책 서비스 형태와
거의 유사하다. 소비자는 배송이나 현장 판매 형태로
책을 팔 수 있으며, 타인의 서재는 금전적 보상과 함께
책들을 매입한다. 소비자가 다섯 권 이상의 책을 판매할
때에는 택배비를 타인의 서재가 부담한다. 그러나 기존
중고 서점과 달리 이 서비스에서 중고 책 판매를 하려면
앱에 자신의 이야기를 적어야 한다. 그 이야기는 책과 함께
오프라인 중고 서점에 꽂히게 되고, 다음 독자에게 특별한
느낌을 전달한다. 한편 소비자는 오프라인 서점에 방문하여
읽을 책을 탐색하는 과정에서 티백(tea-bag) 형태로
달린 책갈피를 보게 된다. 소비자는 책마다 달린 이야기를
하나하나 읽으면서 재미와 감동을 느끼고, 자신과 같은
처지의 사연에 공감할 수도 있다. 또한 책갈피 뒷면에 있는
QR코드를 사용해 앱에 접속할 수 있으며, 앱에는 자신이
고른 책이 어떤 여정을 거쳐왔는지 확인할 수 있는 트래킹
맵도 준비되어 있다. 소비자는 책을 구매한 뒤 자신의 또
다른 이야기를 앱에 등록할 수 있으며, 새롭게 등록된
이야기는 책의 이전 주인이자 판매자였던 사용자에게
알림과 함께 전달된다. 이러한 과정을 통해 중고 책
판매자와 소비자는 독서를 통해 사회 맺음을 하게 된다.

제안자 및 소유자: 김현영, 류수연, 성중호, 장하은, 정유진, 홍남호
공동 제안자: 김진우

포토바기

PHOTOBAGI

포토그래퍼와 고객을 직접 연결하는
스냅 사진 플랫폼 서비스

고객과 쉽게 연결되는 편리함, 합리적인 가격으로
즐기는 경제성

과거, 사진은 전문가의 영역이었다. 이제 사진은 일상이
되었다. 특별한 날뿐만 아니라 하루에도 여러 번, 많게는
수십 번도 사진을 찍는다. 사진을 업(業)으로 하지 않더라도
상당한 실력을 갖춘 사람도 많다. 그러나 인물을 찍기
좋아하는 사람들은 모델을 찾기가 어려워 애를 먹는다.
이들에게는 돈보다 실력을 쌓기 위한 연습이 절실하다.
또한 취미를 넘어 소소한 부업으로 삼고 싶어 하는 이들도
있다. 그러나 홍보 채널 부족으로 고객을 유치하기
어렵다. 한편 나의 일상을 특별하게 기록해 줄 스냅 사진을
찍어보고는 싶지만 가격 때문에 부담을 느끼는 사람들도
많다. 일상 사진에 프로를 고용하기는 애매하다. 저렴한
가격으로 믿을 만한 포토그래퍼를 쉽게 찾을 수는 없을까?

누구를 위한 서비스인가

- 인물 사진을 연습하고 싶지만 모델을 찾기 힘든
  아마추어 포토그래퍼
- 갈고 닦은 사진 실력으로 돈도 벌고 싶은
  아마추어 포토그래퍼
- 저렴한 가격으로 스냅 사진을 찍어보고 싶은 사람들
- 색다른 콘셉트로 사진을 찍어보고 싶은 사람들

어떤 가치를 제공하는가

포토바기(Photobagi)는 아마추어 포토그래퍼와 고객이
직접 만날 수 있는 장을 제공한다. 아마추어 포토그래퍼는
자아 실현과 수익 창출의 기회를, 고객은 양질의 스냅
사진을 저렴하게 이용할 기회를 갖게 된다. 이 서비스는
지역별로 포토그래퍼를 모집하여, 색다른 콘셉트의 상품을
개발하도록 장려한다. 이렇게 만들어진 참신한 스냅 사진
상품은 고객에게 잊을 수 없는 사진 경험을 선사한다.
그뿐만 아니라 일부 장소에서는 바로 포토그래퍼를 부를 수
있는 실시간 서비스를 제공하여 적시성의 가치를 실현한다.

어떤 절차로 제공되는가

'촬영 전, 촬영 과정, 촬영 후' 크게 세 과정으로 나눌 수 있다.
심사를 통과한 포토그래퍼는 촬영 전 포토바기 사이트에
원하는 장소를 등록하고 마이페이지에 포트폴리오와
간단한 동영상 자기소개를 올린다. 고객은 사이트에서
원하는 지역과 맘에 드는 상품을 통해 포토그래퍼를
검색하고 상담을 요청한다. 상담을 하여 일정을 조율하고
콘셉트를 이야기한 뒤 촬영이 진행된다. 고객은 피드백을
등록한 뒤 편집된 사진을 받는다. 포토그래퍼는 고객에게
동의를 받은 뒤 마이페이지에 포트폴리오를 업데이트한다.
매달 열리는 상품 콘테스트에 참가 준비를 한다.

제안자 및 소유자: 강선유, 유민정, 유진슬, 이예원
공동 제안자: 김진우

서비스 경험 디자인

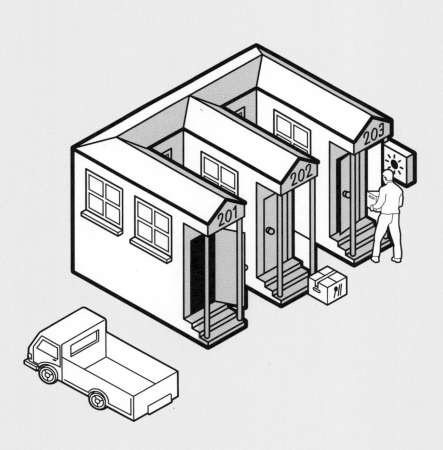

1장

서비스와 경험 디자인

우리가 경험한 모든 것이 결국 우리를 만든다.

윌리엄 제임스 | 영국 철학자

An empiricism must neither admit into its constructions any element
that is not directly experienced, nor exclude from the many element
that is directly experienced.

William James

오전 5시, 알람 소리가 시끄럽게 울린다. 손을 더듬거리며 스마트폰을 찾아 알람을 끈다. 5분만 더 잘까 잠시 생각하지만 아침 운동을 미루기 싫어 자리에서 일어난다. 커피 한 잔을 타서 책상 앞에 앉아 노트북을 켠다. 오늘 날씨와 일정 알림이 뜬다. 친절하게도 날씨 알림 앱에서는 일교차가 크니 겉옷이나 스카프를 챙기라는 조언을 해준다. 일정을 보니 오늘은 저녁에 모임이 있다. 오늘은 대리운전 앱을 사용해야겠다고 생각하며 메일함을 열어보니 메일이 여러 개 와 있다. 하나하나 확인한 뒤 처리를 하다 보니 벌써 6시다. 학교에 가기 전에 운동을 하려면 서둘러야 한다. 스마트 워치와 스마트 보틀을 챙겨 사이클을 하러 집을 나선다. 음악을 들으며 가끔 스마트 워치 건강 앱을 통해 내가 몇 킬로미터를 운동했고 몇 칼로리를 소모했는지 확인한다. 그 외에도 문자와 메일 알림이 간간이 온다. 7시 30분쯤 아내에게서 아침 먹으러 집으로 오라는 문자가 온다. 음성 메모 서비스를 통해 곧 가겠다는 답장을 보낸다. 아침이 식기 전에 가려면 열심히 페달을 밟아야겠다. 현대의 많은 사람은 다양한 서비스를 이용하며 산다. 우리 삶이 행복하기 위해서는 우리가 사용하는 서비스가 우리에게 좋은 경험을 주어야 한다. 그렇다면 좋은 서비스의 특징은 무엇일까? 반대로 좋지 않은 서비스로는 어떤 것들이 있을까? 서비스가 우리에게 좋은 경험을 주기 위해서 경험을 디자인한다는 것은 어떤 특징이 있을까?

서비스 시대

서비스 중심 시대의 도래

서비스는 우리 생활에서 많은 부분을 차지하고 있다.[1] 아침에 일어나서 일정 알람 서비스와 날씨 알림 서비스를 사용하고 대리운전 서비스를 사용하기도 한다. 스마트 워치 건강 서비스를 사용하고, 문자와 메일 서비스를 사용하기도 한다. 우리 일상생활의 모든 부분이 서비스와 관여되어 있다고 해도 과언이 아니다. 우리는 서비스 중심 시대에 살고 있다.

　이런 시대에 한국은 어디쯤 와 있을까? 서비스 산업에서 한국의 위치는 비교적 낮은 편이다. 한국은 제조업 중심으로 산업이 발전해왔고 자영업 형태의 단순 서비스업 비중은 높았지만 부가가치가 높은 지식 기반 서비스 산업은 취약했기 때문이다.[2] 그러나 전 세계적인 서비스 산업 발전 추세와 천연자원과 국토가 좁은 우리의 현실을 생각해볼 때, 서비스 산업에 대한 앞으로의 관심과 지원은 증가할 가능성이 매우 크다.

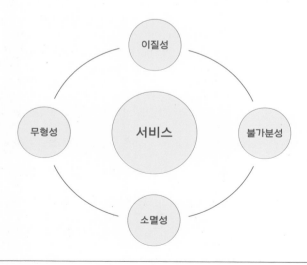

그림 1. 서비스의 속성

서비스는 한 사람이 다른 사람에게 무형이며 아무 소유권이 발생하지 않는 행위 또는 혜택을 제공함을 뜻한다. 이는 물리적인 제품에 제한되지 않은 굉장히 넓은 개념이다.[3] 제품과 차별되는 서비스의 속성을 그림 1과 같이 네 가지로 분류하여 살펴볼 수 있다. 서비스를 디자인할 때에는 서비스만이 가지는 이 네 가지 속성[4]에 대한 고려가 필요하다.

무형성

서비스는 기본적으로 눈에 보이지 않으며 형태가 없다. 제품처럼 만지거나 볼 수 없으므로 서비스의 가치를 객관적으로 표현하거나 평가하는 데는 항상 어려움이 따른다.[5] 서비스의 무형성intangibility은 두 가지 의미가 있다. 실체를 보거나 만질 수 없는 객관적인 의미에서의 무형성과, 보거나 만질 수 없기 때문에 생각이 제한된다는 주관적 의미의 무형성이다.[6] 이러한 특성을 가진 서비스는 저장이나 진열이 어려우며 가격 설정 기준 또한 애매하다. 그래서 서비스의 가치를 알기 위해서는 실제로 서비스를 경험해보는 것이 필요하다.

이질성

서비스는 사용자와 환경에 따라 각기 다른 특성을 가진다. 누가 언제 어디에서 어떻게 서비스를 제공하고 사용하느냐에 따라 같은 서비스라도 품질이 일정하지 않다. 식당 서비스를 생각해보자. 비록 같은 식당일지라도 언제 어떤 맥락에서 서비스를 사용했고, 우리가 어떤 상태였는지에 따라 무척 다른 경험을 하게 된다. 같은 서비스도 사용자마다 달리 해석할 수 있는 것이다. 심지어 무인 기기와 자동화 시스템 같은 표준화된 서비스를 사용할 때에도 사용자나 사용 환경마다 경험한 서비스의 가치가 달라질 수 있다. 이를 서비스의 이질성heterogeneity이라 한다. 서비스에서의 경험은 제품에서의 경험보다 더 중요하다.

예를 들어 카셰어링 서비스란 차량을 예약하고 자신의 위치와 가까운 주차장에서 차를 빌린 뒤 반납하는 서비스이다. 렌터카와 달리 주택가 등지에서 시간 단위로 대여할 수 있어 짧은 시간에 사람들이 자유롭게 이용한다.[7] 하지만 차보다 대중교통이 편한 사람이나 면허가 없는 사람에게는 필요 없는 서비스일 뿐이다. 또한 해외 출장을 다녀온 뒤 지친 상태에서 낯선 차량을 받았을 경우 좋지 않은 경험을 남길 가능성이 있다. 이처럼 같은 서비스라도 사용자나 맥락에 따라 느끼는 서비스가 다르다. 서비스를 직접 경험하기 전까지는 특정 사용자가 특정 상황에서 해당 서비스를 어떻게 느끼는지는 알 수 없다.

불가분성

제품의 경우 생산과 사용(소비)이 분리될 수 있다. 미국 브랜드인 아이폰이 중국의 폭스콘Foxcon에서 생산되는 것처럼 생산과 사용이 분리될 수 있다. 반면 서비스는 생산과 사용이 동시에 같은 장소에서 이루어진다. 이처럼 서비스의 생산 시점과 사용 시점이 분리될 수 없는 속성을 불가분성inseparability이라고 한다. 대학 수업을 생각해보자. 수업을 하나의 서비스로 본다면 교수는 서비스의 제공자이고 학생은 서비스의 사용자다. 서비스 제공자인 교수와 서비스의 사용자인 학생이 한 공간에 있어야 수업이라는 서비스가 제공될 수 있다. 제공자나 소비자 중 한 쪽이라도 존재하지 않는다면 수업을 진행할 수 없을 것이다. 이처럼 서비스의 제공자와 사용자는 분리될 수 없으며 서비스를 제공하기 위해서는 서비스의 제공과 사용이 같은 시점에서 이루어져야 한다.

소멸성

서비스는 사용하지 않으면 사라진다. 이를 서비스의 소멸성perishability이라고 한다. 사용자는 서비스가 제공되는 그 시점에 존재하지 않으면 서비스를 경험할 수 없다. 서비스가 제공하는 가치는 한시적이다. 예를 들어 비행기에서 제공하는 서비스를 받으려는 경우 반드시 해당 시간에 해당 좌석을 이용해야 한다. 어떤 이유에서건 비행기를 놓쳤다면 비행기를 타고 이동하는 서비스를 이용하지 못하게 되며, 당연히 기내에서 제공하는 서비스 또한 이용하지 못하게 된다. 서비스는 재고와 저장이 어렵기 때문에 서비스가 소멸할 때 서비스의 편익 또한 함께 사라진다.[8] 서비스를 실제로 사용하는 바로 그 경험을 놓치게 되면 서비스 자체의 가치가 없어지게 된다.

정리하면 서비스는 무형성, 이질성, 불가분성, 소멸성이라는 특징을 갖는다. 서비스는 눈에 보이지 않기에 경험하기 전까지는 서비스의 가치를 알 수 없으며, 어떤 사용자가 어떤 맥락에서 서비스를 경험하는지에 따라 서비스의 가치가 달라질 수 있다. 또한 서비스의 제공자와 사용자가 같은 시점에 존재하지 않으면 서비스를 경험할 수 없다. 그리고 서비스를 해당 시점에 경험해야 서비스의 가치를 받을 수 있다. 서비스가 제공하는 가치를 받기 위해서는 서비스를 사용하는 사람들과 제공하는 사람들의 경험이 중요하다.

서비스화의 배경

최근 서비스 경험 디자인이 주목 받는 이유는 무엇일까? 기술의 변화와 인간의 변화 사이에서 접점을 찾으려는 시도에서 비롯된다고 할 수 있다. 디지털 기술은 서비스 시장을 무한대로 확장시킨다. 디지털과 모바일 기술이 발달하고 보급되면서 인터넷에 상시 접속된 네트워크가 만들어졌으며 디지털 기술을 기반으로 한 서비스를 접할 수 있는 시간과 공간이 급격하게 확대되었다. 광범위하게 넓혀진 IT 기술과 서비스가 만나면서 파급력이 매우 큰 영역이 만들어진 것이다.

　디지털 기술 발달에서 가장 화두가 되는 것은 스마트폰의 등장이다. 그림 2를 보면 스마트폰이 등장한 2007년부터 PC 서비스 분야의 전체

규모가 매우 커지고 있다. 서비스를 전달하고 공유하며 무엇보다도 효과적인 방법으로 이익을 만들 수 있는 포괄적인 환경이 만들어진 것이다.

디지털 기술이 발전하면서 사람들은 예전보다 더 촘촘하게 다른 사람들과 연결되었다. 사람들은 정보화 시대에 살고 있으며 더 많은 원천에서 더 많은 콘텐츠를 더 많은 사람과 함께 더 자주 그리고 더 빨리 공유하게 되었다.[9] 고도로 연결된 디지털 네트워크 경제 사회가 출현했으며, 특정 상품에 대한 어떤 사람의 수요가 다른 사람의 수요에 영향을 미치는 네트워크 효과가 나타나게 되었다.[10] 네트워크가 발달하면서 동일한 서비스라도 그 서비스가 가지는 효과가 크게 증가했다. 과거에는 한 사람이 서비스를 제공했고 이것을 다른 사람들과 연결하는 것이 굉장히 어려웠다. 반면 최근에는 사람과 기기를 연결하는 일이 상대적으로 훨씬 쉬워졌기 때문에 네트워크 효과가 더 크게 나타나고 있다. 페이스북이나 인스타그램과 같은 소셜미디어를 떠올려보자. 이러한 소셜미디어의 등장으로 사용자는 지인뿐 아니라 지인의 지인들과의 연결까지 용이하게 되었다. 또한 다른 여러 서비스와의 연동을 통해 다른 앱을 사용하는 중

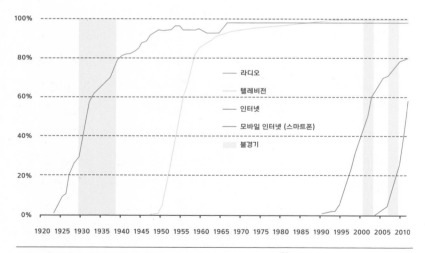

그림 2. 미국 내 라디오, 텔레비전, 인터넷, 모바일 인터넷에 대한 기술 수용 정도[11]

에도 쉽게 사용자와의 연결망을 유지할 수 있다.

모바일 기술과 사물 인터넷internet of things, IoT 기술은 우리에게 언제 어디서나 서비스를 사용할 수 있는 기회를 넓혀주었다. 특히 스마트폰은 서비스를 애플리케이션화하면서 많은 가능성을 내포하기 시작했다. 과거에는 특별한 장비가 있거나 직접 해당 장소로 가야만 서비스를 이용할 수 있었다면, 이제는 서비스가 앱으로 만들어지면서 사용자는 어디서나 원할 때 서비스를 이용할 수 있게 되었다. 또한 앱으로 만들어진 서비스들은 점차 서로 연결 고리를 만들면서 결과적으로 하나의 거대한 서비스 생태계service ecology를 구성하게 되었다. 이제 사용자가 하나의 서비스를 사용하더라도 여러 서비스가 연결되어 있기 때문에 수십 개 또는 수백 개의 연결된 서비스를 사용하게 된다. 우리 일상에서 서비스의 영향력은 과거에 비해 기하급수적으로 커졌다고 할 수 있다.

그런데 사람들은 그리 쉽게 변하지 않는다. 정보화 시대의 급속한 고도화에 대처할 수 있는 개인의 능력에는 한계가 있다. 그림 3에서 보듯이 공급자의 기술은 기하급수적으로 증대되고 있는데, 수요자인 사람의 수용도는 점진적으로 확장될 뿐이다. 기술의 발전 정도와 수용 정도에 격차가 발생한다. 이에 따라 사용자가 넘쳐나는 정보를 잘 처리할 수 있을까 회의적인 반응도 나타나고 있다.[12] 이런 상황에서 아무리 좋은 기술이라도 사용자가 제대로 수용할 수 없다면 기술은 사장되고 말 것이다. 그러나 기술을 서비스로 포장하여 기술과 결합된 서비스를 제공하면서 사람들의 수용 능력을 높이면 사람들은 상대적으로 기술을 쉽게 받아들일 수 있을 것이다.

이제 사람들이 조금씩 변하기 시작했다. 서비스에 대한 소비자의 기대 수준 또한 향상되면서 소비 행태가 변하고 있다. 무형의 재화(경험)에 대한 사람들의 인식이 재고되었으며, 부가가치의 무형화가 많이 이루어지고 있다. 무형의 재화에 대한 소비자의 관심이 높아졌고 경험의 가치를 찾는 일이 잦아졌다. 소비자의 기대 수준도 향상되고 있다. 무형의 재화에 기꺼이 돈을 낼 의향이 있는 사람들이 많아진 것이다.

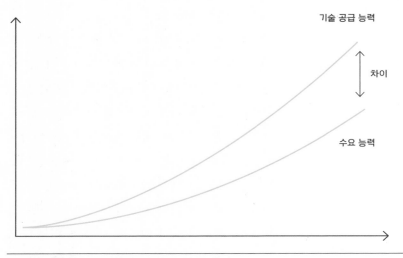

기술 공급 능력

차이

수요 능력

그림 3. 공급자의 기술 공급 능력과 수요자의 수요 능력의 차이[13]

에어비앤비Airbnb 서비스를 살펴보자. 에어비앤비는 전 세계의 숙소들을 개개인이 소개하고 예약할 수 있는 공동 시장 플랫폼이다. 이 플랫폼은 숙소를 대여해주는 제공자에게 운영에 필요한 몇 가지 독특한 맞춤 서비스를 제공하고 있다. 일명 에어비앤비 도우미 서비스인 비앤블리 bnbly는 숙소를 대여한 사용자에게 키를 전달하고 회수해주는 서비스, 청소와 고객 응대를 해주는 서비스를 회당 일정 비용을 지급하면 제공해주고 있다. 과거에는 키를 전달해주는 일로 비용을 지급하는 것은 상상하지 못했지만 최근에는 사람들이 이런 서비스를 위해 일정 금액을 기꺼이 지불하고 있다.

축하하거나 기념해야 하는 날에 가족이나 친지와 함께 한 끼에 수십만 원이 드는 비싼 레스토랑에서 식사하는 경우가 있다. 레스토랑에서의 식사를 즐기는 사람들은 그 돈으로 몇 년을 사용할 수 있는 최신 스마트폰과 같은 제품을 살 수 있음을 모르고 있을까? 아마 아닐 것이다. 비록 식사는 한두 시간에 끝나는 서비스지만 사랑하는 가족, 친지와 함께하는 그 경험이 최신 제품을 구매하는 것보다 더 중요하다고 생각해서일 것이다. 사람들은 이제 인생의 보람과 가치를 느끼게 해주는 것들을 찾기 시작하였으며 사용자는 비싸더라도 가치 있는 서비스에 기꺼이 투자함으로써 서비스화가 가속화되고 있다.

서비스 경험 디자인

디자인의 정의

디자인은 어떤 특성을 지니고 있을까? 첫째, 디자인은 사용될 인공물 artifact을 창조하고 만드는 행위이다. 이때 그 인공물이 가시적으로 보이면 일반적으로 제품이 되며 보이지 않을 때에는 주로 서비스가 된다. 둘째, 디자인은 심미성을 포함한다. 창작자의 감성과 표현(주로 시각)이 중시되며, 사람들은 디자인을 통해 만들어진 인공물을 보며 창작자의 감성을 '재미있다, 아름답다, 멋있다' 등의 느낌으로 표현한다. 셋째, 디자인은 실용성을 추구한다. 디자인은 사용할 사람을 위한 작업이다. 따라서 누군가를 위해 그가 유용하게 사용할 수 있도록 하는 것이 디자인이다. 넷째, 디자인은 새로움을 추구한다. 현재 없는 것을 만들어서 사람들이 부족하다고 생각하는 부분을 메워주는 것을 디자인이라고 한다. 따라서 디자인은 현재 존재하지 않는 미래에 대한 작업이라고 할 수 있으며, 지금 당장은 실재하지 않지만 미래의 사용자에게 큰 가치를 줄 수 있다.

디자인 영역의 확장

디자인 영역은 그래픽 디자인graphic design이나 시각 디자인visual design에서 출발하여 산업 디자인industrial design으로 나아갔다. 여기에 인간 요소를 추가하여 행동, 서비스, 과정과 같은 경험을 디자인하는 인터랙션 디자인interaction design 차원으로 확대되었다. 초반에는 전통적 디자인 방법을 통해 개발 가능한 그래픽 사용자 인터페이스 디자인graphic user interface design을 하던 사람들이 한발 더 나아가 사용자와 인공물 간의 상호작용까지 생각하는 인터랙션 디자인을 하게 되었다. 그 다음 서비스 사용자에게 최적의 경험을 제공하기 위한 사용자 경험 디자인user experience design을 하게 되었다. 그리고 서비스를 직접 사용하는 사용자뿐 아니라 고객까지 만족시키려는 고객 경험 디자인customer experience design을 하게 되었다. 여기서 고객은 제품이나 서비스의 직접적인 사용자가 아닐 수 있으며, 최종적으로 서비스 사용자부터 제공자, 투자자 등 서비스와 관련된 모든 이해당사자stakeholder를 고려하는 서비스 경험 디자인service design for experience까지 진화하는 과정을 겪어왔다.

이 책은 서비스 경험 디자인에 초점을 맞추었지만, 서비스 경험을 디자인하는 장기적인 전략도 함께 고민해봄으로써 시스템 통합적인 환

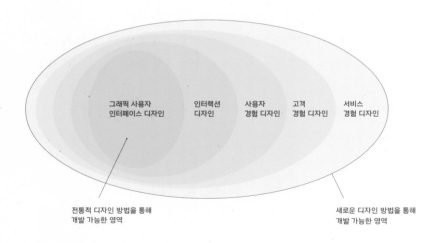

그래픽 사용자
인터페이스 디자인

인터랙션
디자인

사용자
경험 디자인

고객
경험 디자인

서비스
경험 디자인

전통적 디자인 방법을 통해
개발 가능한 영역

새로운 디자인 방법을 통해
개발 가능한 영역

그림 4. 디자인 영역의 확장

경 디자인environmental design으로 발전할 수 있는 토대를 마련하고자 한다.[14] 그렇다면 다른 디자인과 구분되는 서비스 경험 디자인만의 특징은 무엇일까? 우리는 그 특징을 앞서 언급했던 서비스 경험 자체의 특징에서 유추할 수 있다.

서비스의 무형성으로 인한 디자인 특징

서비스는 눈에 보이지 않는다. 서비스 자체는 보이지 않지만, 구체적인 가치를 사용자에게 전달하기 위해서는 서비스가 눈에 보이도록 해야 한다. 그렇다면 보이지 않고 형태가 없는 서비스를 어떻게 가시화할 수 있을까? 서비스에 사용되어 거쳐 가는 인공물을 통해 서비스를 가시화할 수 있다. 예를 들어 인공물은 사람들이 서비스를 사용하면서 접하게 되는 앱 화면이 될 수도 있고 종이 티켓이 될 수도 있고 제품의 LCD 화면이 될 수도 있다.

서비스의 이질성으로 인한 디자인 특징

동일한 서비스일지라도 사용자별 그리고 맥락별로 느끼는 서비스가 모두 다르다. 서비스 경험 디자이너로서 사용자에게 일관성 있는 서비스를 제공해주기 위해서는 시스템적으로 접근하는 게 필요하다. 이는 곧 서비스에 대한 전체 설계를 의미하며 대표적으로 서비스 청사진service blueprint이 있다.

서비스의 불가분성으로 인한 디자인 특징

사용자와 서비스는 분리해서 생각할 수 없다. 서비스에서 사용자는 없어서는 안 될 존재다. 따라서 서비스를 디자인할 때 사용자와의 접점touchpoint 관리가 필요하다. 사용자와의 접점이란 사용자가 서비스를 경험하는 과정에서 개인이 거치는 물리적 인공물, 인적 상호작용, 커뮤니케이션 등의 모든 요소를 의미한다. 접점은 물리적 위치와 같은 특정한 장소나 공간, 제품, 웹사이트 화면과 같은 정보, 대면 커뮤니케이션 등 다

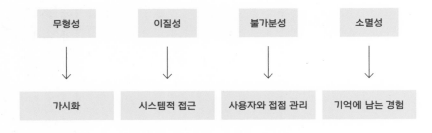

| 무형성 | 이질성 | 불가분성 | 소멸성 |

| 가시화 | 시스템적 접근 | 사용자와 접점 관리 | 기억에 남는 경험 |

그림 5. 서비스를 디자인하기

양한 형태로 나타날 수 있다. 사용자가 서비스를 경험하면서 거치는 모든 접점을 파악함으로써 사용자를 더욱 잘 이해하고 통합적인 사용자 경험을 선사할 수 있다.[15]

서비스의 소멸성으로 인한 디자인 특징
서비스가 제공할 수 있는 가치는 순간적이고 그때뿐이다. 따라서 서비스를 디자인할 때 기억에 남는 경험을 제공할 수 있는 서비스에 대한 고민이 필요하며, 이것은 서비스 경험 디자인의 중요한 목적 가운데 하나이다. 서비스를 사용하고 나서도 오랫동안 잊히지 않는 그런 경험을 제공해줄 수 있어야 한다.

서비스 경험 디자인의 정의

서비스 디자인에 대한 여러 정의가 있다. 표현명, 이원식, 최미경이 쓴 『서비스 디자인 시대』(안그라픽스, 2008)에서는 서비스 디자인이란 고객이 무형의 서비스를 구체적으로 경험하고 평가할 수 있도록 고객과 서비스가 접촉하는 모든 경로의 유·무형 요소를 창조하는 것이라고 정의하였다.[16] 서비스 디자인 네트워크 학회에서 정의한 서비스 디자인은 유용하고 편리하면서 효과적인 서비스 창출을 목적으로 한다.[17] 전반적인 정의들을 살펴보면 '경험'이라는 키워드를 공통으로 사용하고 있다. 서비스 디자인에서 경험을 중요하게 고려해야 함을 알 수 있다. 『서비스 경험 디자인』에서는 서비스 경험 디자인을 서비스를 사용하는 사람과 서비스를 제공하는 사람들에게 최적의 경험을 주기 위한 원리와 방법이라고 정의하고자 한다.

진정한 경험

이제까지 서비스의 정의 및 특징과 서비스 경험 디자인의 원칙과 정의, 그리고 특징에 대해서 살펴보았다. 서비스는 무형성, 이질성, 불가분성, 소멸성의 네 가지 특징이 있으며 이러한 특징들로 서비스를 경험하기 전까지는 그 서비스가 제공하는 가치를 판단하기 힘들다. 서비스 경험 디자인에서 경험이 매우 중요하며, 서비스 경험 디자인의 목표는 사용자에게 최적의 경험을 제공하는 것이다. 그렇기에 서비스를 통해 어떤 경험을 제공할 것인지 반드시 고려해야 한다. 여기서 말하는 최적의 경험은 무엇이고, 우리는 사용자를 위해 어떤 경험을 제공해야 할까? 1930년대 경험 철학의 대표 주자이자 교육 철학자인 존 듀이John Dewey는 진정한 경험이 무엇인지 연구를 진행하였다. 듀이에 따르면 진정한 경험이란 나중에 '아 정말 좋은 경험이었어.'라고 회상할 수 있는 경험이다.

> 우리는 일상 속에서 그 본연의 목적을 충분히 달성함으로써
> 인생의 의미를 풍요롭게 하고 시작과 끝을 선명하게
> 구분할 수 있는 어떤 경험들을 하곤 한다. 이처럼 우리의 삶에
> 필수적인 요소로서 '참 좋은 경험이었어.' 하고 자연스럽게
> 회상할 수 있는 바로 그 경험이 '진정한 경험'이다.
> — 존 듀이, 1934

존 듀이는 책 『경험으로서의 예술Art as Experience』에서 진정한 경험을 크게 세 가지 특성으로 나누어 설명한다.[18]

기억에 남는 경험

시작과 끝이 명확하여 기억에 뚜렷하게 남는 경험을 뜻한다. 독일 슈투트가르트Stuttgart 포르쉐 박물관The Porsche Museum에 있는 레스토랑에서 앉아 있을 때, 옆 테이블 일행이 식사 도중 누군가의 안내를 받고 밖으로 나가는 모습을 보았다. 그 일행은 무슨 일 때문인지 무척 흥분되고 설레 보였다. 그들이 밖으로 나가자 포르쉐 신차 한 대가 그들 앞으로 왔고, 차 안에 있던 사람은 그 중 한 명에게 차량 열쇠를 건네준 뒤 기념 촬영을 해주었다. 차를 최종적으로 만드는 과정에 관여한 직원이 주인에게 차를 직접 인도해주는 포르쉐 자동차 회사의 특별한 서비스였다. 차 주인은 실제로 만든 사람에게 직접 포르쉐를 전달받아 매우 기뻐하는 모습을 볼 수 있었다. 차가 인도되어 기념사진을 찍고 승차를 진행하는, 처음부터 끝까지의 모든 과정과 내용이 사용자의 기억에 뚜렷하게 남는 경험을 선사했으리라.

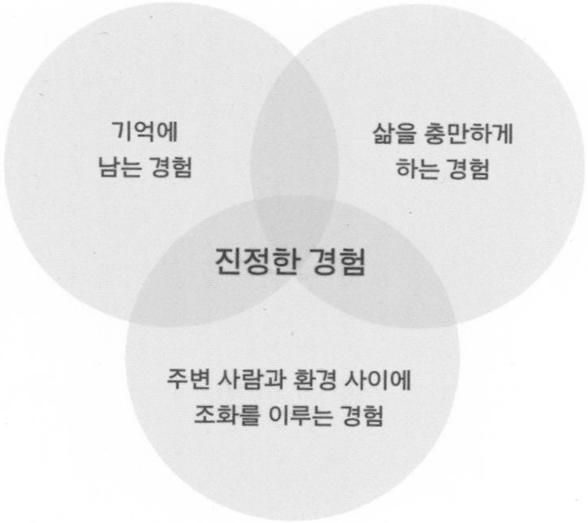

기억에
남는 경험

삶을 충만하게
하는 경험

진정한 경험

주변 사람과 환경 사이에
조화를 이루는 경험

그림 6. 진정한 경험의 세 가지 특성

삶을 충만하게 하는 경험

서비스가 진정한 경험을 주기 위해서는 사용자가 의도했던 소기의 목적을 달성하는 것을 넘어서 사용자에게 기대한 것 이상의 충만한 경험을 제공해야 한다. 경험 디자이너로서 나는 카메라를 항상 소지하고 다닌다. 일상생활에서 사람들이 어떤 생각을 하는지 발견하고, 좋은 경험의 순간을 바로 촬영하기 위함이다. 가끔 사람들이 스마트폰으로 편하게 찍어도 되는데 왜 무거운 사진기를 항상 들고 다니냐고 물어보곤 한다. 평소에는 바쁘게 하루를 보내느라 좋은 경험의 현장을 발견하더라도 의식하지 않으면 기록하지 못하는 경우가 많지만, 카메라를 손에 들고 있으면 무언가를 찍어야 한다는 생각이 계속 환기되어 더 많은 것을 관찰할 수 있게 된다. 카메라가 사물을 찍는 기본적인 기능을 넘어서 경험에 대한 관찰과 기록을 보다 쉽게 해주는 것이다. 즉, 나의 카메라는 일상을 기록하는 라이프로깅을 능동적으로 가능하게 하여 기대한 것 이상의 목적을 달성하게 해주는, 삶을 더욱 충만하게 하는 경험을 선사해준다.

주변 사람과 환경 사이에 조화를 이루는 경험

영화〈그녀Her〉는 주인공인 테오도르가 스스로 생각하고 느끼는 인공 지능 운영체제 사만다를 만나게 되면서 자신의 말에 귀 기울이고 이해해주는 사만다를 통해 조금씩 행복을 되찾는 과정을 그렸다. 사만다는 실제 사람의 목소리로 사람처럼 대화하고 감정을 공유한다. 그녀의 존재는 주변 환경과 전혀 부자연스럽지 않다. 이렇게 주변 사람들과 환경 사이에서 조화를 이루는 경험이어야 진정한 경험이라 할 수 있다. 진정한 경험이란 일상 속에서 기억할 만한 삶의 일면을 발견하고, 목적을 충분히 충족시키면서 주위와 조화를 이루는 바로 그 경험이다. 서비스 제공자는 사용자가 진정한 경험을 할 수 있도록 서비스를 디자인해야 하며, 사용자의 경험뿐 아니라 서비스 제공자의 경험 또한 중요하게 다루어야 비로소 서비스를 통한 진정한 경험을 전달할 수 있을 것이다.

서비스 경험 디자인과 사용자 경험 디자인

서비스 경험 디자인과 사용자 경험 디자인 모두 사용자 중심의 디자인 user-centered design이라는 점과 경험을 중요하게 생각한다는 점, 다양한 참가자를 고려해야 한다는 점, 사용자의 여정에 따라 디자인이 이루어진다는 점에서 공통점을 갖는다.[19] 다만 차이가 있다면 사용자 경험 디자인은 좀 더 사용자 자체에 초점을 맞추고 정보통신 기술과 밀접하게 연관된 반면, 서비스 경험 디자인은 서비스 사용자뿐 아니라 서비스 제공자도 디자인 범위에 포함시키며, 꼭 디지털 기술이 관여 되어 있지 않아도 된다. 이 책 『서비스 경험 디자인』에서는 서비스 경험 디자인과 사용자 경험 디자인의 공통분모에 초점을 맞추어 다룰 예정이다.

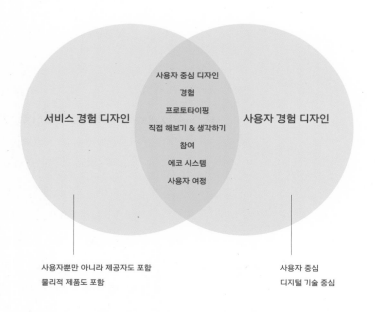

사용자 중심 디자인
경험
프로토타이핑
직접 해보기 & 생각하기
참여
에코 시스템
사용자 여정

서비스 경험 디자인   사용자 경험 디자인

사용자뿐만 아니라 제공자도 포함
물리적 제품도 포함

사용자 중심
디지털 기술 중심

그림 7. 서비스 경험 디자인과 사용자 경험 디자인의 공통점[20]

좋은 서비스 경험

2009년에 디자인 컨설팅 회사 IDEO의 창립자 팀 브라운Tim Brown은 '디자이너에게만 디자인을 맡길 수 없다'라는 굉장히 도발적인 주제로 TED에서 '디자인 사고design thinking'와 관련된 강연을 했다.[21] 팀 브라운은 카이저Kaiser라는 병원에서 간호사들을 위한 서비스를 디자인했던 사례를 소개했다. 카이저 병원에서는 간호사들이 인수인계를 할 때 오랜 시간이 걸렸고 오류도 자주 발생했다. 그래서 IDEO에서는 이동 가능한 간호사 지식 교류소Nurse Knowledge Exchange: NKE and NKEplus를 만들었다. 간호사들이 이동 가능한 스테이션station을 끌고 다니면서 환자 앞에서 바로 인수인계를 하는 방식으로 변화하였다. 그 결과 인수인계 시간이 12분이나 줄었고 오류도 눈에 띄게 줄어들었다. 팀 브라운은 서비스나 제품과 관련된 모든 사람들이 디자인 과정에 참여하는 새로운 모델을 통해서 디자인이 디자이너뿐 아니라 모두의 손에 주어졌을 때 좋은 서비스 또는 제품을 제공할 수 있다고 주장하였다.

'좋은 서비스 경험'이라는 것은 무엇일까? 이런 추상적 개념을 좀 더 구체적으로 설명할 수 있는 기준을 알아보자. 과거에는 좋은 서비스에 대한 양적 판단 기준으로 서브퀄SERVQUAL, service+equality을 사용했다. 이 기준은 서비스에 대한 소비자의 기대와 실제 서비스에 대한 소비자의 인식 차이를 다섯 가지로 비교하여 계량적으로 측정하는 방법이다. 서브퀄은 유형성tangibles, 신뢰성reliabilities, 반응성responsiveness, 확신성assurance, 공감성empathy으로 서비스를 평가한다. 하지만 이 기준은 매우 복잡한 알고리즘을 거쳐야 하며 이런 정량적인quantitative 방법을 통해서 좋은 서비스를 판단하기는 모호하다. 사용자는 서비스 경험을 숫자로 기억하지 않기 때문이다. 엔진Engine이라는 컨설팅 회사에서는 더 정성적인qualitative 방법으로 서비스의 질 또는 좋은 서비스에 대한 기준 및 특징을 열 가지로 제시하고 있다.[22] 이 책에서는 경험 디자인의 원리에 따라서 유용성usefulness, 사용성usability, 감성affectability,[23] 의미성

meaningfulness으로 분류하였다. 이 요소들을 만족하는 서비스를 제공했을 때 사용자와 제공자 모두에게 진정한 경험을 줄 수 있을 것이다.

유용성

유용성은 크게 두 가지 하위 요소들이 있다. 하나는 즉시성이고 다른 하나는 일관성이다. 즉시성이 좋은 서비스는 사용자가 필요로 하는 시점에 사용자에게 필요한 것을 충족시켜줘야 한다. 서비스에서 가장 우선적인 목표는 사용자의 목적 또는 필요를 만족시키는 것이다. 좋은 서비스는 해당 서비스를 사용할 때 모든 기능이나 특징들이 함께 있어야 한다. 즉시성의 조건을 확인하기 위한 점검 사항은 다음과 같다.

- 서비스는 항상 이용 가능한 상태입니까?
- 서비스를 사용할 때 다른 추가적인 자료나 지식 없이 진행할 수 있습니까?
- 서비스 사용을 시작하기 위해서 필요한 도구는 무엇입니까?

런던은 올림픽을 준비할 때 길은 좁은데 차가 너무 많아 고민이었고 그래서 시내에 자전거를 대여해주는 서비스를 만들었다. 바클레이스 Barclays 은행이 지원해준 이 서비스는 조작이 간편한 키오스크에서 별도의 결제 없이 정기권만 있으면 자전거 대여 정보와 자전거 여정 등을 모두 출력해준다. 정기권만 있다면 항상 서비스를 이용할 수 있으며, 등록된 자전거 열쇠를 꽂으면 도킹 스테이션에서 자전거가 바로 해제되어 이용 가능하며 열쇠(정기권) 외에 따로 추가적인 지식이나 물건을 요구하지 않는다는 점에서 조작이 매우 간편하다. 이 서비스를 통해 런던 시민은 공공 자전거를 쉽게 이용할 수 있게 되었다. 이후에는 카셰어링 같은 서비스에서도 유사한 방식이 많이 사용되고 있다.

일관성이 높은 서비스는 언제든지 믿을만하고 비슷하면서 높은 수준으로 제공되어야 한다. 서비스가 일관성의 조건을 만족시키고 있는지 확인하기 위한 점검 사항은 다음과 같다.

- 서비스가 지속해서 같은 수준의 경험과 믿음을 주었습니까?
- 사용자에게 서비스의 일관성을 확신시켜줄 만한 과정이 제공되고 있습니까?
- 일관성을 어떻게 측정하고 있습니까?

아마존 프레시Amazon Fresh는 아마존이 온라인 식품 유통업을 시작하며 만든 브랜드로 과일, 채소, 유제품, 육류 등의 신선 식품을 24시간 내에 배송해주는 서비스다. 2007년 시애틀을 시작으로 샌프란시스코와 로스앤젤레스로 운영 지역을 확대하였으며, 현재는 생활용품 판매뿐 아니라 현지 레스토랑 메뉴를 온라인으로 주문하면 매장에서와 같은 맛과 상태로 배송해주는 서비스까지 제공하고 있다. 이처럼 아마존 프레시는 신선도를 동일하게 유지하기 위해 언제 어디서든 지속적으로 같은 수준의 경험을 제공해주고 있다. 또한 포장을 엄격하게 해서 신선도 유지를 위해 노력하고 있으며 웹사이트를 통해 현재 배송되고 있는 위치까지 알려줌으로써 사용자에게 믿음을 준다. 결국 아마존 프레시는 고객들이 좀 더 쉽고 편리하게, 언제 어디서든 같은 수준의 질 좋은 상품을 구매할 수 있게 하기 위한 아마존의 사업 전략이다.

사용자의 필요를 충족시켜주지 못하면 좋은 서비스가 될 수 없다. 좋지 않은 서비스가 되지 않기 위해 유용성 측면에서 하지 말아야 할 두 가지 지침을 제시하고자 한다.

첫째, 사용자와 지나치게 많은 것을 약속하면 안 된다. 할 수 없는 것은 할 수 없다고 얘기하는 것이 좋다. 할 수 없는 것을 할 수 있다고 약속하고 결국 하지 못했을 때 사용자가 느끼는 실망감과 불편함이 더 크다. 예를 들어, 과자의 과대 포장은 많은 논란이 되고 있는데, 포장지나 광고에 보이는 양과는 달리 뜯으면 포장 부피의 절반도 안 되는 양의 과자가 들어있는 경우가 있다. 사람들은 실망하여 더는 해당 과자를 사 먹지 않겠다고 한다. 서비스 측면에서도 지나친 과대 포장이나 광고는 오히려 사용자에게 큰 기대감과 그에 비례하는 큰 실망감을 주기 때문에 하지 않는 것이 좋다.

둘째, 실수가 있더라도 다른 사람들을 비난하거나 책임을 떠넘기면 안 된다. 기업이나 기관 등에 불만 사항을 접수할 때 접수자가 자신은 모르는 일이라며 다른 직원에게 일을 미루는 경우가 있다. 이런 경우 사람들은 불편함과 답답함, 그리고 불만 해결에 어려움을 느끼고 더 좋지 않은 경험으로 확산된다. 이처럼 다른 사람에게 서비스의 책임을 넘기는 것은 사용자에게 불편함을 느끼게 하고 더는 서비스를 사용하지 않게 만든다. 예를 들어 해외여행 시 온라인 호텔 예약 사이트에서 예약을 하고 숙소에 찾아갔는데 예약이 초과되어 방이 없는 경우가 종종 발생한다. 해당 숙소는 자신의 잘못이 아니라 온라인 예약 사이트의 시스템 오류라며 보상을 해주지 않는 경우가 많으며, 고객들을 다른 호텔로 보내려고 하지만 주변의 다른 호텔에도 방이 없는 경우가 많다. 다른 사람에게 책임을 넘기는 자체가 더욱 경험을 불쾌하게 한다.

사용성

사용자의 필요를 충족시키는 과정에서 서비스는 사용하기 쉬워야 하고 학습하기 쉬워야 한다. 서비스가 적절한 시점에 사용자의 필요를 충족시켜주는 것은 좋지만 사용 과정이 너무 어렵고 불편하면 없는 것과 마찬가지다. 또한 서비스를 제공하는 과정은 늘 동일해야 하며, 제공하는 과정에서 같은 수준의 경험과 믿음을 줄 수 있도록 노력해야 한다.

첫째, 사용성이 좋은 서비스는 쉽고 직관적이어야 한다.

- 경험이 수월하게 느껴집니까?
- 최소한의 설명으로도 해결책을 확실히 찾을 수 있습니까?
- 선택 사항들이 간단명료하고 상호작용이 매끄럽습니까?

일본의 갓타종합병원Katta General Hospital은 환자와 환자의 가족이 병원에서 자주 길을 헤매는 모습을 보고 병원에서 쉽게 길을 찾을 방법을 고민했다. 고민 끝에 하얀색 바닥에 빨간색으로 방향과 장소를 표시해서 병원의 전체 구조를 몰라도 쉽고 직관적으로 원하는 곳에 빨리 찾아갈 수 있게 설계했다. 그 뒤 병원을 찾는 사람들은 예전에 비해 병실이나 접수처 등을 찾는 데 노력을 덜 들이게 되었고, 빨간색 표시를 보고 바로 길을 찾을 수 있게 되었다. 작은 글씨로 일부 방향만 모호하게 표시하던 예전 방식과는 달리 큰 글씨로 모든 방향을 간단명료하게 표시함으로써 병원을 찾는 사람들이 길을 헤매는 일이 크게 줄어들었다.[24]

둘째, 사용성이 좋은 서비스는 사용자의 요구에 맞춰서 신속하게 적용 가능하고 반응할 수 있어야 한다.

- 서비스에 대한 불만이나 질문을 요구했을 때
  빠르고 적절하게 응답을 받았습니까?
- 시간의 흐름에 따라 변하는 사용자의 요구에
  적절히 반응하였습니까?
- 고객의 소리에 귀 기울여 들었습니까?

부탄 왕국 동부 지방에서는 전화, 웹 기반 시스템과 함께 소셜미디어 페이스북을 이용해 의료 상담을 하는 사람들이 많다. 원격 의료 상담은 세 가지 유형으로 쓰이고 있는데, 먼저 부탄 국내 다른 의료 전문가에게 환자의 상태에 대해 자문하고자 하면 엑스레이 촬영 뒤 혈액 및 검사 자료를 인터넷으로 보내 환자 상태에 관한 의견 교환과 조언을 듣고 있다. 두 번째, 환자들에게 가장 인기 있는 페이스북으로 의료 상담을 받는 것으로 빼마가첼 지역 '부탄 원격 의료' 시스템에는 83명의 환자가 등록되어 있다. 마지막으로 의료 전문 인력 상호 정보 교환, 토론 등의 창구로 활용되고 2014년에는 보건부 장관과 전문가들이 페이스북을 통해 만나 다양한 주제로 의견을 나누었다. 소셜미디어에서 서비스가 이루어지다 보니 사용자의 불만이나 질문에 빠른 응답이 가능해졌으며, 원격으로 의료 서비스를 받고자 하는 사용자들의 욕구도 만족시켰다. 또한 소셜미디어를 통해 늘 사용자의 의견에 귀 기울이고 다른 의료 전문가들과 고객의 의견을 반영하기 위한 토론을 진행하면서 사용자의 요구에 맞춰서 신속하게 반응하고 적용할 수 있게 되었다.

셋째, 사용성이 좋은 서비스는 고객의 요구를 예측하여 고객이 원하는 시점에 정확히 반응할 수 있어야 한다.

- 서비스가 고객의 요구를 예측하고 적당한 시점에 알맞은 방법으로 반응하였습니까?
- 서비스가 고객의 요구를 어떤 방식으로 이해하였습니까?

미국 켄터키 주 루이빌에 위치한 자포스Zappos 물류 창고는 24시간 365일 가동된다. 고객 주문을 일정량 모았다가 한꺼번에 수거해 운송하는 것이 창고 운영 효율화를 위한 보편적인 방식이지만 자포스는 고객 주문과 동시에 바로 창고에서 배송을 시작한다. 이를 통해 다른 회사보다 빠른 배송과 대응으로 고객의 요구를 즉각적으로 만족시키며, 고객이 물건을 빨리 받고 싶어 한다는 욕구를 이해함으로써 창고 운영의 효율화보다는 신속한 배송에 초점을 맞춰서 창고를 운영하고 있다.

넷째, 사용성이 좋은 서비스는 개인의 구체적인 요구에 따라서 알맞게 서비스를 제공해줄 수 있어야 한다.

- 서비스의 사용자가 서비스를 통제할 수 있게 하였습니까?
- 고객 개인의 선호와 관심사에 따라 맞춤 서비스를 제공하였습니까?
- 고객이 그들의 경험에 소유권을 느꼈습니까?

나이키에서는 사용자가 직접 자신이 신을 신발을 디자인해 만드는 서비스를 제공한다. 사용자는 취향이나 특수한 상황에 따라 자신에게 맞는 신발을 디자인한다. 한정된 종류의 신발을 양산하던 것과는 달리 사용자의 개인 선호와 관심사 등 취향을 고려해서 맞춤 서비스를 제공했다는 점에서 좋은 서비스라고 할 수 있다. 형태, 색깔, 끈 등 운동화의 모든 것을 사용자가 고르고 원하는 대로 제작할 수 있으므로 사용자는 세상에 하나밖에 없는 나만의 운동화를 가지게 되었다고 느낀다.

다음은 사용성 측면에서 좋지 않은 서비스가 되지 않도록 하기 위한 세 가지 지침이다. 첫째, 사용자를 무작정 기다리게 하면 안 된다. 서비스를 받는 과정에서 기다림이 필요하더라도 왜, 어떠한 방식으로, 무엇을 기다리는지 명확하게 하여 기다리는 마음을 최소화시켜야 한다. 예를 들어 대형 여행사의 그룹 투어 서비스는 본사를 거쳐야만 민원 처리가 되어 즉각적인 대처가 어려운 경우가 있다. 특정 수의 인원이 모여야만 출발이 가능한 경우 인원 모집이 완료될 때까지 기다리거나 여행 자체가 취소되기도 하여 불편함이 있다.

둘째, 항상 사용자에게 무슨 일이 일어나고 있는지, 무슨 문제가 있는지 알려줘야 한다. 컴퓨터에 오류가 생겼을 때 우리는 흔히 볼 수 있는 블루스크린 화면을 마주한다. 좀 더 사용성이 좋은 서비스는 어떤 오류가 발생했는지, 다음 과정으로 가려면 어떻게 해야 하는지 알림이 뜬다.

이처럼 서비스에 문제가 생겼을 때 사용자에게 알려주는 것이 아무것도 알리지 않는 것보다 낫다.

셋째, 서비스를 최대한 간편하게 만들어야 한다. 쓸데없이 복잡한 첨단 기술을 사용한 서비스는 사용자에게 오히려 불편함을 주고 즐거움을 느끼지 못하게 한다. 시스템보다는 항상 사용자가 우선 되어야 한다. 앞서 말했던 호텔 예약 사이트와 호텔 서비스의 사례처럼 시스템상의 오류로 여행자가 피해를 본 경우, 호텔 도착 후 48시간 이내에 반드시 예약 사이트에 연락을 하고, 예약 보증 문의서를 제출해야 보상을 받을 수 있다. 하지만 이러한 보상을 받기 위한 과정은 여행자가 따르기 곤란한 상황일 수 있다. 해당 호텔이 직접 온라인 예약 사이트와 연락을 취한다면 더 수월할 것이다. 사용자의 입장에서 간편하게 서비스를 이용할 수 있도록 해야 한다.

감성

서비스를 사용하면서 사용자가 느끼고자 하는 감성적인 요인들을 충분히 제공해줄 수 있어야 한다. 유용성과 사용성을 모두 만족시키더라도 해당 서비스가 감성을 만족시켜주지 못하면 사용자들이 해당 서비스를 오랜 시간 동안 기억하게 만들 수 없다.

첫째, 좋은 서비스는 서비스를 제공하는 과정을 공유할 수 있어야 하고 사용자에게 기억할 만한 경험을 제공해줄 수 있어야 한다.

- 사용자들이 서비스를 통해 경험한 것들에 대해 좋았거나 나빴던 이야기를 공유하고 있습니까?
- 사용자들이 놀랄법한 기억에 남는 순간들이 있습니까?

식스 플래그스6Flags 놀이 공원은 롤러코스터에 집중하여 사람들에게 확실한 테마를 제공한다. 이곳의 롤러코스터는 '세상에서 가장 무서운 롤러코스터'라는 수식어가 붙어있으며 에버랜드의 티익스프레스T-Express의 벤치마킹 대상이다. 사용자는 식스 플래그스의 롤러코스터를 타고 나서 '세상에서 가장 무섭다'라는 이야기를 공유함으로써 그에 맞는 수식어가 붙게 되고 많은 사람들이 관심을 갖게 되었다.

르 라보Le Labo는 전문 조향사가 천연 재료를 꺼내 고객이 선택한 향수를 그 자리에서 제작해준다. 고객의 까다롭고 추상적인 요구에도 적절한 향을 그 자리에서 조합하여 여러 번 선보임으로써 고객에게 선택권을 제공한다. 고객은 하나뿐인 향수 제품을 받는 동시에 그것의 제작 과정까지 모두 강하게 기억하게 된다. 이런 기억에 남을만한 서비스들은 사용자에게 진정한 경험을 제공해주기 때문에 사용자들의 머릿속에 좋은 서비스로 남을 수 있다.

둘째, 좋은 서비스는 언제 어디에 있든지 주변의 것들과 조화를 이룰 수 있어야 한다.

- 서비스를 이용하는 동안 모든 접점에서 유사한 경험을 느낄 수 있습니까?
- 접점들이 연결되어 있다고 생각합니까?
- 온라인과 오프라인에서 일관된 경험을 할 수 있습니까?

전 세계 애플 스토어Apple Store의 운영 방침은 동일하다. 매장의 매대, 테이블, 벽의 알루미늄 강판은 모두 같은 곳에서 공수받는다. 그래서 세계 어디에 있는 애플 스토어를 가도 비슷한 느낌을 받을 수 있으며 아주 조그마한 곳부터 모든 것이 조화롭게 이루어져 있다. 항상 정해진 원칙에 따라 매장을 디자인함으로써 어느 매장에서든 일관된 경험을 할 수 있다. 그리고 매장 간 내부 네트워크를 통해 고객은 여러 매장이 연결되어 있다고 생각한다. 또한 세계 어느 매장을 가나 일관된 경험을 할 수 있어 사용자는 신뢰를 가지고 애플 브랜드를 지속적으로 이용하게 된다.

반면, 사용자가 서비스를 사용하면서 부정적인 감정을 느낄 때 얻는 경험들은 나빠질 수밖에 없다. 예를 들어, 너무 잘난척하는 서비스는 오히려 사용자들이 반감을 느낀다. 사용자에 대한 모든 것을 잘 알고 있고, 무조건 따라오라는 식의 서비스는 사용자에게 호감과 만족감을 얻기 힘들다. 앞서 유용성에서 언급했던 호텔 예약 서비스의 경우, 온라인 호텔 예약 사이트에는 예약이 100퍼센트 보장된다고 자신 있게 적혀 있다. 모든 것을 잘 알고 있다는 식으로 적혀 있지만, 실제와 달라 고객은 오히려 서비스에 대한 반감만 커진다.

의미성

나름대로 의미가 있는 서비스가 되기 위해서는 두 가지 조건을 만족시켜야 한다. 첫째, 좋은 서비스는 사람들이 갖고 있는 문제점을 해결하거나 삶의 질을 향상시켜줄 수 있어야 한다.

- 서비스가 고객을 소중히 대했습니까?
- 서비스를 통해 어딘가에 속해 있다는 느낌을 받았습니까?
- 서비스를 통해 다른 고객과 연결될 수 있었습니까?

영국에서는 독거 노인 우울증과 자살 문제가 심각해지면서 이를 해결하기 위해 친숙한 소통 수단인 유선 전화로 노인끼리의 유선 전화 네트워크를 만들었다. 노인들의 개인 프로필을 카드로 만들어 지역 사회에 배부하고 공통점이 있는 사람을 지역 사회의 운영자가 연결해준다. 이 서비스는 독거 노인에게 본인이 보살핌을 받고 있다는 느낌을 줄 수 있으며, 독거 노인은 전화로 다른 노인과 연결될 수 있어 외로움은 감소하고

혼자가 아니라 어딘가에 속해 있고 친구 집단을 형성하고 있다는 느낌을 받을 수 있다.[25]

둘째, 좋은 서비스는 그 환경에서 어떤 윤리적인 문제와 공공의 가치를 해결할 수 있어야 한다.

- 어떤 서비스가 올바른 서비스라고 생각합니까?
- 서비스가 고객과 약속을 하고 그 약속을 지키고 있습니까?
- 서비스가 어떤 행위나 행동을 통해서 믿음을 증명하였습니까?

인도 저개발 지역의 주민들이 잘못된 식수 습관과 배급 때문에 삶이 크게 위협받고 있음을 파악한 IDEO는 물을 운반하느라 목 디스크가 잦은 인도 여성을 위해 물 운반을 돕는 캐리어를 디자인하였다. 이와 함께 깨끗한 물 섭취의 중요성을 알리는 교육 캠페인을 지역의 자원봉사 단체와 협업해서 진행하고 있다. 이런 서비스를 통해 깨끗한 물이 필요한 인도 사람들에게 깨끗한 물을 제공해주는 공공 가치를 실현했으며, 목 디스크로 힘든 사람들에게도 치료할 기회를 제공해주었다. 일시적으로 제품만 제공하는 것에서 나아가 지속적인 문제 해결책을 제공하기 위해 교육을 진행하면서 고객에게 진실하게 다가가고 있다.
    서비스의 의미성을 높이기 위해서는 서비스를 받는 사용자가 부끄러움을 느끼게 해서는 안 된다. 예를 들어 새로운 휴대전화를 받았는데 어떻게 전원을 켜는지 모르면 다른 사람들에게 기계를 잘 다루지 못하는 사람으로 보일까 봐 수치심을 느끼게 된다. 이처럼 사용자가 부끄러움을 느끼게 하는 서비스는 절대로 좋은 서비스가 될 수 없다.

결과적으로 '좋은 서비스'는 사용자에게 서비스의 시작과 끝을 명확하게 보여주면서, 사용자가 원래 의도했던 것 이상의 효과를 제공하며, 주변 사람이나 환경과 조화를 이루는 것이다. 그런 서비스를 통해 얻은 경험이 진정한 경험이다. 사용자에게 진정한 경험을 제공하기 위해서 서비스는 적절한 시점에 사용자의 필요를 충족시켜주는 유용성, 그 필요를 충족시키는 과정이 쉽고 편리해야 하는 사용성, 서비스를 진행하는 동안 사용자가 느끼는 감정적 요인이 서비스를 사용하는 목적이나 필요와 잘 맞아야 하는 감성, 그리고 사용자에게 의미 있고 오랫동안 지속할만한 경험을 줄 수 있는 의미성, 이렇게 네 가지 조건을 만족시켜야 한다.

서비스 경험 디자인이 할 수 있는 것

지금까지 좋은 서비스의 특징을 살펴보았다. 좋은 서비스는 개인의 행동, 생각, 또는 삶을 더 좋게 만들어주는 진정한 경험을 제공한다. 뿐만 아니라 기업에서 진행하는 좋은 서비스는 기업의 성공을 돕는다. 이 외에도 서비스 경험 디자인이 할 수 있는 일들은 많다. 공공 기관에서 공공의 가치를 높이기 위한 공공 서비스 경험 디자인을 할 수도 있고, 더 나아가서 사회의 변화도 끌어낼 수 있다.

일반 기업

아마존의 새로운 배송 서비스 아마존 프라임 에어Amazon Prime Air는 드론을 이용해 30분 안에 물건을 배송하자는 목표를 갖고 있으며, 드론이라는 새로운 기술을 이용했다는 점에서 주목 받고 있다. 사용자의 위치를 스마트폰 등 모바일 기기로 파악한 뒤 각종 센서를 이용해 드론이 사용자에게 직접 배달해준다. 드론을 통한 배송은 배송 속도가 향상된다는 큰 장점이 있다. 그 외에도 사용자는 반품이 용이해졌으며, 줄어든 배송 시간을 통해 사업 확장의 가능성까지 갖고 있다. 아마존의 새로운 배송 서비스는 사용자에게 좀 더 나은 경험을 제공해줄 것이며, 이를 통해 더 많은 고객을 확보할 수 있다. 이처럼 서비스 경험 디자인은 기업의 성공을 돕는 수단으로 사용될 수 있다.

맥딜리버리McDelivery는 맥도날드의 배달 서비스로, 매장에서만 사먹을 수 있던 음식을 고객의 집까지 배달해주는 서비스다. 1993년 시작된 서비스는 미국을 시작으로 다양한 지역으로 확대되고 있으며 24시간 서비스를 제공해주는 곳도 생기고 있다. 맥딜리버리 서비스는 나가기 귀찮거나 힘든 상황의 고객까지 고려했다는 점에서 사용자에게 편의성을 제공하고 있다. 빠른 배송으로 패스트푸드의 '패스트' 조건까지 만족시켜 맥도날드는 고객 수가 증가하는 동시에 고객 만족도까지 증가했다. 현재 맥도날드는 모바일 앱을 통한 주문 및 결제 서비스까지 고려하고 있다. 맥딜리버리 서비스는 간단한 서비스 경험 디자인이 기업의 성공을 도와준 대표적인 사례라고 할 수 있다.

공공

미국의 서비스 경험 디자인은 경영에 초점을 맞춘 영리적인 성격을 띠는 반면, 유럽은 사회복지와 관련해서 공공 디자인에 초점을 맞추고 있다. 그림 8을 보면 횡단보도 근처의 차선이 지그재그로 되어 있음을 알 수 있다. 지그재그 선을 보면 왠지 불안한 마음이 든다. 이런 사람들의 심리를 이용하여 횡단보도에서 자동차의 속도를 줄이도록 만들었고, 횡단보도에서의 안전성을 확보하였다. 사소할 수 있지만 서비스 경험 디자인의 재미있는 사례 중 하나이다. 이처럼 사람들에게 어떻게 하면 조금 더 안전한 교통 환경을 제공해줄 수 있을지 고민하고 그에 대한 해결책을 제시하는 것은 공공 서비스 경험 디자인의 좋은 예라고 할 수 있다.

그림 9는 한때 유튜브에서 인기가 많았던 '피아노 계단' 영상의 한 장면이다. 에스컬레이터 옆 계단을 더 많이 사용할 수 있게 유도하여 시민의 비만을 줄이는 환경 디자인 지침을 제시하였다. 계단을 피아노 건반

그림 8. 횡단보도 근처 지그재그로 되어 있는 차선　　　**그림 9. 지하철 이용자에게 운동을 권하는 피아노 계단**

으로 만들어서 올라가면서 밟으면 피아노 소리가 나게 디자인하였는데, 영상을 보면 실제로 사람들이 그 소리가 흥미로워서 계단을 많이 이용하는 개선된 모습을 볼 수 있다. 에스컬레이터 대신 계단을 사용함으로써 건물의 에너지 사용을 줄이고, 신체 활동 기회를 늘리게 하는 등 시민의 행동을 변화시킨 좋은 공공 서비스 경험 디자인 사례 중 하나이다.

공공과 기업이 함께

공공 서비스와 비즈니스 서비스가 접목될 수도 있다. 그림 10은 타겟 사 Target의 의료용기 클리어-RX 개발 사례이다. 클리어-RX는 인지 오류를 최소화하는 의약품 패키지다. 미국 성인 10명 중 6명이 약을 먹다가 실수한 경험이 있다는 문제점을 해결하고자 타겟 사는 의료 용기에 붙어 있는 라벨의 가독성을 높였고 성분 구분을 위해 컬러 고무링을 사용했다. 또한 문맹자를 위해 아이콘 디자인까지 추가하여 정보 전달 효과를 증대시켰다. 그 결과 투약 오류가 많이 감소하였고 매출은 15퍼센트 이상 상승하였다.[26] 공공 서비스와 비즈니스 서비스가 잘 접목된 사례라고 할 수 있다.

전체적으로, 학계에서도 많이 서비스 경험 디자인을 하고 있고 컨설턴시와 같은 전문 업체에서도 서비스 경험 디자인을 하고 있다. 유럽에서는 주로 의료 서비스나 커뮤니티 서비스와 같은 공공 서비스 분야가 발달하여 있다. 미국에서는 주

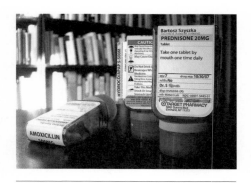

그림 10. 공공 서비스와 비즈니스 서비스가 접목된 사례

로 비즈니스와 관련된 서비스 분야가 발달하여 있다. 또한 학교와 전문 업체 사이에 다소 차이는 있지만 다양한 분야에서 서비스 경험 디자인을 진행하고 있다.

나가면서

서비스 중심 시대가 도래하면서 서비스 산업에 관심이 높아지고 있으며 앞으로 발전 가능성도 매우 크다. 이런 서비스는 스마트폰의 등장과 같은 디지털 기술의 발전과 무형의 재화에 대한 사람들의 소비 행태의 변화, 정보화 시대의 급속한 고도화, 사회의 선진화와 풍족화로 더욱 빠르게 발전하고 있다. 우리는 서비스를 '디자인'한다고 말한다. 여기서 디자인은 그 자체가 하나의 예술품인 아트(예술)와는 다르게 사용자에게 큰 가치를 줄 수 있고, 구체적이고 가시적인 형태로 표현된다는 점에서 차이점을 보인다. 그리고 서비스는 무형성, 이질성, 불가분성, 소멸성의 특징을 갖기 때문에 서비스를 디자인할 때는 이러한 특징에 대한 고려가 필요하다. 여기서 말하는 서비스 경험 디자인은 그 서비스를 사용하는 사람과 서비스를 제공하는 사람들에게 어떻게 하면 기억에 남는 경험 또는 진정한 경험을 제공해줄 수 있을지 고민하는 것이다. 진정한 경험이란 우리의 일상 속에서 기억할 만한 삶의 일면을 발견하고, 소기의 목적을 충분히 충족시키면서, 주위와 조화를 이루어나가는 바로 그 경험이다.

서비스 산업은 끊임없이 발전하고 있다. 이런 흐름에서 좋은 서비스를 디자인하기 위해서는 좋은 서비스의 특징을 고려해야 하지만 다양한 분야의 지식과 사람도 필요하다. 그리고 서비스 경험 디자인에서 가장 중요한 점은 서비스의 한 쪽 면만을 보는 것이 아니라, 서비스를 다양한 시각에서 접근하고 다양한 분야의 사람들과 상호작용하는 전체적인 시스템으로 고려해야 하는 것이다.

토론하기

1

서비스의 '소멸성'에 대해 최근에 본인이
직접 경험한 사례를 생각해보자.

서비스의 '이질성'에 대해 최근에 본인이
직접 경험한 사례를 생각해보자.

인터넷이나 모바일 기술 다음으로 서비스 시장을
확대시킬 것으로 기대되는 IT 기술은 무엇일까?

최근 사람들이 엄청난 돈을 기꺼이 치르는
새로운 서비스 사례에 대해서 생각해보자.

2

서비스의 특징 네 가지를 고려해서 만든 서비스
중에서 가시화, 개인화가 잘 되어 있거나 사용자
접점 관리를 잘한 서비스 또는 기억에 남는 경험을
제공해주는 서비스를 찾아보자.

최근에 직접 했던 경험 중에서 진정한 서비스 경험을
제공해주었던 사례를 제시해보자.

앞으로 시대가 발전하면서 서비스의 특징으로
무엇이 추가될 수 있을까? 그리고 그러한 특징을
고려해서 어떤 원칙으로 서비스를 디자인해야 하는지
생각해보자.

3

좋은 서비스의 조건 중 하나를 선택하여
그 조건이 가장 잘 만족된 경우와 그렇지 못한
경우를 생각해보자.

좋지 않은 경험을 했던 서비스를 떠올려보자.
그 서비스의 어떤 점 때문에 좋지 않은 경험이라고
느끼게 되었는가?

4

공공 서비스 분야에서 서비스 경험 디자인이
잘 이루어진 사례를 찾아보고, 어떤 가치와 경험을
제공했는지 알아보자.

기업 서비스 분야에서 서비스 경험 디자인이
잘 이루어진 사례를 찾아보고, 어떤 가치와 경험을
제공했는지 알아보자.

내가 해당 서비스의 제공자가 되었을 때, 어떤 가치와
경험을 제공할지 생각해보자.

생각해보기

최근 관심이 쏠리는 새로운 서비스 영역을
찾아보자. 해당 서비스가 주목 받는
이유는 무엇일까?

해당 서비스를 선정하여 서비스의 네 가지
특성이 어떻게 발현되고 있는지 분석해보자.

관심 있는 서비스 영역을 한 가지 선정하여
해당되는 영역의 좋은 서비스와 그렇지 않은
서비스의 특징을 분석해보자.

해당 서비스가 비즈니스적인 입장과 공공적인
입장에서 어떤 가치를 만들 수 있는지 분석해보자.

2장

서비스 경험 디자이너

탑을 세워라. 팀을 만들어라.

톰 우젝 | 오토데스크 연구원

Build a tower, build a team.

Tom Wujec

다양한 분야의 전문가가 모여 시너지를 내는 경우는 일상 곳곳에서 찾아볼 수 있다. 나는 S 전자 미래기술연구회에 한 달에 한 번씩 4년 넘게 참여하였다. 연구회에서는 전자나 기술에 국한된 것이 아니라, 한국의 신 에너지원이나 심지어 물 부족 문제까지 주제로 다루고 있다. 말 그대로 모호하고 다양한 형태의 이슈들을 다룬다. 참여자를 보면 HCI 전문가, 엔지니어, 뇌 과학자, 물리학자, 그리고 학교 총장까지 정말 스펙트럼이 넓게 구성되어 있다. 처음에는 각자 터널 비전을 가지고 있다가도 새벽에 모여 회의를 하다 보면, 더욱 근본적인 문제로 근접하게 된다. 학교에서도 비슷한 일이 있다. 학부 수업 시간에 팀 프로젝트를 진행해보면, 어떤 친구들은 오래전부터 잘 알고 있던 비슷한 전공을 하는 친구끼리 모여서 팀을 짠다. 반면에 어떤 친구들은 수업 시간에 처음 만난 전혀 다른 전공 친구들과 팀을 짠다. 그런데 구성원들의 배경이 다를수록 성과는 더 좋았다. 물론 초반에는 서로 조율하는 시간이 필요해 헤매긴 하지만, 중간고사 기간 이후로는 판도가 완전히 뒤집히는 경우가 허다하다. 그렇다면 서비스 경험 디자인을 하기 위해서는 어떤 분야의 전문가들이 필요할까? 그들은 어떤 자질이 있어야 할까? 그리고 그들이 모여서 함께 서비스를 만들기 위해서는 어떤 점이 중요할까?

디자인 사고

서비스 경험 디자인에 대해서 깊게 이야기하기 전에 우선 전반적인 디자인 사고에 대해서 이야기해보자. 꽤 오랜 기간 우리는 '디자인' 하면 손으로 무언가를 그리고 만드는 것을 떠올렸다. 그래서 디자인을 잘하고 못하고의 차이는 디자이너의 손끝에 달려 있다고 생각했다. 그러나 2000년대 후반 미국의 디자인 컨설팅 회사인 IDEO를 중심으로 '디자인 사고'라는 개념이 등장하기 시작했고 이후 많은 사람들이 디자이너가 머릿속으로 하는 사고방식이 그들의 손끝 기술보다 중요하다는 것을 알게 되었다. 디자인 사고에는 어떤 특성이 있는지 태도적 측면, 인지적 측면, 그리고 행동적 측면으로 나누어서 보자.[1]

태도적 측면

매사에 정확하고 정답을 확신하는 학습 습관을 들여온 사람들은 디자인 프로세스를 진행하면서 종종 불편하거나 불안해하곤 한다. 디자인 사고가 모호성에 대해 관대한 경향이 있기 때문이다. 전통적인 제품 디자인을 할 때도 그렇다. 디자인 프로세스의 막바지에 이를 때까지 내가 무엇을 디자인하는지도 모른 채 진행하는 경우가 허다하다. 그만큼 모호성에 관대한 것이 바로 디자인적 사고다.

모호함에 관대한 태도[2]
모호성을 인정하고 익숙해지도록 한다. 디자인의 영역에서는 이런 모호성을 받아들이고 계속해서 질문해나가는 태도가 결정론적인 태도보다 더 선호된다. 그러므로 디자인 사고에서 모호성에 익숙해지는 것은 핵심적인 요소이다. 모호성을 인정하고 익숙하게 여기게 되면 창의적인 해결 방안을 내놓는 것이 수월해진다.

실험적이고 탐험적인 자세[3]

가능성을 탐험해보기 위해 실패의 부담감을 안고 도전해본다. 개인이나 팀이 지닌 능력의 한계까지 부딪혀볼 용기가 필요하다. 기술적인 한계를 넘어보려고 노력하는 자세를 갖는 것도 디자인적 사고라고 할 수 있다. 끊임없이 질문하고, 이런 제약을 창의적으로 극복하려는 자세가 바로 디자인적 사고의 기본 요소이다.

낙관적인 태도[4]

제약 조건들을 될 수 있는 대로 긍정적으로 바라본다. 문제 해결을 즐긴다.[5] 적어도 하나의 잠재적인 해결 방안은 이미 존재하고 있는 다른 대안보다 나을 것이라고 믿는다. 디자인적 사고는 문제 해결과 기회 모색 과정을 즐기는 것과 연관되어 있다. 끝까지 포기하지 말고 제약을 오히려 감사히 여기며 열정적으로 기회를 찾는 태도는 디자인 영역에서 필요한 자세이다.

미래지향적 태도[6]

디자인 사고를 하기 위해서는 미래지향적 태도를 지녀야 하고 새로운 시나리오를 그려볼 수 있어야 한다. 디자인 사고를 하려는 사람은 어떤 사안에 있어서 비전과 현황을 알고 있어야 하며, 이를 통해서 미래를 내다볼 줄 알아야 한다. 그런 자세를 갖게 되면 새롭고 창의적인 문제 해결 방식을 발견할 수 있을 것이다.

인지적 측면

어떤 문제가 주어져 풀려고 할 때 자신보다 잘할 수 있는 사람이 항상 있다. 바로 문제를 낸 출제자다. 그렇다면 출제자보다 문제를 더 잘 풀기 위해서는 어떻게 해야 할까? 답은 간단하다. 문제를 나만의 관점에서 새롭게 해석하면 된다. 이렇게 되면 해결 방안이 맞고 틀리고를 떠나 문제를 바라보는 방식으로 경쟁하게 된다. 이것은 예상하지 못한 새로운 정답을 제시할 수 있다. 문제를 나만의 관점에서 바라보았을 때 현상 너머의 새로운 것들을 발견할 수 있다.

귀추법[7]

일반적인 것에서 새로운 가능성을 찾는다. 귀추적인 사고는 사물이나 현상의 공통적인 부분을 범주화한다. 연역적인 사고는 범주화를 바탕으로 사물이나 현상에 대해 예측하는데 비해, 귀추적 사고는 현상과 사물의 유사성에 주목한다. 현재 일어나는 현상을 파악하고 새로운 가능성을 찾기 위해서는 귀추적 사고를 할 수 있어야 한다.

문제 재구성하기[8]

문제를 다르게 바라볼 수 있다면 문제 너머의 것을 볼 수 있다. 디자인 사고에서는 왜 그런 문제가 발생하는지 묻는 태도가 중요하다. 그러한 문제를 정확하게 정의한 뒤 틀을 잡고 다시 한번 생각함으로써 문제를 계속해서 다른 관점으로 바라보고 새로운 시각으로 접근할 필요가 있다.

전체적인 시각[9]

시스템적 사고를 통해 사건을 360도로 관찰하는 것이 가능하다. 디자인 사고를 위해서는 사용자의 요구나 맥락, 사회적 요인과 같은 문제들을 모두 파악하고 이해하고 있어야 한다. 이해의 범위는 사용자의 감정뿐 아니라 사회적·문화적 요구까지 모두 포함한다. 시스템적 사고를 통해 문제의 구조와 패턴, 사고 등을 모두 파악해야 한다. 이러한 시스템적인 사고는 내적 문제와 외적 문제를 연결해 전체적인 시각에서 문제를 바라볼 수 있도록 해준다.

통합적 사고[10]

확산적·수렴적 사고의 조화를 통해 균형을 맞추고, 이를 바탕으로 창조적인 해결책을 제시한다. 디자인 사고는 기술, 경영, 인문학 차원에서 자연스러운 균형이 이루어질 때 가능하다. 인간 중심적 사고와 회사 중심적 사고가 균형을 이루고, 수렴적 사고와 발산적 사고, 분석적 사고와 직관적 사고가 균형을 이루기 위해서는 통합적 사고가 반드시 필요하다.

행동적 측면

디자인 사고에서는 손을 이용해 직접 만들어보는 것이 중요하다. 그림 실력이 나빠도 괜찮다. 그림 실력보다 중요한 것은 사용자가 느끼는 불편에 얼마나 깊이 공감할 수 있느냐 하는 것이다. 사용자의 불편 사항을 해결할 수 있는 다수의 대안으로 정리한 뒤, 프로토타입prototype으로 만들어 시각적으로 제시할 수 있다. 여기에서 얻은 피드백을 다시 새로운 대안에 빠르게 반영할 수 있다. 직접 만들어보는 것은 생각보다 훨씬 쉽고 효율적이며 효과적이다.

인간 중심적 접근[11]

사용자 중심으로 생각하고 관찰하며 공감한다. 디자인 사고를 고객, 사용자, 또는 인간 중심 디자인과 일치하는 용어로 보는 관점도 많다. 그만큼 사용자를 관찰하고 이해하며 공감하는 것은 정말 중요하다. 관찰 방법과 인문학적인 접근법은 사용자에 대한 깊은 이해와 공감을 형성하기 위해 가장 핵심이 되는 방법이다. 사용자에 대한 공감과 이해가 함께 있어야 사용자에게 협력적인 디자인이 가능하고 이는 성공적인 접근법으로 이어질 수 있다.

직접 만들어보면서 생각하기[12]

프로토타입을 통해 빠르게 한 차례 시도한 결과를 반영해 발전시킨다. 지식을 형성하는 것은 그 자체로도 유용하지만 형성 과정에서 얻은 피드백을 반영하여 진행하는 것이 더 유용할 수 있다. 초반부터 계속해서 프로토타입을 이용하는 것은 전반적인 과정에서 매우 중요하고 유익하다. 프로토타입은 아이디어를 형상화하고 입증하면서 생각과 지식을 형성하게 해준다. 이를 통해 콘셉트를 구체화할 수 있고 많은 해결 방안을 탐색하는 데 유용하다. 프로토타입은 생각을 자극하거나 아이디어를 탐색하는 데 매우 유용한 도구이다.

시각화하기[13]

눈에 보이지 않는 무형의 것을 시각화한다. 예를 들어서 글자나 부호로 표현하는 것보다는 미디어를 이용해서 표현하는 것이 훨씬 많은 정보를 나타낸다. 만질 수 없고 눈에 보이지 않는 콘셉트나 모델, 아이디어를 가시화시켜서 눈에 보이게 하는 것은 많은 사람들의 이해를 돕고, 이를 통해서 아이디어를 공유하고 토론하는 것을 편리하게 해주기 때문이다.

확산적 접근과 수렴적 접근의 조합[14]

아이디어를 발산하고 그 사이의 패턴을 찾고 다수의 대안을 생각한다. 정리 과정에서 좋은 대안이 나올 수 있다. 넓은 범위의 아이디어를 생각해내기 위해서는 제약을 두지 않고 처음부터 자유롭게 생각하는 태도가 필요하다. 새로운 패턴과 관계를 발견하는 데 모호하거나 모순적이면서 갈등을 불러일으키는 자료들은 디자인 사고에 중심적인 역할을 한다.

협업 스타일[15]

많은 이해관계자를 참여시키고 다학제간 협업을 통해 일한다. 모든 이해관계자가 과정에 참여하는 것은 매우 중요하다. 이는 다양한 분야의 사람들과 함께하면서 이루어지는데 이 과정에서 협업이 매우 중요하다. 협업은 복잡하고 어려운 문제를 대할 때 많은 분야의 전문 지식과 관점을 수용하려는 태도가 무척 중요하다. 또한 그렇게 얻어진 다양한 지식을 의미 있고 새로운 방향으로 합치는 것도 중요하다. 다른 사람들과 성공적으로 상호작용을 하기 위해서는 다 같이 생각을 공유하고 계속 표현하며 협력하고 통합하는 사고가 필요하다.

서비스 경험 디자이너의 핵심 자질

디자인 사고는 디자이너만이 할 수 있을까? 우리는 스티브 잡스 같은 특별한 사람만이 디자인 사고를 하는 사람design thinker이라고 생각하는 경향이 있다. 대부분의 전문가가 일종의 디자인 훈련을 받아온 것이 사실이지만 디자인적 사고를 하는 모든 사람이 꼭 디자인 학교에서 양성되지는 않는다. 오히려 전문적인 디자인 분야에 속해 있지 않은 많은 사람들이 디자인 사고에 소질을 가지고 있기도 하다. 그렇다면 디자인 사고를 하는 사람들은 어떤 특징을 가지고 있고, 이러한 특징이 서비스 경험 디자인에서는 어떻게 발현될 수 있을까? 서비스 경험 디자이너는 공감 능력, 통합적 사고, 시스템 사고, 실험주의, 그리고 협업 능력의 자질이 있다.[16] 지금부터는 연세대학교 서비스 디자인 수업에서 진행된 학생들의 프로젝트를 바탕으로 서비스 경험 디자인 사고의 다섯 가지 원칙에 대해 이야기하고자 한다.

공감 능력

디자인 사고의 첫 번째 요소는 공감empathy 능력이다. 디자인 사고를 하는 사람들은 제품이나 서비스를 둘러싼 다양한 이해관계자의 입장이 되어 상황을 바라볼 줄 안다. 서비스는 사람이 직접 해당 서비스를 경험해야 비로소 제공되기 때문에 서비스 디자이너는 특히 더 서비스를 사용하는 사람의 관점에서 그들이 처한 상황을 바라볼 수 있어야 한다. 서비스 디자이너는 사용자를 더 깊이 있게 이해하기 위해 그들이 있는 현장으로 직접 가서 관찰하거나, 그들과 함께 서비스를 수행해봄으로써 불편했던 점들에 공감하곤 한다. 이와 같은 사람 중심 원칙과 연관된 서비스 디자이너의 자질이 공감 능력이다.

AM559 서비스는 시드 아이디어seed idea 도출 단계에서 사용자에게 깊이 공감한 좋은 사례다. 1인 가구 대학생 한 명이 자신의 자취 생활 이야기를 들려주면, 팀원은 그 이야기에 공감하며 아이디어를 덧붙이는 방

외로울 때 함께 잘 수 있는 공간
마음이 아플 때 심리 상담
24시간 깨어 있는 친구 집
야식 모임
빨래, 청소해주는 우렁각시
집안일 품앗이
반찬 공유 파티
집밥 주는 곳(하숙 제외)
주말 사랑방
밥 같이 먹어주는
고깃집 같이 가주는
혼자 먹는 고깃집
집 꾸미기 조언
맞춤 생활용품 가구 대여
방범 장치
안심 잠자리
귀가 반겨주는
배웅 나와주는
처음 자취 시작할 때 시작과 끝
곰팡이 제거
관리 서비스 이불 관리

아침 배달 및 수거
일인 분 조리
반찬, 과일 나눔
고지서, 공과금 처리
디저트 배달, 카페 배달 (예쁘고 잘생긴 사람)
페트병, 술병 버려주는
해장국 배달
아플 때 병원 데려다주고 죽 먹여주는 병간호
잘 재워주는
머리맡에서 머리 쓰다듬어주는
룸메이트 매칭
소음 방지 공사
배달 음식
반반 나눠 먹는
옷 정리, 코디, 스타일리스트
장보기 대행
딱 필요한 것만 사는
애완동물 보살핌 서비스
강아지 돌보는 집
집에서도 쓰레기 되지 않고 생산적일 수 있는 공간
새집 대신 살아주거나
새집 증후군 없애주는

기분 나쁘지 않게 잘생긴
남자가 적시에 깨워주는
집안일 컨설팅
집안일을 누가 얼마나 해야 하는지

독립
장기적인 집
주거 재무 설계 및 컨설팅
주거 플래너

DIY 가구, 실내장식 경험 및 조언 및 대행
무섭지 않게 해주는

운동이나 식사 주기적으로 체크
자취, 독립 매뉴얼
예산, 생활 형태 입력하면 케어

효율적으로 할 수 있는 방법
스케줄링
불금 혼자 보내지 않게 함께 보내주는 상대적 박탈감 줄여
욕조 대여
반신욕
족욕
공부 잘되는 공간

화분 키워주는
컬렉팅하는 물건(보물) 관리

집에 항상 사람이 있는 듯 페이크
편하게 영화보고 음악을 마음껏 듣는 공간
스트레스 풀 공간
공간 재활용

이불 털어주고
이사할 때 짐 정리
이사 중고 판매 대행
중고 판매 플랫폼

생활용품 공유 장터
생활 습관 케어

그림 1. AM559가 도출한 시드 아이디어

식으로 시드 아이디어를 도출했다. 실제로 AM559 팀원은 "아플 때 혼자 병원에 가기 참 어려웠는데 병원에 데려다주고 죽도 먹여주는 간병인이 있으면 좋을 것 같았다."는 이야기에 깊이 공감했고 이를 바탕으로 많은 시드 아이디어를 이끌어냈다. AM559 팀은 혼자 사는 시나리오를 가정해 '만약에 내가 혼자 산다면……'이라는 말 뒤에 이어질 이야기를 상상하며 감정이입 함으로써 그림 1과 같은 구체적인 상황들을 나열했다.

　디자인 사고를 하는 사람들은 서비스에 포함된 이해관계자들이 각각 어떤 생각을 하고 어떤 처지에 놓여 있는지 충분히 공감하기 때문에 종종 다른 사람들이 미처 알아채지 못한 것들을 깨닫곤 한다. 이런 통찰력은 곧 새로운 혁신을 이끄는 자양분이 된다.

통합적 사고 능력

디자인 과정에서는 확산적 사고와 수렴적 사고가 반복적으로 이루어진다. 서비스는 사용자뿐 아니라 제공자의 관점에서도 바라봐야 한다. 즉, 통합적 사고 능력integrative thinking이 필요하다. 전통적인 제품 디자인이나 사용자 경험 디자인과는 달리 서비스 경험 디자인에서는 여러 이해관계자가 얽혀 있으므로 다양한 관점에서 문제를 바라보는 것이 중요하다. 또한 분석적 사고와 창발적 사고의 균형 및 반복을 통해 현상을 뛰어넘는 혁신적 해결책을 찾기 위해서는 통합적 사고가 특히 중요하다.[17]

　스냅 사진 플랫폼 서비스 포토바기는 통합적 사고를 바탕으로 서비스의 방향을 잡은 좋은 사례이다. 포토바기 팀은 기획 초기 파파라치 서비스를 구상했는데 발견 단계를 거쳐 정의 단계에 이르렀을 때 파파라치 서비스의 기회 영역이 너무 좁다는 점을 깨닫게 되었다. 특히 포토바기 팀은 전문 포토그래퍼 인력을 확보하고 있지 않아서 파파라치 서비스 제공 자체가 어려워 보였다. 그러나 그들은 파파라치 서비스를 포기하지 않았다. 사용자를 관찰하기 시작했다. 그 결과 이전에는 발견하지 못했던 흥미로운 사실들을 발견했다. 포토그래퍼 중에는 프로뿐만 아니라 부업으로 활동하는 아마추어가 많다는 점, 그리고 이런 아마추어 작가는 자신을 홍보할 채널이 없어 어려움을 겪고 있다는 점 등이었다. 나아가 포토바기 팀은 스냅사진에 대한 일반 사용자의 요구가 점차 커지고 있다는 점과 그에 비해 스냅 사진 서비스의 이용 요금이 다소 비싸다는 점에 집중해 새로운 콘셉트 브리프concept brief를 정리했다(그림 2). 콘셉트 브리프는 7장에서 자세히 설명할 예정이다.

사용자와 제공자가 처한 문제점을 이끌어내기 위한 분석적인 사고와 신선한 해결 방안을 제시하기 위한 창의적인 사고를 동시에 수행할 때, 혁신적인 해결책을 제시할 수 있게 된다.

통찰력	기회 영역	
파파라치 형식으로 일상을 찍는 콘셉트에 공감대 형성 부족. 학교 안에서 실행하기에 제약이 큼	피드백	어떻게 하면 포토그래퍼가 자신의 사진에 대한 평가를 제대로 받을 수 있을까? (포토그래퍼의 성장 도모)
	연결	어떻게 포토그래퍼의 찍고 싶은 욕구와 일반인들의 찍히고 싶은 욕구를 편하게 이어줄 수 있을까?
스냅 사진에 대한 욕구는 있지만 시중의 서비스는 가격대가 높아 일반 대학생이 사용하기에 무리가 있음	사진 콘셉트	어떻게 색다른 콘셉트의 사진 서비스를 재미있게 제공할 수 있을까?
캠퍼스 내 아마추어 포토그래퍼를 이용한다면 저렴한 가격으로 스냅 사진 서비스 이용 가능	특별한 이벤트	어떻게 하면 사진이 특별한 이벤트를 기록하고 그 이벤트를 더욱 특별하게 만들어줄 수 있을까?
	사진 결과	어떻게 사진을 더욱 효과적으로 보정하고 전달할 수 있을까?
개인 혹은 아마추어 포토그래퍼가 자신을 알리고 활동할 수 있는 홍보 채널 없음	이익	어떻게 하면 아마추어 포토그래퍼도 사진으로 돈을 벌게 만들 수 있을까?

그림 2. 포토바기 서비스의 콘셉트 브리프

시스템 사고 능력

서비스 경험에는 시작점과 종점이 있고 그 사이에는 시간의 흐름이 존재한다. 사용자가 서비스를 경험하는 동안 시간의 경과에 따라 사용자는 행동의 흐름을 보여주는데, 그렇기에 서비스 경험 디자인에서는 사용자에 대한 정교한 행동 설계가 중요하다. 이때 행동을 설계하는 사람은 여러 가지 현상을 하나의 시스템으로서 체계적이고 종합적으로 이해할 줄 알아야 한다. 이런 디자인 사고를 '시스템 사고'라 한다. 디자인 사고를 하는 사람들은 단순히 눈에 보이는 현상만을 이야기하지 않는다. 그들은 그 현상이 포함된 시스템 전체에 대해서 생각할 줄 안다.

그림 3의 버스킹 어라운드 서비스 여정 지도를 보면 공연자, 공간 주인, 관객으로 서비스 사용자를 분류한 뒤 각 사용자가 경험하게 될 행동 흐름을 상세하게 그려냈음을 알 수 있다. 또한 세 분류의 사용자를 각기 다른 색으로 설정하여 시간의 흐름에 따른 사용자 감정선을 그려봄으로써 어떤 사용자가 어떤 부분에서 어려움을 겪는지 혹은 좋은 경험을 하였는지 한눈에 알아볼 수 있도록 하였다. 공연자와 공간 주인 그리고 관객을 별도의 개체로 보지 않고, 전체 서비스 시스템의 구성 요소로 바라보았다는 점이 시스템적 사고가 잘 드러난 사례이다. 사용자 여정 지도에 대한 자세한 사항은 8장을 참조하자.

이런 시스템 사고 능력은 팀 프로젝트를 할 때 특히 유용하다. 예를 들어 모든 팀원이 부분에 사로잡혀 전체 그림을 보지 못하는 경우가 발생하였다고 하자. 이때 시스템 사고 능력을 갖춘 사람이라면 전체 큰 틀을 보고 나서 세세한 것까지 생각을 해나가기 때문에 팀이 올바른 방향으로 나아가는 데 도움을 줄 수 있다.

그림 3. 버스킹 어라운드의 서비스 여정 지도

과정	서비스 인식	둘러보기	가입	프로필 등록	탐색		결정
사용자 행위	• 서비스 발견한 뒤 웹사이트 방문 ■ 공간 주인 ■ 공연자 ■ 관객 ■ 공연자+공간 주인	• 웹사이트 구성, 내용 • 지도의 핀 클릭 • 공간 프로필, 과거 공연 콘텐츠 사진, 동영상, 리뷰	• 페이스북, 이메일로 가입	• 기본 양식에 맞춰 작성 • 사진 등록 • 동영상 등록	• 지도 둘러보기 → 핀 눌러보기 • 필터 설정 → 체크 박스 클릭 • 프로필 보기 • 추천 공연자, 장소 확인	내 공간에 맞는, 내가 좋아하는 공연자 탐색 내가 자주 가는, 분위기와 평가가 좋은 카페 탐색 내가 좋아하는 공연자, 자주 거나 가까운 카페 탐색	프로필 열람 뒤 [함께 공연하기] 버튼 클릭 [나 여기 가요] 버튼 클릭
접점	• 검색 시 뜨는 웹사이트 주소, 페이스북 페이지 링크 등	둘러보기 서비스 • 웹사이트 검색창 • 지도 뷰 • 배경 화면 (실제 공연 사진)	• 가입 버튼, 가입창 • 페이스북, 이메일 로그인 • 정보 보호 약관	• 프로필 정보 입력창 • 완성도 뷰 • 작성 넘어가기, 완료 버튼	• 공연자/공연장 검색창 • 지도 뷰 공연자: 공연 가능 장소가 핀으로 표시됨 공간 주인: 공연자 주 활동 지역 표시	• 필터링 창: 체크 박스, 가격 설정 바, 서로 다른 색상의 분위기 아이콘 • 프로필 목록 뷰 • 추천 공연장/ 공연자/공연 뷰	• 프로필 뷰 • 공연 일정/시간표 • '함께 공연하기' • SNS로 공유 버튼
동기	카페에서 공연하는 걸 보니 좋아보이던데… ■ 나도 하고 싶다. ■ 보러가고 싶다. 라이브 연주를 통해 심심한 공간 변화 희망 / 더 많은 사람들이 와서 놀 거리 없을까?	잘 되는 걸 보니 여기 등록해도 손해 볼 건 없겠군. 공연했을 때 어떤 효과가 있는지 확인하고 싶다.	가입해서 제대로 찾아봐야지. 회원 가입해야 공연자를 섭외할 수 있구나.	자세히 작성할수록 신뢰감을 주어 많은 사람을 끌어모으겠지?	내가 원하는 분위기에서 공연하고 싶다. 내가 좋아하는 공연을 좋은 장소에서 보고 싶다.	공연을 확인하고 마음에 들면 공연을 의뢰하고 싶다. 내 취향에 맞추어진 공연자와 장소를 알고 싶다.	딱 내가 원하던 공간, 공연, 공연자다!
경험	• 광고, 마케팅 • 실제 공연 방문 • 입소문 • 페이스북 전파 • 포털사이트 검색	• 웹사이트 사용 방법 알아봄 • 스크롤을 내리거나 이것저것 눌러봄 • 탐색 창을 보니 주변의 많은 카페가 등록돼 있음	• 간단한 가입 절차 • 가입 약관 확인	• 자세한 프로필 작성 • 넘어가기 버튼으로 프로필 작성을 뒤로 미룰 수 있음 • 음악 장르, 사진, 동영상 등 등록	• 검색 창에 키워드 입력 (공연자, 음악 장르, 분위기, 장소 등) • 지도로 장소 위치를 한눈에 봄 • 필터에 가격대, 시간대, 분위기 등 설정하여 검색 결과 정리	• 지도 뷰 이외에도 사진 위주 목록으로 탐색 가능 • 탐색한 공연자/ 장소의 프로필 확인 • 추천 뷰: 자신의 데이터를 기반으로 추천된 공연자/장소 목록 열람	공연자, 공간의 프로필과 이제까지의 공연 내역을 자세히 확인하고 원하던 분위기의 공연자, 공간으로 결정

감정 그래프 (5–1 척도):

• 이런 서비스도 있네? 괜찮다~ 잘되나?
• 버스킹이야 길거리에서 보면 되잖아?
• 생각보다 사람들이 등록을 많이 하네?
• 가입해야 더 볼 수 있는 거야? 그나마 페이스북으로도 가능하네.
• 온라인에 가게 정보를 입력하기가 좀…
• 왜 프로필을 이렇게 작성하래… 넘기고 싶다.
• 생각보다 많은 공간이 등록되어 있구나. 연습실 근처에도 있을까?
• 한 번도 본적이 없는 사람들이네. 인터넷에는 꽤 나오는구나.
• 대부분 서울 전체를 돌아다니네, 선택 폭이 넓다.
• 조금 멀지만 있기는 있네. 얘들아 여기서 공연해볼래?

접촉과 소통		준비	공연	공연 후	탐색

접촉 – 소통 – 방문 – 확정/취소

- 공연 요청 양식 작성 뒤 전송
- 메시지를 보냄

확정	확정하고 공연 일정 등록

현재 접촉 중인 공연 정보 열람

취소	공연 취소

문제 발생 시 신고

- [내보내기]로 일정 공유한 뒤 홍보
- 공연 일정, 세부 정보 열람
- 공연 일정 푸시 알림 확인

- 공연 후기 등록
- 사진/영상 업로드
- 서로에 대한 메시지 형식의 리뷰
- 다음 추천 공연/공연자/장소 확인

- 다섯 번째 과정인 '탐색'부터 다시 시작

공연자, 공간 주인은 계속해서 서로 연락

접촉
- 공연 요청 양식
- 작성 창
- 메시징 서비스

소통
- 메시징 서비스
- 메시지 대화 창
- 기타 연락처 정보 창
  (전화번호, 이메일, 페이스북 등)

공연 확정/취소/대기
- 확정/취소/대기 버튼
- 달력 입력 창
- 공연 분류 체크 박스

- 공연 일정 뷰
- 공연 정보 내보내기 버튼
- 공연 직전 푸시 알림

공연 리뷰
- 공연 평가 뷰
- 공연 사진/영상 업로드 창
- 공간/공연자 리뷰 메시지 창

추천 창
- 추천된 공간/공연/공연자 사진 및 기본 정보
- 추천된 공간/공연/공연자 프로필 보기 버튼

실제로 공연 가능한지 직접 상의하고 싶다.

실제로 어떤 사람일지 얘기해보고 싶다.

확정
괜찮아 보이는데 공연하기로 확실히 정해야겠다.

취소

내가 선호하는 카페/아티스트 일정을 미리 알고 싶다.

직접 얘기해 보니 내 공연/공간과 어울리지 않는 것 같아 취소해야겠다.

잡혀 있는 공연 일정을 한눈에 보고싶다. 공연 일정을 관리하고 싶다.

사람들이 많이 왔으면 좋겠다.

공연 일정이 궁금하다.

후기를 등록하면 다음 공연자/장소를 섭외할 때 도움이 된다.

사진/동영상을 업로드하면 내 프로필 보는 사람들이 나의 공간/공연에 대해서 더 잘 알게 된다.

이번 공연에 대해서 일반 관객들은 어떻게 생각하는지 확인해보고 싶다.

생각보다 괜찮은 경험이었는데 다음에 또 공연 보고/하고/열고 싶다.

- 공연 요청 양식에 자기 소개, 공연 내용, 희망 일시 등을 작성하면 메시지 전송
- 메시징 기능이 있어 부담 없이 연락 가능
- 최초 공연 요청부터 누적된 메시지 기록 한눈에 확인 가능
- 프로필에서 볼 수 없던 정보를 얻음으로써 궁금증 해소
- 공연 일정을 등록하려면 확정 버튼 선택
- 취소 시 취소 사유 선택적 입력
- 신고 기능으로 허위 정보, 욕설, 비방 방지

- 캘린더와 뉴스피드 형식의 공연 일정 뷰를 통해 이번 주 공연 일정 확인
- 공연 푸시 알림을 보고 가까운 공연 일정 재확인

- SNS 공유, 내보내기 형식의 공연 일정 확인 (페이스북, 카카오톡 등)

- 공연 평가 뷰에서 이번 공연에 대한 평가와 리뷰를 작성한다
- 공연 사진/영상을 스마트폰에서 바로 업로드한다

- 추천 공연/공연자/장소 사진과 프로필 팝업 → 새로운 공연 공간/공연자를 확인함으로써 다시 서비스를 사용한 동기부여를 얻음

연락해보니까 참 싹싹한 애들인 것 같네.

내 공연 일정에 좋아요를 누른 사람이 생각보다 많구나. 내일이네!

이 동영상은 그 여자 분이 찍었던 거구나. 직캠 영상 뿐이라 아쉽지만 정말 고맙다.

다음 공연으로 추천된 애들은 경력이 좀 있나 보군.

애들이 재미있게 공연을 잘하네. 음료를 대접해야지.

또 다시 준비해볼까?

카페 사장님한테 연락해야 하는구나. 왜 이렇게 했을까?

일정 홍보라니, 별것 아닌데 배려해줬네.

아 맞다 내일이 공연이었구나. 친구랑 이 주위에서 만나자고 해야겠네!

손님도 많이 들어오고 좋았는데, 너무 단발적인 것 같기도 하고…

다음 공연은 여기서 해도 재미있을 것 같다! 분위기가 되게 좋네.

77

실험주의

디자인 분야를 막론하고 해결 방안을 제시할 때에는 손으로 직접 해보는 것이 중요하다. 만약 행동이 아닌 말로써 전략을 세운다면, 얼핏 효율적으로 보일 수 있으나 실제로는 현실 감각이 없어지기 쉽다. 초보적이어도 좋으니 일단 한 번 해보는 것이 중요하다. 특히 서비스의 경우 제품과 달리 눈에 보이지 않으므로 서비스를 어떻게 시각화하고 경험해볼 수 있는 것으로 만들어내는지가 디자인에서 중요하다. 디자이너는 문제를 발견하고 해결책을 제시하는 과정에서 그것을 실제로 만들어봄으로써 효과를 측정하곤 하는데 이때 필요한 자질이 바로 실험주의experimentalism다. 말로만 하는 것이 아니라 실제 손으로 그려보고 만들어봄으로써 시각화하는 과정을 거치는 것이다.

나의 수업을 들었던 한 학생은 제품 및 서비스를 개발하는 수업에서 과일이나 채소 등을 깎는 기구인 필러를 제작하는 프로젝트를 진행했던 경험을 이야기해주었다. 그는 현존하는 필러들의 문제점을 분석하고 해결 방안을 도출하였지만 머릿속에 있는 것을 표현하기에 한계가 있다고 생각하였다. 그는 프로토타입을 제작하기 위해 재료를 직접 사서 필러를 개조하였는데, 이렇게 제작한 프로토타입은 발표 과정에서 학우들에게 본인의 필러를 이해시키는 데 큰 도움이 되었다고 한다. 이처럼 프로토타입은 질과 관계 없이 제품을 실체화했다는 데 큰 의미가 있다.

디자인 사고를 하는 사람들은 점진적 개선에 그치지 않고 실제로 프로토타입을 만드는 과감한 시도를 한다. 그들은 그렇게 함으로써 창의적인 방법으로 문제를 바라본다. 이런 과감한 시도는 주어진 문제가 완전히 새로운 방향으로 나아갈 수 있도록 하며 주요한 혁신을 가져오는 원동력이 된다.

협업 능력

이제 혼자 일을 할 수 있는 분야는 거의 없다. 같거나 다른 분야의 사람들과 서로 협력함으로써 더 좋은 결과물을 내놓는 일이 대부분이다. 마찬가지로 서비스 경험 디자인에서도 사용자를 포함한 모든 이해관계자가 참여해야 한다. 여러 전문가가 함께 복잡한 문제를 해결해나가야 하므로 디자인 사고를 하는 사람들에게 협업 능력collaboration capacity은 필수 자질이라 할 수 있다.

그림 4는 수업 중 여섯 명이 한 조가 된 팀이 디자인 프로세스를 경험하는 과정에서 각 조원이 팀 내에서 어떤 역할을 수행하였는지 가시화한 그림이다. 이 팀의 경우 다양한 전공의 사람들이 모인 만큼 각자 나름의 성향을 가지고 협업에 임했다. 어떤 사람은 본인의 경험을 바탕으로

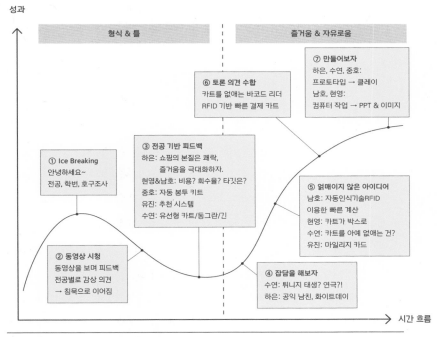

그림 4. 좋은 협업 능력을 보여준 팀 사례

잡담을 늘어놓다가 새로운 인사이트를 도출해내기도 했고, 어떤 사람은 이렇게 도출되는 아이디어들을 조용히 적으며 정리하는 역할을 했다. 또 어떤 사람은 이야기의 흐름이 큰 주제에서 벗어나지 않도록 방향을 잡아주는가 하면, 어떤 사람은 그날의 회의 내용을 다른 팀과 공유하기 위해 시각화를 담당하기도 했다. 이들은 각자 어떻게 하면 서로 더 협력하고 협업할 수 있을지를 고민했다. 협업의 중요성은 이처럼 서비스 경험 디자인을 할 때도 마찬가지로 강조된다. 특히 제품이나 서비스를 통한 경험이 복잡해짐에 따라, 우리 사회는 창의적인 천재 한 사람 보다는 여러 사람의 열정적인 학제간 협력자를 원한다. 이러한 흐름 속에 디자인 사고를 하는 사람들은 하나 이상의 분야에서 그들만의 전문성과 경험을 가지고 있는 경우가 많아졌다.

서비스 경험 디자인을 위한 전문 분야

인문학

서비스 경험 디자인을 할 때 사용자에 대한 이해는 그 어느 것보다 중요하다. 사람과 서비스 간의 접점을 가장 잘 이해하는 학문은 인문학이다. 인문학은 철학, 심리학, 사회학, 인류학 등 매우 다양한 분야를 포괄한다. 서비스 경험 디자인 분야의 전문가들은 소비자들이 어떤 패턴으로 소비를 하는지 사용자들이 어떤 환경에서 제품 또는 서비스를 사용하는지 조사 및 분석을 하고 전반적으로 인간은 어떤 특징을 갖고 있는지 연구한다. 그리고 이런 사회문화적인 맥락을 파악하고 공감을 바탕으로 사용자의 불편 사항과 잠재 욕구 등을 발견한다. 사용자·인간에 관한 연구는 서비스의 사용자를 이해하는 데 매우 중요하다. 그래서 서비스 경험 디자인에서 인문학 분야의 역할은 중요하다.

엔지니어링

실제로 사용자가 볼 수 있고 사용할 수 있게 만들려면 어떤 시스템을 구축해야 하는지, 그리고 실제로 만든 시스템이 사용자에게 어떤 가치들을 제공해야 하는지에 대한 고민은 주로 엔지니어링 분야에서 이루어진다. 엔지니어링 분야에는 전기 전자, 컴퓨터 공학, 로봇 공학 등 다양한 분야가 존재하며 이런 분야는 수집된 다양한 정보를 바탕으로 서비스 시스템의 구조화와 서비스의 효과적 개발을 위한 모듈 구조 설계, 효율적 운영을 위한 최적화를 가능하게 해준다. 또한 서비스를 구현하기 위한 기반 기술을 확보하고 확보한 기술의 요소를 구현해낸다. 그래서 사용자와 서비스가 직접 만나는 부분에서 기술적으로 기여해줄 수 있는 분야가 바로 엔지니어링 분야이다. 특히 '왜?'라고 생각할 수 있는 엔지니어는 서비스 경험 디자인에서 없어서는 안될 존재이다. 그래서 스티브 잡스는 엔지니어에게 특히 약했다고 한다.

디자인

디자인 분야도 매우 중요한 역할을 한다. 디자인 분야 전문가들은 사용자를 중심으로 전체적인 서비스에 초점을 맞추고, 사용자나 인간에 대한 디자인 분야의 연구를 진행한다. 인문학 분야와 마찬가지로 공감을 바탕으로 사용자의 불편 사항이나 잠재 욕구를 발견하고 시각화함으로써 무형의 서비스에서 시각적인 요소를 만들어낸다. 그 과정에서 서비스 사용자의 감성적 요인 전반을 설계하는 등 감성적인 경험을 제공하는 방안을 수립한다. 즉, 사용자와의 접점에서 프로토타입을 만들고, 실제로 서비스를 시각화할 수 있는 분야가 바로 디자인이다. 이처럼 보이지 않는 서비스를 감성적으로 시각화할 수 있는 디자인 분야는 서비스 경험 디자인에서 매우 중요하다.

서비스 및 조직의 운영과 관련해서 경제·경영 분야의 역할도 중요하다. 이 분야의 전문가들은 경쟁 구도를 분석한 뒤 외부환경과 내부 조직 역량을 파악하여 비즈니스 전략을 수립한다. 또한 서비스의 지속적인 유지·성장·운영을 위한 비즈니스 모델을 수립하고 서비스의 확산과 가치 증대를 위한 파트너십 체결과 사업 개발을 수행한다. 그 외에도 서비스 관리를 위한 정량화된 목표치를 수립하며, 운영을 위한 모니터링 요소를 도출하고 집행한다. 서비스를 디자인할 때 전략적으로 많은 기여를 할 수 있는 분야는 경제·경영 분야이다.

결과적으로 서비스 경험 디자인을 한다는 것은 인문학적인 지식과 엔지니어링 능력, 디자인에 대한 감각, 비즈니스적 사고방식 등 다양한 분야의 지식과 능력이 필요하다. 하지만 이 모든 것을 한 사람이 할 수 있는 것은 아니다. 그래서 서비스 경험 디자인은 다양한 전공 및 배경을 가진 사람들의 집합체를 통해 운영되어야 한다. 그리고 이런 다양한 분야의 사람들 사이에 조화롭고 성공적인 협업이 가능할 때 좋은 서비스를 만들어낼 수 있다.

공동 창작

정의

앞서 다양한 전공의 전문가들이 협업해야 좋은 서비스를 만들 수 있다고 설명하였다. 이러한 협업이 실제 서비스 경험 디자인에 특화되어 적용된 형태로 공동 창작co-creation을 들 수 있다. 이 개념은 2000년《하버드 비

즈니스 리뷰Harvard Business Review》에서 C. K. 프라할라드C. K. Prahalad
와 벤카드라 라마스와미Venkatrum Ramaswamy가 처음으로 소개했다. 이
들에 따르면 공동 창작이란 소비자, 생산자 및 관련 이해관계자들의 협
력으로 가치를 창출하는 과정이다.[18]

서비스 경험 디자인에서 공동 창작은 서비스와 관련한 모든 이해관
계자가 디자인 과정에 참여해야 한다는 원칙이자 이를 통해 새로운 관점
에서 문제를 찾고 해결할 수 있다는 믿음을 의미한다. 즉, 공동 창작은 하
나의 방법론이라기보다는 서비스 경험 디자인 프로세스를 수행해나가
면서 지켜야 하는 서비스 경험 디자인의 기본 철학이라고 할 수 있다.[19]

언뜻 비슷해 보이는 공동 창작과 공동 작업의 개념은 충분히 헷갈릴
수 있다. 그러나 공동 창작은 일반적인 공동 작업보다 '같이 한다'는 의미
가 훨씬 강하다. 일반적인 공동 작업은 여러 이해관계자가 모여 각자 할
일을 정하고 약속을 실행하는 것이다. 반면 공동 창작은 이들이 모여 '한
팀'을 이루고 서비스 개발의 처음부터 끝까지 함께 해나간다. 공동 작업
에는 각 주체 간의 상하 위계질서가 존재하는 반면, 공동 창작에는 그러
한 질서가 없다는 것이 특징이다. 예를 들어 한 권의 책을 집필하는 과정
에서 공동 작업을 한다면, 부분 부분 나누어 앞부분은 A가 중간은 B가
마지막은 C가 쓰게 된다. 반면에 공동 창작에서는 A, B, C가 한데 모여
전체를 같이 작성하게 된다.

공동 창작은 제품 디자인에서도 유용하지만 서비스 경험 디자인을
할 때 더욱 강조된다. 제품의 경우에는 해당 제품과 사용자 간 일대일 관
계가 형성되지만 서비스의 경우에는 훨씬 더 많은 관계자가 존재하며 상
호작용하는 관계가 형성된다. 포토그래퍼와 고객을 연결해주는 사진 플
랫폼 서비스를 예로 들어보자.

우선 서비스 전면front stage에 서비스 제공자와 사용자의 관계가 존재
한다. 포토그래퍼와 사진 서비스를 신청한 고객 간이다. 서비스가 제공
되는 시점에 발생하는 관계로 실제 사진 촬영 시 제공자는 어떤 어려움
을 가지는지 고객은 무엇을 원하는지 등을 파악한다.

서비스 후면back stage에는 기획, 엔지니어링, 경영 지원 활동을 하는 서비스 관리자와 제공자 및 사용자의 관계가 있다. 기획 내용이 실제 서비스 제공 현장으로 잘 옮겨지기 위해서는 제공자를 고려한 지침을 제시하고 사용자에게 진정으로 호소할 수 있는 접점을 제공해야 한다. 또한 서비스 종류에 따라 다양한 관계가 존재한다. 결론적으로 서비스 경험 디자인을 할 때는 관련 이해관계자들의 다양한 관점을 처음 기획 단계에서부터 종합적으로 반영시키기 위해 공동 창작이 필요하다.

대표적 효과

공동 창작의 효과에 대해서 서비스 경험 디자인 프로젝트 자체, 서비스 사용자, 서비스 제공자 관점에서 나누어 살펴보자. 우선 프로젝트 차원에서 공동 창작은 아이디어 창출 과정을 향상시킨다. 실제 서비스를 사용할 사람들과 토론을 진행하기 때문에 사용자 중심의 서비스 기획이 가능해진다. 사용자가 진정으로 원하는 것이 무엇인지 알게 됨으로써 기존에는 생각하지 못했던 새로운 관점으로 문제를 바라보며 아이디어를 전개해나갈 수 있다. 결과적으로 서비스의 전체적인 질을 향상시킨다. 또한 공동 창작을 통해 해당 서비스에 대한 다면 평가가 이루어졌다고 볼 수 있으므로 시장 진입 시 시행착오를 줄이고 확산 속도를 높일 수 있는 장점도 있다. 서비스 개발이 완료된 뒤 시장에 출시하기까지 각종 시장성 테스트를 진행한다. 시장 테스트에서는 서비스가 출시되면 사용할 것으로 예상되는 이해관계자들을 모집해 출시 전 서비스를 사용하게 한다. 그리고 그들의 의견을 수정, 반영해 서비스의 시장성을 높인다. 따라서 공동 창작을 통해 서비스 경험 디자인을 하면 서비스 개발 완료 이전에도 시장 테스트에서 하는 것과 같은 활동을 수행해온 것이기 때문에 일반적인 시장성 테스트 기간이 짧아져 서비스 출시의 신속성이 높아진다.

공동 창작이 서비스 사용자에게 미치는 영향은 이렇다. 서비스 개발 과정에 참여한다는 자체를 통해 더욱 좋은 사용자 경험을 할 수 있게 된다. 이러한 사용자 경험을 통해 서비스를 받으면서 지속적으로 만족도가 높아지며, 장기적으로 사용자가 서비스에 충성도를 높이는 데 기여한다. 예를 들어 스냅 사진 플랫폼 서비스 포토바기는 인터뷰 등을 통해 잠재 고객의 이야기를 들으며 서비스를 기획해나갔다. 이러한 과정에서 잠재 고객들이 서비스에 관심을 갖는 홍보 효과가 있었고, 실제 서비스의 출시를 바라는 사람들이 많이 생길 만큼 서비스에 대한 사람들의 애착도가 높아지는 것을 확인할 수 있었다.

서비스 제공자 관점에서는 사용자에 대한 이해를 높이고 창의력을 향상시킬 수 있다는 장점이 있다. 계속해서 포토바기 서비스를 예로 들어보자. 서비스의 제공자 역할을 맡은 아마추어 포토그래퍼와 간단한 촬영을 진행해본 결과, 실제로 고객과 만나는 경험을 통해 그들은 고객이 사진을 찍을 때 무엇을 가장 중요시 하는지, 또 어떤 분위기 속에서 고객이 자연스러운 자세를 취하게 되는지 등을 알 수 있었다.

대표적 방법

공동 창작을 추진하기 위해서 대표적인 두 가지 방법을 예시로 제공하고자 한다. 이러한 방법은 서비스 경험 디자인의 전체 프로세스에서 사용할 수 있다.

공동 창작 워크숍
공동 창작에 참여할 주체들을 결정하고 이들과 함께 본격적인 워크숍을 진행한다. 워크숍 진행 시 유의 사항은 다음과 같다.

우선 서비스 경험 디자인 개발팀이 외부 인사에게 기대하는 바에 대해 그들과 직접 논의해본다. 일반인들은 서비스 경험 디자인 워크숍이 익숙하지 않아 무엇을 이야기해야 할지 잘 모를 수 있으니 일종의 지침을 제시하는 것이라고 할 수 있다. 그러나 기대 사항에 대해 너무 구체적으로 언급하지 않도록 한다. 지나치게 상세한 지침은 오히려 그들의 확산적 사고를 저해해 창의성이 훼손될 수 있다.

워크숍 환경에 대해서도 꼼꼼한 사전 준비가 필요하다. 포스트잇, 펜, 플립 차트 등 브레인스토밍brainstorming을 위한 각종 도구를 충분히 구비해놓는다. 외부 참여자들이 워크숍에 몰입하는 데 방해가 될 만한 요소를 꼼꼼하게 생각해 사전에 대비해야 한다. 만약 개발하기 단계에서 공동 창작 워크숍을 진행한다면 본격적으로 시작하기 전인 발견하기 단계와 정의하기 과정에 대해 간략하게 브리핑하고 가치 제안value proposition과 서비스 여정 지도service journey map에 대해 충분히 안내하여 초기에 설정한 기대 사항이 효과적으로 달성될 수 있도록 한다.

만약 서비스 제공자 측면에서 외부 인사를 초청하는 경우에는 제공 조직의 내부 맥락과 동기부여 요소가 무엇인지 사전에 파악하는 편이 좋다. 이를 통해 워크숍 이후에도 돈독한 관계를 유지해 더욱 효과적인 서비스 개발을 도모할 수 있을 것이다. 반면 서비스 사용자 측면에서 외부 인사를 초청하는 경우에는 한 쪽에만 편향되지 않고 다양한 관점의 사용자들과 워크숍을 진행하기 위해 노력해야 한다. 정의하기 단계에서 수행할 퍼소나 및 서비스 여정 지도, 스토리보드 제작 시 등장했던 다양한 사용자 그룹을 염두에 두고 그들 중 최소한 한 가지 이상의 사용자 그룹과 함께 진행하도록 한다. 마찬가지로 이들과도 좋은 관계를 유지하여 지속적으로 같이 개발할 수 있도록 한다.

서비스 스테이징

서비스 경험 디자인에서 서비스의 진행과 관련된 요소들, 즉 이해관계자들의 위치와 움직임, 그리고 서비스의 실제 진행 과정 등에 관해 계획을 세우는 것을 서비스 스테이징service staging이라고 한다. 서비스 스테이징은 실제 서비스가 진행될 장소에서 수행하는 것이 효과적이다. 디자인 팀뿐 아니라 공동 창작에 참여했던 핵심 이해관계자들과 함께 실제로 몸을 움직여 역할 놀이를 하는 것이다. 실제 서비스가 사용되는 상황에 대한 스토리보드에 따라 직접 활동을 통해 서비스의 세부 사항들에 대한 개발이 이루어질 수 있을 것이다.

자신이 만든 요리를 업로드하고 투표를 통해 가장 많은 표를 얻은 요리는 오프라인 푸드 트럭에서 직접 선보이는 서비스 미라쿡을 예로 들어보자(그림 5). 미라쿡의 서비스 스테이징은 실제 애플리케이션과 조리 패키지를 만들어, 자신의 요리를 올리는 사람, 먹고 싶은 요리에 투표하는 사람, 푸드 트럭에 방문해서 재료를 구매하고 혼자 요리하는 사람 등 여러 유형의 사용자 파악에 중점을 두고 진행되었다. 사용자를 유형별로 나누어 역할극을 수행함으로써 다양한 관점에서 문제점을 수집하고 서비스를 보완, 발전해나갔다. 예를 들어 요리 사진을 올릴 때에는 요리하는 중간에 사진 찍는 것을 깜빡하고 잊기 쉽다는 점을 발견했다. 따라서 요리 중간에 사진 찍는 것을 까먹지 않을 수 있도록 푸시 알람 기능을 추가하게 됐다. 또한 푸드 트럭 방문 상황을 설정하고 보니 요리를 테이크

그림 5. 미라쿡의 서비스 스테이징

아웃해서 먹는 경우는 미처 고려하지 못했음을 깨달았다. 그래서 상하기 쉬운 것은 아이스팩도 함께 동봉할 수 있는 방수 가능한 테이크아웃 패키지 디자인을 추가했다. 재료 패키지를 구매해 요리하는 초보자의 경우에는 레시피가 있어도 요리에 실패할 확률이 높아 '쿡톡'이라는 실시간 Q&A 채팅 서비스가 매우 중요하다는 것을 확인하고 해당 서비스의 질을 개선하는 데 힘썼다. 직접 수행하는 활동을 통해 실사용자 관점에서 무엇이 불편한지 새로운 인사이트를 얻어 서비스를 더욱 발전시켰다.

대표적 사례

공동 창작은 다음과 같은 가치를 지닌다. 많은 이해관계자가 함께 의사소통하는 과정에서 서로에 대한 이해를 높일 수 있다. 기존 서비스에 불만이 있었던 사용자는 서비스 제공자의 고충과 노력을 이해할 수 있게 된다. 반대로 서비스 제공자는 사용자가 진정으로 원하는 것이 무엇인지를 알 수 있게 된다. 이를 통해 향상되는 상호 간 이해와 신뢰는 서비스 경험 자체의 개선을 불러온다. 또한 개개인이 서비스를 형성하는 중요한 구성원임을 인지시켜 각자 더욱 동기부여되어 몰입하게 된다. 이러한 가치가 실현된 대표적인 사례를 살펴보자.

카이저 퍼머넌트

카이저 퍼머넌트Kaiser Permanente는 미국 최대 비영리 의료 법인으로, 방문 환자 증가에 대비하고 비용을 절감하기 위한 전략을 수립하기 위하여 2003년 IDEO에 혁신 전략 수립을 의뢰하였다. IDEO는 실제 병원에서 근무하는 직원과 조직 개발 전문가, 기술 전문가, 프로세스 디자이너 등 외부 전문가와 함께 팀을 구성했다. IDEO는 디자인 리서치, 스토리텔링, 브레인스토밍, 프로토타이핑의 네 단계로 프로세스를 진행했으며 이 중 특히 디자인 리서치와 브레인스토밍 단계에서 공동 창작을 사용하였다.

다양한 입장이 있는 여러 이해관계자가 모여 있기만 한다고 공동 창작이 되는 것은 아니다. 보통 사람들은 디자인적 사고에 익숙하지 않으며 브레인스토밍을 제대로 하지 못한다. 이에 IDEO는 참여자들에게 디자인적 사고를 가르치는 것으로 공동 창작을 시작했다. IDEO의 카이저 퍼머넌트 프로젝트 결과 1장에서도 설명했듯이 환자와 의료진의 의사소통을 돕고, 간호사들 간의 정보 교류를 활성화하기 위해 간호사 지식 교류소를 만들게 되었다. 이렇게 공동 창작을 통해 디자이너들이 미처 알지 못했던 오류들을 발견하게 되었고 더욱 실현 가능하고 효과적인 서비스 경험 디자인이 가능해졌다.

Dott 07 에코 디자인 챌린지

영국은 지속 가능한 지역사회를 만들기 위한 국가사업으로 Dott Design of the time를 진행하였다. 이 프로젝트의 일환이었던 에코 디자인 챌린지 eco-design challenge는 학교에서 발생하는 탄소 발생량을 줄이기 위해 학생들과 공동 창작한 사례이다. 카이저 퍼머넌트 사례와는 달리 에코 디자인 챌린지의 경우에는 디자인 프로세스 전반에 걸쳐 공동 창작 방법을 적용하였다. 실제 탄소 발생량을 줄이는 것뿐만 아니라 이러한 환경 문제를 해결하기 위해서 학생들의 역할이 중요함을 알게 하여 더욱 장기적이고 근본적으로 문제를 해결하고자 했다. 탄소 배출량을 그래프로 보여주고 학생들과 함께 만든 아이디어가 환경 문제를 어떻게 해결하는지를 애니메이션으로 보여주는 등 여러 시각적인 방법들을 적용해 학생들의 영향력이 얼마나 큰지 스스로 알 수 있게 하였다.

나가면서

이제 더는 스티브 잡스 같은 특별한 사람만이 디자인 사고를 한다고 생각하지 않았으면 좋겠다. 디자인 분야에 속해 있지 않은 비전문가라도 누구나 디자인 사고를 할 수 있고 더 많은 소질을 가지고 있을 수 있다.

이 장에서는 디자인 사고를 하는 사람들의 특징을 살펴보았다. 첫 번째는 공감 능력이다. 디자인 사고를 하는 사람들은 다양한 이해관계자의 입장으로 상황을 바라볼 줄 안다. 두 번째는 통합적 사고이다. 문제를 도출하기 위한 분석적 사고와 신선한 해결 방안을 내기 위한 창의적인 사고를 동시에 수행할 때 혁신적인 해결책을 제시하게 된다. 세 번째는 시스템적 사고이다. 서비스 경험 디자인에서는 사용자에 대한 행동을 설계하는 사람은 여러 현상을 하나의 시스템으로 체계적으로 이해할 줄 알아야 한다. 네 번째는 실험주의이다. 해결 방안을 제시할 때는 한 번이라도 손으로 직접 해보는 것이 중요하다. 마지막 다섯 번째는 협업이다. 서비스라는 영역이 다양한 분야를 포함하는 것처럼 혼자 혹은 단일 분야만으로 서비스를 디자인하기 어렵다. 다른 분야의 사람들과 서로 협력하면 더 좋은 결과물을 내놓을 수 있다.

협업은 서비스 경험 디자인에서 매우 중요하다. 다양한 분야의 사람들과 협업하면서 공동 창작을 이루어낸다. 공동 창작은 서비스와 관련한 모든 이해관계자가 서비스 경험 디자인 과정에 참여해야 한다는 원칙이자 이를 통해 새로운 관점으로 문제를 찾고 해결할 수 있다. 서비스 공동 창작을 시작하는 첫 단계에서는 공동 창작 과정에 참여할 이해관계자를 선별하여 이들과 함께 본격적인 워크숍을 진행한다. 또한 서비스 스테이징을 통해 실제 서비스가 진행될 장소에서 모든 이해관계자가 직접 서비스를 수행해보면서 서비스의 세부 사항을 수정 및 보완할 수 있다.

서비스 경험 디자이너로서 원칙을 실천하고 다른 디자이너들과 완벽한 협업을 이루어낼 때 사용자에게 더 좋고 더 완벽한 서비스를 제공할 수 있을 것이다.

토론하기

1

나는 분석적인 사고를 하는 사람일까, 창발적인 사고를 하는 사람일까, 아니면 통합적인 사고를 하는 사람일까?

나는 태도적인 측면, 인지적인 측면, 행동적인 측면에서 얼마나 디자인적 사고를 하고 있을까?

2

팀 프로젝트 과정에서 시스템적 사고를 하지 못해 어려움을 겪은 일이 있다면 이야기해보자. 그리고 마침내 어려움을 극복하게 된 계기나 상황을 이야기해보자.

서비스 경험 디자이너의 핵심 자질 다섯 가지 가운데 내가 잘하고 있는 것과 잘하지 못하는 것에 대해서 생각해보고 앞으로 어떻게 균형을 이뤄서 사고하면 좋을지 이야기해보자.

3

관심 있는 서비스를 하나 선정하여 해당 서비스의 디자이너로서 역할을 한다고 가정하면 어느 분야에서 어떤 역할을 할 수 있을지 생각해보자.

4

본문의 사례 외에 공동 창작으로 문제를 창의적이고 효과적으로 풀어낸 사례들이 많다. 사례를 한 가지 찾아 해당 사례에서 공동 창작이 어떻게 결정적인 역할을 했는지 논의해보자.

실제 공동 창작 워크숍을 진행하기가 쉽지는 않다. 그 이유에 관해 토론해보자.

현실적인 어려움 때문에 공동 창작이 어려울 경우에는 어떻게 하는 것이 좋을까? 다른 방법이 있을까?

생각해보기

나에겐 서비스 경험 디자이너의 어떤 자질이 있는가? 이 장에서 서비스 경험 디자인 사고의 다섯 가지 원칙을 배웠다. 다섯 가지 특징 가운데 내가 가장 잘할 수 있다고 생각되는 하나를 골라 그것과 관련된 과거 자신의 활동 경험을 생각해보자.

제안할 서비스의 공동 경험에 대한 방법을 생각해보자. 제안하려는 서비스에 다양한 이해관계자가 참여하여 더 좋은 서비스를 제공할 방법을 생각해보자.

3장

서비스 경험 디자인 프로세스

시행착오로 깨닫는 것이 외로운 천재의 계획보다 낫다.

톰 켈리 | IDEO 창립자·회장

Enlightened trial and error succeeds over
the planning of the lone genius.

Tom Kelly

우리는 일상생활 속에서 다양한 서비스를 경험하면서 살아간다. 그중에는 기억에 남을 만한 진정한 경험도 있고 그렇지 않은 경험도 있다. 앙코르와트에 다녀온 경험을 이야기하고 싶다. 기억은 공항에 도착하면서부터 시작된다. 캄보디아에 있는 공항에 도착해 세관을 통과했고 택시를 탄 뒤 호텔에 도착했다. 다음으로 앙코르와트를 찾았다. 사원을 둘러본 뒤 차를 타고 재래시장으로 이동해 캄보디아의 다양한 과일을 구경했다. 이곳에서 다양한 사람들을 만났다. 친절했던 승무원과 공항에서 금품을 요구하던 사람들, 호텔 직원들, 여행 가이드와 여러 나라에서 온 다른 여행객들도 기억이 난다. 앙코르와트 여행을 서비스로 생각한다면 시간의 흐름에 따라 그 경험을 나열해볼 수 있으며 다양한 사람들이 참여하고 있음을 알 수 있다. 또한 직접적인 기억에는 없지만, 보이지 않는 곳에서 내가 앙코르와트에서 경험한 여러 서비스를 관리하는 사람들이나 시스템이 있을 것이다. 공항에서 수출입을 관리하는 직원이 있을 수 있으며, 체크인과 체크아웃을 관리하는 호텔 시스템이 있을 수 있다. 여행을 다녀온 지 몇 년이 지난 지금 다시 생각해보면, 앙코르와트 여행이라는 서비스 경험은 내가 직접 맞닿아 있던 부분들의 합이라고 할 수 있다. 나의 경험은 시간순으로 관련된 많은 사람과 함께 맞닿았던 접점들의 합이고 이들이 어떻게 설계되느냐에 따라서 기억에 남는 경험이 될 수도 있고 그렇지 않을 수도 있다. 그렇다면 전반적으로 기억에 남는 경험이 되려면 어떻게 해야 할까.

서비스 경험 디자인의 특징과 개념

시간의 중요성

우리가 경험한 수많은 서비스 가운데 기억에 남는 서비스 하나를 다른 사람에게 이야기고 있다고 가정해보자. 아마 우리는 시간 흐름에 따라 이야기를 풀어나갈 것이다. 서비스를 처음 시작했던 순간에는 어떠하였고, 한 단계 한 단계 서비스가 진행됨에 따라 어떤 경험을 하였는지, 마지막으로 서비스가 끝나던 순간에는 어떠하였는지 말이다. 이렇듯 대부분의 서비스에서는 사용자의 경험이 시간의 흐름에 따라 차례로 배열된다. 그래서 서비스를 구성하고 있는 가장 중요한 축을 하나 꼽으라면 바로 '시간'이 될 것이다. 서비스 경험 디자인도 마찬가지다. 시간의 흐름에 따라 서비스를 제공하는 사람과 받는 사람의 경험 요소를 어떻게 배치할지 생각하는 것이 바로 서비스 경험을 디자인하는 과정이다.

경험적 서비스

고객이 서비스 시스템과 상호작용하는 동안 겪는 경험에 초점이 맞춰져 있는 것을 말한다. 경험적 서비스는 시간 흐름에 따라 고객이 어떤 경험을 하였는지를 중요하게 생각한다. 시간이 흐르며 고객이 마주치는 모든 접점이 모여 하나의 경험이 된다. 여행 서비스를 생각해 보자. 앙코르와트에 대한 기억은 공항에 도착하면서부터 시작된다. 캄보디아에 도착해 공항에 들어섰을 때, 제복을 입은 관리자가 나에게 무엇인가를 요구했던 기억이 어렴풋이 난다. 다음으로는 앙코르와트에 있던 기억이다. 1,000년의 역사를 간직한 유물 위에 감히 발을 올리고 있다는 사실에 '이래도 되는 건가……' 하는 생각을 했다. 캄보디아는 굉장히 가치 있는 자연 문화유산을 보유하고 있음에도 보존하는 데는 소홀한 듯하였다. 앙코르와트를 둘러본 뒤 재래시장으로 이동해 캄보디아의 다양한 과일들을 구경했다.

이렇듯 시간의 축으로 경험 전체가 머릿속에서 흘러가는 서비스를 '경험적 서비스'라고 한다. 한순간에 끝나는 극히 예외적인 서비스를 제외하고는 대부분의 서비스는 경험적이다. 경험적 서비스에서는 서비스를 제공하는 사람과 받는 사람이 시간이 흐름에 따라 무엇을 하고 무엇을 느꼈고 어떤 생각들을 했는지가 중요한데, 그래서 서비스를 이야기할 때 항상 따라다니는 단어가 바로 '경험'과 '시간'이다.

서비스 경험 디자인의 대상이 되기에 적합한 서비스들은 대개 기간이 조금 긴 편이다. 긴 서비스 흐름을 거치는 동안 서비스 제공자와 사용자는 서로 많은 상호작용을 하게 된다. 서비스를 디자인하는 시각에서 본다면 이는 새롭게 개선하거나 제안할 수 있는 여지가 많음을 의미한다. 만약 주어진 예산 안에서 어떤 서비스를 디자인해야 하는지 고민이 된다면, 현재 시간이 오래 걸리는 서비스를 선택하길 추천한다. 동시에 사람들의 감정이나 생각, 행동이 많이 관여되어 있는 서비스를 선택하면 더 좋다. 이를 여행적인 서비스라고 부르는데 이런 서비스의 경우 서비스 디자인 방법론들을 적용하면 효과가 훨씬 크게 나타날 수 있다.

그림 1. 경험적인 서비스 – 앙코르와트 여행

여행적 서비스 vs. 절차적 서비스

서비스를 디자인할 때에는 해당 서비스가 여행적journey 서비스인지, 절차적process 서비스인지 구분하는 것이 중요하다. 여행적 서비스는 시간이 흐르는 동안 사용자가 무엇을 느꼈고 어떻게 생각했는지 집중한다. 마치 여행을 하는 것처럼 말이다. 서비스가 진행되는 동안 사용자가 경험한 모든 요소에 집중하여 디자인한다면 서비스 경험 디자인의 여러 방법론을 궁극적으로 적용해볼 수 있다. 반면, 절차적 서비스는 그 서비스를 통해 무엇을 달성하려고 하는지에 더 집중한다. 서비스를 시작하면서 가지고 있던 최종적인 목표를 얼마나 효율적으로 달성했는지와 관련된다. 이런 경우 서비스 경험 디자인 방법론을 아무리 잘 적용할지라도 흥미로운 결과를 만들기가 쉽지 않다.

그렇다면 우리 주변에서 여행적 성격이 많이 드러나는 서비스나 절차적 성격이 많이 드러나는 서비스로는 어떤 것들이 있을까? 은행 업무를 떠올려보자. 은행에서 제공하는 다양한 서비스 중 계좌 이체를 하거나 세금을 내는 등 단순한 업무는 절차적 성격이 강한 서비스다. 반면에 인생 전반에 대해 재정적인 계획을 해주는 서비스는 좀 더 여행적 성격을 띤다고 할 수 있다. 대학 입학의 설렘을 안고 처음 개설했던 은행 계좌, 결혼 자금을 마련하기 위해 조금씩 부었던 적금, 갑작스러운 부모님의 병세에 해지할 수밖에 없었던 적금 등 더 긴 시간의 축을 가지고 은행 서비스를 바라본다면, 은행 서비스가 여행적 성격 또한 지니고 있음을 알 수 있을 것이다. 이처럼 고객의 인생 곡선에 따라 재정을 관리해주는 서비스는 업무 수행의 효율성뿐 아니라 고객이 서비스에서 느끼는 감정에도 초점을 맞추기에 여행적 서비스라 할 수 있다.

은행 서비스가 서로 다른 두 가지 성격을 동시에 지니고 있는 것에서도 알 수 있듯이, 어떤 서비스가 모든 면에서 여행적이거나 절차적인 경우는 매우 드물다. 어떤 부분에서는 여행적 성격을, 어떤 부분에서는 절차적 성격을 지닌 서비스가 대부분이다. 단, 오해해서는 안 되는 점은 여행적 성격을 많이 갖는다고 무조건 좋은 서비스인 것은 아니며, 절차적 서비스가 무조건 나쁜 것은 아니라는 점이다. 디자인하려는 서비스가 어떤 사람들을 대상으로 어떤 부분에 초점을 맞춰 제안할 것이냐에 따라 여행적 성격이 강하게 나타날 수도 있고 절차적 성격이 강하게 나타날 수도 있다. 예를 들어 웨딩 서비스의 경우 여행적 성격이 강할수록 사람들에게 더 많은 경험과 기억을 남겨줄 수 있을 것이다. 반면 계좌 이체 같은 은행 업무의 경우에는 한정된 시간 안에 업무를 효율적으로 처리할수록 사용자에게 더 좋은 경험으로 기억될 것이다.

사용자보다 훨씬 많은 이해관계자

서비스의 네 가지 특징 가운데 '불가분성'이란 서비스의 제공자와 수혜자가 서로 분리될 수 없다는 것이었다. 전통적인 디자인 영역인 제품 디자인의 경우 주로 사용자 입장에서 그들이 만족할만한 제품을 만들기 위한 프로세스가 진행되었다. 그러나 서비스를 디자인할 때는 서비스의 불가분성 때문에 단순히 사용자만을 고려하여 디자인할 수 없게 되었다. 서비스를 제공하는 사람과 받는 사람, 나아가 그 사람들과 간접적으로 연결된 모든 사람들을 고려해야 한다.

서비스 제공자
최근 디자인 프로세스의 중요한 추세 중 하나는 사용자뿐 아니라 서비스 제공자 또한 디자인 범위에 포함시켜야 한다는 것이다. 서비스 제공자가 서비스를 제공하는 과정에서 좋은 경험을 해야 서비스를 받는 사람도 좋은 경험을 할 수 있다는 것이다.

국내 어느 병원의 이사장과 이야기를 나눈 적이 있다. 그분은 서비스 경험 디자인 방법을 적용해 병원 서비스의 질을 높이고 싶다고 했고, 나 또한 그것이 정말 의미 있는 작업이 되리라는 생각에 동의했다. 몇 차례에 걸쳐 병원을 방문해 관찰했고, 그렇게 파악한 병원의 몇 가지 특징들에 관해 이야기를 나누었다. 그때 이사장과 주고받은 이야기가 아직도 뇌리에 박혀 있다. "의사들이 행복해야 환자가 행복해요." 우리는 보통 반대로 생각한다. 환자가 잘 치료받아야 의사도 행복할 수 있다고 말이다. 하지만 이사장의 생각은 달랐다. 의사가 행복해야 그 행복한 의사가 조금 더 친절하게 환자를 대할 수 있고, 결국에는 환자가 병원에서 겪는 경험이 행복해진다는 것이다. 몇 개월 뒤, 이 병원의 중심지이자 가장 전망 좋은 곳에 휴게실이 하나 만들어졌다. 교대 근무가 아닌 사람들은 이곳에서 충분한 휴식을 취할 수 있으며, 의사나 간호사도 지나가다 들러 충분한 휴식을 취하고 돌아갈 수 있다. 행복한 의사를 통해 환자를 행복하게 하려는 이사장의 배려인 셈이다.

하나의 서비스에는 다양한 제공자가 존재한다. 서비스 성격에 따라 이해관계자끼리의 상호작용이 많은 경우에는 이해관계자를 만족하게 하는 일이 곧 사용자를 만족시키는 수단이 되기도 한다.

주변 고객

주변 고객fellow custormer 또한 서비스의 중요한 요소가 될 수 있다. 사람들이 큰 테이블에 모여 저녁을 먹고 있다고 상상해보자. 사람들이 각자 자리에 앉아 식사하지만 그 과정에서 옆에 앉아 있는 사람과 이야기를 나누기도 하고, 옆 테이블에 앉아 있는 사람이 나에게 무언가를 건네달라고 부탁하기도 할 것이다. 그렇게 되면 저녁 식사 동안 내가 한 경험에는 단순히 저녁 식사를 제공한 사람과 상호작용에서 끝이 아니라 같은 테이블에서 식사를 한 사람들까지 모두 포함된다.

서비스 생태계

위 개념에서 더 나아가 서비스 경험 디자인에서는 수많은 이해관계자들을 서비스 생태계라고 표현한다. 하나의 서비스에는 수많은 이해관계자가 연관되어 있다.

타인의 서재의 서비스 생태계 지도를 한번 보자(그림 2). 이 지도에서는 중고 책을 접하는 수많은 사람을 크게 서비스 수혜자와 서비스 제공자로 나누었고, 서비스 제공자에 대해서는 서비스 전면과 서비스 후면으로 나누어 다시 한 번 분류했다. 서비스 전면과 후면은 다음 장에 나오는 시스템적 사고에서 다룰 예정이다. 서비스에 영향을 미치는 정도에 따라 원 중심에서 거리를 다르게 표현함으로써 다양한 이해관계자들을 지도 위에 그려냈다는 점이 흥미롭다. 중고 서점 물류 직원은 서비스 후면에 존재하는 서비스 제공자로 서비스에 미치는 영향이 큰 사람인 반면, 책을 쓴 소설가는 중고 책 서비스의 수혜자와 직접 대면하는 정도가 낮은 사람에 속한다.

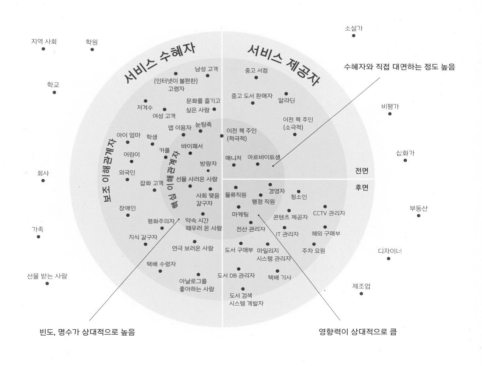

그림 2. 타인의 서재의 서비스 생태계

99

시스템적 사고

서비스의 특징 가운데 '이질성'은 서비스가 제공되는 환경이나 상황, 서비스 제공자가 누구냐에 따라 다른 경험이 제공된다는 것이었다. 서비스는 매번 상황이 달라짐에 대비해 사용자에게 일관된 경험을 제공하도록 하나의 시스템으로 구축되어야 한다. 사용자에게 일관된 서비스를 제공해주기 위해서는 어떤 시스템이 구축되고 가동되어야 할까?

서비스 시스템

이런 생각들을 바탕으로 구성한 것이 서비스 시스템이다. 서비스 시스템은 서비스 제공자와 서비스 수혜자가 만나는 서비스 전면과 그 접점들을 받쳐주기 위한 서비스 후면을 기본으로 한다.

　스냅 사진을 찍어주는 포토바기 서비스는 서비스 전면과 서비스 후면에 존재하는 이해관계자들을 그림 3과 같이 분류하였다. 포토바기 서비스의 경우 사진작가가 서비스 전면과 후면 중 어디에 존재하는지에 따라 서비스 수혜자가 되기도 하고 서비스 제공자가 되기도 한다. 서비스 전면에서 포토그래퍼는 스냅 사진 서비스를 신청한 고객과 직접 만나 해당 서비스를 함께 경험하게 되는데, 이 과정에서 그들은 포토바기가 제공하는 스냅 사진 서비스의 수혜자가 된다. 한편 포토그래퍼는 포트폴리오를 웹사이트에 올려 자신을 홍보하기도 하는데, 이는 고객에게 제공될 서비스를 지지하는 역할을 한다는 점에서 서비스 제공자로서의 면모를 보인다고 할 수 있다.

백 오피스 지원

서비스 후면이 얼마나 견고하게 운영되고 있느냐는 서비스 경험 디자인에서 굉장히 중요한 부분이다. 은행 계좌 이체 서비스를 다시 떠올려보자. 은행 직원이 고객에게 어떻게 응대하는지도 중요하지만, 고객에게 가장 쉽고 빠른 계좌 이체 서비스를 제공하기 위해서는 백 오피스back

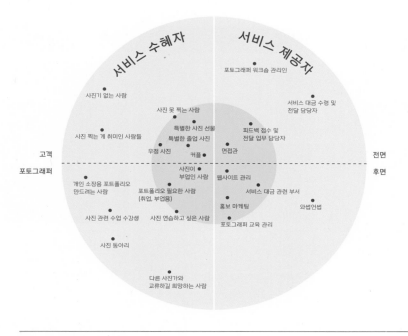

서비스 수혜자

서비스 제공자

포토그래퍼 워크숍 관리인

사진기 없는 사람

서비스 대금 수령 및
전달 담당자

사진 못 찍는 사람

특별한 사진 선물
특별한 졸업 사진

피드백 접수 및
전달 업무 담당자

사진 찍는 게 취미인 사람들

우정 사진   커플   면접관

고객
포토그래퍼

사진이
부업인 사람   웹사이트 관리

전면
후면

개인 소장용 포트폴리오
만드려는 사람

포트폴리오 필요한 사람
(취업, 부업용)

서비스 대금 관련 부서

홍보 마케팅   와썹언썹

사진 관련 수업 수강생   사진 연습하고 싶은 사람

포토그래퍼 교육 관리

사진 동아리

다른 사진가와
교류하길 희망하는 사람

그림 3. 포토바기의 이해관계자 지도

office의 역할도 매우 중요하다. 서비스가 운영되기 위해 뒤에서 지원해
주는 단계의 사람들을 백 오피스라 하며, 백 오피스를 포함한 지원 시스
템 전반을 서비스 후면이라고 한다.

　여기, 신촌 서비스는 백 오피스를 포함한 서비스 전반 시스템의 구조
를 탄탄하게 설계한 좋은 사례이다. 신촌 방문객이 실시간으로 장소를
예약하고 이용할 수 있도록 도와주는 서비스는 서로 다른 요구를 가진
이해관계자들이 원활한 의사소통을 통해 신촌이라는 공간이 더욱 활성
화될 수 있도록 유도하고 있다. 그것이 가능하기 위해서는 실시간 예약
관리 시스템의 운영 및 관리가 반드시 필요했다. 그림 4의 가장 하단에
보이는 '실시간 예약 관리 시스템'은 바로 윗줄의 '실시간 예약 정보 제
공'으로 연결되어 있는데 이는 서비스 외부에 존재하는 실시간 예약 관
리 시스템이 서비스 후면에서 실시간 예약 정보를 제공하는 사람들을 지
원해주고 있음을 의미한다.

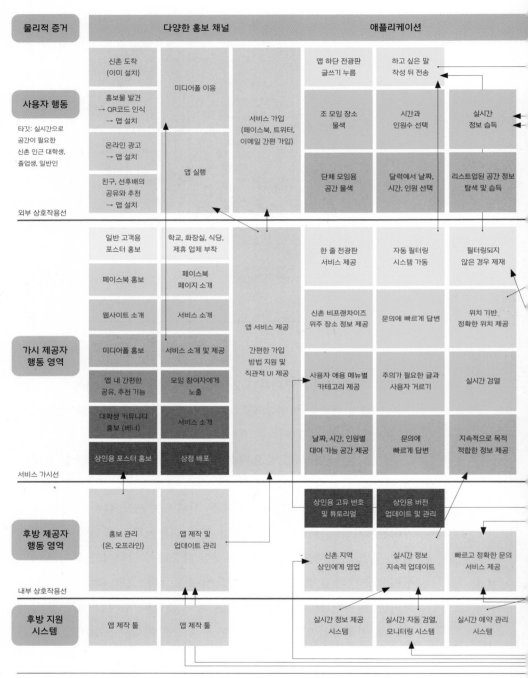

다양한 홍보 채널   **애플리케이션**

사용자 행동

타깃: 실시간으로
공간이 필요한
신촌 인근 대학생,
졸업생, 일반인

신촌 도착 (이미 설치)	미디어폴 이용		앱 하단 전광판 글쓰기 누름	하고 싶은 말 작성 뒤 전송
홍보물 발견 → QR코드 인식 → 앱 설치		서비스 가입 (페이스북, 트위터, 이메일 간편 가입)	조 모임 장소 물색	시간과 인원수 선택	실시간 정보 습득
온라인 광고 → 앱 설치	앱 실행		단체 모임용 공간 물색	달력에서 날짜, 시간, 인원 선택	리스트업된 공간 정보 탐색 및 습득
친구, 선후배의 공유와 추천 → 앱 설치					

외부 상호작용선

가시 제공자 행동 영역

일반 고객용 포스터 홍보	학교, 화장실, 식당, 제휴 업체 부착		한 줄 전광판 서비스 제공	자동 필터링 시스템 가동	필터링되지 않은 경우 제재
페이스북 홍보	페이스북 페이지 소개	앱 서비스 제공	신촌 비프랜차이즈 위주 장소 정보 제공	문의에 빠르게 답변	위치 기반 정확한 위치 제공
웹사이트 소개	서비스 소개	간편한 가입 방법 지원 및 직관적 UI 제공			
미디어폴 홍보	서비스 소개 및 제공		사용자 애용 메뉴별 카테고리 제공	주의가 필요한 글과 사용자 거르기	실시간 검열
앱 내 간편한 공유, 추천 기능	모임 참여자에게 노출				
대학생 커뮤니티 홍보 (배너)	서비스 소개		날짜, 시간, 인원별 대여 가능 공간 제공	문의에 빠르게 답변	지속적으로 목적 적합한 정보 제공
상인용 포스터 홍보	상점 배포				

서비스 가시선

후방 제공자 행동 영역

홍보 관리 (온, 오프라인)	앱 제작 및 업데이트 관리	상인용 고유 번호 및 튜토리얼	상인용 버전 업데이트 및 관리	
		신촌 지역 상인에게 영업	실시간 정보 지속적 업데이트	빠르고 정확한 문의 서비스 제공

내부 상호작용선

후방 지원 시스템

앱 제작 툴	앱 제작 툴	실시간 정보 제공 시스템	실시간 자동 검열, 모니터링 시스템	실시간 예약 관리 시스템

그림 4. 여기, 신촌의 서비스 청사진

서비스 전면과 서비스 후면

사용자 경험 디자인과 서비스 경험 디자인의 차이점 가운데 하나는 관찰 대상의 범위가 다르다는 데 있다. 사용자 경험 디자인은 고객의 경험을 만족시키기 위해 고객을 관찰하고 분석하지만, 서비스 경험 디자인에서는 고객과 서비스 전면, 그리고 서비스 후면까지 디자인의 대상으로 삼고 있다. 고객도 단순히 타깃 유저만 조사하는 것이 아니라, 고객 주변에 또 어떤 다른 고객이 존재하는지 그리고 그들로부터 나의 고객은 어떤 영향을 받는지까지도 고려한다. 그렇게 관찰한 결과를 바탕으로 서비스 전면은 어떻게 구성되어 있고, 이 구성 요소들이 서비스 후면과는 어떻게 결합되어 어떤 지지를 받는지 생각한다. 이런 전체 과정이 모여 서비스 경험 디자인의 범위가 된다. 서비스 경험 디자인이 다루는 범위는 전통적인 디자인이 다루는 범위보다 훨씬 넓다는 점도 서비스 경험 디자인의 특징 중 하나다.

　그림 5는 서비스 후면부터 고객에 이르기까지 서비스가 단계별로 다루어야 하는 것들에 대해 개략적으로 그린 그림이다. 가장 오른쪽 상자

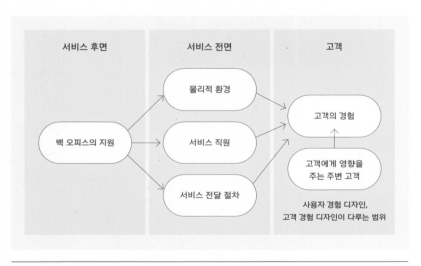

그림 5. 서비스 경험 디자인이 다루는 범위

를 보면 사용자 경험 디자인이나 고객 경험 디자인에서는 주로 고객(혹은 고객에게 영향을 주는 주변 고객)을 중심으로 제품이나 서비스를 설계함을 알 수 있다. 그러나 서비스 경험 디자인에서는 고객뿐 아니라 서비스 전면에서 고객에게 영향을 주는 물리적인 환경, 서비스 직원, 서비스 전달 절차와 서비스 후면에서의 지원까지 모든 요소를 다룬다.

서비스 경험은 접점들의 합

경험은 접점들의 합이다. 서비스를 제공하는 사람과 받는 사람이 만나는 접점들이 중요할 수밖에 없고 사용자 입장에서는 이 접점들이 모여 하나의 경험을 이루게 된다. 고객이 은행에 가서 경험한 것들은 많은 부분 은행 창구의 직원이나 시스템이 고객과 어떤 만남이 있었는지에 따라 좌우된다. 여기서 가장 중요한 점은 접점이 많아야 새로운 서비스를 디자인할 때 의미 있는 변화를 줄 수 있다는 점이다. 만약 서비스의 접점이 단 하나뿐이라면 접점에 변화를 주더라도 좋은 경험이 될 가능성은 크지 않다. 접점이 많은 서비스일수록 개선된 각각의 접점들을 연결해주었을 때 의미 있는 새로운 서비스를 제안해볼 수 있다.

정리하면, 서비스 경험 디자인으로 프로젝트를 진행하여 효과를 볼 가능성이 높은 서비스는 크게 네 가지 특징을 갖는다. 첫째, 시간의 흐름이 중요한 큰 축이다. 둘째, 많은 이해관계자를 고려해야 한다. 셋째, 서비스 후면의 시스템도 굉장히 중요한 부분을 차지한다. 넷째, 앞의 세 가지 특징들을 모아보았을 때 결국 사용자가 겪게 되는 서비스의 경험은 접점들의 합이라는 점이다. 따라서 접점이 많은 서비스가 효과를 볼 가능성이 높다.

서비스 경험 디자인의 구성 요소

서비스를 디자인하기 위해서는 네 가지 요소가 갖춰져야 한다. 서비스 경험 디자인을 위한 구성 요소는 무엇이고, 그 요소를 갖추는 데 필요한 것들을 알아보고자 한다. 그림 6은 서비스 경험 디자인의 구성 요소를 한눈에 보여준다. 네 가지 구성요소는 피라미드 같은 형태로 존재한다.

접점

피라미드의 가장 아래에 있는 첫 번째 구성 요소는 접점이다. 사용자들이 서비스를 직접적·간접적으로 접하는 접점들을 말하는데 사용자가 서비스를 경험하는 과정에서 거치는 모든 요소를 의미한다. 접점은 물리적 위치와 같은 특정한 장소나 공간, 제품, 웹사이트 화면과 같은 정보, 대면 커뮤니케이션 등 다양한 형태로 나타날 수 있다. 사용자가 서비스를 경험하면서 거치는 모든 접점을 파악함으로써 사용자를 더 잘 이해하고 통합적인 사용자 경험을 선사할 수 있다.[1]

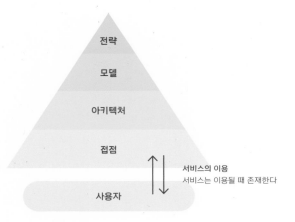

그림 6. 서비스 경험 디자인의 구성 요소

아키텍처

접점들을 제공하기 위해 설계되고 구축된 시스템을 두 번째 구성 요소인 아키텍처architecture라고 한다. 아키텍처는 시스템을 이루는 구조라고 할 수 있다. 접점을 통해 서비스를 제공하고자 할 때 눈에 보이지 않는 서비스는 시스템을 갖춰서 제공해야 하고, 시스템을 갖추려면 시스템의 구조가 필수적이다. 이 구조를 통해서 사용자나 맥락 등의 정보와 서비스에서 제공해줄 기능이나 가치 등이 어떤 과정을 통해서 주고받을 것인지 알고리즘을 알 수 있다. 그리고 전체 시스템에 대한 구조는 사용자와 서비스 접점에서 일어나는 일을 전체적인 하나의 큰 그림에 담아낸 서비스 청사진이나 시간 흐름에 따라 사용자와 서비스 사이의 상호작용을 보여주는 사용자 여정 지도user journey map(사용자가 서비스를 이용하는 과정에서 경험하는 것들을 시각화한 그림)를 통해 볼 수 있다. 서비스가 어떤 고객과 제공자로 이루어져서 서비스 전면을 구성하고 있는지, 이를 운영 및 유지하기 위해서 어떤 서비스 후면이 필요한지, 그리고 이들이 얼마나 유기적으로 연결되어 있는지를 알 수 있다.

모델

세 번째 구성 요소인 모델은 서비스가 지속적으로 운영되고 개선되는 데 필요한 사용자 참여 및 비즈니스 모델을 말한다. 모델은 사용자에게 서비스를 제공했을 때 서비스를 제공하는 기업과 사용자에게 어떤 효과가 있는지 나타낸다. 비즈니스 모델의 경우 서비스를 제공했을 때 서비스 제공자인 기업이 어떤 방식을 통해서 지속 가능한 서비스를 만들어낼 수 있는지 직접 보여준다. 세 번째 구성 요소는 서비스를 통해 어떤 가치를 제공 가능한지를 제시해주는 가치 제안도 포함되어 있다. 가치 제안은 사용자에게 어떤 가치를 어떻게 제공해주는가를 간단하게 나타낸 콘셉트 브리프로 표현할 수 있다. 즉, 모델은 서비스에 대해 제공자와 사용자가 얻을 수 있는 효과와 이를 얻기 위한 방법을 나타낸 것이다.

전략

전략은 아키텍처와 모델을 통해 서비스가 사용자에게 제공하고자 하는 종합적 경험, 목적, 그리고 계획을 전달하는 것으로 실제로 사용자에게 서비스를 제공해주기 위해서 서비스 제공자가 필요로 하는 것들을 나타낸다. 기업이나 서비스의 목표 및 비전뿐 아니라 기업의 조직문화와 사용자의 특성들을 나타내 어떤 제공자가 어떤 사용자에게 서비스를 제공하는지도 이 구성 요소에서 표현된다. 또한 서비스 제공을 위한 지침이나 서비스를 사용하게 만드는 홍보 방법 등도 전략에 포함된다.

위 네 가지는 서비스 경험 디자인의 일반적인 구성 요소이다. 가장 밑에 있는 접점은 사용자들과 가장 가까이, 가장 먼저 만나는 접점으로서 가장 구체적이어야 한다. 아키텍처에서는 접점들이 어떠한 모습으로 보여

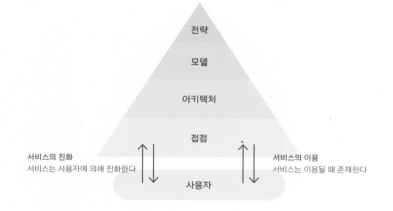

그림 7. 사용자와 끊임없는 상호작용을 통해 진화하는 서비스[2]

야 하고 어떻게 사용자들에게 전달되어야 할지 구체적인 고민이 필요하다. 이 두 가지 구성 요소를 통해 해당 서비스의 구체적인 성격이 나타난다. 피라미드의 아랫부분은 매우 구체적이어야 하고 위로 갈수록 상대적으로 추상적이 된다. 서비스가 만들어진 뒤 사용자들이 실제로 이런 구성 요소를 사용하면서 서비스는 진화되고 개선되어야 한다. 서비스의 사용 과정에서 나타나는 상호작용을 통해 더 좋은 서비스, 더 나은 서비스로 만들어가려는 끊임없는 노력이 필요하다(그림 7).

구성 요소에서 각 분야의 역할

2장에서 서비스 경험 디자인을 위한 다양한 전문 인력에 대해서 알아보았다. 이번에는 서비스 경험 디자인의 구성 요소와 각 요소에 필요한 전문 인력에 대해서 알아보자.

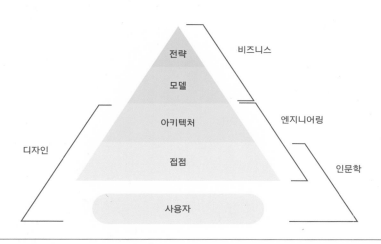

그림 8. 서비스 경험 디자인 구성 요소와 이에 대응되는 분야

인문학: 접점

서비스 경험 디자인을 하는데 가장 중요한 구성 요소 중 하나인 접점은 사용자가 서비스를 접하는 접점으로서 사용자에 대한 맥락 파악과 연구가 중요한 부분이다. 인문학 분야 전문가의 역할이 중요하다. 이들은 사용자가 어떤 환경에서 어떤 서비스를 통해 어떤 경험을 하는지 관찰하고 파악하는 역할을 한다. 인문학 전문가는 사용자가 서비스를 접하는 접점에 관해서 연구하고, 사용자가 그 접점에서 어떤 경험을 하고 어떤 불편함을 느끼며 어떤 것들을 요구하는지 알아봐야 한다.

엔지니어링: 접점과 아키텍처

두 번째 구성 요소인 아키텍처에서는 엔지니어링 분야의 사람들이 중요한 역할을 한다. 아키텍처는 시스템을 이루는 구조로, 어떻게 설계되고 구축되는지가 중요하다. 눈에 보이지 않는 접점을 시스템으로 갖추어서 제공하는 역할은 엔지니어링 분야의 역할이라고 할 수 있다. 엔지니어링 분야는 수집한 다양한 정보를 바탕으로 서비스 시스템을 구조화하고, 이를 통해서 서비스에서 제공해줄 기능이나 가치를 구체화시킨다. 그렇기에 특히 아키텍처를 중심으로 접점 부분에 기여를 해줄 수 있는 분야가 바로 엔지니어링 분야이다.

디자인: 접점과 아키텍처

접점과 아키텍처 단계에서는 엔지니어링 분야뿐만 아니라 디자인 분야도 매우 중요한 역할을 한다. 디자인 분야 전문가는 사용자 중심으로 접점과 아키텍처의 전체적인 부분에 초점을 맞추고 사용자에 대한 디자인 분야의 연구를 진행한다. 그리고 인문학을 바탕으로 사용자의 불편 사항이나 숨겨진 잠재 욕구를 발견하고 시각화해서 다양한 접점 및 서비스 브랜딩 요소를 만들어내는 활동을 수행한다. 시각화하는 과정에서 엔지니어링 분야와는 다르게 감성적인 경험을 제공하는 방법을 설계하는 것 또한 디자이너의 역할이다. 이 과정에서 프로토타입이 많이 사용되며, 이를 통해 디자인 분야는 눈에 보이지 않는 서비스를 감성적으로 시각화하는 역할을 한다.

비즈니스: 모델과 전략

피라미드의 가장 윗부분에서는 비즈니스 분야의 역할이 중요하다. 서비스의 운영과 유지를 위해서는 경쟁사의 분석도 필요하고, 외부 환경과 내부 환경을 고려하여 비즈니스 전략을 수립하는 것도 중요하다. 또한 서비스의 운영과 유지뿐 아니라 서비스의 성장 및 확산에 대해 고려해야 한다. 따라서 서비스 경험 디자인의 구성 요소인 전략 및 모델을 중심으로 많은 기여를 할 수 있는 분야는 비즈니스 분야이다.

결과적으로 서비스 경험 디자인을 한다는 것은 인문 사회적인 지식과 엔지니어링 능력, 디자인에 대한 감각, 비즈니스적인 사고방식 등 다양한 분야의 지식과 능력이 필요하다. 그렇기에 협업이 중요하고 서비스 경험 디자인 프로세스를 어떻게 운영해야 하는지도 중요하다. 다양한 분야에 대한 이해와 협업을 위해서는 통합적 사고를 할 줄 알아야 한다.

서비스 경험 디자인 프로세스

딥 다이브Deep Dive는 세계적인 디자인 컨설팅 회사 IDEO의 브레인 스토밍 방식이다. 1999년 〈나이트라인Nightline〉이라는 방송 프로그램이 IDEO에 쇼핑 카트 리디자인 프로젝트를 의뢰하였는데 방송을 통해 그 과정이 공개되었다. 딥 다이브는 말 그대로 문제에 깊게 '잠수'하여 조직 구성원의 창의성과 아이디어를 최대한으로 끌어내는 문제 해결 기법이다. 해결해야 할 문제에 대해 모든 구성원이 모여 평등한 관계에서 짧은 시간 동안 최대한 많은 아이디어를 쏟아내는 것이다. 이때 최대한 많은 아이디어를 내도록 장려하기 위해 어떠한 의견도 비판하지 않으며 엉뚱한 아이디어라도 모두 수용하고 오히려 그러한 아이디어에서 좋은 해결 방법을 위한 실마리를 찾아내기도 한다.

IDEO의 딥 다이브와 같은 협업 문화를 한마디로 정리하면 '방향성 있는 혼돈focused chaos'이라고 할 수 있다. 이는 틀에 짜이지 않고 규제가 없는 상태에서 자유롭게 서로 아이디어를 주고받는 혼돈chaos의 특성인 동시에 명확한 목표와 역할 분배를 통해 일에 집중할 수 있는 방향성 focused의 특성이 적절히 조화된 상태로, 서비스 경험 디자인 분야가 지닌 협업 문화의 특성이라고 말할 수 있다.

이러한 서비스 경험 디자인 프로세스는 1990년대에 멈추지 않고 최근의 기업에서도 볼 수 있다. 에어비앤비에서는 서비스 사용자들이 경험했으면 하는 것들을 보기 쉽게 애니메이션이나 만화로 정리를 하는 스노우 화이트Snow White 방법을 사용한다. 경험들이 그려진 프레임들은 에어비앤비 경험에 대해 포괄적으로 접근할 수 있도록 하며, 중요한 접점들, 전략의 우선순위를 정하는 일, 고객의 요구를 고려하고 실제 생활에서 맥락을 기억하게 하는 기능을 한다. 특히 자신의 집을 빌려주는 호스트의 입장과 집을 빌리는 게스트의 입장 모두가 겪는 경험을 그리는 것은 고객이 처한 맥락에서 문제를 바라보고 그 경험을 가시화함으로써 조직 구성원들 모두 문제에 깊게 몰입하게 한다.

그림 9는 IDEO의 디자인 프로세스를 도식화한 것이다. 서비스 경험 디자인 프로세스는 이처럼 아이디어를 넓히고 좁히는 과정이 반복된다. 아이디어를 넓히는 과정을 발산diverge이라고 하고 좁히는 과정을 수렴converge이라고 하는데, 발산 과정에서도 수많은 수렴과 발산이 반복되고 수렴 과정에서도 수많은 수렴과 발산이 반복된다. 발산은 앞서 언급했던 혼돈의 상황이며 수렴은 이러한 혼돈 상태에서 방향성을 잡게 하는 단계이다. 이러한 과정은 서비스 경험 디자인 과정에서 계속해서 반복된다. 예를 들어 팀 프로젝트 진행 시 초기에 여러 아이디어를 쏟아내고 그 중에서 가장 중요하고 효과적으로 구현할 수 있다고 생각되는 것을 추려 적합한 주제의 아이디어를 고르는 것이 하나의 발산과 수렴 과정이라고 할 수 있다. 이후 추려낸 아이디어에 대해 더 깊게 파고들어 주제를 세분화하고, 다시 분류해내는 과정은 리클러스터링re-clustering으로, 다시 한 번 발산과 수렴 과정이 반복된다고 볼 수 있다. 이처럼 서비스 경험 디자인 과정에서는 발산과 수렴의 과정이 수없이 반복되며, 이는 서비스 경험 디자인이 시각 혹은 제품과 같은 다른 디자인 분야처럼 한 가지 주제를 정하여 놓고 특정 결과물을 도출하기 위해 좁혀나가는 과정이 아니라 문제에 대해 끊임없이 탐구하고 다시 정리하는 과정이 반복해서 나타남을 의미한다.

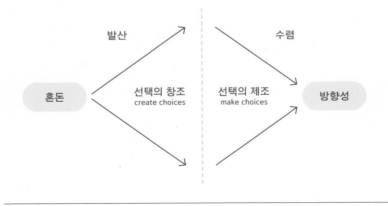

그림 9. IDEO 디자인 프로세스[3]

통합적 사고

일반적으로 좌뇌에서는 수렴적 사고convergent thinking 또는 critical thinking, 즉 아이디어를 분석하고 정리하는 역할을 담당한다. 반면에 우뇌에서는 발산적 사고divergent thinking 또는 generative thinking, 즉 아이디어를 창조하고 확산하는 역할을 맡는다. 이 둘은 각각 앞서 말한 방향성과 혼돈과 관련 있는데, 서비스 경험 디자인 프로세스에서는 양쪽 두뇌를 모두 적절하게 활용하는 것이 필요하며 이를 통합적 사고integrative thinking라고 부른다. 한 사람이 양쪽을 얼마나 균형 있게 활용하느냐에 따라 그 사람의 가능성 또한 달라질 수 있다. 수렴적 사고나 발산적 사고 중 하나만 활용할 줄 아는 사람보다는 두 사고를 모두 활용할 줄 아는 사람이 더 넓은 가능성과 기회를 포착할 수 있다.

그림 10과 같이 개인뿐 아니라 경영 조직도 생존과 성장을 위해서 탐색적explore 사고방식과 활용적exploit 사고방식을 반복 수행한다. 탐색적 사고방식은 발산적 사고에 가깝다. 탐색적 사고방식은 기업 입장에서 다양한 기회 영역과 가능성을 탐색하며 어떻게 진전 가능할지 보는 것이다.

	탐색	활용
주된 관심	비즈니스 창조	비즈니스 경영
최우선 목표	현재 지식 단계에서 다음 단계로 이동	현 단계에서 지식 세밀하게 다듬기
직업의 원동력	직관, 느낌, 독창성, 미래 가설	분석, 추론, 숙련, 과거 데이터
목표 달성 시기	장기	단기
사업 진척	불균등, 비체계, 잘못된 출발과 큰 도약이 특징	수량화, 세심하고 점진적 단계 거쳐 목표 달성
리스크와 보상	높은 리스크, 불분명하지만 잠재적으로 큰 보상	리스크 극소화, 예상 가능하나 적은 보상
장애물 (문제점)	최종 결과물 내지 못하고 이전 수익 소진	비즈니스 고갈 및 노후화

그림 10. 경영에서의 탐색과 활용

반면 활용적 사고방식은 수렴적 사고에 가깝다. 탐색적 사고방식에서 살펴본 기회 영역을 어떻게 가장 효과적인 방법으로 구현시킬 수 있을지 생각하는 것이다. 이러한 탐색적 사고와 활용적 사고가 적절히 조화되었을 때 조직은 성공적인 경영을 할 수 있다.[4]

토론토대학교 경영대학장이었던 제임스 로저 마틴James Roger Martin이 내세운 경영대학의 캐치프레이즈도 앞서 말한 통합적 사고와 디자인 사고이다. 경영학자가 되기 위해선 분석적 사고도 필요하지만 통합적 사고와 디자인 사고 또한 필요하다고 생각한 것이다. 통합적 사고를 위해 필요한 세 가지 요소는 매력도, 실행 가능성, 사업 가능성이다(그림11).[5] 매력도desirability란 소비자가 갖고 싶고 사고 싶은 마음이 드는 것으로 전통적인 디자이너의 몫이라고 볼 수 있다. 실행 가능성feasibility이란 가까운 미래에 기술적으로 구현할 가능성을 말하며 전통적인 엔지니어의 몫이라고 볼 수 있다. 사업 가능성viability이란 지속적인 비즈니스 모델로 성장할 가능성으로 전통적인 경영자의 몫이라고 볼 수 있다.

원래 이 세 가지 요소는 각각 디자이너, 엔지니어, 경영자의 몫으로 분류되었다. 하지만 서비스 경험 디자인을 위해서는 각 요소를 분할된

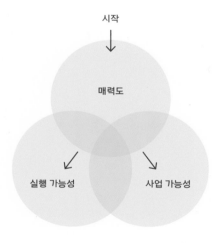

그림 11. 통합적 사고의 세 가지 요소[6]

역할로 생각하지 않고 한 사람이 이 세 가지를 모두 적절하게 고려하는, 즉 통합적인 사고를 할 수 있어야 한다. 그래야만 비로소 좋은 서비스가 나올 수 있다. 세 가지 중 한 가지 요소라도 부족하면 그 서비스는 실패할 확률이 높다.

서비스 경험 디자인 과정에서 세 가지 요소를 적극적으로 고려한 예로 타인의 서재 서비스를 들 수 있다. 이 서비스는 초기 개발 당시 '책을 통한 사회 맺음'이라는 매력적인 요소와 구체적인 실현 방법을 제시해 긍정적인 반응을 얻었다. 하지만 수익 모델을 개발하면서부터 서비스는 사업 가능성 부분에서 큰 어려움을 겪었다. 초기에 서비스 개시 장소로 잡았던 공항의 임대료가 생각보다 매우 높았고 이미 공항에 현존하는 서점이 있었기 때문에 수익을 낼 구조가 만들어지지 않았다. 따라서 타인의 서재 팀은 서비스 개시 장소를 공항에서 중고 서점으로 바꾸었고 온라인 애플리케이션 서비스를 제공해 사용자의 폭을 넓혀 안정적인 수익 구조를 마련할 수 있었다. 만약 이 서비스가 사업 가능성을 고려하지 않았다면 매력 있고 실현 가능성이 높았음에도 서비스를 개시한 뒤 수익을 내지 못해 지속하기 어려웠을 것이다. 좋은 서비스를 디자인하기 위해서는 위 세 가지 요소를 모두 고려한 통합적 사고가 필수적이다.

제품 개발과 서비스 경험 디자인 프로세스의 차이점

전통적인 제품 개발 프로세스는 선형적인 속성을 띠며 디자이너, 엔지니어, 마케터의 역할이 나뉘어 고도로 분업화되어 작업이 진행된다. 사용자의 참여가 차단되거나 제한적이며 품질 보증에 민감하고 대량 생산 돌입 후 문제가 발생하면 불가피하게 고정 비용의 손실이 발생하기 때문에 유연한 반복 작업에 한계가 있다는 특징이 있다. 예를 들어, 의자 하나를 만든다고 할 때 의자를 디자인하는 사람, 의자를 제작하는 공장, 의자를 홍보하는 마케터는 모두 각각의 역할이 정해져 있고 서로의 영역이 정확히 구분되어 있다. 또한 의자가 대량 생산된 뒤 소비자가 팔걸이가 짧거나 의자 다리가 길다고 느껴도 소비자의 의견을 반영해 다시 의자를 생산해내기란 불가능하다.

제품 개발 프로세스와 달리 서비스 경험 디자인 프로세스는 선형적이지 않고 유기적인 구조를 보이며 영역 간 구분이 제품 개발 프로세스보다 훨씬 애매하다. 그리고 서비스를 사용하거나 제공하는 사람들의 참여가 장려되어 품질 보증 단계를 사용자와 함께 진행하기도 한다. 또한 제품 개발 프로세스와 달리 고정 비용의 손실이 발생하지 않으므로 기획, 개발 작업이 더욱 유연하게 반복 수행될 수 있다.

포토바기 서비스를 예로 들어보자. 포토그래퍼는 크게 보면 서비스의 이용자이기도 하지만 포토바기에서 스냅 사진을 찍고자 하는 사람에게는 서비스 제공자이기도 하다. 각각의 역할이 정확히 분업화되어 있는 제품 개발 프로세스와 달리 서비스 개발 프로세스는 사용자와 제공자의 구분이 모호하다. 또한 사진을 찍히고자 하는 사람이 촬영 뒤에는 촬영에 대한 피드백을 줌으로써 포토그래퍼가 더 나은 서비스를 제공할 수 있도록 하며 만약 원하는 상품이나 지역을 찾을 수 없을 때 고객이 직접 포토그래퍼에게 새로운 상품을 건의할 수 있는 고객 요청 게시판도 존재한다. 이렇듯 서비스는 사용자가 서비스 개발에 참여하고 도움을 줄 수 있다는 점에서 한 번 제품이 만들어지면 더 나은 형태로 제공할 수 없는 제품 개발 프로세스와 확연한 차이를 보인다고 할 수 있다.

더블 다이아몬드 프로세스

서비스 경험 디자인 단계는 공급자와 사용자가 복잡하게 얽힌 유기적인 형태를 보인다. 이러한 복잡한 단계를 어떻게 한눈에 쉽게 이해할 수 있는 형태로 보여줄 수 있을까 고민하다 나온 방법론이 바로 더블 다이아몬드 프로세스Double Diamond Process다. 2010년도에 영국디자인위원회 U.K. Design Council가 제시했으며 현재 많은 학교나 기관에서 서비스 경험 디자인 방법론으로 사용하고 있다.

두 개의 다이아몬드가 존재해 더블 다이아몬드 프로세스라고 이름 붙여졌지만 실제 디자인 프로세스에서는 수많은 개발 및 수렴 단계를 거치기 때문에 여러 개의 다이아몬드가 반복해서 나타난다.

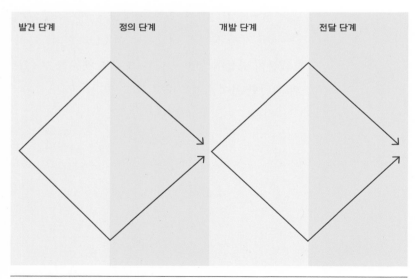

그림 12. 더블 다이아몬드 프로세스[7]

발견 단계

발견 단계Discover Phase는 일명 '맨땅에 헤딩'하는 단계로 질보다는 양이 중요한 단계이다. 어떤 답을 정해놓고 일정한 방향으로 진행하기보다는 모든 가능성을 열어두고 초심자의 마음으로 최대한 다양하고 기발한 아이디어를 발전시키는 것이 중요하다. 이 단계의 산출물로는 사용자 관찰 결과, 사용자 인터뷰 결과, 그 외 다양한 정성 조사 결과물, 그리고 초기의 시드 아이디어 등이 있다.

정의 단계

정의 단계Define Phase는 발견 단계에서 나온 아이디어를 분석하고 일정한 패턴이나 주제를 도출해 낸 뒤 어떤 문제에 집중해야 하고 어떤 방향으로 나아갈지 정하는 단계이다. 문제의 솔루션을 도출하는 것만큼이나 어떤 문제에 집중할 것인지 정의 내리는 단계는 매우 중요하다고 할 수 있다. 이 단계의 산출물로는 수집한 자료에 관한 해석 및 프레임워크, 다양한 기회 영역들, 해결하고자 하는 문제, 집중하고자 하는 기회, 그리고 만들고자 하는 콘셉트 브리프 등이 있다.

개발 단계

개발 단계Develop Phase는 앞서 정의한 문제를 어떠한 서비스를 통해 해결하겠다고 정의하고 본격적으로 서비스를 발전시키는 단계이다. 서비스의 프로토타입을 만들어 검증해보고 개발할 때 나타나는 다양한 문제점들을 해결하면서 서비스를 보완해간다. 이 단계의 산출물로는 서비스 가치 제안, 서비스 아키텍처, 접점들에 대한 프로토타입 등이 있다.

전달 단계

전달 단계Deliver Phase는 개발 단계를 통해 개발한 서비스를 사람들에게 효율적으로 전달할 방법을 정하는 단계다. 이 단계에서는 어떠한 채널을 통해 어떠한 방법으로 사람들에게 서비스를 알릴지 정한다. 이 단계의 산출물로는 서비스 브랜딩 및 마케팅, 서비스 스토리텔링, 서비스 출시 및 운영 계획, 서비스 운영 매뉴얼 등이 있다.

위의 네 가지 과정을 통해 한 가지 서비스가 어떻게 개발되었는지 살펴보자. 요리 경험 서비스 미라쿡의 초기 개발 당시에는 일상의 스트레스에 대처할 방법에 대한 물음을 가지고 발견 단계를 시작하였다. 주부, 회사원, 대학생 등 다양한 나이와 성별을 가진 사람들과 여러 차례 만나 각자의 스트레스에 관련한 인터뷰를 하였고 각자의 스트레스 양상과 원인, 해결 방법 등을 듣고 기록하며 관찰을 진행하였다.

발견 단계에서 모은 자료(인터뷰와 관찰 일지 등)를 통해 정의 단계에서는 스트레스 해결 방법에 관한 패턴을 발견할 수 있었다. 발견한 패턴은 스트레스의 직접적인 원인을 제거하기보다는 스트레스 자체에 대응할 수 있는 삶의 역량(일에 대한 몰입과 성취감)을 키워줌으로써 해결될 수 있다는 사실이었다. 미라쿡 팀은 그에 따라 '사람들의 삶의 역량을 키우자'를 비전으로 삼아 다양한 기회 영역들을 살폈고 최종적으로 '요리' 분야가 이러한 비전을 효과적으로 구현해줄 수 있다고 생각해 관련된 서비스를 개발하기로 하였다. 요리와 음식은 남녀노소, 나이를 불문하고 누구나 좋아할 수 있고 생활과 가장 밀접해서 많은 사람이 쉽고 재미있게 몰입과 성취를 경험할 수 있을 것으로 생각했기 때문이다.

개발 단계에서는 요리 관련 이해관계자(요리사, 푸드 트럭 운영자, 요리 방송 관계자, 주부, 대형 할인점 관계자)와 여러 유형의 사용자(요리를 잘하는 사람, 먹는 것을 좋아하는 사람, 요리를 잘하고 싶은 사람 등)의 사용자 여정 지도를 그려보았다. 또한 애플리케이션 화면이나 푸드 트럭 프로토타입을 직접 만들어봄으로써 실제로 서비스를 이용할 때에 어떠한 불편함이 있는지 살펴보고, 서비스 청사진을 통해 구체적인 서비스 구조를 만들었다. 여러 유형의 사용자에게 이 서비스가 각각 어떠한 가치를 제공할 수 있는지, 이 서비스를 위해서는 어떠한 시스템(모바일 시스템, 노동 인력 등)이 필요한지 상세하게 생각해보는 것이다.

마지막 전달 단계에서는 당장 서비스를 실행할 수 있을 정도로 구체적이고 현실적으로 사람들에게 서비스를 제공할 방안을 만들었다. 마케팅 방안부터 수익 모델, 스토리보드, 로고 제작 및 브랜딩, 구체적인 서비스 출시와 운영 일정 등을 계획하는 것도 전달 단계에 해당한다.

서비스 경험 디자인에서는 발견, 정의, 개발, 전달의 네 단계를 통해 서비스가 구현되며 이 과정이 아이디어의 발산과 수렴이 두 번 반복되는 다이아몬드 모양을 띠어 더블 다이아몬드 프로세스라고 부른다. 하지만 모든 서비스 개발 과정이 이 단계로 분류되는 것은 아니다. 한 가지 단계, 예를 들어 발견 단계 내에서도 수없이 많은 아이디어의 발산과 수렴이 반복되기 때문에 어디까지가 발견 단계이고, 어디까지가 정의 단계인지 명확하게 구분이 어려운 경우도 있다. 따라서 더블 다이아몬드 프로세스는 서비스 디자인 과정을 간략하게 보여주는 것이지, 모든 서비스 개발 단계가 수렴하는 것은 아니며 꼭 그래야만 하는 것도 아님을 기억하자.

지피지기면 백전백승이라고, 좋은 서비스 경험을 디자인하기 위해서는 서비스 경험 디자인 자체에 대한 이해가 필수적이다. 이 장의 시작에서는 서비스에서 가장 중요한 '시간'이라는 축을 중심으로 사용자들이 더 나은 '경험'을 하기 위해 고려해야 할 서비스 경험 디자인의 특징에 대해 배웠다. 사용자의 경험은 서비스 제공자와의 수많은 접점을 통해 만들어진다. 서비스 경험 디자인은 발산과 수렴이 계속해서 반복되는 과정을 통해 이루어지며 이를 간단히 정리한 방법론이 발견, 정의, 개발, 전달의 네 단계로 이루어진 더블 다이아몬드 프로세스이다. 서비스 경험 디자인의 결과는 접점, 아키텍처, 모델, 전략 네 가지로 구성되어 있는데, 이 요소들은 인문학, 공학, 디자인, 경영학 등 다양한 분야 간의 조화롭고 효과적인 협업이 필요하다. 이처럼 서비스 경험 디자인은 분야 자체의 특징과 과정, 사고방식에 대한 정확한 이해는 반드시 필요하다. 서비스 경험 디자인을 본격적으로 시작하기에 앞서, 서비스 경험 디자인에 대해 정확히 이해하고 서비스 경험 디자이너에게 필요한 여러 가지 능력을 알아봄으로써 새로운 마음가짐을 다지는 계기가 되길 바란다.

토론하기

1

지난 일주일 동안 경험한 수많은 서비스 중
한 가지를 골라 시간의 흐름에 따라 이야기해보자.
그 서비스의 어떤 점이 잊지 않고 기억하게
해준 것일까?

여행적 성격이 강한 서비스와 절차적 성격이
강한 서비스를 각각 하나 이상 찾아보자. 그 서비스가
제공하고자 하는 주된 경험은 무엇이며 그것이
서비스의 성격에 어떤 영향을 주었을까?

2

관심 있는 서비스를 하나 선정하여 서비스의
구성 요소에 따라 나눠보자.

3

서비스 경험 디자이너로서 나는 어느 분야에서
어떤 역할을 할 수 있을지 생각해보자.

4

자신이 생각하는 '방향성 있는 혼돈'을 위한
새로운 협업 원칙을 제시해보자.

5

한 서비스의 개발 과정을 조사해본 뒤 그 과정을
더블 다이아몬드 프로세스 틀에 맞춰 정리해보자.

생각해보기

서비스 경험 디자인의 특징 중 하나를 잘 지니고
있는 최근에 출시된 서비스를 선정해보자.

- 해당 특징이 서비스의 성공과 실패에
  어떤 영향을 미쳤는지 생각해보자.

- 이상적인 서비스가 되기 위해서는 서비스의 특징이
  어떻게 진화되어야 할지 제안해보자.

한 가지 서비스를 선정한 뒤 통합적 사고의
세 가지 요소(매력, 실행 가능성, 사업 가능성)를
모두 적절하게 고려하고 있는지 분석해보자.
부족한 요소가 있다면 어떻게 서비스를 개선하면
좋을지 생각해보자.

발견 단계

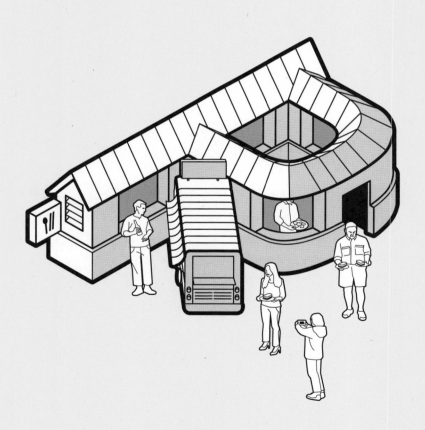

4장

관찰하기

2분이 지난 뒤에도 지겹다면 4분 동안 해보라. 여전히 지겹다면
8분 동안 해보라. 다음엔 16분 동안 해보라. 그 다음엔 32분 동안 해보라.
결국 당신은 그것이 전혀 지겹지 않음을 발견하게 될 것이다.

존 케이지 | 미국 작곡가

If something is boring after two minutes, try it for four. If still boring,
then eight. Then sixteen. Then thirty-two. Eventually one discovers
that it is not boring at all.

John Cage

서비스 경험 디자인 수업을 진행할 때 꼭 하는 활동이 있다. 바로 팀 동료의 얼굴 그려보기이다. 학생들에게 펜과 종이를 꺼내라고 한 뒤에 팀원 중 한 명의 얼굴을 그리라고 한다. 학생들은 처음에 당황하지만 이내 곧 즐거워하며 동료의 얼굴을 열심히 그려나가기 시작한다. 그림을 그리다 보면 학생들이 놀라는 점이 있는데, 일단 자신이 알고 있던 얼굴과 매우 다른 동료의 얼굴에 놀란다. 그만큼 자신이 늘 옆에 앉던 팀 동료를 이렇게 자세히 관찰한 적 없다는 사실에 또 놀란다. 그렇게 관찰을 하면서 동료의 얼굴에서 새로운 점을 발견해나간다. 생각보다 동료의 코가 예쁘고 속눈썹이 길며 눈 밑에 점이 있다고 서로 대화를 나누면서 동료의 얼굴을 완성한다. 완성된 그림을 보면서 학생들은 자신이 생각보다 얼굴을 잘 그려서 자신의 그림 실력에 놀라곤 한다. 이처럼 관찰은 언제 어디서나 할 수 있는 활동이다. 그리고 관찰을 오래 하다 보면 늘 봐오던 것이라도 새로운 것이 보일 수 있다. 하지만 우리는 평소에 관찰을 잘 하지 않는다. 완성된 그림처럼 관찰을 마음 먹고하기만 한다면 누구나 관찰은 잘할 수 있다. 그렇다면 동료의 얼굴뿐 아니라 서비스 기획과 관련된 여러 가지 관찰은 어떻게 해야 할까? 그냥 바라보기만 하면 될까? 아니면 좀 더 효과적인 방법이 있을까?

발견 단계

발견 단계는 프로젝트의 대상이 되는 서비스(유사 서비스 혹은 개선 대상이 되는 서비스)와 관련된 사람들을 이해하는 단계이다. 가장 쉬운 방법은 눈으로 보는 것이다. 사람 혹은 현상을 관찰하고 가공되지 않은 원자료를 수집한다. 사진을 찍어도 좋고 그림을 그리거나 글로 써도 되고 인터뷰를 할 수도 있다. 자료를 남기는 이유는 프로젝트를 진행하며 발견 단계에서 모았던 자료를 계속해서 활용하는 것이 큰 도움이 되기 때문이다. 따라서 발견 단계에서는 가급적 많은 양의 데이터를 모으는 것이 성공의 비결이다. 나중에 아이디어를 내는 과정에서 가공되지 않은 자료의 양이 많을수록 나올 수 있는 아이디어도 무궁무진해질 수 있다. 그렇다면 관찰을 수행하기 전에 어떤 자세를 가져야 할까?

발견 단계에서는 구체적인 방법론보다 마음가짐이 더 중요하다. 관찰하거나 인터뷰할 때 정형화된 틀은 없으며, 프로젝트의 주제와 팀 구성에 따라 많은 부분이 유연하게 변경될 수 있다. 관찰 대상에 따라 관찰 방법이 다를 수 있고, 팀만의 새로운 방법론을 만들어서 시행해볼 수도 있다. 따라서 다양한 방법론을 외우기보다는 기본적으로 가지고 있어야 할 두 가지 마음가짐을 계속 염두에 두고 프로젝트를 진행하도록 하자.

초심으로 돌아가자

첫 번째 마음가짐은 초심으로 돌아가는 것이다. 이미 잘 알고 있고 익숙한 것이라도 전혀 모르는 것이라고 가정한다. 초심자의 마음 beginner's mind으로 생각하는 것은 힘들지만 자신의 전문 분야에 대한 지식을 바탕으로 사고하는 것을 의도적으로 경계해야 한다. 개인적인 경험에서 비롯되는 편견이나 가정 때문에 중요한 사실을 놓칠 수 있기 때문이다. 오히려 아무것도 모르는 초짜 상태로 돌아가면 모든 것이 새롭게 보이고 그만큼 많은 관찰을 할 수 있다. 일반적으로 사람들은 특정 주제에 관해 나름대로 가정하는데, 프로젝트를 시작할 때 자신이 무엇을 가정하는지 생각해보는 것도 좋은 방법이다. 문화인류학자들은 '초심으로 돌아가기'를 항상 염두에 두고 연구한다. 특정 문화권의 사람들이 어떻게 행동하고 그들이 왜 그런 행동을 하는지 이해하기 위해 모든 행동을 마치 처음 경험하는 것처럼 본다.

해석보다 관찰

두 번째 마음가짐은 해석보다 관찰에 집중하는 것이다. 다른 사람들의 행동을 주의 깊게 관찰하고 그것을 있는 그대로 수집함을 말한다. 많은 사람이 데이터를 해석하는 데 굉장히 익숙해져 있다. 무언가를 보거나 들었을 때 그것을 해석해서 고차원적인 이해를 해야 하며, 그런 능력을 길러야 한다는 충고를 어릴 때부터 많이 들어왔기 때문이다. 하지만 이 단계는 고차원적인 해석을 의도적으로 하지 않는 것이 중요하다. 해석하지 않고 그냥 바라본다는 마음가짐을 가지면 있는 그대로 이해하기 쉬워지고 공감할 수 있게 된다. 사람들이 신체적으로 정신적으로 그리고 문화적으로 필요한 것이 무엇이고 동기가 무엇인지 더 잘 이해할 수 있게 되는 것이다.

그렇다면 해석과 관찰은 어떻게 다를까? 관찰은 보고 들은 사실을 있는 그대로 묘사하는 것이고, 해석은 그에 자신의 의견이나 추측을 덧붙이는 것이다. 그림 1을 보고 '애완견에 관한 공원 안내문과 배변 봉투함이 비치되어 있다.'라고 묘사하면 관찰 기록이 된다. 같은 그림을 보고 '공원에 애완견을 데려오는 사람들이 많고, 그 사람들이 애완견의 배변을 치우지 않아 민원이 들어온 사례가 많았을 것이다.'라고 추측하는 것은 해석이 된다. 이렇듯 존재하는 관찰 대상에 대해 자기 생각이 들어가지 않게 묘사만 하는 것이 발견 단계에 적합한 마음가짐이다.

의도적으로 관찰만 하는 것은 사실 매우 어렵다. 이 때 도움이 되는 한 가지 방법은 적절한 도구를 사용하는 것이다. 사진을 찍고 녹음기로 녹음하고 동영상을 촬영하는 등 최대한 기기를 활용한 증거를 많이 남기면 도움이 된다. 기계

그림 1. 공공 안내문과 애완견 배변 봉투함

는 판단하지 않기 때문에 있는 그대로를 객관적으로 보기 좋다. 그렇게 모은 원자료는 프로젝트를 진행하는 내내 참고할 수 있다.

적합한 방법론

경험적 연구 방법론은 자료의 성격에 따라 크게 양적 연구quantitative research와 질적 연구qualitative research로 구분된다. 양적 연구는 다루는 자료가 숫자인 경우(조사 연구 및 실험 연구 통계자료 등)이며 질적 연구는 자료가 숫자가 아니라 언어인 경우(역사 연구를 위한 서술적 기록물 등)를 말한다.[1] 질적 연구를 할 때는 주제와 관련된 장소에 직접 가서 관련된 사람들을 인터뷰하고 사진 촬영을 하고 동영상을 찍는 등 다양한 자료를 수집한 뒤 분석한다. 질적 연구는 양적 연구와는 다르게 연구자의 해석이 많이 개입되며, SPSS와 같은 통계 프로그램을 돌려 데이터를 신뢰할 수 있는지 검증하지 않는다. 대신 풍부한 자료를 수집하여 그것이 맥락과 상황에서 어떤 통찰력을 주는지 본다.

　관찰 단계는 질적 연구로 이루어지는 경우가 많다. 관찰 방법론은 실제 상황 그대로를 그 사람들의 눈으로 바라보는 것이기에 수집되는 자료가 질적 자료들이다. 질적 연구를 할 때는 사진을 찍거나 스케치를 하는

등 수치로 표현할 수 없는 원자료를 최대한 많이 모으는 것이 중요하다. 다양한 종류의 원자료를 확보하면 한 상황을 여러 시각으로 볼 수 있고 새로운 통찰력을 발견할 수 있다.

한편, 소수의 대상자를 관찰하는 것도 의미가 있다. 타깃 대상자가 소수인 경우 대상을 블랙스완black swan 혹은 토킹피그talking pig라고 한다. 일반적으로 백조는 흰색인데 어쩌다 희귀한 검은색 백조를 보거나, 돼지들이 당연히 말을 못하는데 말할 수 있는 돼지를 보게 되면 당연히 그것들을 열심히 조사하고 분석해야 한다. 특정 서비스를 많이 사용하는 리드 유저이거나 특정 주제에 대해 깊이 있게 알고 흥미를 가지고 있는 사람들이 이에 속한다. 이들을 잘 관찰하면 표본 수가 적더라도 많은 인사이트를 얻을 수 있다.

양적 연구 방법은 책만으로도 배울 수 있지만, 질적 연구 방법은 책만 읽어서는 잘하기 힘든 영역이다. 단순히 통계 프로그램 사용법을 익히고 분석 방법론을 외우는 것과는 다르게 변수도 많고 상황마다 방법이 달라질 수 있기 때문이다. 따라서 질적 연구 방법은 그것을 자신의 것으로 체화하는 것이 중요하다. 방법들을 외우고 읽는다고 잘하게 되는 것이 아니라, 끊임없이 실전에서 하고 느끼며 자신만의 테크닉을 만들어야 한다. 이 장에 소개되는 방법론을 잘 숙지하여 직접 실행하는 것을 추천한다. 직접 경험해보는 것만큼 좋은 스승은 없다.

질적 방법론의 용도: 물증

관찰과 같은 질적 방법론의 결과물은 추후 디자인 프로세스를 진행할 때 손에 만져지는 실체가 있는 증거tangible evidence가 된다. 관찰 단계의 결과물들은 나중에 새로운 아이디어를 만들어낼 수 있는 자원이 된다. 범죄 예방을 위한 서울시 공공 디자인 시범 사업지인 염리동 소금길 예시를 보자. 프로젝트를 시작할 때 평범한 길을 관찰하고 사진을 수백 장 찍었다. 보기에 똑같아 보이는 길 사진이라도 충분히 많이, 다양한 각도에서 찍는 것이 중요했다. 특히 골목길에 사각지대는 없는지 어느 구역이 가장 위험한 구역인지를 보기 위해서는 밤과 낮으로 시간도 다르게 관찰하는 것이 도움이 되었다고 한다. 프로젝트를 진행하는 전체 과정에서 초기에 확보한 사진은 두고두고 유용한 증거로 활용할 수 있다.

런던 지하철 입구에 마시던 음료수 컵이 가득 놓여 있는 사진이 있는데, 그것을 관찰하고 왜 그런 풍경이 보이는지 생각해볼 수 있다. 당시 테러 이슈로 런던 지하철의 쓰레기통은 모두 제거되었으며 그 뒤 지하철 입구에 쓰레기가 쌓인 모습이 많이 관찰된 것이다. 쓰레기통은 없어졌지만 사람들은 여전히 마시던 음료수 컵을 들고 지하철을 타러 가는 습관이 남아 있어 지하철 입구에서야 깨닫고 컵과 같은 쓰레기를 놔둔 게 아닐까 추론해볼 수 있다. 관찰 방법은 과학적인 방법은 아니지만 사람들이 현재 상태를 어떻게 인지하는지 어떤 식으로 표현하는지 알 수 있다. 사진 한 장이 많은 것을 말해주는 것이다. 양적 조사로는 이러한 사실을 알기 어렵다. 사람들이 무의식적으로 생각하지 않고 한 행동을 보지 않고 수치화한다는 것은 더욱 어려운 일이기 때문이다. 숨겨져 있는 현상을 매우 자세하게 찾아내는 데 관찰 방법이 강력한 수단이 될 수 있다.[2]

질적 방법론의 특징

질적 연구 방법은 관찰자가 사용자의 맥락과 환경에 몰입하는 데서 시작한다. 관찰자는 선험적인 가설을 배제하고 관찰이 이루어지는 환경의 영향을 많이 받으며 관찰을 수행한다. 때로는 사용자가 지도하기도 하며 자유롭게 대화가 진행되는 것도 특징이다. 결과적으로 질적 연구를 통해 복잡 다양한 증거와 이야기를 포착할 수 있다. 관찰자가 맥락에 몰입하면 사용자가 느끼는 것에 함께 공감할 수 있고, 추후 서비스를 만드는 과정에서 계속해서 아이디어를 얻을 수 있다는 장점이 있다.

좋은 질적 조사는 인사이트를 준다. 사람들의 삶을 조사해 손에 잡히는 증거를 제시하고 이는 새로운 아이디어를 얻을 때 유용하게 사용된다. 좋은 증거는 풍부한 이야기를 들려줌으로써 실질적인 통찰력을 준다. AM559 팀의 경우 1인 가구의 고충을 알아내기 위해 여러 1인 가구를 방문하여 질적 조사를 진행하였다. 그들의 생활 방식을 관찰하고 집 안에서 그들이 남긴 흔적 사진을 찍었다. 그러한 질적 자료들을 수집하였고, 눈에 보이는 증거를 통해 그들이 어떻게 사는지 어떤 생활 고충이 있는지 알 수 있었다. 예를 들어 팀원은 처음 1인 가구 방문 당시 방에 수건 널린 모습을 찍어두었다. 나중에 아이디어를 내는 과정에서 다시 원자료를 봤을 때 1인 가구의 고충 중 하나가 수건 빨래에서 나온다는 사실을 깨달을 수 있었다. 질적 조사는 생각하지 못했던 세부 사항들을 볼 수 있게 해주고 특정 상황이나 문제의 본질에 다가가도록 해 준다.

관찰의 101

구체적인 관찰의 방법론을 소개하기에 앞서 관찰과 관련된 전반적인 유의 사항을 알아보자. 그리고 난 뒤에 크게 세 가지 범주로 나누어서 여러 가지 방법론을 알아보고, 해당 방법론을 수행하는 실제 예시를 통해서 각각의 방법론을 깊게 이해해보자. 세 가지 범주는 그저 바라만 보는 것, 대상과 활발하게 교류하는 것, 마지막으로 팀원이 함께 보는 것이다.

관찰의 기본 기술

밑도 끝도 없이 처음 관찰을 하면 당황하기 마련이다. 모든 관찰에 기본적으로 필요한 기술은 무엇일까?

초심자의 마음가짐을 명심하자

관찰을 훈련하기 좋은 방법은 낯선 환경에서 낯선 사람들의 움직임을 보는 것이다. 누구나 낯선 환경에서는 자동으로 관찰하는 본성이 있으므로 자연스럽게 관찰할 수 있다. 평소 자신이 자주 움직이지 않는 시간대에 자주 보지 않는 대상을 관찰해보자. 예를 들어 자신이 자주 다니는 동네를 떠나 한 번도 가본 적 없는 도시로 간다거나 일상에서 마주치기 어려운 사람들이 있는 곳에 가볼 수 있다. 자신에게 익숙하지 않은 환경에 놓였을 때 대상의 움직임이나 주위 환경의 변화에 더욱 민감해져서 그냥 지나치기 쉬운 사항들을 놓치지 않고 포착할 수 있다.

관찰하는 장소가 평소 자주 가는 익숙한 장소라도 항상 초심을 유지하자. 자신은 아무것도 모르는 상태이며 이 장소에 처음 간다고 생각하는 것이 중요하다. 그래야 익숙한 것들을 그냥 지나치지 않고 평소 보지 않던 것들을 볼 수 있다. 동네 편의점에 가서 관찰하더라도 자신은 외국인이며 처음 오는 장소이기 때문에 모든 것이 새롭다고 가정하자.

사진기와 녹음기를 휴대하자

사람들마다 선호하는 기록 방법이 다르니 편한 방법을 택하면 된다. 사진 찍는 습관이 있다면 사진을 촬영하고, 스케치를 좋아한다면 그림을 그리고, 글 쓰는 작가라면 글로 기록한다. 어떤 방법으로 하든 관찰 대상을 자세히 기록할 수 있으면 좋다. 그중에서도 특히 사진기와 녹음기는 관찰자의 필수품이다. 스케치하거나 글로 쓰며 관찰을 진행하더라도 데이터의 양이 많아 다 그리지 못하는 상황이 있을 수 있다. 순간적으로 지나가는 대상이나 다시 볼 수 없는 상황이 있다. 이런 상황에 대비하여 언제나 순간을 포착할 수 있는 사진기와 녹음기를 휴대하도록 하자.

단, 특정 장소에서 촬영하는 경우 촬영하고 있다는 사실을 사람들이 알 수 있도록 해야 한다. 촬영하는 목적과 시간 등의 정보를 관리자에게 전달하고, 촬영해도 문제가 없다는 승낙을 얻으면 촬영을 시작한다. 초상권에 대해 불쾌하게 생각하는 사람들은 특별히 더 배려하자.

눈에 보이는 모든 것에 신경을 쓰다 보면 금방 지치기 십상이다. 그럼 무엇에 초점을 맞추어봐야 할까?

사람들의 행동 변화를 유발시키는 것을 찾자

먼저, 관찰하고자 하는 상황 혹은 대상에 일어나는 변화를 주시하자. 행동 변화를 살펴보면 사람들의 행동이 달라지는 포인트를 잡을 수 있다. 그림 2에서는 한 여성이 앉아서 무언가 하는 모습을 볼 수 있다. 여성은 왜 길을 가다가 멈추어서 길 한가운데에 앉았을까? 자세히 보면 강아지의 배변을 치우고 있는 중임을 알 수 있다. 무엇이 어떤 사람으로 하여금 특정 행동을 하게 할까에 초점을 맞추고 상황을 바라보면 도움이 된다.

신기하고 비정상적인 것을 찾자

평소에 보지 못했던 것들을 주시하자. 신기하고 눈이 가는 사물이나 환경을 관찰하고 기록하자. 비정상적인 것에 의문을 제기하면서 아이디어가 나올 수도 있고, 뜻하지 않은 것을 발견할 가능성이 크기 때문이다. 그림 3은 염리동의 한 골목이다. 한 집의 주인이 쓰지 않는 그릇을 가져다

그림 2. 여기, 신촌 팀의 공원 관찰 자료

그림 3. 염리동의 한 골목

놓으라고 벽에 공지를 붙였고 실제로 쓰지 않는 그릇이 쌓여 있는 모습을 볼 수 있다. 필요한 사람은 언제든 가져가라는 팻말도 있다. 이렇듯 보기에도 의문을 자아내는 것들을 포착하고 기록해보자.

저마다 다양한 해석이 가능한 것을 찾자

하나의 대상 혹은 장면에 대해 팀원들이 다르게 생각하는 지점을 짚어보자. 서로의 의견이 다른 곳에서 새로운 아이디어가 나올 수 있다. 그림 3을 보고 어떤 사람은 '마을의 분위기가 공동체적인 성격이 강한가 보다.'라고 해석할 수 있지만 다른 사람은 '그릇을 두기만 하고 가져가지는 않는 것으로 봐서 그냥 쓰레기장이 아닐까.'라고 생각할 수도 있다. 이렇게 해석의 여지가 다양한 대상은 프로젝트 내내 두고두고 인사이트를 위한 자료로 쓸 수 있다. 다른 의견들에 관해 이야기하다가 뜻하지 않은 새로운 아이디어가 나올 수 있다.

그저 보기

질적 연구의 출발은 우선 대상을 '보는' 것이다. 알고자 하는 대상(사람, 사물, 환경 등)이 있는 곳에서 직접 그 대상을 주의 깊게 관찰하는 것이다. 관찰하는 데 가장 기본적이고 중요한 방법은 '그냥 보는' 것이다. 대상을 있는 그대로 보고 본인이 선호하는 방법으로 기록을 남기면 된다. 관찰할 때 가급적 여러 방법을 다양하게 사용해보고, 상황에 맞도록 자신만의 노하우를 쌓는 것을 추천한다. 같은 방법이더라도 사람마다 다르게 사용했을 수 있으며 이를 참고할 수 있을 것이다. 프로젝트를 진행하며 어려웠던 점들이나 아쉬웠던 점도 찾아보고 개선해보자.

몰래 관찰하기

몰래 관찰하기fly on the wall 방법은 말 그대로 벽에 붙은 파리가 되는 것이다. 관찰 환경에서 가능한 자신을 드러내지 않고 최대한 주의를 끌지 않으면서 지켜본다. 구석진 위치에 자리를 잡고 한 자리에서 세네 시간 정도를 바라보는 것을 추천한다. 장시간 관찰을 하면 처음에 보이지 않던 것들이 보이기 시작한다. 처음 한두 시간은 상황 혹은 장소에 적응하는데 걸리는 시간이며, 세 시간이 지나면서부터는 보이지 않던 패턴이 보일 수도 있고 예상하지 못했던 상황이 벌어질 수 있다. 아래에 소개하는 관찰 사례를 살펴보자.

타인의 서재 팀은 대형 서점에서 몰래 관찰하기 방법을 사용하였다. 위치는 지하철역 입구가 있는 출입문 근처와 베스트셀러 코너 두 곳이었다(그림 4). 입구는 사람들이 가장 많이 드나드는 장소였고, 베스트셀러 코너는 장시간 사람들이 책을 구경할 것 같아서 선정하였다. 팀원들은 흩어져 관찰을 진행하였고 촬영도 함께 했다. 다음은 대형 서점 관찰 결과의 일부분이다.

그림 4. 대형 서점에서 몰래 관찰하기

- 출입문을 나갈 때 거울처럼 보이는 알루미늄 재질로
  만들어진 문을 많이 이용하였다.
- 20-40대 여성이나 커플 혹은 부부의 경우, 입구 근처에 있는
  화장품 전시 진열대와 잡지에 많은 관심을 보였으며,
  몇몇 여성들은 다른 코너에 잠깐 들렀다가 두세 번씩
  다시 와서 살펴보는 행동을 반복하였다.
- 40대 아저씨들은 도서 검색 기기 앞에서
  오랜 시간 서 있었다.
- 입구 양쪽에 거울이 설치되어 있어, 입구에 서 있는
  보안 직원이 반복적으로 거울을 보며 외모를 살폈다.
- 50대 남성 몇 명은 건축, 경제 관련 잡지를 오랜 시간 보고
  사진 찍어 지인에게 보내거나 전화로 토론하다가 결국 구매했다.
- 몇몇 사람들이 직원에게 깊이 있는 질문을 던졌으나,
  직원은 제대로 답변하지 못했다.
- 서점 벽에는 시계가 걸려있지 않은 것 같았고
  CCTV가 매우 많이 설치되어 있다.

타임랩스 비디오

타임랩스 비디오time-lapse video는 한 위치에서 비디오를 찍어서 그것을
12배속, 16배속 등 빠른 속도로 돌려보는 것이다. 16배속으로 사물을
관찰하면 정상적인 타임라인에서 보이지 않는 것들을 볼 수 있다는 장점
이 있다. 치과 진료 서비스와 같이 특정한 패턴이 반복되는 서비스나 사
람이 많은 공공 장소에서 실행해볼 수 있다. 빠른 배속으로 돌리면 빠르
게 움직이는 사람들 속에서 그냥 관찰할 때는 볼 수 없었던, 움직이지 않
는 것이 보인다. 타임랩스 비디오는 해당 서비스의 처음과 끝을 볼 수 있
도록 한 사이클을 찍을 수 있으면 좋다. 예를 들어 치과에서 비디오를 찍

는다면 오전이나 오후 진료 타임 전체를 찍어보는 것이 도움될 것이다. 오전 시간대에 일어나는 진료의 시작과 끝을 모두 볼 수 있고 오후까지 모두 찍지 않더라도 모든 서비스의 과정을 관찰할 수 있기 때문이다.

여기, 신촌 팀의 타임랩스 비디오 사례를 살펴보자. 팀은 관찰 단계에서 인도가 보이는 가로수길의 카페 테라스에서 스마트폰 카메라를 세워두고 촬영을 진행하였다. 가로수길 전체에 쓰레기통이 하나도 없다는 점이 신기했다. 그래서인지 사람들은 가게에서 내놓은 쓰레기 봉지 주위에 쓰레기를 버렸으며, 담배꽁초와 일회용 컵을 많이 버렸다. 관찰은 밤 8시부터 새벽 2시 30분까지 약 6시간 동안 진행되었다(그림 5). 진행 과정에서 아쉬웠던 점은 쓰레기 봉지와 같은 특정 대상에 너무 초점을 맞추는 바람에 주변을 같이 볼 수 없었다는 점이다. 주변 사람이나 움직이는 차를 보면 더 재미있는 패턴을 찾아낼 수 있었을지도 모른다. 배속 차이를 결정하는 것도 중요한 의사 결정이다. 8배속, 16배속, 32배속으로 늘리면서 못 봤던 것을 볼 수도 있고, 다른 관점으로 볼 수도 있다. 4배속으로 상대적으로 조금 천천히 돌리면 사람들이 쓰레기를 버리거나 움직이는 패턴을 관찰할 수 있고, 16배속 이상으로 빠르게 돌리면 길가에서

그림 5. 가로수길에서 타임랩스 비디오 방법 실시

움직이지 않는 것들을 중점적으로 볼 수 있다. 쓰레기통을 찾기 위해 서성이는 행동, 쓰레기통이 없어서 슬쩍 길가에 쓰레기를 버리는 행동들을 보거나 점점 커지는 쓰레기 더미를 볼 수 있다.[3]

행동 매핑

행동 매핑behavioral mapping은 사람들의 움직임을 따라가는 방법이다. 제한된 구역에서 사람들이 어떻게 행동하는지 보고 그 공간만의 특징을 찾아내는 데 목적이 있다. 사람들의 동선이 어떻게 되고 이동 경로에 따라 어떤 구역이 형성되는지 볼 수 있다. 유형을 파악하기 좋다는 장점이 있지만 관찰 대상이 많으면 기억에 의존해 따라가기 어렵다는 단점도 있다. 한 사람 한 사람 따라다녀야 하기에 관찰자가 피로를 느끼기 쉽고 노력이 많이 든다는 점이 단점이다. 하지만 행동 매핑은 움직임에 따른 변화를 알아볼 때 가장 좋은 방법이다. 사람들의 동선이 잘 보이는 곳에서 한 사람 한 사람의 움직임을 따라 선을 그려본다. 그 후 많은 사람의 동선을 포착한 뒤 동선이 많이 모인 곳, 동선이 뜸한 곳에 구역을 지정해본다.

　타인의 서재 팀은 그림 6과 같이 대형 서점에서 행동 매핑을 진행하였다. 출입문으로 들어오는 사람 한 명을 선택해 그 사람을 따라다니며 선을 그었다. 그렇게 관찰한 사람들을 크게 네 가지 타입으로 나눠보았다. '저격수'는 목적 지향으로 자신이 필요한 것만 사고 나가는 유형, '칭기즈칸'은 모든 공간을 다 돌아보는 유형이다. 쇼핑백을 이미 든 채로 아이쇼핑을 하러 들어온 사람들이 그들이었다. 화장실에 가기 위해서 들어오는 '화장실' 유형도 있었다. '북셔틀' 유형은 계속 전화하면서 책 심부름을 하는 유형이었다. 전화하면서 이리 갔다 저리 갔다 길을 못 찾고 헤매는 경우가 많았다.

화장실 유형

화장실만 이용하고 나가거나, 이용한 뒤 서가를 관통하여 나감

20대 여성, 30대 여성, 남녀 커플 두 집단

칭기즈칸 유형

서점 모든 공간을 질주하며 구경하고 돌아다님

쇼핑한 짐을 들고 있는 남녀 커플 한참 둘러보더니 아무 것도
구매하지 않고 나감

저격수 유형

필요한 물건만 찾고, 두리번거리지 않고 결제한 뒤 나감

20대 여성 일본 잡지를 열심히 뒤적이더니 결제한 뒤 바로 나감

어린 아이와 온 엄마 필요한 목적에 맞는 책을 위한 동선으로 이동하나,
아이가 돌발적으로 이동하는 경우 변칙적 동선 생김

디자인 학과 남녀 스케치북을 들고 한참 이런저런 이야기 나누더니
마감 시간에 맞춰 미리 봐둔 책을 고르고 구매한 뒤 나감

북서틀 유형

어느 정도 목적의식 있으나 전화하며 여러 곳 방문

50대 남성 목적의식 가진 낭비 없는 동선이나 전화 상대방에게
추가로 전달받은 목적에 따라 동선이 다양하게 바뀜

그림 6. 대형 서점에서의 행동 매핑

행동 고고학

행동 고고학behavioral archeology은 사람들의 흔적을 보고 경험을 추론하
는 방법이다. 고대 문명을 연구할 때 많이 사용되는 방법으로 그들이 살
았던 흔적을 보며 고대인의 삶의 현장을 추측했다. 당시 장소에서 살던
사람들의 행동, 움직임 등이 환경의 흔적으로 남아 있는데, 남은 흔적을
봄으로써 오랫동안 봐야 하는 것을 한 번에 알아볼 수 있다는 장점이 있
다. 또한 그 과정에서 유용한 정보들이 많아 굉장히 효율적이다.

타인의 서재 팀은 서점 곳곳을 돌아다니며 사람들이 책을 보며 남긴
흔적들을 보았다. 맛집 책은 많이 헤져 있는데 요리책은 깨끗했던 점이
특이했고, 사람들이 많이 있는 곳엔 책이 어질러져 있었다. 또한 복도에
서의 관찰 결과가 흥미로웠다. 처음에는 새로운 것이 보이지 않아 낙심
하던 차에 가방에 있던 선글라스를 끼고 복도를 봤더니 복도별로 차이가
보였다. 1미터 내외의 좁은 통로는 바닥이 닳지 않고 책들도 정돈이 잘
되어 있었다. 사람들이 잘 지나다니지 않아서 그런 것 같았다. 넓은 공간
에는 바닥이 닳고, 표지가 헤지거나 포장이 뜯긴 책들이 많았다. 책장의

각도 또한 재미있었다. 책장이 비스듬하게 된 통로는 책장 근처 바닥이 많이 헤져 있었다. 사람들이 남긴 흔적을 자세히 관찰했더니 의미 있는 새로운 사실들을 볼 수 있었다.

몰입하기

몰입하기immersive technique는 대상자와 실제로 상호작용하며 관찰하는 방법이다. 목표는 평상시 사람들의 행동과 활동을 직접 해보는 것이다. 직접 행하며 본인이 어떤 느낌을 받고 어떤 생각을 하는지 기록한다.

하루 살아보기

하루 살아보기a day in the life는 관찰 대상자의 관점에서 하루를 함께 살아보는 것이다. 이 방법은 온종일 관찰 대상자의 삶에 몰입하여 대상자가 하는 행동들 하나하나를 모두 따라하며 공감하는 것이다. 서비스 이용자나 특정 그룹 사람들의 입장이 되어보지 않으면 알 수 없는 것들이 있다. 커피 전문점에서 일해보지 않으면 실제로 일하는 사람들이 겪는 고충을 알 수 없고 상상하기도 힘든 것과 같이 말이다. 하루 살아보기 방법은 해당 서비스를 이용해보거나 자신이 실제 그 사람의 삶을 산다고 생각하고 직접 해볼 수 있다. 관찰자의 처지에서 보는 것과 실제 그 사람이 느끼는 것은 다를 수 있으므로 직접 그 사람의 입장에서 볼 수 있다는 것은 큰 의미가 있다.

AM559 팀은 1인 가구가 되는 것이 어떤지 보기 위해 대상자의 원룸에서 하루를 거주해보았다. 대상자는 직장인 1인 가구 남성이었고 팀원 중 한 명이 실제로 그 집에서 하루를 살며 느끼는 감정과 사실을 기록했다. 공간이 좁다 보니 집 안이 쉽게 어질러졌다. 특히 음식을 조리해 먹은 뒤 설거지를 하지 않았더니 그릇이 금방 쌓이고, 쌓인 그릇을 치우기 싫으니 다음 끼니부터는 나가서 사 먹게 되었다. 인스턴트 음식이 1인 가구의 생필품이 될 수밖에 없는 이유도 알 수 있었다. 매 끼니를 해결하는 것 자체가 큰 고민이고 스트레스로 다가올 수 있음을 깨닫게 되었다.

가이드 투어

가이드 투어guided tour는 서비스를 잘 알거나 서비스 제공자에게 상세한 설명을 듣는 것이다. 해당 분야의 전문가라고 생각되는 사람을 섭외하여 가이드 투어를 요청하고 설명을 듣는다. 그러면 겉으로는 보지 못하는 부분을 알 수 있고, 서비스를 제공하는 사람의 관점에서 어려움이 무엇인지 문제점이 무엇인지를 파악해볼 수 있는 장점이 있다. 가이드 투어 방법은 서비스의 내막을 깊이 아는 효과적인 방법이 될 수 있다. 주의할 것은 가이드 투어와 전문가 인터뷰 사이에는 차이가 있다는 점이다.

타인의 서재 팀은 대형 서점 직원에게 가이드 투어를 부탁하고, 서로 다른 코너에 대한 설명을 들으며 관찰을 수행하였다. 안내 데스크, 서적 코너 직원, 잡화 코너 직원을 대상으로 가이드 투어를 실시하였다. 각 서점 직원분들이 맡은 범위를 중심으로 가이드 투어를 받았으며, 그중 서적 코너 직원들의 가이드 투어 결과는 다음과 같다.

전문 서적과 일반 서적을 찾는 고객의 행동 패턴이 조금 다름을 알 수 있었다. 인문학 분야 전문서 코너에서는 고객들이 먼저 무인 안내 시스템으로 가거나 도서 안내 직원에게 찾아오는 비율이 더 높다고 했다. 일반 서적 고객은 자유롭게 돌아다니면서 책을 구경하고 읽어보다가 선택하는 비율이 매우 높다고 했다. 두 코너의 직원들은 모두 고객에게 책을 추천해주는 경우가 많다고 했다. 추천 기준은 사람마다 달랐다. 선물용일 경우에는 베스트셀러를 자주 추천해주는 반면 고객 자신이 읽을 용도라면 고객에게 최대한 맞춰 추천한다고 했다.

섀도잉

섀도잉shadowing은 대상자 곁에서 대상자의 행동을 함께해보는 방법이다. 사람들이 하는 얘기를 말하고 행동을 같이해보며, 대상자가 무엇을 느끼는지 이해할 수 있다. 대상자의 행동을 모두 따라 하면 대상자가 예상하지 못했던 행동을 할 때 그 행동이 더욱 부각되어 느껴진다. 또한 특정 상황에서 대처하는 방법을 피부에 와 닿게 체험할 수 있다. 본인이라면 하지 않을 행동을 대상자가 하면 더 새로운 발견을 하게 된다.

포토바기 팀은 사람들이 어떤 상황에서 사진을 찍고, 그것을 즐기는지 보기 위해 섀도잉을 수행하였다. 한 가족이 포토존에서 사진을 찍는 모습을 관찰했는데 그 뒤 직접 포토존에서 사진을 찍어보며 사람들의 행동을 따라 해보았다. 아이가 귀여운 버스 모습을 보고 좋아서 그 안으로 들어가는 장면이나 아빠가 카메라를 들고 구부려 앉아 사진을 찍는 모습 모두 따라 수행했다. 사진을 찍으려고 들어가는 공간은 아이의 체구에 맞춰 있어서 좁고 불편했다. 또한 평소라면 그냥 지나쳤을 대상이 포토존이었다는 사실도 새로웠다. 사진을 찍는 사람은 가까이에 다가가서 불안정한 자세로 사진을 찍을 수밖에 없는 구도였고 사진을 다 찍고 나서 가족이 현장을 떠나는 모습도 그대로 따라 해보았다.

함께하기

소개된 방법 외에도 관찰 방법은 다양할 수 있다. 특히 팀원 모두가 함께 가서 현장이나 상황을 관찰하는 방법이 있다. 관찰은 혼자서도 할 수 있지만 팀원이 함께 수행했을 때 얻을 수 있는 것들이 있다. 같은 현장을 보더라도 느끼는 점이 분명히 다르고, 서로가 본 것을 공유했을 때 더욱 풍부한 관찰 결과를 얻을 수 있다. 상황에 함께 몰입해보고, 끝난 뒤 팀원이 모여 서로 관찰한 포인트나 발견한 새로운 사실을 공유해보자. 함께 관찰하기를 수행하면 실시간으로 팀원 간 의견을 공유하며 관찰할 수 있어서 맥락을 더욱 잘 이해할 수 있다. 또한 경험을 공유함으로써 풍부한 관점으로 관찰할 수 있다.

버스킹 어라운드 팀은 버스킹 현장에 팀원 모두가 함께 가서 관찰하였다. 버스킹의 시작부터 끝까지를 팀원 모두가 함께 지켜봤는데, 버스킹에 대한 지식이 얼마나 있는지에 따라 개개인의 이해도가 달랐다. 같은 음향 장비를 보고도 모델명까지 알고 있는 팀원이 있고, 마이크 외에는 무엇이 필요한지 이해하지 못 하는 팀원도 있었다. 이해도에 대한 차이를 발견하고 장비에 대한 지식을 함께 나누는 것도 의미 있었다. 본격적으로 버스킹이 시작되고, 사람들의 반응과 뮤지션들의 변화를 관찰하였다. 공간이 한정적인 곳에서(카페 같은) 공연을 할 경우 뮤지션들은 더 긴장하는 듯 보였다. 관객이 앞을 보고 있고, 진짜 공연을 한다는 느낌이 들기 때문인 것 같았다. 반면 길거리 버스킹의 경우 관객이 듣느냐 듣지 않느냐에 관계없이 계속해서 공연을 해나가는 모습도 관찰할 수 있었다. 팀원 각각이 관객의 입장에서 공연에 대해 느끼는 만족도도 달랐고 의견도 제각각이어서 흥미로웠다.

발견 단계는 서비스 대상자와 관계자들을 이해하고 알지 못했던 새로운 사실들을 깨닫는 단계다. 앞서 이 단계에서 가져야 할 마음가짐과 주의 사항에 관해 알아보았다. 실제로 필드에 나가서 '발견'을 할 때 실천해야 한다는 점이 중요하다. 최대한 많은 데이터를 모으고 주의사항을 기억하는 것의 중요성도 잊지 말자.

대상을 관찰하는 방법은 다양하다. 앞서 살펴본 방법론처럼 장시간 벽에 붙은 파리가 되어 관찰할 수도 있고, 비디오를 찍어 빠르게 돌려볼 수도 있다. 또 사람들의 행동을 지도에 표시할 수도 있고, 고고학의 관점으로 추론할 수도 있다. 더욱 몰입하는 방법으로는 하루를 그 사람이 되어 살아보고, 대상자의 행동 하나하나를 따라 하는 방법도 있다.

이렇듯 다양한 방법론을 활용하여 관찰을 수행하고, 손에 잡히는 증거를 남기는 과정을 배웠다. 프로젝트를 수행하는 내내 이 단계에서 얻은 증거물을 활용하면 큰 도움이 될 것이다. 나아가 자신만의 관찰 노하우를 쌓고 방법론을 만들어 발견 단계를 마무리하는 것을 추천한다.

토론하기

1

이 장에서 소개한 마음가짐을 염두에 두고
일상 생활에서 흥미로운 현상을 관찰해보자.

같은 발견에서 관찰과 해석의 차이를
명확하게 나누어보자.

2

질적 연구 방법을 사용하여 좋은 인사이트를
얻은 예시를 찾아보자.

관심 있는 주제를 잘 알고 있는 소수의 타깃
대상자를 찾아보고 그들을 관찰해보자.

3

사진기를 가지고 낯선 곳에 가서 많은 사진을
찍어보자. 신기하고 비정상적이거나 저마다 다양한
해석이 가능한 것을 찾아보고 이야기해보자.

4

그저 보기 방법을 실제로 해보고
결과를 팀원과 공유해보자.

5

몰입하기 방법을 실제로 해보고
결과를 팀원과 공유해보자.

6

팀원과 함께 관찰하기를 해보고
그 경험을 공유하자.

자신만의 방법론을 찾아보고 직접
행해본 뒤 증거를 남겨보자.

생각해보기

같은 대상이나 현상을 여러 가지 다른 방법론을
선택하여 관찰을 수행해보자.

나만의 고유한 관찰 노하우나 관찰 방법을
만들어보자.

수행한 결과를 기록으로 남기자.

5장

듣기

이제 너는 뭔가를 알고 싶어 해. 그런데 어디서부터 시작하지?
그게 바로 문제야. 그것이야말로 네가 대답해야 할 좋은 질문이지.
그 답은 주변의 소리를 귀 기울여 듣는 거야.

북미 인디언 부족 성인식에서 청년들에게 전통적으로 전하는 가르침
서정록, 『잃어버린 지혜, 듣기』 (샘터사, 2007) 중에서

나의 수업은 학생들로부터 시작된다. 어떤 사람은 가르치는 선생이 배우는

학생보다 수업 시간에 더 말을 많이 하고 학생들을 이끌어나가야 하지 않냐고

물을 수 있다. 나의 수업 방식은 박사 과정 스승께 배운 것이다. 내가 박사 과정을

할 때 지도교수였던 사이먼(Simon) 교수는 수업을 매우 독특하게 진행하셨다.

단순히 지식을 말로 전달하는 것이 아니라 수업에 참여하는 모든 사람에게

질문을 받는 것으로 수업을 시작했다. 그렇게 거의 한 시간 넘게 학생들에게 받은

질문을 강의실 앞 큰 칠판에 꽉 차게 적곤 하셨다. 학생들의 질문을 모두 들은

다음에야 질문들을 분필로 분류하셨고, 질문을 하나씩 답변하고 지워나가며

수업을 진행하셨다. 정말 신기했던 점은 질문에 대한 답변으로만 강연이

진행됨에도 그날 수업에 계획되어 있던 학습 주제들이 모두 다루어졌다는 것이다.

이러한 지도교수의 수업 방식은 웬만한 내공 없이는 힘들 것이며

나도 아직 그분의 수준에 미치지 못하였다. 그러나 수업에서 지식을 전달받을,

다르게 말하면 교육이라는 서비스에서의 소비자인 학생들의 말을 무엇보다 먼저

귀담아듣는 것은 어떻게 보면 당연하고 매우 중요하다고 생각한다.

오늘도 나의 수업은 학생들로부터 시작된다.

듣기를 통한 사용자 정성 조사

목표

사용자 정성 조사의 목표는 사용자에 대한 이해를 돕는 통찰을 얻는 것이라고 할 수 있다. 사용자 조사를 할 때 먼저 정성 조사를 통해서 기회를 발굴하고, 그 후에 정량 조사를 통해서 그 기회들을 검증해볼 수도 있고, 반대로 정량조사를 먼저 한 뒤 거기서 얻은 내용을 바탕으로 정성 조사를 할 수 있다. 미국의 글로벌 생활용품 기업인 P&G에서는 정성 조사의 중요성을 이해하는 데 20년이 걸렸다고 하는데, 눈에 보이는 제품이 아닌 서비스를 만든다면 정성 조사는 더욱 중요할 수밖에 없다. 그 중 듣기를 위주로 하는 인터뷰 방법은 가장 중요한 정성 조사 방법이라고 할 수 있다.

'듣는다'는 일견 간단해보이는 행위지만 듣는 것의 목적은 증명이나 분석, 또는 비판적인 추론에 있지 않다. 일반적으로 사람들이 데이터를 모을 때는 두 가지 목표가 있다. 먼저 아이디어와 가설이 있고 그것을 검증하려는 것이다. 반대로 '나는 정말 아무 생각도 없는데 어디서부터 시작해야지?' 하는 것이 있다. 우리는 보통 전자에 익숙해져 있고 이것이 더 똑똑한 것이 아닐까 생각하지만 적어도 사용자의 이야기를 들으면서 통찰을 얻는 듣기 단계에서는 바른 자세가 아니다. '나는 이 분야에 대해 아무것도 모르고 아무런 아이디어도 없는데, 당신이 어떤 이야기를 나에게 들려주게 될까요?'라는 마음가짐으로 자료를 모아야 한다.

인터뷰를 하고 나면 단순한 이야기에서 생산적인 무언가를 끌어내는 방법이 필요하다. 실제 그 사람들이 무엇을 생각하고 어떤 걸 느끼고 뭘 필요로 하는가를 찾아내야 한다. 이런 통찰을 만들어내기 위해서는 많은 자료와 섬세한 분석 능력이 필요하다. 또한 인터뷰를 할 때 녹취를 하는 경우가 많은데, 녹취한 것을 다시 들을 시간이 없는 경우가 많아서 현장 기록이 최종 데이터가 되는 경우가 대부분이다. 현장에서 찍은 사진, 포스트잇에 써놓은 아이디어가 일반적인 결과물이다. 따라서 어떻게 하면 풍부한 내용의 현장 기록을 만들어내느냐가 정성적 조사의 핵심이다.

조사 방법

사용자 정성 조사에는 여러 방법이 있는데, 그중에서 '듣기', 즉 인터뷰에 관련된 다양한 방법을 소개할 것이다. 조사 방법은 조사 대상자의 수, 조사가 이루어지는 맥락에 따라서 여러 가지로 분류될 수 있다.

대상자 수

인터뷰 대상자 수에 따라 조사 방법이 나뉘기도 한다. 일반적으로 사람들은 개인 인터뷰에 익숙해져 있지만, 최근에는 인터뷰 그룹의 인원수를 달리하여 새로운 통찰을 얻는 방법이 쓰이기도 한다.

전통적인 방법은 물론 개인 인터뷰1-on-1 interview다. 심층 인터뷰in-depth interview라고도 한다. 진행자가 한 명의 사용자를 인터뷰하는 것은 가장 기본적이며 많이 사용하는 방법으로, 여러 명을 인터뷰하는 것보다 친밀감 형성이 쉬워 더 속 깊은 이야기를 들을 수 있다는 장점이 있다.

그룹 인터뷰에서는 보통 두 명 또는 세 명 정도의 소규모 인원을 인터뷰하는데, 엄마와 딸, 남편과 아내, 룸메이트, 커플 또는 가족, 할머니와 엄마, 그리고 딸 등 서로 낯설지 않은 사람들로 구성된다. 이런 소규모 그룹 인터뷰는 개인 인터뷰를 진행했을 때 발견하지 못했던 부분을 발견할 수 있고, 인터뷰 대상자 사이의 흥미로운 역학을 관찰할 수 있다는 장점이 있다. 공동 의사 결정joint-decision 또한 이에 해당하며 그룹 인터뷰 대상자에게 질문을 건넸을 때 개인 인터뷰와는 달리 서로의 존재가 영향을 미쳐 새로운 대답을 들을 수 있고, 새로운 통찰을 얻을 수 있다. 20-30명의 대규모 그룹 인터뷰로 진행되기도 한다.

어떤 주제에 대하여 처음 인터뷰를 할 때는 개인 인터뷰를 깊이 있게 파고드는 것을 추천한다. 개인 인터뷰를 통해 먼저 통찰을 얻은 뒤 소규모 그룹 인터뷰나 대규모 그룹 인터뷰를 진행하면 더욱 양질의 자료를 얻을 수 있을 것이다.

맥락

서비스 경험 디자인에서 가장 권장되는 인터뷰 방식은 실제 서비스가 제공되거나 사용되는 현장에서 진행하는 것이다. 이것을 맥락 인터뷰 contextual inquiry라고 한다. 실제 환경과 매우 흡사하게 만들어 놓은 공간에 사람들을 데려와 인터뷰를 하더라도 실제 환경에서 인터뷰하는 것과는 매우 큰 차이가 존재한다.[1] 서비스의 4대 속성 중 하나인 '서비스는 사용될 때 존재한다'를 떠올려보면 주요 행동이 벌어지는 현장에서 조사를 수행한다는 것은 서비스 경험 디자인에서 특히 중요하다. 가정주부나 집 안에서 이루어지는 서비스에 대한 것이라면 집 안에서 개인 인터뷰나 그룹 인터뷰를 할 수 있고, 매장 내 소비자와 관련된 서비스에 대한 것이라면 소비자와 함께 직접 쇼핑을 해보며 인터뷰하거나 매장에서 관찰자의 입장으로 인터뷰를 할 수 있다. 공항 서비스 관련 전통적인 표적 집단 인터뷰conventional focus group를 진행한다고 할 때, 카페나 다른 장소를 빌려 인터뷰하기보다는 공항에서 인터뷰하는 것이 좋다.

조사 방법의 분류

그림 1은 듣기와 관련된 정성적인 방법을 두 가지 축으로 나눈 것이다. X축은 조사의 주도권을 쥔 쪽이 연구자(인터뷰 진행자)에 가까운지 참가자(인터뷰 대상자)에 가까운지를 나타내고 있다. Y축은 조사를 실제 환경에서 하는지 인공적인 환경에서 하는지를 나타낸다. 일반적으로 개인 인터뷰와 표적 집단 인터뷰는 상당히 인공적인 환경에서 연구자가 주도권을 가지고 진행한다. 반면, 문화기술지적 방법이나 맥락 인터뷰는 보통 참가자의 실제 환경에 가까운 장소에서 조사가 이루어진다. 물론 후

자에서 얻는 정보가 훨씬 풍부하며 대신 조사 설계자와 진행자의 높은 숙련도가 필요하다. 창의적인 개인 인터뷰의 경우에는 해당 서비스가 제공되는 장소에서 진행된다는 점에서 Y값은 높지만, 여전히 인터뷰 진행자가 인터뷰를 주도한다는 점에서 X값은 낮다. 그러나 일반적인 개인 인터뷰보다는 훨씬 좋은 방법이며 현실적으로 맥락 인터뷰가 힘든 상황에서는 창의적인 개인 인터뷰가 매우 좋은 대안이 된다. 창의적인 표적 집단 인터뷰 역시 비슷한데, 대상자들의 자연스러운 상호작용을 관찰하며 그룹 인터뷰를 진행함으로써 인터뷰 대상자들이 인터뷰를 주도하도록 할 수 있지만, 여러 사람을 인터뷰하는 만큼 아무래도 해당 서비스를 제공하고 있거나 사용하고 있는 당사자를 현장에서 인터뷰하기는 힘들다.

특정 서비스에 대하여 처음 진행하는 인터뷰라면 다른 방법보다는 먼저 창의적인 개인 인터뷰나 맥락 인터뷰를 진행하여 깊이 있는 통찰과 새로운 아이디어를 얻은 뒤 다른 방식의 인터뷰를 진행하는 것이 좋다. 인터뷰가 어떤 환경에서 이루어지느냐에 따라 자료의 깊이와 풍부함에서 차이가 날 것이다.

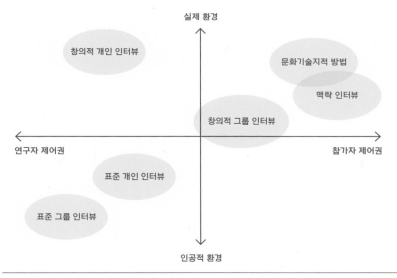

그림 1. 환경에 따른 사용자 정성 조사 방법의 분류 [2]

듣기를 통한 사용자 조사 대상

누구를 얼마나 조사할 것인가

인터뷰를 준비할 때 가장 먼저 떠오르는 질문은 '얼마나 많은 인원을 조사할 것인가'이다. 아무리 크고 중요한 시스템이라 하더라도 조사 대상자의 수는 보통 20명 내외로 생각보다 많지 않다. 열 명 이하는 조금 부족하고 50명은 너무 많다. 여러 명의 사용자를 차례로 인터뷰해도 되며 추가적인 인터뷰에서 더 이상 새로운 욕구가 발견되지 않으면 그 이상의 과정은 생략해도 좋다. 인터뷰할 인원을 정했으면 다음은 '그렇다면 누구를 인터뷰할 것인가'이다. 인터뷰하고자 하는 영역에 관련된 사람들을 자의적으로 선택할 수도 있겠지만 먼저 다음 지침을 읽어본 뒤 인터뷰 대상자를 선정해보자.

전형적인 사용자 vs. 극단적인 사용자

'극단적인'을 대표하는 사람들, 즉 당신의 주제와 완전히 친숙하고
관여되어 있거나, 반대로 아무런 관계가 없는 사람들을 만나보라.
극단적인 참가자들은 다른 대부분의 참가자가 느끼고
표현하는 자연스러운 행동, 욕구, 그리고 필요를 완전하게
이해하는 데 도움을 줄 것이다.
— IDEO, 『교육자들을 위한 디자인 사고 툴킷』 중에서[3]

사용자를 크게 두 종류로 나누면 전형적인 사용자stereotyped user, 즉 일반적인 사용자와 극단적 사용자extreme user가 있다. 사용자 혁신을 위하여 조사할 때 양쪽 다 만나보는 것이 좋지만, 새로운 콘셉트를 개발하는

프로젝트에서는 극단적 사용자를 만나는 것이 도움이 된다. 전형적인 사용자를 선택하려는 방법으로 '사용자 퍼소나'를 사용하기도 한다.

리드 유저

극단적 사용자 중에서도 특히 리드 유저lead user를 만나볼 것을 추천한다. 리드 유저는 MIT 대학의 에릭 폰 히펠Eric von Hippel 교수가 정립한 개념으로 '향후 몇 달 혹은 몇 년 뒤에 시장에서 일반적인 욕구가 될 그러한 욕구를 현재 강하게 지니고 있는 사용자'를 의미한다.[4] 이들은 시장 조사 시에 사용자들의 욕구를 미리 내다보는 출구가 되고 동시에 새로운 제품 콘셉트나 디자인 자료의 원천이 된다.

리드 유저의 특성으로 크게 시간적인 선도와 이익에서의 선도를 들 수 있다. 먼저 시간적인 특성을 살펴보면 리드 유저는 시장에서 일반적인 사용자들이 가질 욕구를 다른 사람들보다 수개월 또는 수년 전에 마주한다. 리드 유저는 다른 사람들보다 해당하는 제품 또는 서비스를 시간적으로 앞서 써보는 사람들이다. 미국의 사회학자 에버렛 로저스 Everett Rogers가 처음 사용하여 이제는 친숙해진 용어인 얼리어답터early adopter도 이들을 지칭한다.[5] 새로운 상품이 출시되면 그것을 가장 먼저 사용하고 분석해서 자신의 블로그나 SNS에 평가를 남기는 리드 유저는 제공자에게 빠른 피드백을 제공하며 다른 사용자에게 상품을 홍보하는 효과를 준다.

두 번째로, 리드 유저는 욕구를 해결하기 위해 기존 제품에 새로운 기능을 더하거나 응용하는 과정에서 다른 사용자보다 더 큰 이득을 받는다. 최근에는 파워 블로거들이 이러한 리드 유저의 예라고 할 수 있다. 주관적인 화장품 사용 후기를 포스팅하는 뷰티 파워 블로거의 경우 화장품 업계에서 새로운 화장품이 출시되면 무료로 화장품을 받는다. 뷰티 파워 블로거들은 단순히 후기만 남기는 것이 아니라 자신만의 방법으로 화장품을 사용하고 다른 제품과 접목해보거나 좋은 효과와 좋지 않은 효과 등을 관찰하여 세심한 후기를 작성한다. 이 과정에서 기존 성능보다 발전된 성능을 만들어내기도 하고, 일반 사용자들과 후기를 공유하면서 상품 홍보자로서 혜택을 얻는다.

리드 유저가 다른 사용자에 비해 더 유용한 자료의 출처 역할을 하는 데에는 두 가지 이유가 있다. 첫째, 그들은 사용하는 제품의 부적절함을 해결하려고 하고 그들의 욕구를 회사에 건의하는 등 적극적인 표현을 한다. 둘째, 그들은 아마 자신들의 욕구를 충족하기 위한 해결책을 이미 개발했을 것이다. 따라서 이들을 인터뷰하면 일반적인 사용자를 인터뷰했을 때보다 훨씬 풍부한 정보를 얻을 수 있다.

중고 서점의 리드 유저에 대한 인터뷰를 예로 들어 보자. "이런 서비스를 왜 이용하는가? 불만인 점은 무엇인가?"라고 물어볼 때 일반 사용자는 그때그때 이유를 약간 억지로 찾아내는 느낌이 드는 경우가 많았는데 리드 유저는 서비스를 사용하면서 무엇이 좋고 무엇이 문제인지 그 문제를 해결하기 위해 어떻게 하고 있으며 한계가 무엇인지 자기 생각을 뚜렷하게 제시하는 경우가 많다. 가령 일반 사용자나 리드 유저 모두 개인이 운영하는 중고 서점의 공간적인 불편함을 느끼고 있었지만, 일반 사용자는 그러한 불편함 때문에 가지 않는다고 대답하는 반면, 리드 유저는 그러한 불편함을 어떻게 해소할 수 있는지 나름의 의견을 이야기해 주었다. 따라서 리드 유저의 인터뷰를 통해 단기간에 훨씬 깊고 풍부한 정보를 얻는 것이 가능했다. 또한, 일반 사용자와 리드 유저가 중고 서점에 가는 이유가 다르기도 했다. 일반 사용자의 경우 중고 서점이 주는 아늑한 분위기를 선호하는 경우가 많았고 이는 일반적으로 예측할 수 있는 답변이었다. 그러나 리드 유저의 경우 중고 서점에서 숨어 있는 고가의 책을 발견하여 그것을 되파는 이득을 얻기 위해 중고 서점을 방문한다는, 일반적으로 상상하기 어려운 이용 목적을 확인할 수 있었다.

서로 다른 여러 집단의 사람들이 사용자로서 고려될 경우 인터뷰는 복잡해진다. 먼저 양극단에 위치한 사용자들을 인터뷰하는 것이 중요하다. 또한 특정 이해관계자(사용자)가 다른 이해관계자와의 관계에서 영향을 많이 미치고 중요한 경우에는 그 특정 이해관계자에 대한 정보를 수집하는 것이 좋다. 이를 위해 특정 제품과 서비스와 관계된 이해관계자들을 모두 포섭하여 대상자의 폭을 넓게 선택하자. 나이, 성별과 같이 단순히 한 가지 인구 통계적 특성에만 속하는 사용자들을 인터뷰하기보다는 여러 특성을 고려하여 다양한 사용자들을 균형 있게 조사하는 것이 좋다. 가령 열 명을 인터뷰한다고 하면, 두 가지 집단에서 다섯 명씩 하는 것 보다, 열 가지 집단에서 한 명씩 선정하여 인터뷰하는 것이 더 풍부한 정보를 얻을 수 있다.

개인 인터뷰에서 염두에 둘 점

서비스 경험 디자인을 위한 개인 인터뷰를 진행할 때 몇 가지 더 염두에 두어야 할 점들이 있다. 먼저, 다양한 이해관계자를 고려해야 한다. 서비스 경험 디자인은 서비스가 제공되고 사용되는 동안 매우 많은 사람이 서로 연결되어 있으므로 특정 서비스 경험에 얽혀 있는 다양한 이해관계자의 시각을 종합적으로 조망해야 한다. 좋은 서비스의 특징은 많은 이해관계자를 가지고 있음을 다시 한 번 명심해야 한다.

두 번째로, 서비스 사용자뿐 아니라 제공자 역시 인터뷰해야 한다. 사용자에게는 보이지 않지만 서비스를 뒷받침하고 있는 사람들과 전체 시스템을 파악하기 위해서는 해당 서비스의 전문가 혹은 담당자의 인터뷰가 필요하다. 이때는 수익이나 해당 서비스의 고유한 개발 시스템 등 인터뷰 대상자들이 외부에 공개되는 것을 꺼리는 민감한 내용이 다뤄질 수 있으므로 사전에 양해를 구하거나 어느 정도까지 인터뷰를 다룰 것인가 인터뷰 전에 협의하여 주의해서 진행하도록 한다.

마지막으로 맥락을 고려해야 한다. 서비스가 제공되고 사용되는 그 상황에서 인터뷰하는 것이 좋다. 맥락 인터뷰를 할 때는 어떤 맥락에서 인터뷰를 진행하는지를 항상 함께 고려해야 한다. 서비스 사용자뿐만 아니라 서비스 제공자에 관한 맥락 역시 충분히 고려하는 것이 필요하다.

개인 인터뷰

개인 인터뷰에서 인터뷰 진행자들은 어떤 태도를 보여야 하는지, 무엇을 얻을 수 있는지, 그리고 어떤 원칙을 따라야 하는지 알아보자.

기본 태도

개인 인터뷰에서 취해야 하는 가장 중요한 태도는 다음과 같다. 첫 번째, 서비스 경험 디자인에서 개인 인터뷰의 목적은 사용자와 개인적으로 대화함으로써 그들의 경험에 대하여 배우는 것이다. 따라서 최대한 사용자가 말하게 하고 대화를 이끌게 하라. 한 명의 사용자와 대화하면 더 깊은 대화가 가능해진다. 이것이 개인 인터뷰의 장점이다. 개인 인터뷰는 너무 많이 해도 소용없고 대략 열 명 이내에서 수행하면 거의 모든 통찰을 얻을 수 있다고 본다. 두 번째, 개인 인터뷰에서의 결과물은 보물 상자와 같다는 것을 언제나 염두에 두라. 항상 사용자에게 놀랄 준비를 하고 그들과 공감대를 형성해라. 세 번째, 연구자의 편견은 인터뷰 결과에 영향을 미친다. 인터뷰 도중에 미리 판단하거나 가설을 만들지 마라.

목적

사용자 정성 조사 시 기본적으로 자신이 인터뷰를 통하여 어떤 것을 얻고자 하는지 미리 생각해볼 필요가 있다. 첫 번째, 기본적으로 새로운 배움이 있을 수 있다. 인터뷰 도중에 인터뷰 내용에 대한 해석, 가정, 성급한 결론 같은 것이 떠오를 수 있지만 분석, 분류 및 통합 작업은 나중에 진행한다. 인터뷰 중에 그때그때 떠오르는 아이디어들은 따로 적어두어 인터뷰의 흐름을 그대로 유지하도록 한다. 인터뷰 중에 특정 주제에 관해 인터뷰 대상자에게 직접 작성해달라고 할 수도 있는데, 이를 통해 인터뷰의 흐름을 유지하면서도 대상자에 관한 정확한 자료를 얻는 방법이 되어서 새로운 통찰을 얻을 수 있다.

그림 2는 스무 살 이후 자취 생활을 시작한 여성 두 명을 대상으로 인터뷰를 진행한 학생이 정리한 내용이다. 자취 기간, 대상자의 감정 변화를 곡선 그래프로 표현해달라고 요청했으며, 이러한 곡선 그래프를 통해 공통적으로 자취 1년 전후가 자취 생활을 하면서 가장 힘든 시기임을 두드러지게 알 수 있었다. 자취 생활을 하는 이들에게 어떠한 서비스가 필요할지 새로운 통찰을 얻을 수가 있었다.

두 번째, 서비스 제공과 경험에 대한 사용자의 믿음이 있다. 인터뷰 진행자는 이것을 받아들이는 것이 중요하다. 그것이 진행자가 기존에 느꼈던 경험이나 믿음과는 전혀 다를지라도 그 믿음은 인터뷰를 통해 얻을 수 있는 매우 가치 있는 기초 데이터이다. 만약 서로 다른 집단에서 인터뷰한 대상자들이 서로 다른 경험과 믿음을 지니고 있으면 이는 매우 풍부한 자료가 된다.

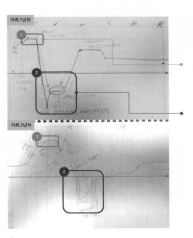

시작부터 1년 6개월 사이 비슷한 감정 상태

자취 시작
해방감, 자유로움 등으로 행복한 감정 상태

1년 전후
외로움, 무서움 등의 감정 상태 지속 및 비슷한 악몽을 계속 꿈

▼

1년 전후로 나타나는 감정 상태가 자취 생활의 취약점. 이를 보완할 수 있는 서비스 필요

그림 2. 자취생에 대한 개인 인터뷰

예를 들어, 중고 서점 비사용자와 사용자 인터뷰를 비교하여 통찰을 얻은 경우가 있다. 중고 서점 비사용자는 자신이 찾는 책이 중고 서점에 있으리라는 확신이 없으므로 헛걸음하기 싫어 중고 서점에 가지 않는다고 하였지만, 반대로 중고 서점을 매우 잘 이용하고 있는 사용자의 경우 자신이 찾는 책이 그곳에 있다는 확신이 있어서 중고 서점에 간다고 답했다. 두 인터뷰 대상자는 중고 서점에 관한 완전히 다른 믿음을 가지고 있었다. 이러한 다른 믿음을 통해서 필요한 책을 사고 싶어 하는 저격형 사용자의 경우에는 중고 서점에서 자신에게 필요한 책을 찾을 수 있는지 예측할 수 있는 것이 매우 중요하다는 통찰을 얻을 수 있었다.

세 번째 모순과 불일치이다. 대상자들은 인터뷰 질문을 받고 간혹 역설적인 발언, 행동과 말의 불일치, 대립하는 가치를 담은 내용을 이야기하곤 한다. 이런 것은 종종 매우 날카로운 통찰로 연결된다. 그림 3은 두 여성을 대상으로 스트레스에 관한 개인 인터뷰를 진행한 내용이다. 인터

주부. 만 55세
가족 구성원 시어머니, 남편, 아들, 딸, 개
비고 치매 시어머니를 모시고 있음.
큰 병 앓은 경험이 있음.
종교적 신념 강함.

자가 스트레스 지수 평가: 10점 (0~10점 평가)

- 스트레스 근본 원인으로 내부 요인을 이야기
- 자신에 대한 믿음(종교적인 신념) 때문에 스트레스 상황을 더 크게 받아들임.
- 의존적인 가족 구성원에 대한 과업이 항상 머릿속에 있어 정신적 스트레스가 높음.

산부인과 의사(만 55세)
가족 구성원
딸 둘, 강아지 두 마리
비고 13년 전 이혼.
주말에만 자녀들과 지내고 평일에는 오피스텔에서 혼자 지냄.

자가 스트레스 지수 평가: 4.5점 (0~10점 평가)

- 스트레스 근본 원인으로 내부 요인과 외부 요인을 이야기
- 현재 스트레스는 거의 없다고 느끼고 4.5라고 평가한 것은 일상에 대한 긴장감이 매우 높은 개인적 성향 탓.

스트레스 상황에서 상황을 바꿀지 혹은 스스로 변화할지 결정할 때 자신에 대한 기대와 고통의 정도라는 요소가 개입된다. 몰입할 수 있는 것이 있을 때 스트레스가 해소된다.

자신에 대한 기대가 높은 분야일수록 견디려고 하지만 일정한 고통의 강도를 넘으면(자살 충동 등) 상황을 바꾸게 된다. 하지만 임계점에는 개인 성향차가 존재한다.

그림 3. 스트레스에 관한 개인 인터뷰

뷰 대상자들은 스트레스 상황을 묘사하는 중에 자주 모순적인 발언을 하곤 했는데 가령 스트레스 상황을 해결하기 위해선 자신이 변해야 한다고 이야기하다가도 다른 스트레스 상황에서 그 상황 자체를 바꿔버렸던 경험을 이야기하기도 했다. 이러한 모순을 통해 스트레스를 대처하는 방식에 대한 각자의 기대가 존재하며, 이러한 기대가 존재하는 영역과 존재하지 않는 영역에 따라 실제 대처 방식도 달라진다는 통찰을 얻을 수 있었다. 즉, 자신에 대한 기대가 큰 영역에서는 스트레스 상황을 견디며 스스로를 발전시키려는 욕구가 강하지만, 자신에게 크게 중요하지 않는 분야에선 상황 자체를 쉽게 피해버린다는 것이었다. 또한 기대가 존재하는 영역에서도 스트레스의 강도가 너무 강할 경우에는 스스로 변화하기보다는 상황을 바꾸려는 시도를 하게 되며, 이러한 임계점은 스트레스의 근본 원인에 대한 개인의 견해 차이에 따라 달라짐을 알 수 있었다.

네 번째, 아이디어 전개를 도와주는 생각하지 못했던 새로운 질문을 얻을 수 있다. 대부분의 인터뷰가 이러한 방식으로 진행된다. 물론 질문을 준비해가는 것이 좋지만 보통은 준비한 질문 중 몇 가지 혹은 절반도 묻지 못하고 새로 얻은 통찰을 바탕으로 새로운 질문을 던지게 된다. 그러나 무엇보다도 양질의 결과를 얻기 위해서는 인터뷰에서 무언가를 얻는다는 것에 집중하기보다 인터뷰 대상자와 관계를 형성하는 데 주력해야 한다. 즉, 인터뷰에서 어떤 것을 얻을지는 미리 생각해보고 준비할 뿐 인터뷰 중에는 인터뷰 자체에 집중하는 것이 중요하다. 인터뷰 대상자와의 공감대 형성으로 더 깊은 이야기를 나눌 수 있을 것이다.

가장 훌륭한 방법은 경청하는 것이다. 만약 인터뷰를 혼자 진행할 때는 인터뷰 내용을 기록하는 것은 녹음기와 같은 기술에 맡기는 것을 추천한다. 2인 1조로 전담 기록자와 관찰자를 대동하여 인터뷰 진행자는 인터뷰 대상자에 집중하는 것도 좋다.

수행 원칙

다음은 개인 인터뷰를 수행할 때 흔히 사용되는 원칙들이다. 인터뷰 수행 시 참고하기를 추천한다.

인터뷰가 아닌 토론을 하라
목장에서 양들을 데려나갈 때 양들 목에 줄을 묶어 줄줄이 끌고 나가는 것이 인터뷰라면, 양치기 개 몰이를 통해 양들이 알아서 나가게 하는 게 토론이다.

사용자가 말하도록 해라 그리고 대화를 주도하게 해라
우리는 그들의 이야기를 듣기 위해 여기에 왔다는 것을 기억하자. 그들은 이미 사용자로서 그리고 제공자로서 전문가다.

유도형 질문을 피해라
인터뷰하는 사람이 직접 답변하도록 해라. 단정형이나 객관식 질문을 하지 말고 어떤 대답도 가능하게끔 열린 결말로 향하는 질문을 던져보자.

인터뷰 하는 사람이 말하는 것에 관심을 가져라
서비스 경험 디자인을 위한 인터뷰라고 해서 사용자 경험이나 서비스에 대한 질문을 던지기보다는 먼저 대상자 개인에 대한 질문들로 시작해보자. 대상자와 좋은 관계를 형성해 공감대를 이루면 그들은 속 깊은 이야기를 더 많이 꺼내게 된다.

이해하기 위한 조사를 해라
이미 알고 있다고 가정하지 마라.

대상자의 감정적인 표현들을 보라

인터뷰 중에 감정이나 기분을 표현하는 단어가 등장하면 무조건 집중해서 듣자. 그 기저에는 반드시 중요한 생각이 깔려 있다.

웃어라!

대상자와 마주 앉지 말고 그 옆에 앉아라

대상자와 마주하고 앉아서 인터뷰를 진행해보고 옆에 앉아서도 진행해보면, 그들은 당신이 옆에 앉아있을 때 훨씬 편하게 많은 이야기를 꺼낸다는 점을 알게 될 것이다. 또 옆에 앉아서 당신이 현재 관심 있거나 사용하고 있는 것을 대상자에게 보여주면서 진행해도 좋다.

일반적인 것이 아닌 구체적인 이야기를 물어라

개인 인터뷰는 심층 인터뷰다. 지나가는 보행자들에게 물어서 진행하는 설문 조사와 달리 심층 인터뷰에서만 얻을 수 있는 구체적인 사례와 경험들을 듣는 것이 중요하다.

절대 방해하지 마라

가장 중요한 원칙이다. 휴대전화나 시계를 계속 보면서 인터뷰를 진행하지 마라. 시계는 풀어놓고 휴대전화는 끄고 가방에 넣어 둔 채로 자연스러운 분위기에서 인터뷰를 진행해라. 사소한 것이 많은 분위기를 좌우하여 인터뷰 대상자의 마음을 닫게도 하고 열게도 한다.

좋은 마무리가 중요하다

인터뷰가 끝나고 대상자와 헤어질 때까지 녹음기를 끄지 말자. 항상 효과적인 마지막 질문은 다음과 같다. "감사합니다. 마지막으로, 혹시 제가 인터뷰 때 꼭 여쭤봤어야만 하는데 여쭙지 않은 것이 있었을까요?"

맥락 인터뷰

맥락 인터뷰는 쉽게 말해 개인 인터뷰를 그 장소로 가져가서 하는 것이다. 언제 어디서 어떻게 서비스를 경험하는지 물을 때 '어떻게'를 심층적으로 관찰하며 인터뷰할 수 있다는 점에서 매우 좋은 방법이다. 인터뷰하면서 경험과 상황을 동시에 관찰하는 것이 요점이다. 서비스 사용자의 의사 결정과 중요한 선택 그리고 감정을 볼 수 있다. 그리고 실제 서비스 사용 맥락에서만이 미묘한 느낌과 감정을 포착할 수 있다.

예를 들어 자동차를 너무나 아끼는 사람이 자신의 차를 세차할 때 쓰는 표현은 일반적인 표현과 다르다. "I'd like to wash my car(나는 내 차를 세차하고 싶어)."라고 하지 않고 "I'd like to touch a bit of my car(나는 내 차를 조금 만져주고 싶어)."라고 표현하는 것이다. 이러한 것은 현장에서만 수집할 수 있는 미묘한 차이다. 이처럼 맥락 인터뷰는 수집할 수 있는 정보가 많아 현장에서 정보를 취합하고 정리하는 것이 좋은데, 이를 위해서는 인터뷰를 수행하는 사람과 별도로 관찰자나 기록자가 동행하는 것이 효과적이다. 또한 현장에서 기록하기 쉽도록 미리 프레임워크가 인쇄된 기록 일지를 제작하는 것이 좋다.

그림 4는 거리 미화에 관한 서비스를 생각하며 직접 거리에 나가 사람들을 관찰하며 인터뷰했고 그 과정을 정리한 것이다. 이 경우에는 사용자를 따라다니다 보면 생각보다 사용자 행동을 놓치는 부분이 많을 것 같아서 미리 프레임워크를 준비해갔다. 인터뷰 대상자를 저녁 7시 주차장에서 만난 것을 시작으로, 대상자가 평소 돌아다니는 거리를 자유롭게 선택해서 돌아다녀 달라고 부탁했고, 4시간 30분 정도 따라다니면서 행동을 관찰했다. 중간중간 사용자가 특이한 행동을 하거나 궁금한 점이 있으면 질문하는 방식으로 맥락 인터뷰를 진행했다. 이 경우 실제 맥락에서 사용자의 행동을 관찰하다 보니 예상치 못했던 통찰들을 얻을 수 있었다. 예를 들어 사용자가 커피를 마시고 난 뒤 쓰레기를 어디에 버릴지 몰라 우왕좌왕하다 근처 패스트푸드점에 들어가 쓰레기를 버리고 나

온 적이 있었는데, 이때 어떻게 하면 쓰레기를 좀 더 쉽게 버릴 수 있을지 함께 이야기하다가 '마치 버스 정류장처럼 어디에 가면 쓰레기통이 있다는 것을 알고 있다면 쓰레기를 길거리에 버리는 일이 줄어들 것 같다.'는 통찰이 나왔다. 저 모퉁이만 돌면 버스 정류장이 있다는 것을 알고 있듯, 쓰레기통이 어디에 있는지 사람들이 미리 알고 있다면 길거리에 쓰레기를 버리는 일이 줄지 않을까 하는 것이었다.

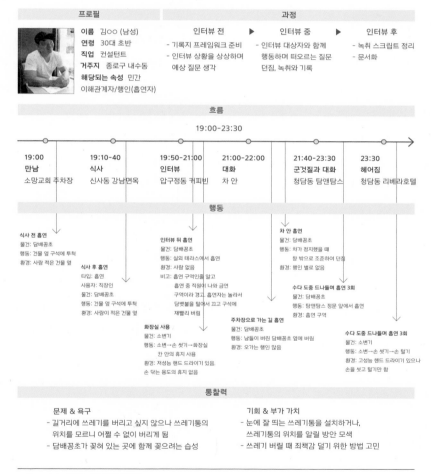

그림 4. 거리 미화에 대한 맥락 인터뷰

기본 원칙

첫 번째로, 가능한 실제 장소와 가장 가까운 곳에서 인터뷰하는 것이 좋다. 사용자가 실제로 경험하고 있는 장소와 시간, 즉 사용자가 서비스를 이용하는 맥락에서 인터뷰를 진행하는 것이 좋다. 이때 일반적인 것이 아니라 그들이 서비스를 경험하면서 실제로 겪은 사례의 아주 섬세한 것들을 이야기해야 한다. 되도록 지난 이 주 내에 경험했던 생생한 이야기를 듣는 것이 좋다.

두 번째로, 인터뷰 대상자와 파트너십을 맺어야 한다. 맥락 인터뷰에서는 인터뷰 진행자가 인터뷰를 이끄는 것이 아니라 대상자가 주도한다. 마치 인터뷰 대상자가 동등한 파트너라고 느껴지도록 해야 하며, 인터뷰어가 관찰하고 질문하는 동안 인터뷰 대상자들은 스스로 자신의 활동을 이끌도록 해야 한다.

세 번째로, 오직 인터뷰 대상자만이 그들 자신이 무엇을 했고, 또 왜 그런 행동을 했는지 말해줄 수 있다는 것을 잊지 말아야 한다. 따라서 인터뷰 내용의 의미에 관해서 인터뷰 대상자와 함께 분석하는 것이 가장 훌륭한 방법이다. 자의적인 해석으로 끝내는 것은 위험하다. 본인이 관찰한 것을 바탕으로 만든 자신만의 가설을 인터뷰 대상자와 공유하고, 그들이 직접 해석을 조정하고 또 고칠 수 있도록 하는 것이 좋다.

마지막으로, 인터뷰 대상자의 이야기를 듣고 또 조사하면서 주고받는 대화가 명확한 초점에서 벗어나지 않도록 집중시키는 것도 중요하다. 많은 경우 인터뷰 도중에 대상자들은 주제와는 크게 상관이 없는 이야기로 빠지고 또 그것을 인식하지 못한 채 이야기를 계속하곤 하는데, 인터뷰의 초점은 진행자가 가장 잘 파악하고 있으므로 인터뷰 대상자들이 이야기의 중심을 놓치지 않도록 자연스럽게 이끌어줄 필요가 있다. 한편으로 인터뷰 진행자가 기존에 세웠던 가정에 들어맞지 않는 것들에 주의를 기울이는 것도 매우 중요하다.

보여달라고 하기

만약 인터뷰 대상자의 환경에 와 있다면 그들에게 대상, 공간, 도구 등 상호작용하는 것들을 보여달라고 부탁하면 매우 효과적이다. 나중에 기억을 되살리기 위해서 그들이 보여주는 것을 사진이나 기록으로 남겨두자. 또는 그들과 그 과정을 함께할 수도 있다. 예를 들어 스마트폰 사용을 조사하고 있다면 사용자가 어떻게 스마트폰을 사용하고 어떤 것에서 불편했는지를 말로 하기보다 직접 스마트폰을 조작하는 모습을 보여주는 것이 더 효과적일 것이다.

그려달라고 하기

인터뷰 대상자에게 그림이나 도식으로 그들의 경험을 그려달라고 부탁해보자. 이것은 당신의 가정이 틀렸음을 보여주고, 사람들이 그들의 활동을 어떻게 인식하는지, 그리고 어떻게 나열하는지 밝혀내기 좋은 방법이다. 보여달라고 하기 기법과 마찬가지로 말로 설명하는 것보다 한 번 보여주는 것이 훨씬 효과적인 경우가 종종 있다.

"왜?" 다섯 번 하기

"왜?"라는 질문을 다섯 번만 물으면 사람들은 밑천을 다 드러낸다는 의미이다. 어떤 질문에 대한 답변에 그냥 넘어가지 말고 "왜 그렇게 생각했습니까?" "왜 그렇게 행동했습니까?" "왜 그렇게 느꼈습니까?"라고 계속해서 질문을 던져보자. 이것은 사람들이 그들의 행동과 태도의 기저에 깔린 이유를 알아내고 표현하게끔 한다.

생각나는 대로 입 밖으로 표현하게 하기

인터뷰 대상자들이 어떤 과정을 수행하거나 특정한 업무를 하는 순간에, 그들이 무엇을 생각하고 있는지 될 수 있으면 입 밖으로 소리 내어 묘사해달라고 부탁하자. 이것은 사용자의 동기, 생각, 지각, 그리고 추론을 밝히는 데 도움을 준다. 이 기법은 특히 맥락 인터뷰에서 빛을 발한다. 한산한 카페에서 마트 종업원을 인터뷰할 때 일이 고되고 진상 고객을 상대하는 것이 힘들다고 들을 수도 있지만 마트 안에서 종업원을 따라다니며 맥락 인터뷰를 진행하면 정확히 어떤 접점들에서 힘들다는 말이 입 밖으로 나오게 되는지를 포착할 수 있다. 어떤 부분들이 개선되어야 하는지를 보다 정확하게 파악하는 것이 가능해진다.

기록지 예시 프레임워크

맥락 인터뷰 전에 어떤 방식으로든 기록지를 만들어서 나중에 기록지를 분석해야 한다. 관찰 주제와 여러 가지 상황에 맞게 현장에서 간편하게 바로바로 중요 사항들을 기록할 수 있는 기록지를 마련하는 것이 좋다. 잘 알려진 프레임워크로 AEIOU 프레임워크가 있는데, 이는 활동activity, 환경environment, 상호작용interaction, 대상object, 사용자user의 약자이다. 이것들을 기반으로 한 여러 가지 형태의 기록지가 존재하며 그 가운데 한 예가 그림 5와 같다.

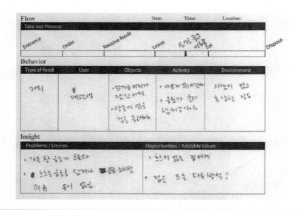

그림 5. 기록지 프레임워크 예시

먼저 전체 서비스의 흐름을 두고, 핵심적인 단계를 표시한다. 단계들에 대하여 행동 측면에서 활동, 환경, 대상, 사용자 등은 어땠는지 적어본다. 그리고 이것에 대한 통찰, 예를 들어 어떤 문제와 욕구가 있었고, 이런 기회 영역, 이런 가치를 더해줄 수 있을 것 같다는 식의 내용을 적어본다. 인터뷰가 끝난 직후 그 결과를 프레임워크로 정리하면 다음에 인터뷰 내용을 다시 살펴볼 때 한눈에 알아보기 수월할 것이다.

문화기술지적 조사

듣기의 목표는 그들을 이해할 수 있는 통찰을 얻는 것이다. 여기서 통찰이란 특정 현상에 대한 패턴을 이해하는 것이라고 볼 수 있다. 그렇다면 패턴이란 무엇일까? 패턴은 시공간을 뛰어넘은 사회적 또는 문화적 현상, 믿음, 관행, 관습의 반복이다. 듣기와 관련된 여러 정성 조사 방법 대부분은 인류학의 문화기술지에서 왔다. 문화기술지 학자들은 시간과 공간을 축적하면 어떠한 패턴이 나타나는지 알고자 했다. 문화기술지 방법은 단순히 객관적으로 관찰하고 작성하는 것이 아니다. 침팬지들과 오랜 세월을 함께 한 제인 구달Jane Goodall, 과학자들이 어떻게 새로운 지식을 얻는지 알아보기 위해 양자 역학 실험실에서 2년 동안 그들과 함께 생활한 사람처럼 연구 대상자의 맥락에서 함께 경험하며 파악하는 것이다.

과거에는 사용자가 어떻게 제품이나 서비스를 이용하는지 연구할 때 반투명 거울one-way mirror 같이 연구자가 사용자를 일방적으로 관찰하는 방식을 사용했다. 그러나 이런 방식은 사용자의 행동에 대한 관찰만 가능할 뿐 사용자가 어떤 '경험'을 하게 되는지는 알 수가 없었다. 좋은 서비스를 제공하기 위하여 사용자가 왜 그러한 행동을 하게 되는지의 밑바탕이 되는 생각, 감정, 욕구 등을 파악하는 것이 매우 중요해지면서, 이제는 연구자가 사용자와 함께 서비스가 이루어지는 환경에서 직접 체험하는 방식을 지향하고 있다.

속성 문화기술지

속성 문화기술지rapid ethnography는 과거처럼 몇 년씩 조사하는 것이 아니라 아주 단기화시켜서 하루 정도 현장 조사를 하는 것이다. 단 1-2시간 정도만 조사하지 말고 가능한 긴 시간을 조사해서 아침, 점심, 저녁 대의 패턴은 어떻게 다른지 관찰할 수 있도록 한다. 또 서비스 이해관계자들의 일상에 방문하고 참여하기 위해서 그리고 특징적인 활동들을 관찰하기 위하여 먼저 관찰 대상자들과 신뢰를 쌓아야 한다. 이런 원칙을 서비스 경험 디자인에 적용하면, 먼저 현장 조사 이전에 조사 대상자의 개인적 성향을 미리 파악해야 한다. 서비스는 현장에서만 존재하므로 사전에 관계 구축을 해놓으면 현장 조사가 더욱 유리하다. 또한 현장에서 가급적 오랜 시간을 함께 보내야 한다. 마지막으로, 한 번 방문으로 그치는 것이 아니라 가능하다면 다른 맥락(시간대, 대상자의 상황 등)에서 대상자와 함께 현장에 몇 차례 더 방문해보아야 한다.

스마트폰 문화기술지

최근 들어 주목받는 방식이다. 스마트폰은 개인 정보의 보물 창고로서 사용자가 의도하지 않았더라도 수많은 사용자 행동 정보가 기록되어 있다. 이 방식의 장점은 기록된 정보들이 모두 디지털화 되어 있기 때문에 취합과 분석이 쉽고, 조사 대상자와 많은 시간을 보내지 않고도 다량의 정보를 효율적으로 취합할 수 있다는 것이다.

발견 단계 결과 정리

시드 아이디어 도출하기

시드 아이디어란 새로운 서비스를 위한 거친 아이디어들을 의미한다. 시드 아이디어를 도출하는 것은 30분, 최대 한 시간을 넘기지 않도록 하며, 한 아이디어에 대해 너무 오랜 시간 고민하거나 다듬는 작업은 피해야 한다. 그동안 조사한 모든 자료를 모아둔 뒤 여기에는 이러한 욕구들이 있을 것 같다고 생각나는 대로 모두 던져본다. 이 단계에서 현실적인 아이디어만을 적으려고 해서는 안 된다. 또한 너무 추상적이거나 너무 구체적이어서도 안 된다. 아이디어 수준에서 최소한의 묘사로 떠오르는 모든 아이디어를 거칠게 던져보는 것, 그리고 이것을 빽빽하게 만드는 것, 이것이 발견 단계에서의 마지막 작업이다. 이때 아이디어는 그림으로 표

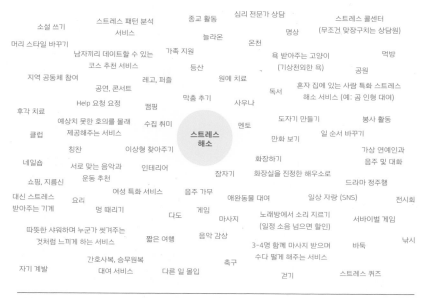

그림 6. 스트레스 해소 서비스에 관한 시드 아이디어

171

현해도 좋다. 시드 아이디어가 많을수록 다음 단계인 정의 단계에서의 작업이 훨씬 쉬워진다. 이 단계에서는 양식보다는 양이 더 중요하다. 그림 6은 발견 단계에서 스트레스에 관해 조사한 팀이 다양한 시드 아이디어를 도출한 것이다.

정리 단계의 주요 팁

정리 단계에 효과적인 두 가지 팁이 있다. 먼저 시각적 자극으로 작업 환경을 채워야 한다. 시드 아이디어를 도출할 때는 최대한 정신 없이 사방을 조사 결과물들로 채우는 것이 중요하다. 이를 통해서 자료 간에 계획되지 않은 연결 고리들을 자극하는 환경을 만들 수 있다. 아직은 문제의 구체화 단계가 아니므로 흥미로운 현상 그 자체에 집중하며, 최대한 모든 가능성을 열어두도록 한다. 가정, 결론, 해결책 제시는 금지다. 또 현장에서 가져온 증거들이 생생하게 살아 있도록 하는 것도 큰 도움이 된다. 찍은 사진들을 인쇄하여 붙여 놓으면 그 사진을 보면서 새로운 아이디어가 떠오르기도 한다. 수집해온 자료들을 다른 사람들과 함께 보면서 현상 혹은 현장에 관한 다양한 아이디어들을 구체화해본다.

아이디어를 그림으로 표현하는 것도 매우 좋다. 시드 아이디어는 거칠게 던져지기 때문에 글로 적어 놓아도 나중에 어떤 의미인지 모르는 경우가 있는데 간략하게라도 아이디어들을 시각화해 놓으면 나중에도 알기 쉬우며, 다른 팀원들이 이해하기에도 좋고, 시각화하는 과정에서 새로운 아이디어가 떠오르기도 한다.

다음으로 관찰하고 들은 경험을 공유하고 정리해야 한다. 서비스를 기획하는 팀원이 개별적으로 사용자의 경험을 포착했다면, 팀원 모두가 이를 듣도록 하자. 충분한 시간을 가지고 '놀라운 것'을 포착하고 개괄적인 패턴을 파악해보자. 이 단계를 분석과 혼동해서는 안 된다. 공유한 결과물을 체계적으로 기록해두면 향후 프로젝트에서 도움이 될 것이다.

발견 단계에는 정해진 답이나 절차가 없다. 만약 이 단계에서 발견 대상자로부터 어떤 배움도 얻지 못했다면 보상을 한 뒤에 다른 대상자로 넘어가면 된다. 연구 주제가 걸맞지 않다고 느껴 다른 주제로 변경하는 것도 이 단계에서 누릴 수 있는 자유다. 4장과 5장에서 설명한 기존의 발견 방식들이 자신의 연구 주제에 적합하지 않다면 자신만의 더 좋은 방식을 만들어 사용하면 된다. 만들고 싶은 서비스에 대한 시드 아이디어 대신에 '왜 이 서비스는 안될까?'에 대한 시드 아이디어를 던져보는 등 자신의 프로젝트에 가장 잘 맞는 발견 단계의 결과물을 만들면 된다. 발견 단계의 최종 목표는 모든 가능성을 최대한 펼쳐 놓는 것, 그래서 그다음 정의 단계에서 수렴할 부분이 많게 하는 것이다. 이 단계에서 우리는 숙련된 연구자가 아니라 미지의 땅에 첫발을 들여놓은 탐험가이다. 미지의 땅에서 얻은 날 것의 자료들을 짜 맞추고 손질하기 전에 직관과 통찰을 통해 가능한 모든 아이디어를 쏟아내 보자.

토론하기

1

관심 있는 서비스를 선정하여 관련 인물에 관해
인터뷰를 진행할 경우 어떤 종류의 인터뷰를 하는 것이
가장 적합할지 이야기해보자. 대상자 수와 맥락을
고려하여 선정해보자.

2

관심 있는 서비스를 선정하여 관련 인물에 관해
인터뷰를 진행할 경우 누구를 얼마나 조사해야
할지 고민해보자. 가급적 다양한 맥락에서 다양한
사람들을 인터뷰하도록 해보자.

3

관심 있는 서비스를 선정하여 관련 인물에 관해
개인 인터뷰를 진행하자.

현장에서 인터뷰가 가능한 인물을 섭외하여 현장에
직접 방문해 맥락 인터뷰를 진행해보자. 자신만의
프레임워크를 꼭 만들어 가도록 한다.

위 과정을 통해 얻은 녹취 기록, 메모, 사진을 바탕으로
결과를 정리하자. 결과의 해석은 반드시
해당 인터뷰를 한 당사자와 함께하자.

4

관심 있는 서비스를 선정하여 해당 서비스에
관해서 하루짜리 문화기술지를 진행해보자.

스마트폰을 최대한 활용하여 문화기술지의
결과를 수집해보자.

5

관찰하고 인터뷰하며 얻은 통찰을
팀원들과 함께 공유하자.

팀원과 함께 시드 아이디어로 전지를 가득 채워보자.

시드 아이디어가 너무 추상적이어서도 안되고
너무 구체적이어서도 안 된다는 말의 의미가
무엇인지 이야기해보자.

이 장에서 제시한 절차에 따라서 개인 인터뷰를
진행해보자. 다만 전체 인터뷰는 열 명 이내로 하고,
가급적 리드 유저나 얼리어답터를 포함하여
다양한 사람들을 인터뷰 대상으로 선정하자.

맥락 인터뷰를 진행하고 그 결과를 미리 구축한
기록지 프레임워크에 따라서 작성해보자.

개인 인터뷰와 맥락 인터뷰 자료를 기반으로
시드 아이디어를 도출하고 시각화해보자.

정의 단계

6장

발견 단계 결과 종합하기

예술은 경험에 패턴을 만드는 것이며,
미적 즐거움은 이 패턴을 알아보는 데서 생겨난다.

앨프리드 노스 화이트헤드 | 영국 수학자·철학자

Art is the imposing of a pattern on experience, and
our aesthetic enjoyment is recognition of the pattern.

Alfred North Whitehead

사람의 눈은 세상에서 제일 효율적인 패턴 인식 메커니즘을 갖고 있다.

박사 학위 논문을 쓸 당시 지도 교수께서 사용자 인터뷰를 통해 얻은 스크립트를 받아 적은 뒤 외워오라고 하셨다. 당시에는 엑셀 같은 좋은 도구가 많이 있지 않아서 스크립트를 작성하는 것도 어려웠는데 그것만으로는 부족하다며 외워오라고 하신 것이다. 그래서 스크립트를 작성한 뒤 외우기 쉽게 연관되는 것들을 중심으로 오리면서 외워 갔었다. 그것을 바탕으로 지도 교수님과 미팅을 진행했는데 그는 다른 재미있는 것이 없을까 계속 찾아보라는 코멘트를 주셨다. 같은 스크립트를 계속 보면서 진짜 달달 외우게 되었고 나중에는 사람들의 대화, 말 하나하나가 독특한 살아 있는 생물체처럼 느껴졌으며 이렇게 저렇게 바꿔보는 데 재미를 붙이기 시작했다. 당시 내가 살던 집에는 큰 창이 있었는데 스크립트를 한 단위씩 잘라서 큰 창 위에 붙여 놓았다. 몇 달 동안 보고 있으니까 어느 순간 그 그림들이 뭉쳐져 나름대로 재미있는 모습을 갖추게 되었다. 말뭉치들이 정리되면서 연구의 가설이 도출되어 그 연구 가설을 중심으로 연구를 진행했던 기억이 있다. 이처럼 데이터를 열심히 보고 반복해서 여러 번 수정해서 보다 보면 패턴이 나올 수 있고, 패턴을 중심으로 이야기를 풀어나가다 보면 굉장히 중요한 과학적 발견을 할 수 있다. 그렇다면 조금 더 효과적이고 효율적으로 패턴을 인식하고 통찰력을 도출할 수 있는 방법은 없을까?

정의 단계

서비스 경험 디자인 프로세스의 두 번째 단계는 정의 단계이다. 정의 단계의 목표는 모든 관찰 내용을 종합하고 해석하며 줄여나가서 소수의 콘셉트로 수렴시키는 것이다. 앞서 발견 단계에서는 선입견 없는 관찰자의 시점이 중요했다면, 정의 단계에서는 주관적인 해석을 통해 의미 있는 콘셉트를 도출하는 것이 중요하다. 발견 단계의 산출물은 가공되지 않은 데이터라서 이를 실행 가능한 구체적인 아이디어로 만들기 위해서는 임의의 기준에 따라 데이터를 분류하고 재해석하는 과정이 필요하다. 마구 던져 보았던 시드 아이디어가 실현 가능한 아이디어로 살아날 수 있도록 생명력을 불어넣고 말이 되게 만드는 과정이 정의 단계의 주요 목적이다.

발견 단계에서는 관찰 결과를 디브리핑de-briefing함으로써 서비스에 대해 총체적이고 깊이 있는 통찰을 끌어냈다. 그 통찰을 바탕으로 해결할 문제에 대해서 말 그대로 '정의 내리는 것'이 정의 단계에서 할 일이다. 그런데 이 단계에서 흔히 범하는 실수가 있다. 미리 생각해놓은 특정 콘셉트에 맞추어 데이터를 추려 나가는 것이다. 이는 자신의 아이디어를 정당화시키는 것밖에 되지 않는다. 정의 단계의 목적은 관찰한 내용을 분류하고 해석하여 가장 적합한 콘셉트를 찾아 나가는 과정이지, 정해진 콘셉트에 정제된 데이터를 끼워 맞추는 과정이 아니다. 즉 하향식top-down이 아닌 상향식bottom-up 접근임을 염두에 두어야 한다.

정의 단계에서 자료를 해석하고 분류하는 과정을 거치면서 아이디어들은 점점 뚜렷하고 구체적인 모습을 갖추게 된다. 이를 위해 먼저 발견 단계의 결과물을 정리하고, 두 번째로 패턴을 파악하고, 다음으로 발상 단계를 거쳐 새로운 콘셉트를 도출한다.

발견 단계의 결과물 정리하기

정의 단계의 첫 활동은 앞서 발견과 관찰 과정에서 모은 수많은 결과물을 일차적으로 정리하는 것이다. 이들을 어떻게 보기 쉽게 정리할 수 있는지 살펴보자. 먼저 팀 미팅을 진행하는 공간을 최대한 정신 없게 사방을 연구 결과물로 채운다. 이는 '의도하지 않은 연결unplanned connection'을 자극하는 환경을 만들기 위함이다. 문제를 구체화하는 단계가 아니므로 흥미로운 현상 자체에 집중하며, 최대한 모든 가능성을 열어두도록 해야 한다. 현장에서 길어온 증거들이 생생히 살아 있도록 가정과 결론 혹은 해결책을 확정하는 행동은 자제한다. 또한 찍은 사진들을 인쇄하여 붙여놓으면 도움이 된다. 팀원 각자가 수집해온 자료들을 다 함께 보면서 현상 혹은 현장에 관한 다양한 아이디어들을 내기 위해서다. 브리핑하는 방법은 여러 가지가 될 수 있다. 다양한 형태의 도식을 이용해보는 것이 이 단계의 특징이다. 이미 많이 사용하는 방법 외에 스스로 생각하는 게 도움이 된다. 그림 1과 그림 2는 여기, 신촌 팀과 타인의 서재 팀에

그림 1. 여기, 신촌 팀의 관찰 결과물 정리　　　**그림 2.** 타인의 서재 팀의 관찰 결과물 정리

서 실제로 관찰한 결과를 정리한 것이다. 전지를 이용하거나 넓은 벽면에 관찰한 사진들을 붙여놓기도 하고 동영상을 참고하기도 하며 관찰 결과를 정리해보자.

패턴 파악하기

두 번째 단계는 많은 데이터에서 자주 발생하는 패턴을 찾아내는 것이다. 이 단계에서 가장 많이 사용하는 도구가 바로 포스트잇이다. 붙였다 뗐다 하는 과정이 번거로울 수 있고 프로그래밍, 엑셀, 통계 등 더 간편해 보이는 방법들이 있지만 포스트잇은 서비스 경험 디자인에서 매우 효과적인 도구다. 포스트잇을 사용하면 수많은 아이디어와 단상들이 실제 모습을 드러내고 한눈에 보인다. 또 이를 다양한 방법으로 배치하면서 생각을 정리할 수 있다. 포스트잇은 정의 단계에서뿐만 아니라 서비스 경험 디자인 전체 과정에서 사용하기에 적합하다.

정의 단계는 포스트잇에 일단 다 적으면서 시작한다. 이제까지 발견한 것을 모두 적는데, 이 중에는 비슷한 내용도 있고 터무니없어 보이는 내용도 있을 수 있다. 하지만 이 내용이 생각지도 못했던 새로운 통찰을 주기도 하므로 언뜻 보이는 내용에 상관하지 않고 많이 적을수록 좋다.

발견한 모든 내용을 옮겨 적었다면 다음으로 할 일은 여기서 의미 있는 패턴을 도출해내는 것이다. 산발적인 내용에서는 패턴이 눈에 곧바로 보이지 않으므로 우선 이들을 여러 테마로 분류하는 클러스터링 clustering 작업을 한다. 각 클러스터에 부여한 테마는 '거친' 헤드라인이고 정의 단계를 거치면서 갈수록 정제되고 진화한다. 분류된 묶음들을 뒤에서 다룰 다양한 지도 제작mapping 방법으로 재배치하여 해당 서비스 분야의 현 상태를 파악할 수 있다. 이때 유용한 도구가 퍼소나persona다. 가상의 사용자의 모습을 구체화한 것으로 사용자 중심적 관점에서 관찰 내용을 해석하고 문제를 정의하는 데 좋은 바탕이 된다.

다음으로는 통찰에서 한 단계 더 나아가, 다양한 기회 영역을 포착하고 그중에 집중하고자 하는 기회나 해결하고자 하는 문제를 선별해야 한다. 그 과정이 다음 장에서 다룰 '발상'이다. 먼저 아이디어를 더욱 구체화할 수 있도록 '우리가 어떻게'로 시작하는 질문들을 던지고 브레인스토밍을 한다. 추려진 몇 가지 기회 영역 중 가장 중요하고 실현 가능한 영역에서 아이디어를 모아 하나의 콘셉트를 만들어낸다. 이를 개략적으로 설명한 것이 콘셉트 브리프이고 이것이 곧 정의 단계의 최종 결과물이다.

　이 모든 단계를 차근차근 거쳐서 한 번에 참신한 아이디어로 수렴되면 좋겠지만, 현업에서는 단발적이고 직선적인 프로세스로 발상을 끝내는 것을 지양한다. 그보다는 각 단계에서 다시 처음으로 돌아가서 반복적으로 수행non-linear, iterative process한다. 그 이유는 이미 보고 지나갔던 영역이더라도 다시 보면 예상치 못했던 아이디어나 통찰을 이끌어낼 수 있기 때문이다. 또한 이제까지의 결과물을 종합하여 뒤돌아보는 시간을 가지면 지금 어디까지 진행했는지 잘못 생각했던 점은 없는지 중간 점검을 할 수 있다.

클러스터링

발상을 통해 의미 있는 결과물을 내기 위해서는 발견 단계에서 발견하고 배운 것을 구조화하여 머릿속에 큰 그림을 그려야 한다. 그것 없이 아이디어부터 내려는 것은 마치 망망대해에서 뱃길이나 어장이 어디 있는지 알지도 못하고 막무가내로 물고기를 잡으려는 것과 같다. 이 단원에서는 서비스 생태계에 나타나는 패턴을 파악하는 과정에서 유용한 클러스터링과 현 상태에 대한 지도를 제작하는 다양한 방법을 알아볼 것이다.

다양하고 정제되지 않은 데이터들을 어떻게 묶음으로 분류하고 패턴을 찾아낼 것인가? 패턴을 찾기 위해 가장 먼저 할 일은 발견 단계에서 얻은 관찰 결과와 단상들을 일정 기준에 따라 분류하는 것이고, 이 작업을 클러스터링clustering이라고 부른다. 클러스터링은 처리하기 힘들어 보일 정도로 수많은 아이디어를 일관성, 공통점, 중요 관계에 따라서 빠르게 정리하고 구조를 만드는 과정이다.

　통계 프로그램으로 클러스터링 작업을 한다면 정보를 재빠르게 분류할 수는 있겠지만, 그보다는 포스트잇을 사용하여 메모들을 눈에 보이게 펼쳐 놓고 아이디어를 직접 손으로 정리하는 것을 추천한다. 손과 눈으로 자료를 살펴보고 패턴을 인식하는 것이 컴퓨터보다 정확하고 효과적일 때가 많기 때문이다. 특히 이 단계에서는 이제까지 얻은 통찰력을 염두에 두고 서비스 생태계를 파악하는 것이 중요하므로, 직접 손으로 클러스터링을 수행해야만 머릿속에 쌓인 생각들을 바로 반영할 수 있다. 또 팀 전원이 함께 만들어지는 클러스터들을 보면서 메모를 내용에 맞게 이곳저곳으로 옮기는 작업도 유연하게 이루어질 수 있다.

　이 과정에서는 어떤 아이디어끼리 한 묶음으로 만들지, 각 카테고리의 테마를 어떻게 이름 지을지 가치 판단이 필요하다. 팀으로 작업하다 보면 분류 기준에 관한 판단이 제각각이거나 독단적으로 이루어질 위험이 있다. 이를 방지하기 위해 분류 기준으로 무엇을 우선순위에 둘지 합의하면 유용하다.[1] 주의할 점은 개인적인 지식이나 경험에 따라 임의로 분류하는 것이 아니라 사용자의 경험과 감정을 위주로 생각해야 한다는 것이다. 또한 클러스터링 작업은 한 번 하고 그치는 것이 아니라 여러 번 반복하면서 의미 있는 묶음들로 만들어가는 것이 좋다. 처음 봤을 땐 해당 카테고리에 맞는 것 같은데 다시 보면 다른 카테고리에 더 잘 맞는 경우도 있다. 이렇게 해서 만들어진 묶음들은 단순히 지금 상태를 묘사하는 데서 더 나아가 서비스의 생태계를 설명하는 역할을 한다.

수많은 포스트잇이 눈앞에 있을 때 이들을 어떻게 분류하고 구조화시킬지 막막할 것이다. 그러나 클러스터링의 네 가지 사고 단계를 따르면 더 수월하게 작업을 진행할 수 있다. 범주화categorization, 추상화abstraction, 비교comparison, 통합integration이 그것이다. 범주화는 아이디어들을 분류하는 것이다. 엄청난 양의 포스트잇을 중에서 우선 비슷한 것끼리 재빨리 모은다. 타인의 서재 서비스를 예로 들어 보자. '품절되어 더는 서점에서 살 수 없는 책들이 있다'와 '사람들이 금방 절판되는 희소한 책을 찾아온다'는 비슷한 관찰 결과이므로 함께 모아 둔다.

여러 범주로 아이디어를 묶었으면 각 묶음에 든 내용을 아우르는 이름을 붙여야 한다. 이 과정이 추상다. 추상화는 구체적인 아이디어를 더 추상적인 상위 단계에 포함한다. 이때 상위 단계의 내용은 다른 색깔의 포스트잇에 적으면 직관적으로 분류하기에 수월하다. 앞에서 예로 든 두 관찰 결과는 '희소성'이라는 상위 개념으로 묶일 수 있다.

다음으로 하나의 범주로 묶인 생각들을 서로 비교하면서 분류 기준이 적절했는지 검증한다. 서로 다른 범주의 아이디어 사이에 어떤 공통점과 차이점이 있는지 비교하면, 각 아이디어가 어디에 속하는지 헷갈리거나 상위 범주가 아이디어를 일관성 있게 묶고 있는지 확신이 없을 때 도움이 된다. 예를 들어 '사람들이 금방 절판되는 희소한 책을 찾아온다'와 '가격 부담을 줄이기 위해 중고 책을 구입한다'는 중고 서점을 찾는 이유이기에 비슷해보일 수 있지만, 더 세세하게 구분하면 전자는 중고 서점 방문의 중요한 동기이므로 '방문' 클러스터에 넣었고 후자는 구매에 영향을 미치는 요소이기 때문에 '구매' 클러스터에 포함했다.

마지막으로 앞에서 이름 지은 묶음들을 특정 조건이나 맥락, 생각에 따라 한 번 더 큰 카테고리로 묶는 통합 단계가 있다. 여기까지 마쳤으면 다시 처음으로 돌아가서 더 큰 묶음으로 만든다. 이 과정을 반복하여 나온 결과물들은 각각 하나의 테마가 된다. 타인의 서재는 '의식' '방문' '탐색' '독서' '공유' '구매'라는 여섯 가지 큰 테마를 만들었다.

그림 3은 타인의 서재 서비스에서 '방문'이라는 테마에 속한 내용을 묶은 결과물이다. 해당 테마의 내용들은 중고 서점에 방문하는 직접적인 이유가 되는 사건이나 계기와 관련된다. 이를 한 번 더 나누어서 가운데 점선을 기준으로 위쪽에는 중고 서점을 방문하는 경험에 긍정적인 영향을 미치는 요소들을 놓았고 아래쪽에는 부정적인 영향을 미치는 요소들을 배치하였다. 예를 들어 긍정적인 요소에는 중고 서적의 희소성이나 자신의 책을 판매할 수 있다는 점 등이 있는 반면 부정적인 요소로는 중고 서점이 어디 있는지 모르는 사람들이 많다는 점이 있다. 이처럼 '방문'이라는 공통된 내용을 가진 관찰 결과나 인사이트를 한데 모음으로써 일차적으로 아이디어를 정리할 수 있다.

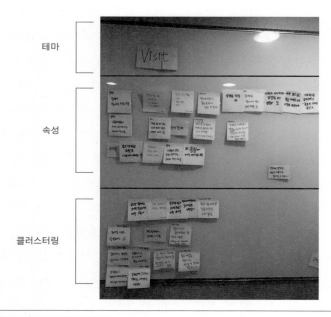

그림 3. '방문' 테마로 묶은 클러스터

수행 방법

클러스터링을 하는 방법은 다양하다. 대표적인 방법으로 친화도법, P.O.I.N.T.S, T.I.S.I 등이 있다.

친화도법affinity diagram이란 '동일 주제에 대한 다양한 아이디어나 전망 자료를 종합하여 유사성이나 연관성에 따라 재분류하고, 문제에 대한 해결안을 제시하는 방법'이다.[2] 이는 일본의 문화인류학자 가와키타 지로川喜田二郎가 고안한 방법으로, 그의 이름 첫 글자를 따서 KJ 다이어그램 KJ diagram이라고도 불린다. 이 기법은 서비스 경험 디자인뿐 아니라 사용자 경험 디자인, 매니지먼트, 마케팅 등 팀 단위의 작업을 하는 다양한 분야에서 널리 사용된다.

브레인스토밍을 통해 많은 아이디어나 생각이 도출되었으나 정돈되지 않아 전체적인 파악이 어려울 때 이 기법을 이용하면 정보를 몇 개의 연관성 높은 그룹으로 분류하고 파악할 수 있다. 또 보이지 않던 새로운 패턴도 이끌어낼 수 있어서 문제에 관한 창의적인 해결 방안을 내는 데 도움이 된다. 다양한 관점을 적용할수록 한 사람의 관점으로는 보이지 않는 문제들을 발견할 수 있기 때문이다. 같은 맥락에서 서비스의 주요 이해관계자들도 활동에 포함하면 좋다. 전체 과정은 내용 분량에 따라서 달라질 수는 있지만 보통 두 시간 정도 소요되며 메모장이나 포스트잇, 마커, 큰 보드나 벽면 등이 필요하다. 세부 수행 단계는 다음과 같다.

① 포스트잇에 관찰 결과를 적는다. (아이템 수준)
② 보드에 포스트잇들을 전부 붙여놓는다.
③ "어떤 공통점이 있는가?" 질문하면서 포스트잇들을 분류하기 시작한다. (말하지 않고 조용히 수행하는 것을 권장한다.)
④ 분류 기준의 타당성을 계속해서 의문한다.
⑤ 더 높은 수준의 테마를 도출하여 분류한다. (패턴 수준)
⑥ 분석을 다른 사람들과 공유한다. (설명 수준)

이 방법을 통해 크게 세 가지 수준의 분석을 할 수 있다. 먼저 아이템 수준에서는 있는 그대로의 관찰 결과를 파악한다. 다음으로 패턴 수준에서 유사성을 띠는 관찰 결과들이 모인 테마가 도출된다. 마지막으로 설명 수준의 분석을 통해 현상을 종합적으로 설명할 수 있다.

　그림 4는 AM559 서비스에서 친화 도법을 수행한 결과물이다. 이 경우 아이템 수준의 관찰 결과로는 '집에 가는 길이 무섭다' '벌레가 많이 출몰한다' '가끔 무서워서 악몽을 꾼다' 등이 있었다. 이들은 '무서움'이라는 공통점으로 묶일 수 있는데 이것이 패턴 수준에서 나타나는 테마이다. 원으로 강조된 부분들이 테마들인데 이 테마는 '외로움'이라는 테마와 함께 부정적인 감정으로 묶일 수 있다.

　P.O.I.N.T.S는 토의나 발표 중 참여자들이 보고 듣고 생각하는 것을 능동적으로 포착할 수 있도록 함으로써 풍부하게 사고하도록 돕는

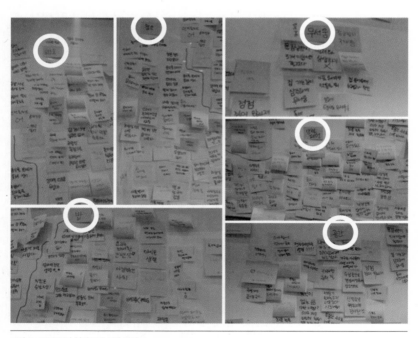

그림 4. AM559의 친화도법 수행 예시

다. P.O.I.N.T.S에 해당하는 문제problems, 기회opportunities, 인사이트 insights, 요구needs, 테마themes, 시스템 챌린지system challenges를 하나씩 고려하면서 사고 범위를 넓힐 수 있다. 이를 클러스터에 적용시키면 각 클러스터별로 양질의 통찰을 얻어낼 수 있다.[3]

예를 들어 버스킹 어라운드 팀의 관찰 결과 '버스킹 뮤지션들이 돈을 충분히 벌지 못한다'라는 문제가 발견되었다. 이는 '어떻게 버스킹 뮤지션들의 수입원을 보장해줄 수 있을까?'라는 질문으로 이어질 수 있다. 이에 대한 통찰력으로 버스킹을 관람한 관객들은 공연이 정말 돈을 낼 가치가 있을 만큼 대단했거나 주변 사람들이 먼저 돈을 냈을 때 쉽게 현금을 지불한다는 것이 있었고, 부정적인 통찰력으로는 현금이 없다는 이유나 공연이 돈을 지불할 만큼은 아니었다는 이유로, 혹은 쑥스러워서 돈을 내지 않고 그냥 가버리는 관객들이 다수라는 것이 있었다. 관련해서 '관객들이 현금이 없어도 돈을 편하게 낼 수 있는 방법에 대한 요구'를 끌어낼 수 있다. 새로운 테마로 '버스킹 현장 결제 방법'을 낼 수 있을 것이고 마지막인 시스템 챌린지로는 '현금으로 주는 것 이외의 방법은 관객들에게 익숙하지 않다' '온라인 결제 모듈이 있더라도 사용률이 저조하면 효과가 없다' 등을 들 수 있다.

T.I.S.I는 앞의 P.O.I.N.T.S 활동에서 도출해낸 테마를 더 확장하는 방법이다. 이 방법에서 생각해볼 요소는 테마theme, 이슈issue, 그래서so what?, 아이디어idea 등이다. 여러 테마 중에서 특히 중요하다고 생각되는 테마에만 추가로 실행해볼 수 있다. 앞에서 예로 든 '버스킹 현장 결제 방법'이라는 테마가 있다면 여기서 중요한 이슈는 '공연에 충분한 감동을 느낀 관객이 팁을 지불할 유인'이다. 이에 대해 '그래서 무엇을 어떻게' 할 것인지 논의한다. 그 뒤 생방송 스트리밍 서비스인 아프리카 TV로 공연을 생중계하여 수입을 얻는다'라는 아이디어를 만들어냈다.

이처럼 테마를 충분히 확장한다면 관련된 세부 내용과 정보를 한데 모으고 이해하는 것에서 나아가 문제에 대한 해결책을 구체적으로 계획할 수 있다. 또한 클러스터링을 수행할 때 기존 방법을 무조건 따르기보다는 팀의 주제를 가장 잘 발전시킬 수 있는 나름의 프레임워크를 고안하는 것이 좋다. '타인의 서재' 서비스의 클러스터링 예시를 다시 살펴보면, X축에는 각 테마를 배치하고 Y축에는 긍정(+), 부정(-), 아이디어를 위에서 아래 순서로 배치하여 클러스터링 결과를 한눈에 파악할 수 있도록 구조화하였다.

지도 제작

클러스터링을 마친 뒤에는 다양한 형태의 지도를 만들어 전체 내용을 구조화할 수 있다. 이는 해당 서비스 분야의 현 상태를 여러 방법으로 도식화하는 것으로, 서비스의 전체적인 그림을 파악하고 새로운 기회 영역을 구체적으로 살펴보는 데 유용하다.

이해관계자 지도

이해관계자 지도stakeholder map는 서비스와 관련된 모든 관계자를 파악하기 위해 시각화한 지도이다. 이해관계자 지도를 그릴 때는 우선 서비스와 관련된 이해관계자 그룹을 열거한다. 다음에는 그들이 서로 어떤 관계에 있는지, 서비스의 중심에서 어느 정도의 위치에 있는지 등을 따지며 '구역'을 만들어 분류한다. 예를 들어 지도에 들어가는 원의 층위를 다양하게 두어 서비스의 핵심 사용자라면 원의 중간에 위치시키고, 영향을 덜 주는 그룹일수록 바깥으로 위치시키는 방법이 있다. 서비스의 핵심이 되는 관계자는 누구인지 알아낼 수 있으며, 핵심 관계가 무엇인지 정의하는 데 도움을 준다. 이를 통해 서비스에 관련된 사람들이 적시에 필요한 지점에 연결되는 네트워크를 구축할 수 있다.

타인의 서재 팀은 서비스 관계자를 크게 중고책을 사려는 '수혜자'와 중고책을 판매하려는 '제공자'로 나누었다. 그림 5에서 원을 반으로 나누어 왼쪽은 서비스 수혜자를 오른쪽은 서비스 제공자를 위치시켰다. 제공자 영역에서는 서비스 전면과 후면으로 다시 한 번 나누어서 지도 제작을 진행하였다. 그다음 서비스에 미치는 영향력의 정도에 따라 서비스 수혜자와 서비스 제공자를 분류하였다. 높은 영향력을 보여주는 중심 이해관계자에 속하는 경우 원의 가운데에 위치시켰다. 이 그룹은 주변 이해관계자 그룹보다 서비스와 관련된 사람의 수가 많고, 사용자와 직접 대면하며, 그 빈도 또한 높다고 판단하였다. 원 바깥에 있는 그룹은 제삼자로서 영향을 주는데, 서비스의 제공자가 될 수도 있고 수혜자가 될 수도 있다. 예를 들어 지역 사회의 경우 서점이 자리 잡기 좋은 조건인지 등 환경적 요소를 반영하며 소설가나 비평가의 경우는 책이라는 콘텐츠의

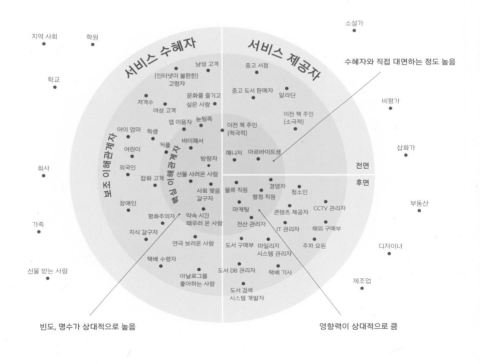

그림 5. 타인의 서재의 이해관계자 지도

생산자로서 큰 영향을 미치지만, 중고 서점 자체에 직접 관여하진 않는다는 점에서 원 밖으로 위치시켰다.

이해관계자 지도를 통해 서비스와 관련된 이해관계자를 거의 모두 파악할 수 있으며, 서비스를 한눈에 조명할 수 있다. 또한 그룹별로 중요도를 생각해보는 과정도 의미 있다. 서비스의 단계를 디자인할 때 그것이 누구를 위한 단계인지, 그래서 어떤 점을 염두에 두고 진행해야 하는지를 알 수 있기 때문이다. 예를 들면 중심 이해관계자 그룹이면서 서비스 수혜자에 속하는 그룹들이 추후 중고 서점 서비스의 주 사용자가 될 것이고, 따라서 그들을 더 관찰하고 그들의 요구 사항을 파악해야 한다는 사실을 도출할 수 있다.

인센티브 지도

인센티브 지도incentive & disincentive map는 사람들의 행동을 바탕으로 동기를 파악하는 방법이다. 관찰 결과를 바탕으로 실제 상황에서 사람들이 특정 행동을 하게 되는 유인과 특정 행동을 피하는 유인을 정리한다. 이를 바탕으로 사람들의 행동을 변화시킬 수 있는 실마리가 무엇인지 파악할 수 있다. 동기부여의 관점에서 한 시스템이 작동하는 원리를 이해하는 데 활용되며, 시스템의 개선 방향에 관한 통찰력을 얻을 수 있다.

여기, 신촌 팀은 신촌 지역의 사용자 관찰을 바탕으로 드러난 취약점을 접점 위주로 클러스터링하였다. 쓰레기통, 화장실, 설치미술을 기준이 되는 접점으로 삼아 개선 방안을 정리하였다. 쓰레기통의 경우 물리적으로는 설치 숫자를 늘리고 안내를 강화하는 방법을 고민하였으나 교육과 시민 의식의 개선이 우선이라는 점을 발견하였으며, 공공 화장실의 경우 시설을 쾌적한 수준으로 관리하는 데 들어가는 비용에 비해 공공 화장실에 관한 사용자의 인식을 변화시키기는 역부족이라는 결론을 얻게 되었다. 설치미술의 경우에는 지역의 특색을 반영하고 시민 참여를

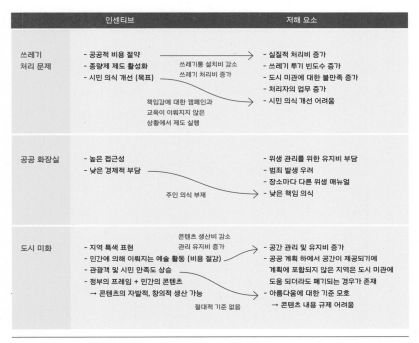

	인센티브		저해 요소
쓰레기 처리 문제	- 공공적 비용 절약 - 종량제 제도 활성화 - 시민 의식 개선 (목표)	쓰레기통 설치비 감소 쓰레기 처리비 증가 책임감에 대한 캠페인과 교육이 이뤄지지 않은 상황에서 제도 실행	- 실질적 처리비 증가 - 쓰레기 투기 빈도수 증가 - 도시 미관에 대한 불만족 증가 - 처리자의 업무 증가 - 시민 의식 개선 어려움
공공 화장실	- 높은 접근성 - 낮은 경제적 부담	주인 의식 부재	- 위생 관리를 위한 유지비 부담 - 범죄 발생 우려 - 장소마다 다른 위생 매뉴얼 - 낮은 책임 의식
도시 미화	- 지역 특색 표현 - 민간에 의해 이뤄지는 예술 활동 (비용 절감) - 관광객 및 시민 만족도 상승 - 정부의 프레임 + 민간의 콘텐츠 → 콘텐츠의 자발적, 창의적 생산 가능	콘텐츠 생산비 감소 관리 유지비 증가 절대적 기준 없음	- 공간 관리 및 유지비 증가 - 공공 계획 하에서 공간이 제공되기에 계획에 포함되지 않은 지역은 도시 미관에 도움 되더라도 폐기되는 경우가 존재 - 아름다움에 대한 기준 모호 → 콘텐츠 내용 규제 어려움

그림 6. 여기, 신촌의 인센티브 지도

유도할 수 있다는 점에서는 매우 긍정적이지만, 아름다움에 대한 기준의 모호성과 내용적 측면에 규제가 어렵다는 점이 문제점으로 드러났다. 따라서 접점에 대한 제도의 수정 이전에 신촌의 이해관계자들과 함께 캠페인 혹은 교육을 진행하고 공동의 지향점을 논의하는 과정이 필요하다는 결론을 얻게 되었다.

타임라인 지도

타임라인 지도timeline map는 시간의 흐름에 따라 관찰한 정보를 나열하여 정리하는 방법이다. 서비스의 시작과 끝 사이 여정을 파악하기 위해 사용할 수 있는데, 사용자의 삶을 기준으로 할 수도 있고, 일주일 혹은 한 시간 단위로 할 수도 있다. 기준이 되는 시간은 서비스의 주기에 따라 다르게 설정한다. 해당 서비스가 일주일 단위로 진행되는 서비스라면 타임라인 전체 길이는 일주일이 될 수 있고, 그중에서도 특정 시간대가 중요하다면 그 시간대만 잘라서 지도 제작을 해볼 수도 있다. 타임라인 지도의 장점은 대상자의 일상적인 여정을 이해하고 통찰력을 얻는 데 유용하다는 점이다. 또한 시간에 따른 감정선을 그려봄으로써 사람들이 경험하는 고통점을 찾고 기회 영역을 발견하는 데에도 도움을 준다.

타인의 서재 팀은 중고 서점이라는 공간적인 범위를 설정하고, 공간 안에서 다양한 서비스를 이용하는 고객을 관찰하였다. 사용자가 중고 서점에 방문한 이유를 추론하는 것이 목적이었다. 사람들의 동선과 행태를 지속해서 지켜본 뒤 그들의 목적을 유추해보았고, 관찰 자료를 기반으로 크게 4-5개 정도의 고객 유형으로 나누어 나름대로의 이름을 붙였다. (예: 칭기즈칸형은 특정한 목적 없이 서점에 들러 여기저기를 둘러보

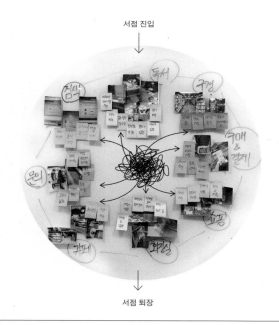

그림 7. 타인의 서재의 타임라인 지도

194

는 유형) 그리고 서점이라는 공간에서 이루어지는 고객 서비스의 흐름을 알아보고자 하였다.

　타임라인 지도를 그리는 과정에서는 우선 고객들이 갖는 행태를 크게 여섯 가지(독서, 구경, 구매·결제, 문의, 검색, 화장실)로 분류하였고, 서점에 들어와서 나가는 사이에 이루어지는 전형적인 서비스의 흐름을 찾고자 하였다. 그러나 고객 유형별로, 그리고 같은 유형에서도 고객별로 취하는 행태가 시간의 흐름을 따르지 않았다. 여섯 가지 행태는 고객마다 취사선택 가능하며 선택된 행태의 순서도 규칙을 찾을 수 없었다. 즉, 서점에서 이루어지는 서비스의 타임라인 지도를 그리는 것은 사실상 불가능하다는 결론을 내렸고, 타인의 서재 팀은 이러한 서비스 흐름을 '혼돈'이라고 정의하였다. 이는 서점 서비스가 처음(서점 진입)과 끝(서점 퇴장)은 명확하나 중간 단계의 정형화된 프로세스가 존재하지 않는 무질서 상태를 의미한다.

사용자 여정 지도

사용자 여정·지도는 사용자와 서비스의 상호작용을 파악하는 데 도움이 되는 방법으로 타임라인 지도를 확장한 것이다. 먼저 사용자들의 행동을 단계화해서 일련의 프로세스로 나타낸다. 그리고 단계별 사용자들의 감정 변화를 표시하고 어디에서 취약점이 나타나고 개선 요소가 있는지 파악한다. 이때 클러스터링했던 데이터의 묶음들을 지도 위에 배치함으로써 각 단계의 구체적인 데이터를 볼 수 있다.

　그림 8은 버스킹 어라운드 팀에서 공연 서비스의 기존 사용자 여정 지도를 작성한 것이다. 이 공연을 가기로 한 순간부터 공연을 관람한 뒤 인터넷에서 후기를 보는 순간까지를 타임라인의 시작과 끝으로 보고, 각 시점에 사용자가 어떤 행동을 하는지, 어디에서 일어나는 일인지를 지도 상단에 일렬로 배치하였다. 하단에는 관객의 감정 변화선을 부정적인 감

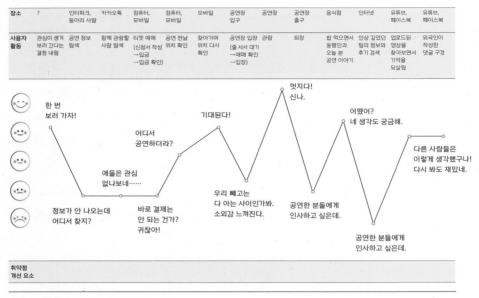

그림 8. 버스킹 어라운드 공연 관객의 여정 지도

정에서부터 긍정적인 감정까지 다섯 단계로 나누어 표현하였다. 관객의 관점에서 공연에 관심이 생긴 시점부터 공연을 본 이후까지의 여정을 장소, 활동, 감정을 기준으로 표현하였다. 감정 변화를 표시한 부분을 보면 공연 당시에 생생한 기분이 가장 강하게 긍정적으로 나타난다는 점을 알 수 있다. 그리고 공연을 찾아가기 전까지의 감정선이 점점 상승한다는 것을 확인할 수 있다.

접점 지도

사용자 여정 지도가 사용자의 행동에 따라 관찰한 자료를 구조화했다면 접점 지도는 사용자와 서비스가 만나는 접점인 서비스 인공물service artifact을 위주로 도식화한 것이다. 이를 통해 서비스가 실제로 어떤 접점에서 사용자와 만나는지 파악할 수 있고, 어떤 다른 시스템이 뒷받침

되어서 그 접점들을 일련의 서비스로 작용시키는지 이해할 수 있다. 그 래서 결과적으로 서비스의 전체적인 큰 그림을 그리도록 한다. 이때 포 함시키는 접점은 사람들이 사용하는 물건이 될 수도 있고 컴퓨터 프로그 램이 될 수도 있다. 예를 들어 식당 서비스에서는 테이블, 접시, 메뉴 등 사용자가 직접 만지는 인공물이 모두 포함된다.

그림 9는 타인의 서재 팀에서 작성한 접점 지도인데 실제 관찰 대상 이었던 서점을 약도로 표현하여 각 접점이 어디에 위치하는지 표현하였 다. 서점에 들어온 고객의 여정을 따라가보면 어떤 접점들을 거치는지 잘 알 수 있다. 예를 들어 입구에 들어가는 순간에는 매장 직원의 시선을 의식하기도 하고 양옆에 너무 많은 것이 가득 차 있어 책에서 약간 숨 막

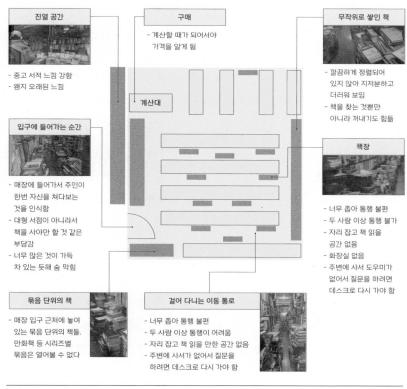

그림 9. 타인의 서재 접점 지도

히는 느낌을 받게 된다. 책을 보기 위해 걸어 다닐 때는 이동 통로가 접점이다. 관찰 결과 너무 통로가 좁아서 통행이 불편하고 책을 자리 잡고 읽어볼 만한 공간이 없다는 것을 알게 되었다. 책을 찾거나 꺼내볼 때는 바닥에 쌓인 책들이 접점이 된다. 마지막으로 책을 고르고 나가면서 계산대에서 구매를 한다. 이때 확인하게 되는 가격표와 결제하는 계산대 모두 접점이 된다.

기타 창의적인 방법

이해관계자 지도, 타임라인 지도, 인센티브 지도, 사용자 여정 지도, 접점 지도 외에도 자신만의 방법론을 만들어볼 수 있다. 서비스의 특징에 맞게 팀에서 재미있는 방법론을 제시하여, 그것을 바탕으로 클러스터링을 수행하는 것을 추천한다. 앞서 제시된 방법론은 대표적이지만 모든 서비스에서 최고의 방법은 아닐 수 있다. 관찰 결과물(사진, 동영상 자료 등)을 놓고 서비스를 위해 어떤 방법론이 좋을지를 창의적으로 토의해보는 것도 하나의 의미 있는 과정이 될 수 있다. 팀원 각자가 자신들의 서비스에 중요하다고 생각하고 있는 포인트를 이야기할 수 있고, 새로운 방법론을 만들어 팀 모두가 공유할 수 있기 때문이다. 아래의 구체적인 예시들을 통해 어떤 새로운 방법론을 도출하고 사용할 수 있는지를 살펴보자.

여기, 신촌 팀은 사용자 관찰 결과 공공 기물이나 접점을 사용하기 이전의 행동 관찰 결과는 '행동'으로, 행동을 완료하고 난 이후의 접점 및 환경 변화는 '결과'로, 그리고 행동을 유발한 시스템적 원인을 '원인'으로 나누어 클러스터링을 진행하였다. 중요한 점은 그림 10에서 보는 바와 같이 이 세 클러스터의 상호작용에 초점을 맞추어 진행한 점이다. 원인은 행동에 영향을 미치고, 행동은 다시 결과에 영향을 미치며, 결과는 다시 행동에 영향을 미치는 것으로 나타났다. 예를 들면 쓰레기통의 절대적인 숫자가 모자라는 시스템적 문제(원인)로 사용자는 쓰레기를 버

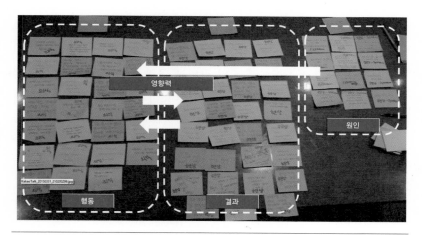

그림 10. 여기 신촌 팀의 새로운 방법론

려야 할 곳을 탐색하다 지쳐 거리에 쓰레기를 버리게 되고(행동) 때문에 거리는 오염되어(결과) 다른 사용자들이 계속 쓰레기를 버리게 하는 행동을 유발한다(결과). 즉, 시스템적 문제는 행동과 결과 사이에 영향을 주고받는 과정을 거치며 발산적으로 확장될 수 있어서 각 클러스터끼리 영향을 단절하는 방안을 찾거나 시스템을 더욱 정교하게 설계하는 방향으로 디자인이 진행되어야 한다는 결론을 내리게 되었다.

타인의 서재 팀은 공간을 기준으로 클러스터링을 진행하였다. 가이드 투어 방법을 통해 서점이 매주마다 심지어 하루 단위로 공간적인 도서의 배치를 바꾼다는 사실을 알게 되었고, 서점에서 도서나 기구들의 배치가 얼마나 중요한 요소인지 생각해보았다. 특히 도서들은 코너별로 나뉘어져 있고, 각 코

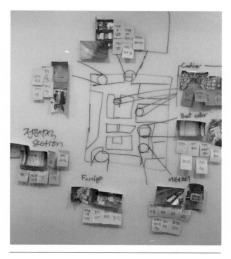

그림 11. 타인의 서재 공간 지도

너에 방문하는 사람들에게 공통된 특성이 있음을 유추할 수 있었다. 가령 과학 및 전문 서적은 짧은 시간 동안 목적중심적으로 방문하는 사람이 많지만, 문학이나 베스트셀러 등의 코너는 그저 즐기러 오거나 꽤 오랜 시간 머무는 사람들이 있다는 특징을 보였다. 이처럼 공간에 따라 사람들의 유형이 큰 차이를 보였기에 관찰 결과들을 공간에 따라 분류해보았다.

퍼소나

퍼소나는 제품 또는 서비스를 사용할 것 같은 집단의 특성을 지닌 가상의 인물이다. 이러한 퍼소나가 서비스 경험 디자인에 어떻게 적용되며 정의 단계를 구체화할 수 있는지 살펴보자.

정의 및 특징

퍼소나를 활용하여 구체적이지 않았던 서비스 주체들을 더 명확하게 다듬어서 서비스의 콘셉트를 구체화할 수 있다. 퍼소나란 어떤 제품 혹은 서비스를 사용할 만한 목표 집단에 있는 다양한 유형을 대표하는 가상의 인물이다. 이는 실제 존재하는 사람에 대한 것이 아니라 가상 인물에 대한 것으로 이 인물이 어떤 식으로 하루를 보냈는지 설명한다. 이때 해당 퍼소나가 감정을 어떻게 느끼고 무엇을 좋아했는지를 읽는 이가 감동을 받을 수 있을 정도로 구체적으로 써야 한다.[4]

    퍼소나는 설계자와 이해관계자들이 시장을 이해할 때 복잡한 데이터나 통계 자료에 의존하는 대신 인간의 얼굴을 가진 한 개인적 인격체로서 이를 인지적으로 더 가깝게 느낄 수 있게 한다.[5] 퍼소나는 가상의 인물이기 때문에 실제 존재하는 특정 인물을 퍼소나로 설정하면 안 된다. 만약 실재 인물로 퍼소나를 설정할 경우 그 퍼소나는 그 특정 인물에만 해당하게 되며 퍼소나로서의 가치를 얻지 못하게 된다.

또한 퍼소나는 가상의 인물이지만 현실 세계에 정말로 존재할 것 같은 실재감 있는 인물로 만들어내야 한다. 퍼소나에 대한 설명을 들었을 때 그 퍼소나에 대한 인상과 특징이 머릿속에 바로 그려질 수 있는 전형적인 인물로서 구성되어야 한다. 퍼소나를 작성할 때에는 해당 퍼소나의 사진을 준비하며, 퍼소나의 일상생활에 관한 설명과 구체적인 특징을 서술해야 한다. 이어서 여기, 신촌과 AM559 서비스 사례를 중심으로 퍼소나에 대해 구체적으로 설명하려 한다.

필요성

퍼소나 개념은 이해관계자 지도에서 시작한다. 이해관계자 지도는 현재에 관한 지도 제작으로 프로젝트에 핵심이 될 수 있는 이해관계자들을 시각적으로 확인하고 분류하는 것을 돕는 쉽고 빠른 활동이다.[6] 이해관계자 지도는 서비스를 중심으로 제작되는데, 이 과정에서 서비스 주체가 모호하다는 문제가 발생한다. 과연 이 서비스가 누구를 위한 서비스인가에 대한 물음에 답할 수 없다면 서비스를 구체화하기 매우 어려울 것이다. 이를 퍼소나를 이용한 클러스터링 방법을 활용하여 해결할 수 있다.

서비스의 주체가 모호하여 진행이 어려울 때는 퍼소나를 선정한 뒤 그에 맞춰 클러스터링을 진행하면서 주체를 구체화할 수 있다. 구체적인 순서는 다음과 같다. 우선 이해관계자 지도를 작성한 뒤 그 지도에서 최소 두 사람을 선정한다. 이때 선정 조건은 대표적인 사용자 그룹과 대표적인 제공자 그룹에서 한 명씩 정해서 총 두 명의 퍼소나를 정한다. 두 명은 최소 기준에 해당하며 본인과 팀의 상황에 맞게 더 많은 퍼소나를 만들 수도 있다. 다만, 제공자와 사용자 측 모두 살펴볼 수 있어야 한다.

예를 들면 타인의 서재 서비스의 이해관계자 지도를 작성할 때, 대표적인 제공자로 중고 서점 주인을, 대표적인 사용자로 대학생을 선정할 수 있다. 더 구체적으로 두 사람은 '30년째 신촌 중고 서점을 운영하는 주인'과 '신촌에 자취하는 감수성이 풍부한 여대생' 퍼소나로 작성할 수 있다. 퍼소나를 정한 뒤에는 그 사람이 현재 서비스를 받거나 제공하고 있다는 프레임에서 그들과 연관되는 여러 아이디어로 다시 클러스터링을 진행한다. 이는 이전에 해왔던 타임라인 지도와 접점 지도와 구별된다. 지금까지는 일반 사용자의 타임라인과 접점의 지도 제작을 진행했었다면 이제는 특정 사용자와 제공자의 퍼소나에 대해 클러스터링을 다시 진행하는 것이다. 타인의 서재 서비스의 경우, 이제부터는 중고 서점 주인과 여대생에 초점을 맞추어 그들의 관점에서 클러스터링을 진행한다. 이 과정을 거치면서 서비스의 콘셉트는 점점 구체적으로 마련될 것이다.

구성 요소

퍼소나를 구성하는 요소로 인물의 배경, 설계 대상과의 관계, 이용 목적, 요구, 태도, 특정 지식과 숙련도, 이용 맥락이 있다.[7] 먼저, 인물적 배경은 퍼소나의 인간화를 통해 실재 인물처럼 현실감 있게 표현하려는 것으로 퍼소나의 이름, 인물 사진, 직업이나 일상에 관한 배경을 포함한다. 뒤에 나올 여기, 신촌 서비스의 퍼소나 예시의 '김믿음'이라는 퍼소나의 이름, 사진, 서대문구청 7급 공무원이라는 구체적인 직업과 가족 구성원, 서대문구 연희동이라는 거주지가 이에 해당한다.

두 번째로 설계 대상과의 관계가 있다. 설계 대상과의 관계에 따라 다양한 퍼소나 설정이 가능하다. 예를 들어 복합 단지 서비스를 위한 퍼소나를 작성하는 경우 크게 관리자, 입주자, 방문자 세 가지로 설정할 수 있으며, 디지털카메라를 위한 퍼소나를 작성하는 경우에는 초보자, 중급자, 전문가 등으로 나눌 수 있다. AM559 서비스 퍼소나의 경우에는 자취 2년 차 직장인, 자취 1년 차 고시생, 자취 1개월 차 대학생으로 자취 경력과 직업으로 분류하여 진행하였다(그림 12).

세 번째로 목적, 요구, 태도 또한 퍼소나의 중요한 구성 요소이다. 목적, 요구, 그리고 행태 파악은 설계 요구 사항을 도출하는 중요한 근거 자료로 작용한다. 퍼소나는 새로운 설계, 또는 계획안에 따라 목적을 달성할 수 있는지 판단하는 기준이 된다. AM559 서비스 퍼소나의 사례에서는 각 퍼소나의 자취 목표를 제시해주었다. 또한 귀차니즘 지수, 외로움 지수, 안전 지수, 그리고 아침 지수와 같은 특정 태도들을 수치화하여 표현하였으며 이는 퍼소나의 목적, 요구, 태도를 보여준다.

마지막으로 특정 지식이나 능숙도, 친숙도에 따라 설계 기준이 다를 수 있으므로 특정 지식과 능숙도, 친숙도 또한 퍼소나의 설정에서 반드

부드러운 듯 까다로운 건어물녀

김지은 (27세)
오피스텔 자취 2년 차
인테리어 디자이너 (LG 하우시스)

자취 목표
출퇴근 시간을 줄이고 독립 욕구 충족

머물 시간: 평균 10시간
가사 능숙도: 중
집 꾸밈력: 상
귀찮음 지수: 6.5
외로움 지수: 5
안전 지수: 3.8
애정 지수: 5

한 우물만 강직하게 파는 우물남

이창근 (28세)
고시원 자취 1년 2개월 차
고시생 (연세대학교 3학년 수료 뒤 휴학)

자취 목표
마음 잡고 공부에 집중할 환경

머물 시간: 평균 23시간
가사 능숙도: 하
집 꾸밈력: 하
귀찮음 지수: 5
외로움 지수: 7.8
안전 지수: 7.6
애정 지수: 3.2

좌충우돌, 어리바리하지만 낭만을 꿈꾸는 사랑꾼

고한나 (21세)
원룸 자취 1개월 차
학생 (연세대학교 2학년)

자취 목표
통학 시간 걱정 없는 학교 생활

머물 시간: 평균 12시간
가사 능숙도: 하
집 꾸밈력: 중
귀찮음 지수: 6.8
외로움 지수: 5
안전 지수: 4.7
애정 지수: 6.8

그림 12. AM559의 세 명의 퍼소나 핵심 특징

요소	내용
인물적 배경	퍼소나의 인간화를 통해 실제 인물같이 현실감 있게 표현하려는 것으로 퍼소나의 이름, 인물 사진, 직업이나 일상에 관한 배경을 포함한다.
설계 대상과의 관계	설계 대상과의 관계에 따라 다양한 퍼소나 설정이 가능하다. 복합 단지 서비스를 위한 퍼소나는 관리자, 입주자, 방문자 등 크게 세 가지로 설정될 수 있다. 디지털 카메라를 위한 퍼소나는 초보자, 중급자, 전문가로 나눌 수 있다.
목적, 요구, 태도	설계 대상을 이용하는 목적, 요구, 행태 파악은 설계 요구 사항을 도출하는 데 중요한 근거다. 퍼소나는 새로운 설계, 계획안으로 목적 달성이 가능한지 판단 기준이 된다.
특정 지식, 능숙도	지식이나 능숙도, 친숙도에 따라 설계와 계획의 기준이 다를 수 있으므로 퍼소나 설정 시 반드시 고려해야 한다.

표 1. 퍼소나의 구성 요소

시 고려해야 할 사항들이다. AM559 서비스 퍼소나의 경우 각 퍼소나의 가사 능숙도와 집 꾸밈력을 상중하로 표시해 특정 지식과 능숙도를 표현하였다. 설명한 퍼소나의 구성 요소 네 가지를 위의 표로 확인해보자.

퍼소나 사례

퍼소나는 중요한 특징, 즉 중요한 성격을 지니면서 여러 퍼소나 간 행동 패턴의 차이를 분명하게 보여준다.[8] 또한 퍼소나는 실제 사람처럼 생생하게 느껴지도록 만들어야 한다. 퍼소나의 예시로 AM559 서비스의 자취를 하는 인물의 퍼소나화를 들 수 있다. 다른 목적과 일과를 지닌 퍼소나의 하루가 잘 정리된 것을 알 수 있다. 특히 각각의 퍼소나의 다양한 능력치를 지수로 표현하여 퍼소나가 어떤 사람인지 이해가 잘되도록 하였다. 퍼소나들이 평소에 어떤 생각을 하고 살았는지 어떻게 지냈는지를 파악할 수 있는 것이 잘 만든 퍼소나이다. 또한 이렇게 퍼소나를 구체적으로 정리했을 때, 다양한 통찰력을 도출할 수 있으며 서비스의 콘셉트 발전에 충분히 활용할 수 있다는 이점이 있다.

AM559 서비스의 경우 '1인 가구의 아침'이라는 서비스 경험 범위를 정해놓고, 해당 범위 내에서 어떤 고객 분류에 집중할 것인가를 정하기 위해 퍼소나 방법론을 활용하였다. 이 경험은 사용자에 따라 상당히 다른 요구를 가진다. 따라서 사용자를 성별과 자취 연차, 크게 두 가지 기준으로 분류한 다음, 그 중 가장 민감도가 낮을 것으로 판단되는 자취 연차가 높은 남성을 제외한 세 타입의 퍼소나를 만들었다. 그래서 뽑은 퍼소나는 자취 초기의 여성, 원룸 거주의 직장인 여성, 그리고 집에 가장 오랜 시간 거주하는 고시생 남성으로 세 타입의 퍼소나를 설정하였다. 그림 13은 자취 초기의 여성 퍼소나 예시이다.

여기, 신촌 서비스의 퍼소나도 잘 만들어진 예시이다. 퍼소나는 서비스의 사용자 혹은 제공자의 한 유형을 대표하는 가상 인물이지만 이 서비스의 퍼소나는 마치 실존하는 인물이라고 느껴질 정도로 매우 자세하게 묘사되어 있다. 전형적이며 어딘가에 존재할 것 같은 가상의 인물이며 인물과 맞는 특정 상황들을 잘 고려하여 퍼소나의 하루 또한 매우 자세하게 서술되어 있다(그림 14).

퍼소나를 자세히 묘사하기 위해 여기, 신촌 서비스에서는 두 가지 흥미로운 방법을 활용했다. 첫째, 이해관계자 지도에서 퍼소나를 도출하면서 서비스 수혜자와 직접 만나는 서비스 제공자를 퍼소나로 선정했다. 그렇게 함으로써 서비스 제공자와 수혜자를 동시해 고려할 수 있었으며, 서비스 수혜자가 겪을 수 있는 고통점에서도 더 많은 통찰력을 얻을 수 있었다. 서비스 제공자 측의 퍼소나를 작성하여 제공자와 사용자 모두 살펴보는 것이 서비스 경험 디자인에서 퍼소나 작성 시 필요하다. 서비스는 그 특성상 한 가지 유형의 사용자 집단만 존재하지 않기 때문이다. 사용자뿐 아니라 제공자 관점의 퍼소나도 유용하며 필요하다.

둘째, 퍼소나의 하루를 사용자 여정 지도로 작성해보았다. 신촌 거리에서 경험한 서비스인만큼 퍼소나가 겪을 수 있는 여러 상황을 상상해볼 수 있었고, 덕분에 퍼소나가 각 단계에서 겪는 상황과 감정 그리고 요구 등을 더 자세히 묘사할 수 있었다. 이런 과정은 서비스의 당위성을 높일 수 있으며 서비스의 방향성을 잡아주는 데 도움이 된다.

김지은 (27세)
오피스텔 자취 2년 차
인테리어 디자이너 (LG 하우시스)

자취 목표
출퇴근 시간을 줄이고 독립 욕구 충족

머물 시간: 평균 10시간	
가사 능숙도: 중	
집 꾸밈력: 상	
귀찮음 지수: 6.5	
외로움 지수: 5	
안전 지수: 3.8	
애정 지수: 5	

아침 6시 30분 휴대 전화 알람 소리를 들으며 잠에서 깬 지은 씨 미간에 주름이 가득하다. 간신히 손을 뻗어 침대 옆 탁상 위 놓인 휴대 전화를 집어 능숙한 손동작으로 알람을 끈다. 이정도야 보지 않고서도 가능하다. 간신히 눈을 떴지만 이불 밖으로 나가는 일이 쉽지 않다. 아직도 몸이 침대에 붙어 있는 것처럼 무겁다. 상반기 업무 계획 보고서 작성으로 새벽 두 시가 되어 집에 돌아왔다. 일주일째 하루 수면 시간이 네 시간도 채 되지 않는다. 피곤이 눈꺼풀에 어깨에 머리에 덕지덕지 붙은 기분이다. 5분 쯤 멍하니 누워 있다 간신히 몸을 일으켰다. 가려진 블라인드 틈으로 새어 들어오는 새벽빛에 아무렇게나 여기저기 벗어놓은 옷가지가 눈에 들어온다. 며칠 째 부엌은 깨끗하다. 음식을 해먹은 지가 언제인지..... 지난 주에 친구들이 집에 놀러오며 사온 주스와 과일, 생수 몇 병이 냉장고를 채우고 있을 뿐이다. 생수를 꺼내 뚜껑을 열고 물을 마신다. 컵에 물을 따라 먹긴 귀찮다. 보일러를 켜고 욕실로 향한다. 아침마다 씻는 것도 일이다. 양치하며 몇 년째 유지하고 있는 긴 머리칼을 자를까 고민한다. 긴 머리 탓에 출근 준비 시간이 10-15분은 더 걸리는 것 같다. 늦잠이라도 자는 날에는 머리에 물기가 가득한 채 옷만 입고 서둘러 나간 적도 많다. 이번 주말까지 머리칼을 자를지 말지 더 고민해봐야겠다. 따뜻한 물이 몸에 닿으니 피곤기가 조금 가시는 듯하다. '출근하기 싫다.'는 생각이 머리를 가득 채운다. 머리에 샴푸를 하며 손에 엉켜 나오는 머리카락을 보며 머리를 잘라야 하나 다시 고민을 한다. 욕실 여기저기 흩어진 머리카락들, 엄마가 보시면 한 가득 잔소리를 하실 풍경이다. (중략) 시계는 벌써 7시 10분을 가리키고 있다. 옷을 고르고 화장까지 할 시간을 계산해보니 더 이상 지체할 시간이 없다. 헤어드라이기 코드를 뽑고 옷장 문 앞에 선다. 어떤 옷을 입어야 할지 한참 서서 생각해도 입을 옷이 없다는 생각에 짜증이 치민다. 사실 진짜 입을 옷이 없다기보다 스타일을 중시하는 팀의 성격상 꿀리게 입긴 싫어서 아침마다 입을 옷 걱정이 이만저만 아니다. 봄, 여름 옷은 아직 다 꺼내지도 않아서 요즘 같은 환절기에 특히 옷 입기가 더 애매하다. 어쩔 수 없이 월요일에 입었던 초록색 치마를 입기로 결정했다. 얇은 베이지색 니트를 상의에 입고 도톰한 감색 재킷을 입으면 적당한 간절기 오피스룩이 완성될 것 같다. 옷장 아래 서랍에서 얇은 검정 스타킹을 꺼내 신고 니트를 입은 뒤 스커트를 입기 전 다시 화장대 겸 TV장 앞에 앉았다. 옷을 고민하는데 너무 시간을 많이 써서 화장할 시간이 줄었다. 파운데이션 대신 에어쿠션으로 피부색을 잡고 눈썹을 기린 뒤 마스카라로 눈매를 또렷하게 만들고 옅은 코럴색 립스틱으로 간단히 5분 화장을 마무리한다. 시계를 보니 7시 30분이다. 화장하는 시간을 줄여서 그런지 오늘은 나가기 전에 선식이라도 타먹고 갈 수 있겠다. 아침을 잘 챙겨먹지 못하는 탓에, 엄마가 오곡을 넣어 갈아 만들었다며 아침마다 꼭 우유에 타먹으라고 싸주신 선식은 6개월째 양이 반도 줄지 않았다. (중략)

그림 13. AM559의 김지은 퍼소나

김믿음 (33세)

성별: 남성
직업: 서대문구청 7급 공무원 (연세로 관리자)
가족: 아내(이소망), 딸 임신 중(태명 사랑)
거주지: 서대문구 연희동 24평 빌라
특이사항: 신혼부부, 공처가

오늘도 어김없이 7시 기상. 졸린 눈을 비비며 혹시 어제 밤잠을 설친 아내가 깰세라 조심히 일어나 부엌으로 향한다. 아내가 임신 중이라 내가 아침을 한다. 나는 전형적인 육식남이었으나 이제 초식남이 된 것 같다. 그래도 사랑스러운 아내와 얼마 뒤 태어날 사랑이를 생각하면 초식남이든 육식남이든 상관 없다. 아내가 눈을 뜨면 먹을 아침상을 차려두고 뜨거운 물로 샤워한 뒤 교회 앱에 매일 업로드되는 새벽 말씀을 들으며 출근한다. 8시 50분에 구청에 도착해 일과를 확인한 뒤 잠시 자리에 앉아 멍하게 다른 생각에 빠져 있다. 상사가 내 책상 위에 던진 서류 소리에 정신이 번쩍 들어 재빠르게 서류를 훑어본다. 2주 전 사무관님께서 말씀하셨던 연세로 라면 축제 관련 서류였다. 오전에 마무리 지어야 할 업무를 마친 뒤 엉덩이가 근질거리는 11시 즈음에 현장 답사를 핑계로 신촌으로 향한다. 신촌 연세로에 도착해 차 없는 거리를 최대한 여유 있게 무게를 잡고 걷는다. 11시 30분 단골 국숫집으로 향한다. 단골집 사장님과 가족처럼 친한 나는 따뜻한 잔치국수 한 그릇을 앞에 두고 라면 축제에 관한 이야기를 꺼낸다. 늘 사슴 같은 눈망울로 한결같이 해맑은 미소를 지으시는 박 사장님이 갑자기 전 권투 선수인 마이크 타이슨 눈빛으로 변하며 왜 여기서 라면 축제를 하냐며 상인들을 다 굶겨 죽일 작정이냐며 분노한다. 국수가 입으로 들어가는지 코로 넘어가는지도 모른 채 쫓기듯 먹고 나온 나는 차마 말하지는 못했지만 박 사장의 근시안을 마구 정죄하며 담배를 한 대 문다. 불량 식품 아폴로 먹듯 담배를 강렬하게 흡입한 뒤 꽁초를 버리려고 하는데 쓰레기통이 보이지 않는다. '에라 모르겠다.' 이곳이 내 관할 구역임에도 길거리에 꽁초를 투척한다. 오랜만에 수다나 떨면서 스트레스를 날려보내고자 근처에 사는 대학교 후배이자 친한 동생 베드로를 불러낸 나는 카페로 향한다. 어린 입맛인 나는 아이스 초코를 시키고 싶었으나 어른 척을 하고자 아이스 아메리카노를 주문한 뒤 창가에 자리를 잡는다. 베드로가 도착할 때까지 기다리며 창밖 사람들을 구경한다. 차 없는 거리 시행 전보다 왠지 사람이 많아진 듯하여 기분이 좋아지고 일하는 보람도 느껴진다. "형!" 뒤에서 날 부르는 목소리가 들린다. 12시, 베드로는 오자마자 "어이 땡보, 일과 시간에 아주 살 맛 났네. 형은 좋겠네? 철밥통이라서."라는 말로 비꼬듯 인사를 건넨다. 동생의 인사에 난 상사의 얼굴과 끊임없는 민원을 떠올리며 쓴웃음을 지었다. 인사말을 주고받고 이런저런 이야기를 나누던 중 라면 축제 이야기가 나왔는데 국숫집 사장과는 상반된 아주 긍정적인 반응이 나왔다. 그리고 베드로는 이어서 "형도 연대 나왔으면서 왜 학생들을 위한 시설에는 신경은 안 쓰는데?" 나는 세상 물정 모르는 베드로에게 "조용히 하고 도서관에 돌아가서 공부나 해라."라고 말하고 싶었으나 마냥 껄껄대며 실없는 대화를 이어간다. 2시, 베드로와 헤어지고 회사에 복귀하는 길에 유플렉스 잠만경에서 잠시 옷매무새를 가다듬고 있는데 옆에서 어떤 여성분이 통화 중인 상대방에게 "빨간 기둥 앞에 있으니까 이리로 와."라고 얘기한다. 나는 비싼 조형물이 기둥 취급당하는 게 왠지 안타까웠고, '내가 현대백화점 관계자였다면 더 좋은 걸 만들었을 텐데.' 생각하면서 버스 정류장으로 걸어간다. 정류장 가는 길가에 벚나무가 활짝 피어 있고 이 광경을 사진에 담는 사람들이 많이 보인다. 은행나무에서 벚나무로 바뀌니 사람들의 반응이 더 좋은 것 같다. '아직 꽃놀이도 못 갔는데 꽃이 모두 지기 전에 아내와 함께 와야지' 다짐한다. 2시 40분, 회사로 복귀한 나는 또다시 무료함을 느끼며 멍하게 앉아 있다. 인터넷 서핑을 해보지만 인터넷 창 곳곳에 음란마귀들이 판을 치고 있다. 그러던 외국 음란마귀인 줄 알고 창을 닫으려는데 다시 보니 외국에 있는 아름다운 길 관련 기사였다. 기사를 보며 연세로에서 벤치마킹할 부분이 없을까 생각해본다. 3시, 아내보다도 더 많이 나에게 전화하는 단골 주민이 또 민원 요청을 했다. 지긋지긋하다. 또 다른 민원 전화가 왔다. 보도블록에 걸려 넘어졌는데 발목 인대가 늘어났으니 배상하라는 전화였다. 목소리를 들으니 젊은 사람인 것 같은데. 또 다른 민원 전화가 왔다. 차 없는 거리라면서 차가 너무 많이 다닌다는 어처구니없는 내용이었다. 이번엔 속사포 래퍼보다 말이 더 빠른 아주머니의 전화다. 재건축 중인 옆집 건물로 먼지와 소음이 너무 많이 발생한다고 공사를 중지시키란다. 당황스럽다. 다양한 민원과 씨름하던 중 어느새 오후 5시가 되었다. (중략)

그림 14. 여기, 신촌의 김믿음 퍼소나

퍼소나 기반의 클러스터링

서비스 경험 디자인에서는 퍼소나 그 자체가 목적이 아니다. 퍼소나를 만들어내서 그 퍼소나를 어떻게 활용해나갈 것이냐가 핵심이라고 할 수 있다. 따라서 사용자뿐 아니라 공급자와 제공자 측면도 고려하는 것이 필요하며 이 부분이 다른 분야와의 차이점이기도 하다.

퍼소나를 활용하는 방법으로 퍼소나 기반으로 클러스터링을 진행하는 방법이 있다. 이를 퍼소나 기반 클러스터링persona based clustering이라고 한다. 기존에 작성한 클러스터링 결과물 중 특정 퍼소나에 적합할 것 같은 요소들로 다시 클러스터링하는 리클러스터링 작업을 수행할 수 있다. 이렇게 한 뒤에 시간별로 다시 배치하여 퍼소나, 사용자 여정 지도와 클러스터링 총 세 가지 방법을 결합하여 활용할 수도 있다.

그림 15는 타인의 서재 팀이 작성한 서비스 사용자와 제공자의 퍼소나에 기반한 사용자 여정 지도이다. 중고 서점 사용자와 제공자의 퍼소나를 먼저 작성한 다음에 그들의 타임라인에 맞게 기존 사용자 여정 지도를 재분류한 것이다. 이 팀의 경우 발견 단계와 기존 클러스터링의 결과로 나온 여러 키워드를 전형적인 서비스 수혜자와 제공자 퍼소나 각각에 맞게 시간순으로 재구성하였으며, 각각의 접점에서 퍼소나가 느꼈을 감정 또한 표시하였다. 이 과정에서 좋은 점과 고통점 구역을 새롭게 도출해낼 수 있었으며, 새로운 시드 아이디어들이 추가되고 서비스 콘셉트가 구체화할 수 있었다.

클러스터링의 장점 중 하나는 타깃 사용자를 좁힐 수 있다는 점이다. AM559 팀의 1인 가구 서비스의 경우, 처음에 퍼소나를 설정할 때는 세 개의 퍼소나가 모두 주 대상자라고 생각했지만 클러스터링 후에는 김지은 퍼소나를 타깃으로 보기에 적합하다는 판단을 내릴 수 있었다.

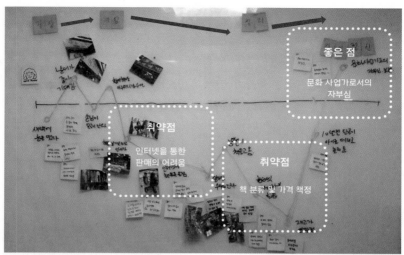

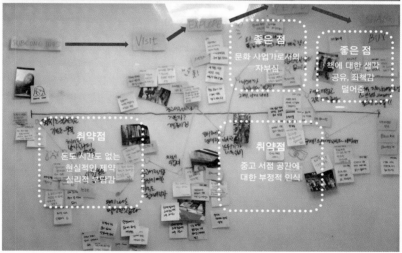

그림 15. 타인의 서재 퍼소나 기반 클러스터링

이 장에서는 정의 단계의 전반부 활동을 살펴보았고 활동 중 가장 기본인 패턴 파악에는 어떤 것이 있는지 배웠다. 먼저 클러스터링을 효과적으로 수행하려는 방법으로 친화도법, P.O.I.N.T.S, T.I.S.I 등이 있었다. 이를 바탕으로 현 상태에 관한 지도를 작성할 수 있는데, 고객 여정 지도와 사용자 접점 지도를 만들고 클러스터들을 그 위에 배치하는 방식으로 사용할 수 있다.

다음으로 퍼소나와 이를 활용한 클러스터링을 다루었다. 퍼소나란 제품 또는 서비스를 사용할 만한 사용자 또는 제공자를 대표하는 가상의 인물로서 이해관계자 지도에서 시작된 개념이다. 퍼소나 작성 시 해당 퍼소나의 기본 특징, 일상과 감정 등을 상세히 표현하게 된다. 서비스경험 디자인에서는 퍼소나 자체를 디자인하는 것이 목적이 아니다. 작성한 퍼소나를 활용하여 리클러스터링하고 기존의 클러스터링 결과물을 발전시키는 것이 핵심이다. 퍼소나를 잘 활용한다면 모호했던 서비스 주체와 콘셉트를 구체화하여 정의 단계의 목표를 더 효과적으로 달성할 수 있을 것이다.

토론하기

1

발견 단계의 결과물을 정리하는
창의적인 방법을 생각해보자.

정의 단계에서 '상향식 방식'을 고수하는 것이
정말 중요한지 토론해보자.

2

범주화, 추상화, 비교, 통합화 네 단계가
서로 어떤 특징이 있는지 논의해보자.

친화도법이나 P.O.I.N.T.S, T.I.S.I와는 다른
클러스터링 방법이 있을지 논의해보자.

3

제시된 방법 외에 관찰 결과를 정리할 수 있는
독창적인 지도 제작 방법을 고안해보자.

4

서비스 콘셉트 도출 및 개발에 도움이 되는
퍼소나를 만들어보자. (서비스 사용자 중 한 명,
서비스 제공자 중 한 명)

퍼소나 기반의 새로운 클러스터링 방법을 제안해보자.
기존의 사용자 여정 지도 이외의 새로운 클러스터링
방법을 제안해보자.

생각해보기

관찰 단계에서 얻은 사실과 아이디어를
포스트잇에 옮겨 적고 팀의 프로젝트에 알맞은
방법을 찾아 정리해보자.

- 포스트잇에 옮길 때 어떤 내용이라도 좋으니
  생각나는 대로 많이 적는 것에 초점을 맞추자.

- 클러스터링 방법 가운데 하나를 선택하여
  수행해보고 묶어 놓은 클러스터들을 사용자
  여정 지도와 접점 지도상에 배치해보자.

- 팀이 최종 개발해나갈 서비스 콘셉트의 다양한
  후보군이 포함되도록 해본다.

- 최종적인 콘셉트의 상세한 아이디어를 도출하는
  것이 아니라 그 콘셉트가 속할 넓은 기회 영역의
  후보군을 도출해보는 것이 목적이다.

프로젝트 주제에 맞는 퍼소나를 작성한 뒤
그것을 바탕으로 클러스터링을 재정리해보자.

- 퍼소나를 작성하면서 자연스럽게
  만들어가려는 서비스 콘셉트의 목표 이용자를
  구체화하도록 하자.

- 퍼소나에 클러스터링과 여러 지도 방법을
  적용해서 작성해보자.

7장

발상과 콘셉트 브리프

모든 기회는 불확실함에 숨어 있다.
많은 사람들이 확실한 것을 찾지만 확실하게 보이는 것에는
이미 기회가 없다. 불확실성을 즐기는 것이야말로
바로 창의적인 사람의 특징이다.

박종하, 『틀을 깨라』(해냄, 2011) 중에서

운이 좋게도 몇 회사의 이사회에 참석해본 경험이 있다. 이사회에 참석해서 가장 흥미로운 때는 신사업에 관한 투자 심의를 하는 경우이다. 이사회에서 서비스 콘셉트를 설명할 때는 최대한 구체적이고 자세하게 설명한 '하이 피델리티 콘셉트(high-fidelity concept)'를 가지고 간다. 콘셉트를 설명하는 데만 최소 30분은 소요되고, 브리핑이 끝나면 진땀을 흘릴 만큼 많은 노력이 든다. 반면 요즘 한창 뜨고 있는 스타트업의 대표들과 만나보면 몇 분 내에 자신의 사업을 아주 일목요연하게 설명하곤 한다. 벤처캐피털에 종사하는 제자들은 소위 '로우 피델리티 콘셉트(low-fidelity concept)'라는 가장 간단한 콘셉트 브리프를 사용하기도 한다. 엘리베이터와 같이 좁은 공간, 짧은 시간 동안의 만남에서 이야기해야 하는 경우, 하이 피델리티 콘셉트 브리프를 하게 되면 서론에서만 이야기가 맴돈다. 예전에 난감했던 기억이 있다. 대기업 총수와 회의를 마치고 엘리베이터를 함께 탔는데, "김 교수님은 요즈음 뭐 하세요?"라는 질문에 연구의 배경만 이야기하다가 헤어진 경우가 많다. 역으로 이사회와 같은 분위기에서 로우 피델리티 콘셉트 브리프를 내보인다면 때아닌 비웃음을 사게 된다. 구름 잡는 이야기 그만하고 본론으로 들어가자고 하는데 본론이 없는 경우가 개인적으로도 많다. 따라서 그때그때의 상황이나 조건에 따라 충실도를 적절히 선택해야 할 필요가 있다. 그렇다면 이런 다양한 형태와 길이의 콘셉트 브리프는 어떻게 만드는 것일까?

발상

발상 단계를 소개하기 전에 정의 단계의 전반부에서 다룬 내용을 정리해 보자. 발견 단계의 결과물을 바탕으로 클러스터링을 하였고, 다양한 형태의 지도와 퍼소나로 이를 정리하였다. 즉, 정의 단계 전반부의 결과물은 수집한 자료를 해석하여 도출해낸 프레임워크와 구체적인 사용자 모습이라고 할 수 있다. 이제 한 단계 더 나아가서 다양한 기회 영역 중 집중하고자 하는 기회나 해결하고자 하는 문제를 뽑아내고 하나의 새로운 콘셉트를 만들어야 한다. 그 과정이 바로 발상이다.[1]

발상의 네 단계

발상이란 하나의 콘셉트로 수렴하기까지 다양한 아이디어를 내고 이를 체계적으로 거르는 방법이다. 여러 사람들이 이 과정에 참여하여 효과적으로 의견을 나누고 최적의 콘셉트를 만들 수 있도록 다양한 협업 도구와 진행 방법을 적용할 수 있다. 이 장에서는 다음 네 단계를 큰 틀로 제시하고자 한다. 첫 번째로, 앞의 클러스터링 결과물을 가지고 각 테마에서 기회 영역을 만든다. 두 번째로, 각각의 기회 영역에서 가능한 해결책들을 최대한 많이 도출해내는 것이다. 세 번째로, 그렇게 나온 해결책 가운데 어떤 것이 더 중요하고 실제로 수행했을 때 큰 효과를 낼지 고려하여 아이디어의 우선순위를 설정한다. 그리고 클러스터링을 다시 진행한다. 마지막으로 우선순위가 높은 해결책의 묶음에서부터 실행 가능한 콘셉트를 만든다. 이를 정리한 최종 결과물이 콘셉트 브리프다.

일반적으로 발상 단계에서 의뢰인, 실제 사용자, 서비스 제공자 등 다양한 이해관계자와 함께 공동 창작을 진행한다. 이를 통해 서비스 실제 참여자들의 관점을 반영하여 자연스럽게 아이디어의 실현 가능성과 미래 지향성의 균형을 이룰 수 있다. 이해관계자들은 실제로 서비스를 체험하면서 '내부자 지식insider knowledge'을 쌓아왔기 때문에 이를 잘 활용하면 아이디어를 즉각적으로 검증할 수 있다.

공연 관련 서비스를 고안할 때 공연 분야의 이해관계자가 참여하지 않는다면 공연 기획에서 어떤 요소가 중요한지 즉각적으로 피드백을 받기 어려울 것이다. 버스킹 어라운드 서비스 역시 '평소에는 공연이 이루어지지 않는 이색적인 공간에서 공연을 하면 어떨까?'라는 질문에 대해 발상 단계에서 카페 앞 거리나 옥상이라는 아이디어가 나왔다. 그런데 이 단계에 참여하던 뮤지션이 직접 공연해보았던 경험을 떠올리며 소음이나 허가 문제를 제기하였다. 그래서 현실적으로 공연하기에 까다롭거나 문제가 생길 만한 장소는 제외하고 공연 장소를 바나 카페 위주로 바꾸어 실현 가능한 방향으로 수정할 수 있었다.

공동 창작을 하면 다양한 이해관계자의 시각을 종합할 수 있으므로 짧은 시간 내에 더 많은 아이디어를 창출할 수 있다. 이는 서비스 생태계가 여러 종류의 이해관계자로 구성되어 있을 때 더욱 효과가 클 것이다. 공연 관련 서비스의 경우만 해도 공연 기획자, 참가자, 관객, 장소 제공자, 장비 대여 업체, 홍보물 제작자 등 수많은 이해관계자가 존재하며 하는 일도 각기 다르다. 그러므로 다양한 분야의 이해관계자가 발상에 참여할수록 많은 아이디어가 나올 수 있을 것이다. 이제 발상의 네 단계를 수행하는 구체적인 방법과 유의 사항을 예시와 함께 차례로 살펴볼 것이다.

1단계: 기회 영역 만들기

발상의 첫 단계인 기회 영역 만들기를 알아보자. 기회 영역은 잠재적인 영역으로 해결책을 모색할 기회가 있고 새로운 아이디어를 만들기 위한 디딤돌이기도 하다. 앞의 단계에서 발견한 문제점을 해결할 수 있도록 시드 아이디어를 미래지향적이고 생산적인 방향으로 재구성하여 기회 영역을 만들어낸다. 하지만 기회 영역 자체가 단정적인 해결책이 되어서는 안 된다. 하나의 기회 영역에서 여러 가지 해결책을 도출할 수 있도록 너무 구체적이지도 너무 모호하지도 않아야 한다. 이를 바탕으로 다음 단계에서 구체적인 아이디어를 내기 위해 브레인스토밍을 하게 된다.

HMW 질문

이 과정에서 유용한 방법은 '우리가 어떻게How Might We, HMW'로 시작하는 질문을 던지는 것이다. 즉, 앞 단계에서 만든 각 클러스터의 테마에 대해서 "어떻게 하면 이런 점을 해결할 수 있을까?" "이렇게 하면 어떨까?" 같은 가벼운 질문을 던진다. 평서형이 아닌 질문형 문장을 만드는 이유는 특정하게 단정 짓지 않고 여운을 남겨서 다양한 아이디어를 도출할 여지를 남겨두기 위해서이다.

예를 들어 그림 1은 포토바기 서비스에서 발견 결과에 대해 브레인스토밍으로 포착한 기회 영역을 크게 여섯 가지 유형으로 작성한 HMW 질문을 모은 것이다. 피드백feedback, 연결matching, 사진 콘셉트photo concept, 특별한 이벤트special event, 사진 결과물photo output, 이익money 등의 테마가 있는데, '사진 콘셉트'라는 테마에 대해서는 "어떻게 하면 소소한 일상을 사진으로 기록해서 간직할 수 있을까?" "어떻게 하면 친한 친구와의 추억을 저렴한 가격으로 찍어서 남길 수 있을까?" 등의 질문을 할 수 있다.

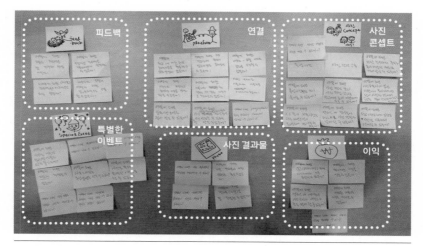

그림 1. 포토바기 서비스의 HMW 질문들

질문 작성 시 주의 사항

잠재적인 결론이나 답을 내포한 질문은 제외한다

다양한 문제 해결 가능성을 차단하고 이미 결론을 내놓은 질문은 좋은 질문이 아니다. 다시 사진 서비스의 예를 들자면 "어떻게 하면 포토그래퍼와 고객을 인터넷 플랫폼을 통해서 연결해줄 수 있을까?"라는 질문은 서비스 제공자와 이용자의 욕구를 만족시키려는 해결책으로 인터넷 플랫폼 형태를 제시한다. 대신 "어떻게 하면 포토그래퍼의 찍고 싶은 욕구와 고객의 찍히고 싶은 욕구를 편리하게 이어줄 수 있을까?"라는 질문은 여러 가지 해결책을 낼 수 있도록 가능성을 열어두고 있다.

- "어떻게 하면 포토그래퍼와 고객을 인터넷 플랫폼을 통해서 연결해줄 수 있을까?"
→ "어떻게 하면 포토그래퍼의 찍고 싶은 욕구와 고객의 찍히고 싶은 욕구를 잘 이어줄 수 있을까?"

최대한 많은 질문을 만든다

단계의 목적은 하나의 기발한 아이디어를 곧바로 뽑는 것이 아니라 다양한 기회 영역을 만들어서 창의적인 해결책이 나올 수 있는 여지를 만들어두는 것이다. 그러므로 일단 질보다 양을 생각해서 질문을 최대한 많이 만든다. 특히 '상호작용'이나 '연결'과 같이 모호한 개념을 지닌 테마에서는 다양한 HMW 질문들을 만들 수 있다. 앞에서 나온 것처럼 '인터넷 플랫폼'보다 추상적인 '포토그래퍼와 고객 사이의 연결'을 테마로 삼았을 때 다양하고 구체적인 해결책을 끌어내기 쉬워진다.

또 핵심이 되는 사용자, 이해관계자의 관점을 각각 대입하거나 서로 다른 접점을 기준으로 질문을 만들어 변화를 줄 수 있다. 같은 서비스 생태계 안에서도 어떤 관점에서 보느냐에 따라 필요 사항이 달라지기 마련이다. 예를 들어 공연 관련 서비스의 경우 관객은 취향에 맞는 공연 정보에 대한 접근성이나 편리한 예매 시스템이 필요하다. 반면 공연 제공자는 홍보 수단이나 가격 대비 질이 좋은 공연장을 원한다. 접점으로는 티켓, 공연장, 좌석 등이 있는데 이를 기준으로 생각하면 '간직하고 싶은 티켓'이라든지 '멀리 있어도 공연에 몰입할 수 있는 좌석'과 같은 기회 영역을 뽑아낼 수 있다. 공연 서비스에 대해 서로 다른 기준에서 만든 질문은 다음과 같다.

- "어떻게 하면 관객들이 편리하게 공연 티켓을
  예매할 수 있을까?"(사용자)
- "어떻게 하면 공연 제공자들이 원하는 조건의
  공연장을 효과적으로 찾을 수 있을까?"(이해관계자)
- "어떻게 하면 어떤 좌석에서 보든 공연에
  몰입할 수 있는 환경을 만들 수 있을까?"(접점)

모든 질문에 대답할 수 없을 때는 매력도가 가장 높은 것을 선택한다

질보다 양, 닥치는 대로 질문을 만들다 보면 주제와 동떨어지거나 바람직하지 않은 질문이 나올 수도 있다. 이때에는 적절하고 중요한 질문을 선택하되, 아이디어의 구현 가능성이나 사업성의 관점으로 질문을 제외하지 않도록 주의한다. 실현 가능성의 기준을 적용하지 않는 이유는, 어떤 질문들은 얼핏 보면 실현 가능하지 않아 보이지만 다음 단계까지 끌고 갔을 때 생각지도 못했던 참신한 해결책을 끌어낼 수 있기 때문이다.

예를 들어 포토바기 서비스에서 "아마추어 포토그래퍼도 그들의 사진으로 돈을 벌게 만들 수 있을까?"라는 질문을 제시했을 때, 전문성이 떨어지는 작가들에게 지불하려는 사람이 별로 없을 것이라고 단정 짓고 사업성이 없다고 판단할 수 있다. 그러나 이런 관점에서 해당 기회 영역을 제외했다면 '포토그래퍼와 고객을 연결해주는 서비스'를 통해 실력 있는 아마추어 포토그래퍼도 고객을 받고 포트폴리오를 만들 수 있다는 가능성이 차단되었을 것이다.

그렇다면 어떤 질문이 '매력적'이라고 할 수 있을까? 이를 가려내기 위한 방법으로는 퍼소나를 통해 구체화한 목표 사용자의 입장이 되어 생각해보는 것이다. 포토바기 서비스는 포토그래퍼의 퍼소나로 작품 모티프로 쓰기 위해 평소 자신만의 사진 포트폴리오를 구축 중인 미대생 '정하은'을 지정했다. 하은 씨는 친구의 사진을 찍어주었을 때 친구들이 만족하는 모습을 보고 더 많은 인물 사진을 찍어주고 싶다는 생각을 한다. 그러나 경력이 없어 전문 작가들처럼 나서서 고객을 받기에는 부담스러웠기에 어느 정도 공인된 서비스를 통해서 사진 활동의 영역을 넓히고 싶어 한다. 이때 위에서 예로 든 질문을 끌어낼 수 있었다. 이런 식으로 퍼소나를 적극적으로 활용하면 사용자의 상황과 맥락에 맞는 기회 영역을 생각할 수 있다.

핵심 이해관계자의 처지에서 생각하면 그들의 욕구를 진정으로 해결해줄 수 있는 질문을 선택할 수 있다. 예를 들어 사진 서비스 이용자 중에는 전문적인 사진관에서 증명사진이나 가족사진을 찍으려는 고객도 있

지만 친구들과 간단한 스냅 사진으로 소소한 일상을 예쁘게 남기고 싶어 하는 고객도 있다. 이들의 입장에서 생각해보면 포토그래퍼의 전문성보다는 합리적인 가격으로 취향에 맞는 사진을 찍는 것이 더 중요할 것이다. 그러므로 "어떻게 하면 이용자의 취향에 맞는 포토그래퍼를 적절한 가격에 찾아줄 수 있을까?"라는 질문이 이들에게는 매력적인 기회 영역이 될 것이다.

공동 창작의 중요성이 여기에서도 강조될 수 있다. 관찰 단계에서 아무리 많은 사용자 조사를 해도 그들의 욕구를 완벽하게 이해하기는 어렵기에 실제 이해관계자들이 이 과정에 참여한다면 그들의 진정한 필요 사항을 반영할 수 있다.

서비스 생태계에 포함된 사람들의 입장도 중요하지만 서비스를 디자인하는 팀 자체의 관심과 흥미도 앞으로의 작업을 수행하는 데 큰 영향을 미친다. 그러므로 가장 흥미롭고 신나게 많은 아이디어를 낼 수 있을 것 같은 매력적인 질문들을 선택하면 좋다. 버스킹 어라운드 서비스는 발상 단계에서 관찰 내용에 따라 기회 영역을 분류했는데 그중 하나가 '스트리트 댄스 공연'이라는 세부 분야였다. 해당 영역은 한국의 공연 문화에서 상대적으로 인지도가 낮고 체계화되지 않아서 발전 가능성이 충분히 많은 분야였다. 그러나 서비스 경험 디자인에 참여했던 팀원들의 관심은 더 넓은 영역의 공연에 있었기 때문에 다른 기회 영역들에서 좀 더 흥미롭게 많은 아이디어를 낼 수 있었다.

너무 구체적이거나 너무 추상적이지 않게 작성한다
질문이 너무 구체적이면 단순한 해결책의 성격을 띤다. 반대로 너무 추상적이면 포괄적인 성격을 띠어 답이 잘 떠오르지 않는다. 중고 서적 관련 서비스에서 "어떻게 하면 중고 책에 대한 사람들의 코멘트를 모아서 모바일 애플리케이션 상에서 볼 수 있게 할까?"라는 질문을 한다면 구체적인 해결책을 담고 있으므로 다른 아이디어로 나아갈 수 없다. 반면 "어떻게 하면 중고 책의 가치를 새 책보다 높일 수 있을까?"라고 질문한다면 '가치'라는 개념이 너무 추상적이고 포괄적이기에 바로 구체적인 아이디어가 떠오르기 어렵다. 이러한 경우들을 피해서 되도록 생생한 해결책이나 재미있고 기발한 아이디어들이 대답으로 많이 나올 수 있는 질문을 작성한다.

부정적인 테마라고 해서 부정적인 질문만 할 필요는 없다
좋은 HMW 질문은 가능한 많은 해결책 아이디어를 끌어내는 것이다. 그런데 부정적인 맥락에서 등장한 테마라고 해서 부정적인 부분만을 해결하는 데 그치면 기초적인 수준의 문제 해결밖에 하지 못한다. 이를 뛰어넘어 다른 HMW 질문과 연계하거나 긍정적인 맥락에서도 질문을 끌어 내면 더 발전적이고 혁신적인 아이디어를 낼 수 있다.

예를 들어 혼자 사는 사람들을 위한 서비스를 고안할 경우 '혼자 사느라 밀린 집안일'이라는 부정적인 테마에 대하여 "어떻게 하면 밀린 집안일을 스트레스받지 않고 할 수 있을까?"라는 부정적인 HMW 질문을 만들기는 쉽다. 그런데 '소소한 행복'이라는 긍정적인 맥락의 테마에서도 "어떻게 하면 집 안에서의 소소한 행복을 극대화할 수 있을까?"라는 질문을 던지면 새로운 관점에서 아이디어를 낼 수 있다.

위와 같은 주의 사항을 염두에 두고 각각의 테마에 HMW 질문을 던지며 기회 영역을 만든다. 클러스터링 결과로 나온 여러 가지 테마들에 번호를 붙이고 하나하나씩 차례로 옮기면서 테마당 20-40개 정도의 질문을 만들 수 있다.

2단계: 가능한 해결책 도출하기

앞선 과정에서 다양한 기회 영역을 도출하였다면 2단계에서는 구체적인 해결책을 제시하며 브레인스토밍을 한다. 자유로운 분위기에서 모두가 어떤 아이디어든 말해보는 것이 중요하다. 아이디어에 대한 평가와 순위

매기기는 다음 단계에서 이루어질 것이기 때문에 좋은 아이디어를 내야 한다는 부담감 때문에 창의성을 발휘하지 못하는 일이 생기지 않도록 참여를 장려하는 분위기가 바람직하다.

브레인스토밍 전에

브레인스토밍을 시작하기에 앞서 어떤 태도와 준비가 필요한지 살펴보자. 먼저 구성원 모두가 제대로 참여할 만반의 준비를 하는 것이 중요하다. 모든 구성원이 잘 참여하는 것은 사소해 보일 수 있지만 중요한 원칙이다. 모두가 펜과 포스트잇을 손에 쥐고 브레인스토밍 포스트잇을 붙일 공간으로 모인다. 하나의 포스트잇에는 한 가지의 생각만을 담으며, 되도록 스케치를 해보려고 노력한다. 또 누구나 아이디어를 이해할 수 있도록 완성형 문장으로 끝낸다.

브레인스토밍 작업을 수행하는 장소도 중요하다. 조용하게 집중할 수 있으며 모두 볼 수 있는 벽면이나 칠판에 포스트잇을 붙일 수 있는 장소를 찾는다. 높은 에너지와 속도감을 유지할 수 있는 분위기를 조성하면 효과적이다. 빠르고 경쾌하게 새로운 아이디어를 많이 내는 것이 브레인스토밍의 핵심이다. 템포가 빠른 음악을 작게 틀어놓을 수도 있고 간식을 먹으면서 에너지를 낼 수도 있다.

본격적으로 시작하기 전에 기회 영역에서의 HMW 질문들과 다음에 설명할 브레인스토밍의 원칙들을 되새겨본다. 무작정 아이디어를 내기보다 기본 원칙과 앞선 단계에서 나열했던 질문들을 다시 한 번 정리해본 뒤 시작하는 편이 좋다.

가능한 해결책과 아이디어를 자유롭게 낼 때, 많은 분야에서 통용되는 브레인스토밍의 7대 원칙을 적용할 수 있다. 이 원칙들을 어떻게 발상 단계에 적용할지 자세히 살펴보자.

아이디어에 관한 가치 판단을 보류하라

이 시점에서 '나쁜 아이디어'란 없다. 아이디어에 관한 가치 판단은 나중에 하게 될 것이니 일단 판단을 보류하고 아이디어가 생각나는 대로 내놓는다.

엉뚱하고 터무니없는 아이디어를 장려하라

종종 엉뚱한 아이디어에서 진정한 혁명이 만들어진다. 터무니없어 보이는 아이디어를 현실로 끌어다 놓는 일은 나중에 얼마든지 할 수 있다.

다른 사람들의 아이디어를 기반으로 쌓아 올려라

'하지만'보다는 '그리고'를 생각하라. 다른 사람의 아이디어가 마음에 들지 않는다면 반박하기보다 그 아이디어를 기반으로 더 좋은 아이디어를 내보는 데 도전하라.

주제에 집중하라

모든 사람이 한데 집중하는 통제된 분위기에서 더 좋은 결과가 나온다. 이를 위해 브레인스토밍 시간을 45분에서 1시간 30분 정도로 잡는 것이 좋다. 시간이 늘어질수록 집중도도 떨어지고 참신한 아이디어가 나오기도 힘들다. 짧은 시간 동안 모두 집중하여 아이디어를 쏟아내고 끝낸다.

시각적인 것을 활용하라

머릿속 아이디어를 가장 쉽게 구체화하는 방법은 그리는 것이다. 뇌의

논리적이고 창의적인 부분을 적극적으로 사용하여 일단 시각적으로 표현해본다. 색깔 있는 펜으로 포스트잇에 아이디어를 써 붙여보면 그림 실력과 상관없이 아이디어가 실제 모습을 갖추게 된다.

한 번에 한 가지 대화만 하라

기회 영역에 관한 해결책을 도출할 때 한 번에 한 개의 기회 영역 질문에만 답한다. 유의할 점은 특정한 요소나 한 사람이 낸 아이디어에 모두가 집착하는 분위기를 경계해야 한다. 대신에 모든 참여자가 각각의 아이디어를 잘 듣고 이에 더하여 발전시킬 수 있도록 하라.

질보다 양이다

만들어낼 아이디어 개수를 야심 차게 목표 설정해놓고 그것을 뛰어넘어라. 아무도 아이디어를 심사하지 않으므로 하나의 아이디어에 들러붙어 길게 생각할 필요가 없다. 빠른 흐름으로 더 많은 아이디어를 내는 것이 좋다. 그림 2는 포토바기 서비스의 브레인스토밍 결과이다. 총 여섯 개의 기회 영역을 포착하였고 각 영역에 대한 새로운 아이디어를 배치하였다.

그림 2. 포토바기의 브레인스토밍 결과물

덧붙여 인터랙션 디자인 분야에서 자주 사용하는 방법으로 바디스토밍 bodystorming이라는 아이디어 발상법이 있다. 이는 아이디어를 머릿속으로만 상상하고 글로 적는 것에서 벗어나 직접 몸으로 표현해 보는 방법이다. 특히 서비스의 접점이 특정한 제품이나 사물일 때 주변의 간단한 소품을 활용하여 아이디어를 구현할 수 있다. 직접 몸으로 체험해보고 시각적으로 확인할 때 미처 생각지 못했던 현실적 문제점뿐 아니라 새로운 가능성을 발견할 수도 있다. 또한 자신의 아이디어를 다른 사람에게 전달할 때 효과적인 도구로 사용될 수도 있다.

경험 프로토타입과 시각화를 중시하는 IDEO에서도 바디스토밍을 적극적으로 사용한다. 기내 서비스에 대한 아이디어를 낼 때에는 나무 의자, 컵, 종이 등 아이디어를 표현하는 데 도움이 된다면 어떤 재료든 상관없이 가져와서 비행기 내부를 상상한다. 전체 공간이 비행기인 것처럼 상상하면서 의자를 배치해보고 심지어는 의자 위에 누워보기까지 하면서 적극적으로 아이디어를 구체화할 수 있다.

이 활동에 대해서 가장 많이 궁금증을 가질 수 있는 부분이 아이디어 실현 비용에 관한 의문이다. 기본 원칙에서 엉뚱한 아이디어를 장려하라고 했지만 이를 구체화하다 보면 실행 가능성이 적거나 천문학적 비용이 필요할 것 같다는 판단을 하게 된다. 하지만 우주여행 정도로 천문학적인 규모가 아닌 이상, 금전적인 제약 사항은 브레인스토밍 과정에서 고려하지 않는 것이 좋다. 실현된 뒤에 바람직한 결과를 낼 수 있는 아이디어라면 일단 포함시킨다. 브레인스토밍할 때에는 창의적인 아이디어를 자유롭게 장려하는 것이 더 중요하므로 디자인 사고의 가장 큰 특성인 낙관주의에 근거하여 엉뚱한 아이디어도 최대한 포용한다. 실현 가능성 검증은 이후 단계에서 매우 보수적으로 할 수 있다. 또한 브레인스토밍은 발상 단계에서만 하고 끝나는 것이 아니라 개발이나 전달 단계에서도 계속 활용된다. 그러므로 위의 원칙들을 잘 숙지해 놓으면 나중에도 원활하게 진행할 수 있다.

3단계: 우선순위 설정과 리클러스터링

각각의 기회 영역에서 수많은 아이디어를 도출한 다음에는 이들을 정리하고 우선순위를 설정하는 리클러스터링 작업이 필요하다. 그래서 마지막 4단계에서 하나의 콘셉트를 구성하기 전까지 준비를 마치는 것이 3단계의 목표이다. 수행 절차는 다음과 같다.

우선순위 설정

아이디어 정리하기

앞에서는 좋은 아이디어에 대한 가치판단이나 현실적인 제약에 관한 고려를 배제하고 최대한 많은 양의 아이디어를 냈다. 지금 단계에서는 이들 중 좋은 것을 뽑아내야 한다. 우선순위를 정하기 전에 수많은 아이디어를 재배치하고 비슷한 것끼리 묶는 일차적인 정리 작업을 해야 한다. 먼저 비슷한 아이디어들끼리 합쳐 보고 너무 비현실적인 아이디어는 제거한다. 이해가 잘 안 되는 아이디어들은 더 구체적이고 명확한 아이디어로 대체한다. 부족하다고 느껴지는 아이디어에는 추가적인 요소를 더해 보고, 너무 범위가 넓은 아이디어는 세부적으로 나눠본다.

포토바기 서비스의 아이디어 정리 과정을 살펴보자. 총 여섯 가지 테마에서 냈던 아이디어들을 정리하였는데, 그림 3에서 볼 수 있듯이 이해하기 어려운 아이디어를 쉬운 설명으로 대체하고 비슷한 의견들은 하나로 합쳤다. 예를 들어 '고객이 두 번 이상 활용할 서비스'를 '일회성으로 끝나지 않고 반복 사용할 수 있는 서비스'로 대체하여 이해가 쉽게 하였다. 그리고 '사진 이벤트 대행 서비스'라는 아이디어는 비현실적이라고 판단하여 삭제하였다. 이러한 과정을 거쳐 2차 브레인스토밍을 진행한 결과는 그림 4와 같다.

이해하기 어려운 아이디어 대체

유사한 의견 취합

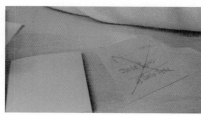

지나치게 비현실적인 것 삭제

지나치게 마케팅(프로모션)적인 것도 삭제

그림 3. 포토바기의 아이디어 정리 과정

피드백

연결

사진 콘셉트

특별한 이벤트

사진 결과물

이익

그림 4. 포토바기의 2차 브레인스토밍 결과물

우선순위 정하기

정리된 아이디어들을 대상으로 팀원 사이에서 가장 공감하는 것에 투표를 한다. 이 시점에서 잠재 사용자나 서비스 제공자, 팀원이 아닌 외부 이해관계자의 의견을 들어보는 것도 큰 도움이 된다. 투표를 진행할 때 '더 좋은 아이디어'를 판별하는 기준은 팀의 상황에 따라 자의적으로 정할 수 있다. 이 과정은 정해진 방법론을 수학 공식처럼 그대로 따르는 것이 아님을 명심하자. 기본적으로는 방법론을 그대로 따라가도 무방하지만 팀의 프로젝트에 확실한 주도권을 가지고 나름의 방법과 시각으로 문제를 창의적으로 정의하고 해결한다면 더할 나위 없이 좋다. 서비스 경험 디자인 과정은 프로세스가 아니라 하나의 여정임을 기억하자.

어떤 아이디어에 투표할지 판단하는 기준으로는 팀과 서비스 사용자, 두 가지 관점에서 얼마나 매력적인지 따져볼 수 있다. 먼저 팀이 가장 자신 있고 재미있게 만들 수 있는 것이 무엇인지 생각해보고 합의된 방향성을 모두 깨닫고 공감하는 것이 중요하다. 사용자에게 의미 있는 결과를 제공할 잠재력 있는 아이디어라 할지라도 팀원들의 흥미와는 거리가 멀다면 좋은 성과를 기대하기 힘들다. 기왕이면 모두가 뛰어들어서 열정적으로 해결할 수 있는 아이디어를 골라내자. 그리고 팀이 목표로 하는 사용자의 관점에서 어떤 것이 가장 의미 있는 서비스가 될 수 있는지 생각해본다. 이때 투표 방법으로 보통 스티커나 작은 포스트잇으로 표시한다.

그림 5는 타인의 서재 서비스에서 아이디어의 우선순위를 정하기 위해 스티커로 투표하는 모습이다. 포스트잇들을 모두 펼쳐 놓고 합의된 기준을 만족하는 아이디어에 팀원들 각자 스티커를 붙였다. AM559 서비스의 경우, 아이디어 우선순위를 정할 때 세 가지 선정 기준을 가지고 투표를 진행하였다. 첫 번째는 '확장성'으로, 해당 아이디어 위에 다른 아이디어를 쌓아나가기에 적합한 것을 뜻한다. 두 번째는 '포괄성'으로, 기회 영역을 얼마나 많이 아우를 수 있는지에 대한 것이다. 마지막으로 '재미'를 기준으로 삼았는데, 팀원들의 공감을 많이 끌어낸 아이디어를 선정하였다.

그림 5. 타인의 서재 아이디어 **투표** 과정

리클러스터링

많은 팀원들의 공감을 얻은 아이디어를 중심으로 해결책 간의 공통점과
차이점, 관련성을 생각하면서 다시 클러스터링 작업을 해본다. 필수적인
과정은 아니지만 이를 통해 기회 영역의 질문을 다시 살펴보고 중요한
질문들이 모두 해결되었는지 생각해볼 수 있다. 그림 6은 포토바기 서비
스의 리클러스터링 결과물로 여섯 개였던 클러스터를 네 개로 통합했다.
'특별한 이벤트'와 '사진 콘셉트'를 하나로 합쳐서 '특별한 콘셉트 사진'으

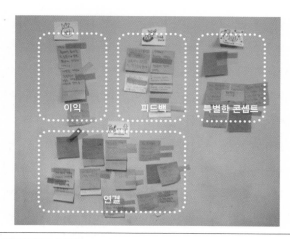

그림 6. 포토바기의 리클러스터링 결과물

로 만들었다. 또, '금액'과 '피드백' 그리고 '연결' 클러스터는 '플랫폼 서비스'의 형태로 아우를 수 있다는 발전적인 통찰력을 얻었다. 여기까지 진행하며 여러 이유로 제외했던 아이디어들은 버리지 않고 별도로 모아두는 것이 좋다. 이후 과정에서 얼마든지 다시 활용될 수 있고 새로운 시각에서 볼 수 있기 때문에 한곳에 모아두는 것을 추천한다.

4단계: 콘셉트 브리프 작성

정의와 특징

콘셉트란 제품이나 서비스가 사용자에게 어떤 경험을 제공할 수 있는지를 전반적으로 설명하는 것이다. 콘셉트가 포함하는 구체적인 내용의 수준은 프로젝트의 맥락과 성격에 따라 달라지지만 일반적으로 제품이나 서비스의 개략적인 형태, 디자인 및 적용된 시스템 등을 포괄한다. 좋은 콘셉트의 특징에는 무결성integrity, 차별성distinctiveness, 집중성focus 등이 있다.[2] 무결성이란 특정 콘셉트가 서비스의 특징을 얼마나 조화롭게 설명할 수 있는지를 말한다. 차별성은 기존의 서비스나 다른 서비스와 비교할 때 무엇이 다르고 이를 얼마나 잘 부각시키고 있는지를 뜻한다. 집중성은 해당 서비스 콘셉트가 사용자에게 제공하려는 것이 사용자의 욕구와 요구에 집중되어 있는지를 의미한다. 이런 특성을 가진 콘셉트를 요약하여 한두 장으로 정리한 것이 콘셉트 브리프다.

콘셉트 브리프는 어떤 서비스를 만들어나갈 것인지 다양한 이해관계자들과 간단명료하고 직관적으로 커뮤니케이션 할 수 있게 해주는 커뮤니케이션 도구다. 말로 풀어서 설명해주기보다 하나의 요약된 페이지를 보여줌으로써 효과적으로 의사소통할 수 있다. 그래서 다양한 관점의 피드백을 수집해 서비스 개발의 방향성을 보다 정교하게 수립할 수 있게 해주는 피드백 수집용 도구feedback gathering tool 역할을 한다. 결국, 서비스 경험 디자인 구성 요소에서 서비스 프로포지션service proposition에 대한 서비스 경험 디자인 팀의 잠정적인 결론 역할을 수행한다.

구성 요소

콘셉트 브리프의 구성 요소로는 기억하기 쉬운 문구, 문구에 대한 부연 설명, 서비스 구상 스토리, 간단한 스케치가 있다. 먼저, 콘셉트 브리프에는 기억하기 쉬운 문구가 필요하다. 광고에서 슬로건과 마찬가지로 콘셉트 브리프는 기억하기 쉬운 문구를 포함하여 읽는 사람에게 인상적으로 남게끔 하는 것이 좋다. AM559에서 사용한 문구는 '하루의 시작을 선물해드려요'이다. 서비스의 핵심을 모두 포함하면서도 쉽고 직관적이다.

두 번째로, 문구에 대한 부연 설명이 필요하다. 슬로건은 기억하기 쉬운데 서비스와 관련이 적거나 설명이 없다면 기억에 남는 것과 별개로 서비스를 사용해보고 싶다는 생각은 들지 않을 것이다. 그러므로 콘셉트 브리프에 문구에 대한 부연 설명을 포함해야 한다. 예를 들어 AM559에서 이야기하는 '하루의 시작'은 1인 가구의 아침을 뜻하는 것이고 '선물'이란 서비스 사용자가 원하는 물품을 담은 패키지를 의미한다.

다음으로 해당 내용을 도출한 디자인 팀의 프레임워크나 도식화된 프로세스, 또는 다른 사유를 제시해주어야 한다. 서비스를 구상하게 된 구체적인 스토리나 프로세스를 명시해주면 보는 이가 콘셉트 방향에 수긍이 가고 다음에 피드백을 줄 때 참고할 수 있다.

마지막으로 아주 간단한 스케치와 샘플 서비스 특성 리스트를 보여주는 것이 좋다. 백 번 듣는 것이 한 번 보는 것만 못하다고 시각적인 것이 그 어떤 설명보다 이해하기 쉬울 수 있다. 타인의 서재의 콘셉트 브리프에는 모바일 애플리케이션과 책에 꽂히는 책갈피의 모습을 그림으로 표현해 서비스의 구체적인 모습을 직관적으로 이해하기 쉽게 하였다.

종류와 용도

콘셉트 브리프는 그 충실도에 따라 세 단계로 구분할 수 있다. 충실도가 낮은 것에서부터 높은 순으로 로우 피델리티low-fidelity, 미드 피델리티mid-fidelity, 하이 피델리티high-fidelity 콘셉트로 구분한다. 로우 피델리티 콘셉트는 가장 간단한 형태의 콘셉트 브리프다. 내용이 적은 만큼 의뢰인의 추가적인 피드백을 반영하기 가장 쉽지만 개성이나 창의성이 반영되지 않았을 가능성이 크다. 게다가 무책임하다는 오해를 일으킬 수도 있으므로 커뮤니케이션 과정에서 특출하고 설득력 있게 콘셉트를 전달하는 능력이 요구된다. 커뮤니케이션 능력에 자신이 있으면 활용할 수 있다. 광고 회사들의 콘셉트 브리프는 주로 가장 간단명료한 요소만 담곤 한다. 이를 통해 의뢰인의 의견을 최대한 반영하여 광고를 제작할 수 있는 여지를 남겨 놓는다. 그림 7은 애견 돌봄 서비스의 콘셉트 브리프

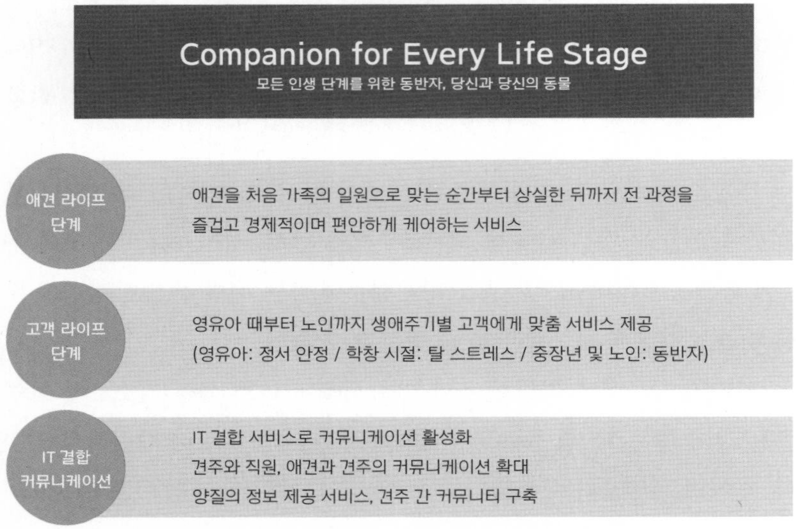

Companion for Every Life Stage
모든 인생 단계를 위한 동반자, 당신과 당신의 동물

애견 라이프 단계	애견을 처음 가족의 일원으로 맞는 순간부터 상실한 뒤까지 전 과정을 즐겁고 경제적이며 편안하게 케어하는 서비스
고객 라이프 단계	영유아 때부터 노인까지 생애주기별 고객에게 맞춤 서비스 제공 (영유아: 정서 안정 / 학창 시절: 탈 스트레스 / 중장년 및 노인: 동반자)
IT 결합 커뮤니케이션	IT 결합 서비스로 커뮤니케이션 활성화 견주와 직원, 애견과 견주의 커뮤니케이션 확대 양질의 정보 제공 서비스, 견주 간 커뮤니티 구축

그림 7. 애견 돌봄 서비스의 로우 피델리티 콘셉트 브리프

인데 시각적인 자료나 구체적인 서비스의 모습이 보이지 않기 때문에 충실도가 낮다고 볼 수 있다.

미드 피델리티 콘셉트는 중간 정도의 충실도를 보인다. 이는 가장 보편적이고 권장되며 방향성에 대한 팀의 확신은 있지만 의뢰인의 인풋이 필요한 경우에 활용된다. 너무 많은 아이디어를 넣어서 작성할 때에는, 실제 이해관계자의 관점에서 수긍이 가지 않는 내용이 있을 수 있을 뿐더러 앞으로의 확장 가능성을 차단하게 되기도 한다. 그림 8의 콘셉트 브리프를 보면, 앞서 설명했던 좋은 콘셉트 브리프의 구성 요소들을 거의 다 갖추었다. '남성만을 위한 분위기와 음악' '안경 쓴 사람을 위한 서비스' 등 차별적인 요소들을 잘 표현하였고 '간편한 결제 서비스'처럼 서비스의 특성들을 너무 구체적이지 않으면서도 분명하게 나타냈다.

마지막으로 하이 피델리티 콘셉트는 가장 자세하게 작성한 콘셉트 브리프다. 이는 의뢰인이 제시한 문제가 매우 명료하고 구체적이거나 디

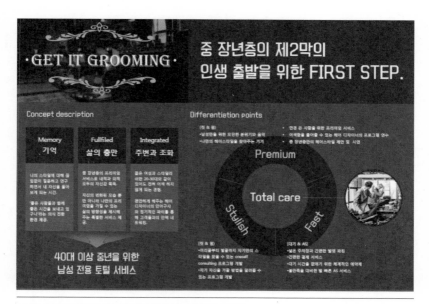

그림 8. 중년 남성을 위한 헤어 서비스의 미드 피델리티 콘셉트 브리프

자인 팀이 콘셉트에 대한 자신감과 확신도가 높은 경우에 사용된다. 자세한 프로토타입이나 서비스의 다양한 특장점들이 자세히 나타나 있으며 비즈니스 모델을 포함하는 경우도 있다. 그림 9는 버스킹 어라운드의 최종 서비스 콘셉트 브리프다. 서비스의 프로토타입과 사용자 여정, 브랜딩 전략까지 상세하게 나타나 있다.

그러나 정의 단계에서 무리하게 자세한 요소들을 모두 작성하면 개발 과정과 전달 과정에서 역효과를 일으킬 수 있다. 발상 이후 단계에서 아이디어를 발전시키고 검증하기 이전에 프로토타입을 실제로 제작해버린다면 생각보다 해당 아이디어의 유용성이 떨어질 가능성이 있는 것이다. 그러므로 조금 모호하게 표현해놓고 다음에 발전시킬 수 있도록 하는 것도 좋다.

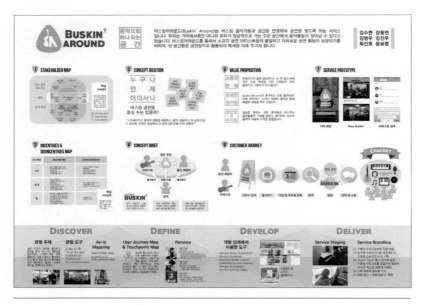

그림 9. 버스킹 어라운드의 하이 피델리티 콘셉트 브리프

발상의 네 단계를 거쳐 콘셉트 브리프까지 작성한 뒤 정의 단계를 마무리하는 방법을 알아보았다. 콘셉트 아이디어를 낼 때는 모든 사람이 적극적으로 참여할 수 있는 분위기를 만드는 것이 중요하고, 효과적으로 협업하기 위하여 발상의 네 단계를 따를 수 있다. 먼저 클러스터링했던 테마에 HMW 질문을 작성하고, 브레인스토밍을 통해 그 질문들에 대한 답을 자유롭게 내본다. 이때 브레인스토밍의 원칙들을 숙지하고 적용하는 것이 좋다. 각 영역에 대해 충분히 많은 아이디어를 냈다면, 팀원들이 더 발전시키고 싶어 하는 아이디어들을 선정하기 위해 선정 기준을 합의한다. 투표 등의 방법으로 우선순위를 정하여 가장 중요한 아이디어들을 뽑는다. 마지막으로 그 아이디어들을 가지고 하나의 콘셉트를 요약한 콘셉트 브리프를 작성한다.

정의 단계의 프로세스는 한 번으로 끝나기보다는 반복적으로 수행하는 것이 좋다. 앞선 단계에서 이미 클러스터링했던 아이디어들도 발상 과정을 진행하면서 얻은 새로운 통찰력으로 다시 보면 새롭게 클러스터링할 방법이 떠오를 수 있다. 또한 우선순위 선정 과정에서 제외되었던 아이디어들도 새로운 방법으로 콘셉트에 적용하게 될 수도 있다. 서비스 경험 디자인의 큰 특징인 반복 수행을 이 단계에서도 직접 실천해보자.

토론하기

1

발상 단계에서 공동 창작 시에 효과적으로
사용할 수 있는 협업 방법을 찾아보자.

제시된 발상 네 단계 외에 콘셉트를 도출할 때
적용할 효과적인 절차를 이야기해보자.

2

HMW 질문을 작성할 때 적절한 지침으로 삼을 수
있는 유의 사항이 또 있는지 고민해보자.

위의 유의 사항을 염두에 두고 관심 있는 테마에
관한 HMW 질문을 최대한 많이 작성해보자.

3

효과적인 브레인스토밍을 하기 위해 어떤 원칙을
추가로 세울 수 있는지 논의해보자.

서비스 경험 디자인에 적용할 수 있는 아이디어
발상법에 어떤 것들이 더 있을지 찾아보자.

4

아이디어를 정리하고 우선순위를 매길 때
어떤 기준들을 세울 수 있을지 이야기해보자.

투표 이외에 우선순위를 정하는 효과적인
방법이 있을지 떠올려보자.

5

좋은 콘셉트가 지녀야 하는 특징에
어떤 것이 있을지 이야기해보자.

로우-피델리티 콘셉트와 하이-피델리티 콘셉트의
예시를 찾아보고 어떤 장단점이 있는지 살펴보자.

발상의 단계(기회 영역 만들기, 가능한 해결책 도출하기, 우선순위 설정)를 순서대로 따르며 콘셉트로 만들 만한 아이디어 몇 개를 최종적으로 선정하자.

- 브레인스토밍할 때 앞에서 언급한 원칙들을 모두 따르도록 하자.

- 팀원 모두가 동의하는 아이디어 선정 기준과 방법을 정하고 이에 따라 아이디어의 우선순위를 결정하자.

선정된 아이디어를 가지고 콘셉트 브리프를 작성해보자.

- 콘셉트 브리프의 구성 요소를 모두 담을 수 있도록 하자.

- 팀 프로젝트 성격에 따라 알맞은 정도의 충실도로 콘셉트 브리프를 작성하자.

개발 단계

8장

새로운 서비스 윤곽 잡기

성공한 모든 사람들은 자신만의 청사진을 설계한다.

케빈 하트 | 미국 배우

Everybody that's successful lays a blueprint out.

Kevin Hart

적정량의 물을 마시는 것은 누구에게나 무척 중요하다. 매일 2리터 이상씩 마셔야 한다는 말도 있고, 육각수나 이온수같이 특수 성분의 물을 강조하는 사람들도 있다. 봉이 김선달의 예화가 더는 놀랍지 않을 만큼 이제는 물로 사업을 할 수 있는 시대가 왔다. 최근 주변을 살펴보면 '스마트'로 시작하는 제품이 많이 등장한다. 그중 하나로 스마트 보틀이 있다. 스마트 보틀은 나의 스마트폰과 연동하여 물 섭취량을 자동으로 측정해주기도 하고, 특정 시간이 되면 물을 마시라고 알람을 보내주기도 한다. 텀블러를 항상 가지고 다니는 나는 스마트 보틀에 흥미가 갈 수밖에 없다. 물을 마실 때마다 일회용 컵이 아닌 스마트 보틀을 이용한다면 환경도 살릴 수 있고, 의미 있는 물을 마실 수 있다. 특히 몸과 연결되는 부분에 있어 말이다. 하지만 한 가지 의구심이 들곤 한다. 내가 꼭 스마트 보틀에게 모니터링을 받아야 하나? 왜? 만일 스마트 보틀이 물의 성분도 바꿀 수 있다면 나 같은 사람에게는 확실한 가치를 줄 것이다. 좋은 물을 마시고 싶은 것이 기본적인 욕구이고 이것이 충족되지 않았을 때 아쉬움이 크게 다가온다. 별도의 텀블러를 사고 싶은 마음이 들기 위해서는 스마트 보틀이 나에게 정말 필요한 가치를 주어야 한다. 이는 스마트 보틀 뿐 아니라 모든 서비스에서 적용되는 문제이다. 사람들에게 가치를 줄 수 있는 서비스를 만드는 방법은 무엇일까?

개발 단계

마음가짐

매력, 실행 가능성, 사업 가능성의 균형을 맞추자

서비스 경험 디자인에서는 통합적인 사고가 중요하며, 통합적 사고를 위한 세 가지 요소를 설명한 바 있다. 발견 단계와 정의 단계에서는 세 가지 요소 중 매력 요소가 먼저 고려되었다. 반면 실행 가능성과 사업 가능성 유무는 의도적으로 고려하지 않았다. 사람들이 무엇을 원하는지, 어떤 가치를 제공해줄 수 있을지를 주로 생각했지 "이것이 기술적으로 가능할까?" "이 서비스로 수익을 얻을 수 있을까?"의 문제는 고민하지 않았다. 개발 단계부터는 어느 한쪽에 치우치는 것이 아니라 매력, 실행 가능성, 사업 가능성 세 가지의 균형을 맞춰야 한다. 아무리 사람들이 원하는 것이라 할지라도 기술적으로 실현 불가능하거나 사업 가능성이 전혀 없으면 다시 검토해야 한다.

Think to Build → Build to Think

개발 단계부터는 실제로 서비스가 어떻게 구현되고 어떤 결과를 낳는지 구체적으로 표현해야 한다. 이전 단계에서는 여러 가지 다양한 가능성이 필요했다면 이제는 투자자를 설득하기 위한 구체적인 증거물을 만들 필요가 있다. 사람들은 흔히 아이디어를 다 생각하고 나서 만들기 시작하려는 경향이 있다. 하지만 아무리 엉터리라도 일단 만들어보자. 눈에 보이는 무엇인가를 가진 상태에서 생각하는 것이 아이디어를 발전시키는 데 훨씬 유리하다. 또한 증거물을 만드는 과정에서 프로젝트를 구체화할 수 있는 유용한 아이디어가 나오기도 한다.

그림 1은 직접 만들고 먹고 나누며 진정한 요리 경험을 제공하는 미라쿡 서비스의 푸드 트럭이다. 이 트럭을 통해 미라쿡의 음식을 먹어볼

그림 1. 직접 만들어본 푸드 트럭

수 있고 재료 DIY를 판매하기 때문에 푸드 트럭은 서비스의 가장 중요한 접점이라 할 수 있다. 팀원들은 푸드 트럭을 직접 제작해보는 과정에서 유용한 아이디어를 개발시킬 수 있었다. 가령, 처음에는 트럭의 정면에서 요리와 재료를 함께 판매할 계획이었다. 하지만 막상 트럭을 만들어놓고 보니 음식 판매 코너와 재료 DIY 판매 코너가 함께 있으면 혼잡할뿐더러 위생적으로 좋지 않음을 발견하였다. 이에 재료 DIY는 푸드 트럭의 측면에서 판매하기로 수정하였다.

빨리 실패하고 길게 성공하자

개발 단계에서는 눈에 보이는 증거물을 만들어야 한다고 강조했다. 주의할 점은 증거물을 한 번에 완성시키려는 생각을 버려야 한다는 것이다. 그보다는 빨리 만들어보고 부족한 점을 찾아 다시 만들어보겠다는 마음가짐이 필요하다. 실제로도 큰 성공을 거둔 서비스와 상품은 초기의 작은 실패를 통해 만들어진 경우가 많다. 개발 단계에서 최대한 많은 실패를 경험하는 것이 프로젝트 성공의 지름길이다.

AM559 서비스의 경우 초기에 전화 모닝콜을 기획했었다. 사용자가 선호하는 모닝콜을 선별하기 위해 '아는 후배' '동네 오빠' '옆집 누나' 등 다양한 목소리 콘셉트와 대사를 녹음하고 여러 사람에게 들려주었다. 하지만 목소리에 대한 선호는 개인차가 심하고 아침에 전화 받기 부담스러워하는 사람이 많다는 문제점을 발견하였다. 결국 목소리가 아닌 음악으로 모닝콜을 제공하기로 결정하였다. 결과적으로 AM559 서비스는 다양한 접점을 많이 만들어 실험해본 덕분에 문제점을 발견하고 사용자가 정말 원하는 것이 무엇인지 찾아낼 수 있었다.

실행 원칙

개발 단계에서 가장 중요한 실행 원칙은 시나리오적 사고sequencing이다. 서비스는 유형의 제품과 달리 시간이 지나면 소멸하는 특징을 가지기 때문에 시간 개념이 중요하다고 설명한 바 있다. 따라서 서비스 제공자는 시간 흐름에 따라 어떤 사용자 경험을 줄 것인지를 꼼꼼하게 생각해야 하며 이것이 바로 시나리오적 사고이다.[1] 아직 감이 안 잡힌다면 페이스북의 타임라인을 떠올려보자. 일반적인 SNS 프로필 페이지와 달리, 페이스북의 타임라인은 해당 사용자의 경험을 시간 순으로 시각화해 보여준다. 그 사람이 어떤 시점에서 무슨 이야기를 했고 누구와 상호작용했는지 보여주며, 심지어 다른 사람이 나에게 이야기한 내용을 자신의 타임라인으로 가져올 수도 있다. 이런 방식으로 개발 단계에서는 시간순으로 사용자의 경험을 정리하는 과정이 필요하다.

다음 실행 원칙은 공동 창작이다. 제공자 혼자 서비스를 만드는 것이 아니라, 사용자를 비롯한 다양한 이해관계자를 제작 과정에 참여시키는 것이다. 1:1 관계를 형성하는 제품과는 달리, 서비스는 동시에 다多:다多 관계를 형성하므로 다양한 이해관계자의 관점을 기획 단계에서부터 개발 단계까지 종합적으로 반영할 필요가 있다.

세 번째 실행 원칙은 프로토타이핑이다. 사용자 경험을 다양한 방법으로 가시화하는 것이다. 서비스는 눈에 보이지 않으므로 사용자가 접하게 될 접점을 통해 보여주어야 한다.

마지막으로 반복적 수행iteration의 실행 원칙이 있다. 최종 서비스 발표 및 론칭 이전에 실제 대상 사용자와 운영자에게 다양한 평가를 받아보고 계속해서 수정해나간다.

가치 제안

정의

가치 제안을 이해해보자. 먼저 가치value의 사전적인 정의는 '사물이 가지고 있는 쓸모'다. 철학적인 관점에서는 '특정 욕구를 충족시켜 주는 데 적합한 모든 것'이며 경제학적인 관점에서는 '상품이나 서비스를 소비하기 위해 지불한 대가에 대한 효용'이다. 마케팅적인 관점에서는 '소비자가 주어진 상황에서 목적을 달성하기 위해 상품이나 서비스를 사용하고 느끼는 주관적인 선호 혹은 상품이나 서비스에 대한 평가'다. 이 외에도 정치적, 화폐적 기타 등등 다양한 관점에서 가치에 관한 저마다 다른 정의를 하고 있다. 그러나 분명히 공통적인 요소가 존재한다. 바로 어떤 것을 이용함으로써 욕구를 충족시키거나 목적을 달성할 수 있다는 것이다. 서비스가 어떤 가치를 지닌다는 의미는 그 서비스를 통해 이에 상응하는 소기의 욕구를 충족하고 목적을 달성할 수 있다는 뜻이다.

1인 가구의 아침 식사와 외출 준비를 돕는 AM559 서비스는 혼자 사는 사람들이 바쁜 아침에 영양가 있는 식사를 하기 어렵다는 점에서 시작했다. 서비스 사용자는 이 서비스를 통해 아침 식사에 관한 자신의 욕구를 해결할 수 있게 되고 이것이 이 서비스가 가지는 가장 기본적인 가치가 된다.

대표적인 가치의 특성에는 어떤 것이 있을까? 서비스 경험 디자인적인 관점에서 가치는 셀 수 없이 많다. 사람마다 다양한 요구를 가지고 있으며, 요구를 충족시키는 방법 역시 여러 가지이기 때문이다. 다양한 가치 중 일반적으로 사람들이 많이 꼽는 가치인 유용성, 사용성, 감성에 관해 알아보자.

유용성

유용성이란 가치는 서비스가 고객들의 요구를 해결해줌으로써 발생한다. 효과성 측면이 강조된 가치라고 할 수 있다.

요구 사항 처리

해당 서비스를 통해 기존에 존재하던 요구 사항이 처리된다면 유용한 가치를 지닌다고 말할 수 있다. 이용자를 대신해서, 이용자가 필요로 하는 각종 심부름을 해주는 서비스가 대표적이다. 연세대의 보안 및 방범 서비스 '연세 이글 가드Yonsei Eagle Guard'도 유용한 가치를 제공하고 있다고 할 수 있다. 대학 캠퍼스의 특성상 밤이 되면 다른 곳보다 어두워 많은 학생은 치안에 취약한 환경에 놓이게 된다. 이러한 문제에 대한 해결책으로 일정한 조건을 갖춘 교내 체육교육학과 학생이 모여 학생들의 밤길을 더욱 안전하게 만들 수 있는 서비스가 만들어진 것이다.

성능

기존의 성능을 더욱 향상하는 것 또한 유용한 서비스라고 할 수 있다. 애플의 애프터서비스를 담당하는 지니어스 바Genius Bar가 대표적이다. 제품을 개발하고 판매하는 것뿐만 아니라 고객을 지속해서 유지하기 위해 또는 기업 브랜드 가치를 증대시키기 위해서는 판매 후 관리인 애프터서비스가 매우 중요하다. 미국은 수리 인력의 인건비가 높으므로 기존에 많은 기업은 온라인과 우편을 통해 수리 방법을 설명하고, 필요한 부품을 보내서 이용자가 직접 수리하게 하는 경우가 많았다. 하지만 애플은 미국 전역에 존재하는 애플 스토어를 통해 고객과 직접 마주하고 소통하며 수리해주는 서비스를 제공함으로써 애프터서비스의 질을 획기적으로 향상시켰다고 볼 수 있다.

가격

같은 품질의 서비스라도 상대적으로 저렴한 가격으로 제공하는 경우 더 유용한 가치를 준다고 할 수 있다. 대표적인 통신 방법으로 문자와 전화가 있는데 이들은 전부 유료 서비스였다. 그런데 카카오톡이나 라인 등의 모바일 메신저 앱을 이용하는 경우에는 와이파이가 연결되어 있는 한 문자, 전화를 이용하는 것과 같은 내용의 서비스를 무료로 이용할 수 있다. 이렇게 같은 서비스를 더욱 저렴한 가격에 제공하는 서비스가 유용하다고 할 수 있다.

비용 절감

같은 서비스를 제공하기 위해 들어가는 비용을 절감하는 것 또한 유용성에 해당한다. 비용 절감은 가격을 낮추는 발판을 마련할 뿐만 아니라 그 자체로 서비스 제공자 관점에서 유용하기 때문이다. 필요한 프로그램을 전부 구매해서 사용하는 것보다는 클라우드 서비스를 이용하면서 이용료만 지불하는 것이 훨씬 저렴한데 SaaS Software as a Service가 대표적이다. SaaS를 이용하는 기업은 컴퓨터 관련 비용을 줄여 더 효율적인 경영을 할 수 있을 것이다.

사용성

사용성은 해당 서비스를 이용하는 과정 자체가 효율적일 때 제공되는 가치이다. 따라서 유용성이 효과성에 초점을 맞춘다면 사용성은 효율성에 초점을 맞춘다.

개인화

사람마다 원하는 사항은 조금씩 다 다르다. 자신이 원하는 사항에 잘 들어맞는 서비스를 이용할 때 훨씬 더 만족도가 높아질 것이다. 많은 기업들이 개인 맞춤customization 서비스를 제공하고 있는데, 대표적인 사례로 나이키의 ID 서비스를 들 수 있다. 나이키는 기존 제품의 형태는 그대로 두고 구매자가 원하는 색상을 새롭게 조합하거나 원하는 문구를 새겨 넣는 것이 가능한 서비스를 제공하고 있는데, 이를 통해 사용자는 마음에 쏙 드는 제품을 구매할 수 있게 되었다.

접근성

이전에는 서비스 사용이 힘들었다가 해당 서비스를 통해서 비로소 쉽고 빠르게 접근할 수 있게 된 경우에 접근성과 관련한 가치를 제공한다고 할 수 있다. 케냐에는 엠페사M-Pesa라는 모바일 뱅킹 서비스가 있다. 이전에는 케냐에서 금융 산업 관련 인프라가 부족해 다른 사람에게 돈을 보내거나 받는 것이 매우 어려웠다. 이런 상황에서 케냐의 통신사 사파리콤Safaricom은 케냐 상업은행과 함께 휴대전화를 이용한 뱅킹 서비스를 개발했고, 사람들은 멀리 있는 은행을 직접 찾아가지 않아도 휴대전화를 이용해 은행 서비스에 접근하는 것이 가능해졌다.

편리성

동일한 서비스라도 훨씬 쉽고 편리하게 사용할 수 있다면, 편리성과 관련한 가치를 제공하고 있다고 할 수 있다. 모바일 기반의 서비스가 많아지면서 가입 절차를 간소화하는 것이 중요해졌다. 그래서 많은 서비스가 별도의 가입 절차를 거치지 않고, 기존에 가지고 있는 페이스북, 트위터, 구글 계정 등을 이용해 손쉽게 가입할 수 있도록 하고 있다. 이렇게 사용 절차를 단순화해 편리한 가치를 제공할 때, 사용성과 관련된 가치를 실현하고 있다고 할 수 있다.

감성

감성적 가치는 해당 서비스를 사용하면서 느끼는 감정적인 혜택에 초점을 맞춘다. 비록 효과적이거나 효율적이지는 않지만 우리에게 감정적인 가치를 제공해주는 서비스들도 많이 있다.

새로움

전에 없던 새로운 경험과 편익을 제공할 때 느끼는 가치다. 스마트폰은 다양한 모바일 애플리케이션을 모아 제공하는 앱스토어 서비스를 통해 이용자가 새로운 가치를 체험하게 하였다. 스마트폰의 터치스크린이라는 하드웨어적인 요소의 활용도를 극대화하는 모바일 애플리케이션 서비스를 통해 이용자들은 피처폰 시대에는 경험해보지 못했던 새로운 가치를 느낄 수 있게 되었다.

심미적인 가치

아름다운 것 또한 이용자의 감성을 자극하는 가치를 제공한다. 이미지에 집중한 소셜 네트워킹 서비스 인스타그램이 대표적이다. 인스타그램은 사진을 통해 다른 사람들과 소통하는 가치를 제공함과 동시에 필터 기능을 이용해서 누구나 손쉽게 사진을 더욱 멋지고 아름답게 만들 수 있다. 이러한 서비스는 이용자의 심미성을 충족시키는 가치를 제공한다.

브랜드

서비스를 사용하는 사람들이 해당 서비스가 지닌 브랜드와 자신을 동일화시킴으로써 발현되는 감성적인 가치다. 예를 들어 현대카드의 여러 시리즈 중 일정 수준 이상의 재산이나 특정 직업을 갖춘 사람들만이 이용할 수 있는 퍼플 카드the purple가 있다. 이 카드는 아무나 쓸 수 없다는 배타적이고 고급스러운 브랜드를 갖추고 있다. 그래서 사용자들은 카드를 사용하면서 자신 역시 다른 사람과 다른 고급스러운 사람이라는 생각을 하게 되는 등 브랜드와 자신을 동일시하게 된다. 각종 레스토랑이나 쇼핑몰에서의 할인 혜택, 카드 상담원의 친절도 등 서비스 제공 내용뿐 아니라 그 서비스가 가지고 있는 브랜드 이미지 자체가 서비스 사용자들에게 특별한 감성적인 가치를 느끼게 해준다는 것이다.

가치 제안 지도

서비스와 관련한 다양한 이해관계자들이 느끼는 가치는 서로 조금씩 다를 것이다. 따라서 가치를 제안할 때에는 관련 이해관계자 모두를 고려해야 한다. 특히 가치 제안은 서비스 솔루션 확산 단계의 첫 관문인만큼 최대한 많은 가치를 제안하는 것이 바람직하다. 앞으로 서비스를 구체화하면서 이 확산 단계에서 도출해낸 많은 다양한 가치들은 자연스럽게 적정 수준으로 정리되어갈 것이다.

가치 제안의 결과는 가치 제안 지도value proposition map로 정리될 수 있다. 여러 방법이 있는데 일반적으로는 가운데에 서비스를 놓고, 그 다음에는 서비스 이용자, 서비스 제공자, 제삼자 순으로 파이를 넓히고 확장하는 방법으로 그려나간다. 이 위에 제안할 가치들을 가치별 영역을 구분하여 정리하고, 해당 가치에 관한 서비스 이해관계자에 따라 조금씩 다르게 적용되는 구체적인 의미를 생각해본다. 이를 통해 서비스가 제공할 가치를 더욱 정확히 알 수 있을 것이며, 서비스의 솔루션에 대한 많은 아이디어를 얻을 수 있을 것이다.

사진을 찍는 사람(포토그래퍼)과 사진을 찍히고 싶은 사람(고객)을 연결해주는 스냅 사진 플랫폼 서비스 포토바기는 그림 2에서와 같이 총 다섯 가지의 가치를 제안했다. 포토그래퍼와 고객을 직접적으로 연결한다는 점에서 '연결'의 가치, 필요할 때마다 바로바로 서비스를 받을 수 있다는 '적시성'의 가치, 특별한 사진 경험을 통한 '즐거움'의 가치, 돈을 벌거나 덜 쓰는 데에서 비롯되는 '수익성'의 가치, 마지막으로 포토그래퍼와 고객과의 장기적이고 지속적인 관계 형성을 통한 '소통'의 가치다. 이 다섯 가지 가치를 응집력 있으면서도 균형 있게 표현하기 위해 오각형 모형을 사용한 가치 제안 도표가 한눈에 들어온다.

가운데에 포토바기 서비스를 놓고, 서비스 이용자인 고객, 제공자인 포토그래퍼, 마지막으로 서비스 매니저 순으로 배치했다. 다섯 가지 가치를 전체적으로 설명한 뒤 개별 가치마다 이해관계자별로 각각 어떤 의미를 지니는지를 색깔이 다른 원 도형으로 인덱싱indexing해 구체적으로 보여주었다. 예를 들어 '수익성'의 가치 영역을 보자. 고객 입장에서는 기존 스냅 사진 서비스에 비해 저렴하게 이용할 수 있는 서비스는 더 쓸 수

그림 2. 포토바기의 가치 제안 지도

251

도 있었던 돈을 덜 쓰게 해준다는 의미에서 경제적이다. 포토그래퍼 입장에서는 미리 일정을 잡지 않고도 자신의 남는 시간을 활용해 일할 수 있으므로 벌지 못할 수도 있던 돈을 벌 수 있게 하는 측면에서 경제적이다. 마지막으로 서비스 관리자 입장에서는 포토그래퍼들의 유휴 시간을 줄였기 때문에 사회 전체적으로 잉여 자원의 활용도를 높인다는 점에서 경제적이다.

'적시성'의 가치 영역을 보면, 고객 입장에서는 예상치 못하게 포토그래퍼가 필요한 상황에 즉시 포토그래퍼와 연락할 수 있다는 점에서 가치가 있다. 포토그래퍼 입장에서는 예상치 못하게 남는 시간을 활용해 서비스를 제공할 수 있다는 점에서 가치가 있으며, 관리자 입장에서는 다른 서비스와는 다르게 각자 필요하고 원하는 시간에 서비스를 받고 제공할 수 있다는 차별점이 있다는 점에서 가치 있다.

마지막으로 각 당사자가 기존에 어떤 불편 사항이 있었는지, 해당 불편 사항이 서비스의 어떤 기능을 통해 해결되며, 최종적으로 어떤 감정을 느끼고 어떤 생각을 하게 되는지를 문장의 형식으로 통일함으로써 체계적으로 표현했다는 점이 주목할 만하다. 예를 들어 '연결'의 가치 영역 중 "홍보 채널이 부족해(불편 사항) 고객과 만나는 것이 쉽지 않았는데, 포토바기를 통해 쉽게 연결되어(서비스 제공 내용) 좋다(감정)." 문장을 보면 알 수 있을 것이다. 다른 문장들 역시 같은 구조로 되어 있다.

가치 제안 지도 작성 시 유의 사항

종합적이며 거시적인 안목

가치는 불변하는 것이 아니다. 시대적, 기술적, 문화적 상황에 따라 새로운 가치가 생기고 주목을 받는다. 반면에 그에 따라 외면받고 소멸 당하는 가치도 있다. 그러므로 여러 상황을 종합하여 넓고 길게 보는 종합적이고 거시적이며 장기적인 안목이 필요한 것이다. 도서관을 예로 들어보

자. 고대 도서관은 기록 보관소라는 유용한 가치를 제공함과 동시에 책은 아무나 가질 수 없는 것이라는 데에서 오는 특권 의식을 느끼게 해주는 감성적인 가치도 가졌다. 중세 시대 이후에는 대학이 설립되기 시작하면서 도서관은 학습의 주요 기관으로 자리매김하게 된다. 문화적인 상황이 바뀌면서 점차 도서관의 가치는 보관에서 학습적인 가치로 변하게 되었다.[2] 현대 정보사회에 이르러서 도서관은 다양하고 많은 자료를 열람할 수 있을 뿐만 아니라 인터넷 검색 및 토론, 자습 공간을 제공하는 복합적인 학습 공간으로 자리 잡게 되었으며, 더욱 편리한 사용을 위해 목록 규칙이 정밀해졌다.

시대가 변화함에 따라 기술적이고 문화적인 상황도 바뀌면서 같은 대상이라도 점차 가치가 달라진다. 이러한 가치 변화를 이해하면서 가치 제안을 할 때는 다양한 가치들을 더욱 입체적으로 볼 수 있어야 한다. 시대와 상황이 변하면서 비록 이전의 가치는 퇴보한다고 할지라도 지속 가능한 서비스를 위한 더 좋고 새로운 가치 제안을 할 수 있도록 디자인하려는 노력이 필요하다.

가치와 요구의 구분

가치는 요구 자체가 아님을 명심해야 한다. 가치는 이전에 해결되지 않았던 문제 사항이나 충족되지 않았던 요구를 충족시킴으로써 비로소 실현되는 것이다. 따라서 가치를 제안할 때 불편 사항 그 자체를 나열하지 않도록 주의한다. 예를 들면 다음과 같다.

- 자동차 정비소에서 세차까지 한꺼번에 하고 싶다.
- → 정비와 세차를 한 곳에서 함으로써 고객에게 편리함을 준다.
- 한 권의 책을 통해 여러 사람들이 교류할 수 있으면 좋겠다.
- → 여러 사람들이 책에 얽힌 이야기로 서로 교류하게 함으로써
  공유의 가치를 제공한다.

가치와 실행 계획의 구분

가치는 실행 계획action plan과는 다르다. 실행 계획은 서비스의 구체적인 실행 방안을 의미한다. 가치 제안 단계는 서비스의 내용을 정하는 단계가 아니며, 서비스가 누구에게 어떤 가치를 제공하는지 살펴봄으로써 서비스의 의미를 찾고 중요성을 확인하는 단계이다. 그렇기 때문에 지금까지의 단계들을 통해 발견한 문제점들을 해당 서비스를 통해 해결한다고 가정하고 그때 실현되는 가치는 무엇일지 생각하는 방식으로 가치 제안을 진행한다. 예를 들면 다음과 같다.

- 예약 시스템과 발레 주차로 빠르고 간편한 서비스를 제공한다.
→ 효율적인 서비스를 제공함으로써 고객의 시간 관리를 돕는다.
- 사진 콘테스트를 개최해 포토그래퍼끼리 교류할 수 있도록 한다.
→ 포토그래퍼들의 교류의 장을 만들어 서비스를 통해
  제공자들이 서로 친해질 수 있다.

교환 가치와 사용 가치의 구분

가치는 도덕·미美·정치·경제·문화 등 각각의 관점에 따라 다양한 정의로 규정되어 여러 가지 측면의 이해관계를 표현한다.[3] 경제학에서는 가치 개념을 크게 사용 가치value-in-use와 교환 가치value-in-exchange로 구분한다. 사용 가치란 어떤 재화를 소비하면서 얻을 수 있는 주관적인 만족 또는 효용을 뜻한다. 교환 가치는 그 재화가 다른 재화와 교환될 수 있는 능력 또는 객관적 상품으로서의 가격을 말한다. 예를 들어 물과 다이아몬드로 두 종류의 가치를 구분하여 설명할 수 있다. 살아가면서 물은 정말 유용하고 필요한 재화이지만 물을 가지고 물건을 사는 일은 거의 불가능하다. 즉, 물은 사용 가치는 매우 높지만 교환 가치는 거의 없는 셈이다. 이에 반해 다이아몬드는 사용 가치는 거의 없지만 교환 가치는 매우 높다.[4]

서비스 청사진

정의

건물, 자동차, 가구, 휴대전화 등 우리가 쓰는 대부분의 물건을 만들기 위해서는 설계도가 필요하다. 마찬가지로 서비스를 만들 때도 전체적인 프로세스를 담고 있는 설계도가 필요하다. 서비스 경험 디자인에서는 이런 설계도를 서비스 청사진이라고 부른다. 특히 서비스는 눈에 보이지 않고 소멸되는 특성이 있기 때문에, 자칫하면 제공하는 과정에서 혼선을 빚을 수 있다. 이때 구체적이고 체계적인 서비스 청사진은 서비스의 이러한 무형성, 소멸성을 극복해주는 좋은 수단이 된다. 서비스 청사진을 다시 정의하면 '서비스 가치가 제공되는 전 과정을 이용자와 제공자의 모든 관점에서 시각화시켜놓은, 서비스의 단순화된 설계도'라 할 수 있다.

앞서 우리는 가치 제안을 통해 사용자에게 주고자 하는 가치를 정해보았다. 서비스 청사진에서는 그 가치를 얻기 위해 사용자와 제공자가 해야 할 행동을 시간의 흐름에 따라 보여준다. 이전 단계에서 만들었던 이해관계자 지도와 가치 제안에 '시간의 흐름'을 추가한다고 생각할 수 있다. 좋은 서비스 청사진은 서비스의 전체적인 진행 과정을 한눈에 보여주며, 중요한 이해당사자들이 모두 포함되어 있어야 한다.

구성 요소

서비스 청사진에는 크게 다섯 가지 구성 요소가 있다. 타인의 서재의 서비스 청사진을 통해 필수적인 구성 요소를 알아보자(그림 3).

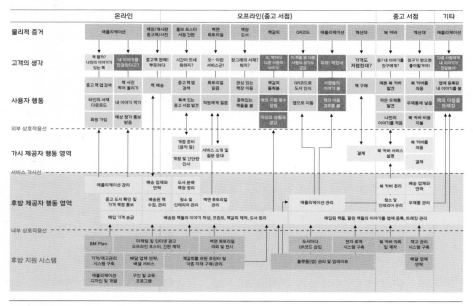

그림 3. 타인의 서재의 서비스 청사진

사용자 관점에서 제공자 관점으로

가장 위에는 '물리적 증거'가 들어간다. 서비스가 실제로 실현되었을 때 이용자에게 어떤 형태의 접점이 있는지 보여주는 부분이다. 그림 3에서 물리적 증거를 보자. 타인의 서재는 애플리케이션을 통해 중고 서적 검색과 감상평을 올릴 수 있는 서비스를 제공한다. 이 때 '애플리케이션'은 사용자와 서비스가 만나는 접점이 된다.

물리적 증거 아래에는 '사용자 행동'과 관련된 요소들을 그려준다. 사용자가 어떤 행동을 하는지 표현하는 것이다. 타인의 서재의 오프라인 서점을 이용하는 사용자는 서점 벽면에 있는 튜토리얼을 읽으며 어떤 곳인지 파악할 수 있다. 그러고 나서 책장으로 이동해 책을 구경할 것이며 책에 꽂혀 있는 책갈피를 읽어본다. 마음에 드는 책을 발견하면 책을 구매하고 애플리케이션에 자신의 감상평과 책에 얽힌 이야기를 올린다.

세 번째는 '가시 제공자 행동' 영역으로 사용자와 직접 상호작용하고

256

있는 서비스 제공자들이 어떤 행동을 하는지 보여준다. 타인의 서재 서비스의 가시 제공자는 서점에서 일하는 직원들로, 손님에게 서점 이용 방법에 관해 설명해주고 매장 청소와 계산 업무를 수행한다.

네 번째는 '후방 제공자 행동' 영역으로 가시 제공자가 원활하게 서비스를 제공할 수 있도록 뒤에서 지원해주는 후방 제공자의 행동을 나타낸다. 타인의 서재 서비스의 후방 제공자는 앱이 잘 작동되는지 문제점은 없는지 관리하며 중고 책을 매입하고 배달해주는 서비스를 제공한다.

마지막 칸에는 서비스 제공을 위한 여러 '후방 지원 시스템'을 표현해준다. 타인의 서재 서비스가 원활하게 진행되기 위해서는 앱 개발 및 관리 시스템과 배달 시스템, 재고 관리 등의 시스템이 뒷받침되어야 한다.

물리적 증거, 사용자 행동, 가시 제공자 행동 세 가지를 묶어 서비스 전면이라 하며, 사용자의 눈에 직접 보이지 않는 후방 제공자 행동과 후방 지원 시스템을 묶어 서비스 후면이라고 부른다.

시간 흐름에 따른 서비스

앞서 수직 영역의 필수 요소를 살펴보았다면 이제 수평 영역을 보자. 서비스 청사진을 만든다는 것은 이 다섯 가지를 시간의 순서에 따라 보여주고, 다섯 가지 구성 요소 사이에 어떤 상호작용이 언제 일어나는지를 구체화하는 과정이다. 서비스 청사진에는 중요한 세 가지 선이 있다. 서비스의 유기적인 흐름을 한눈에 보여주기 위해 세 가지 선과 그 선을 통과하는 지점을 잘 표시해주는 것이 중요하다.

먼저 '외부 상호작용선'으로, 사용자와 가시 제공자 사이의 상호작용을 보여주는 선이다. 사용자와 제공자 사이 직접적으로 접촉이 이루어지는 지점을 나타내는 선이므로 중요하다.

두 번째 선은 '서비스 가시선'으로, 사용자 입장에서 봤을 때, 가시선 위쪽은 직접 눈에 보이지만 선의 아래 부분부터는 볼 수 없다. 따라서 사용자에게 무엇을 보여주고 감출 것인지 결정하는 선이라고 할 수 있다.

마지막으로 '내부 상호작용선'이 있다. 후면의 제공자와 이 사람들을 지원해주는 시스템 사이의 상호작용을 보여주는 선이다. 어떤 후방 지원 시스템을 개발해야 하는지 결정하는 선이라고 할 수 있다.

작성 방법

이제 직접 자신의 서비스에 맞는 청사진을 설계해보자. 주의할 점은 모든 것을 자세히 포함하기보다는 사용자와 제공자 경험에 핵심이 되는 것 중심으로 설계해야 한다. 만약 얼마나 자세하게 그려야 할지 감이 안 잡힌다면, 일반적으로 A4용지 한 장에서 두 장 사이의 분량으로 작성한다고 생각하면 된다. 또한 현상 분석이 아니라 미래에 대한 설계가 되도록 한다. 또 한 가지, 사용자 행동과 전방 영역 제공자의 행동을 쓸 때는 명사보다는 동사를 이용하는 것이 좋다. 명사로 쓰게 되면 접점이 들어갈 우려가 있기 때문이다. 물론 이 지침에 너무 얽매여 어색한 동사를 사용할 필요는 없다.

서비스 청사진의 일반적인 작성 순서는 다음과 같다. 첫째, 사용자, 제공자 및 주요 이해관계자의 핵심 행동 단계를 먼저 고려한다. 즉, 사용자 행동과 가시 제공자 행동을 그리는 것에서 시작한다. 둘째, 서비스의 기본 골격을 그렸다면 이제 접점 및 시스템 차원의 필요 구성 요소를 설계한다. 셋째, 화살표를 이용하여 주요 요소들의 관계와 흐름을 표시한다. 이 관계를 제대로 표현하는 것이 매우 중요하다.

서비스 청사진은 사용자 여정 설계, 접점 디자인, 상호작용 및 행동 설계, 시스템 설계 등 실제 서비스 제작 활동을 한눈에 파악할 수 있는 종합 상황판의 역할을 수행한다. 따라서 너무 상세하기보다 전체적인 프로세스를 보여주는 것이 더 중요하다. 한 번에 완성되지 않으며, 향후 접점의 프로토타이핑을 반복해가면서 계속 수정된다. 경우에 따라서는 서비스의 상황 및 모듈별로 복수의 서비스 청사진이 필요할 수도 있다.

유형별 예시

서비스 청사진만을 보고도 다양한 서비스를 분류할 수 있다. 전체 서비스 청사진을 수직과 수평으로 크게 네 영역으로 나누어보자. 수평으로 나누었을 때 청사진의 상부는 서비스 사용자와 가시 제공자를 중심으로 하는 영역이고, 청사진의 하부는 후방 제공자와 후방 지원 시스템이 중심이 되는 영역이다. 수직으로 나누었을 때 왼쪽은 서비스 흐름상 초반부가 중심이 되는 영역이고, 오른쪽은 흐름상 후반부가 중심이 되는 영역이다. 이 네 가지 영역 중에 어떤 영역에 활동이 몰려 있는지에 따라서 다양한 서비스를 크게 네 가지 유형으로 나눌 수 있다.

서비스 전면과 초반부가 중요한 서비스

버스킹 어라운드의 서비스 청사진을 보자(그림 4). 전방 영역이 후방 영역에 비해 빽빽하고, 서비스의 후반부보다 초반부에 많은 일이 이루어지고 있다. 버스킹 어라운드의 서비스 청사진을 보면, 초반부에 공연 일정, 장소 탐색, 가게 주인과 공연자 매칭 등 주요 행동이 가장 많이 일어난다. 따라서 이 부분을 담당하게 될 가시 제공자의 교육이 매우 중요하다고 할 수 있다.

서비스 전면과 후반부가 중요한 서비스

서비스 전면은 빽빽하지만 시간상으로는 후반부가 중요한 서비스가 있다. 여기, 신촌이 이에 해당한다(그림 5). 가시 제공자가 후방 제공자보다 많은 일을 담당하고 있음을 알 수 있다. 또한 중·후반부에서 예약, 위치 찾아가기, 장소 이용 등 서비스의 핵심 과정이 이루어진다. 따라서 이 부분을 담당하는 가시 제공자의 관리 및 교육에 특별히 신경 써야 한다.

서비스 후면과 초반부가 중요한 서비스

반면 전면보다는 후면이 더 중요한 경우도 있다. 타인의 서재 서비스는 후면과 초반부가 빽빽하다(그림 3). 이 경우 후방 영역 제공자의 교육과 지원 시스템을 잘 구축하는 것이 중요하다.

서비스 후면과 후반부가 중요한 서비스

AM559의 경우, 배송 일정을 관리하고 음식 재료를 준비하는 등 서비스의 주요한 일이 서비스 후면에서 이루어진다(그림 6). 또한 중·후반부에서 기상 알람, 음악, 타월 제공 등 서비스의 핵심 과정이 이루어진다. 따라서 이 부분을 맡은 서비스 후면의 제공자와 지원 시스템을 특별히 신경 써서 관리할 필요가 있다.

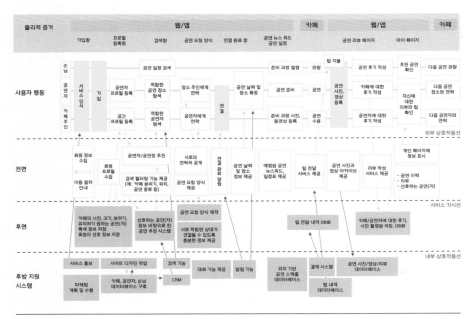

그림 4. 버스킹 어라운드의 서비스 청사진

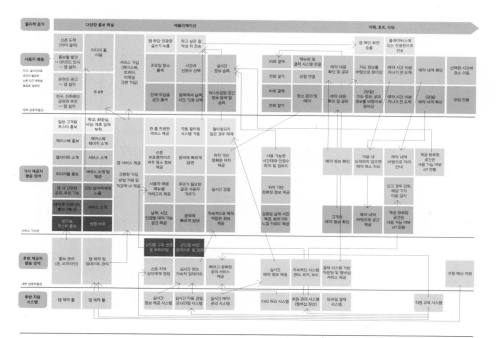

그림 5. 여기, 신촌의 서비스 청사진

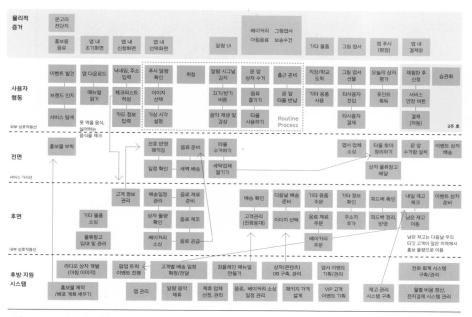

그림 6. AM559의 서비스 청사진

사용자 여정 지도

정의

사용자 여정 지도는 앞서 설명한 서비스 청사진의 전면(물리적 증거물, 사용자 행동, 가시 제공자 행동 영역)을 자세하게 확장한 것이다. 사용자에게 직접 보이지 않은 비가시 영역을 제외시키고 사용자의 행동과 관련된 혹은 사용자 행동을 잘 설명할 수 있는 요소를 추가한 것이 특징이다. 그 요소에 대해서는 사용자 여정 지도 작성 부분에서 설명하도록 한다.

피라미드 그림에서 서비스 청사진이 구조와 모형을 그린 것이라면, 사용자 여정 지도는 아래의 접점과 사용자를 이어주는 단계에 해당한다고 할 수 있다. 따라서 이제부터는 막연하기만 했던 서비스가 구체적으로 어떤 모습일지 사용자는 어떤 경험을 할 것인지를 구체적으로 보여주는 것이 중요하다. 현재 단계에서 만든 접점 지도를 바탕으로 서비스 청사진을 확장한다고 생각하면 되는데, 이용자의 개선된 서비스 경험과 수반되는 행동을 상세하게 묘사하는 것이 핵심이다.

작성 단계

서비스 청사진에 없는 사용자 여정 지도의 구성 요소에는 사용자 행동에 깔린 동기 요소와 사용자가 기대하는 감정이 있다. 일반적으로 사용자 여정 지도에서는 이런 동기 요소와 사용자의 감정이 중요하다.

버스킹 어라운드 서비스의 사용자 여정 지도를 보자(그림 7). 서비스를 이용하며 사용자가 느끼는 감정선의 굴곡을 따로 표시하였다. 또한 각 굴곡점마다 그러한 감정을 느끼는 이유를 구체적으로 작성하였다. 공연자와 사용자는 공연 기회가 적어 고민하던 중, 버스킹 어라운드 광고

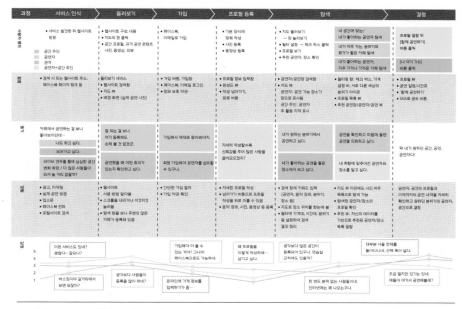

그림 7. 버스킹 어라운드의 사용자 여정 지도

를 발견하고 기뻐한다. 서비스 사용을 위한 가입과 프로필 작성 과정에서 약간의 귀찮음을 느낀다. 하지만 이내 다양한 공연 공간을 발견하고 기뻐한다. 이러한 감정선은 서비스 청사진에는 없는 요소로 사용자의 행동을 좀 더 심도 있게 이해할 수 있는 좋은 방법이다.

두 번째로, 단계별 사용자와 그 사용자의 행동을 더 세밀하게 나누어 본다. 반복적으로 많은 작업을 요구하는 서비스의 경우 구체적인 순서가 중요해진다. 따라서 이때는 초 단위로 시간대를 촘촘하게 나눈다.

세 번째로, 각 행동에 수반되는 물리적 증거를 생각해본다. 이 과정은 뒤에 프로토타입을 만들 때 중요하다. 이 물리적 증거물, 즉 접점을 분야별로 모아서 만드는 것이 곧 프로토타입이 되기 때문이다.

넷째, 앞서 언급했듯이 행동의 기저에 깔린 동기 부여 요소와 감정을 적어본다. 이때 감정과 동기 요소는 단순한 상상에 그쳐서는 안 되며 발견 단계와 정의 단계에서 얻은 자료들을 토대로 작성하도록 한다. 포토바기 서비스의 사용자 여정 지도를 보자(그림 8). 동기란을 추가하여 사

263

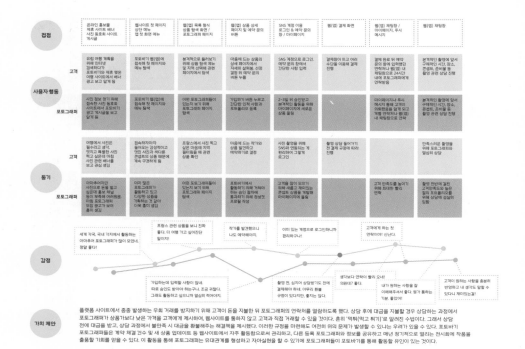

그림 8. 포토바기의 사용자 여정 지도

용자의 행동 기저에 깔린 동기를 세세하게 설명한 것을 알 수 있다. 멋지고 특별한 사진을 찍고 싶은 동기를 가진 사용자는 스냅 사진 서비스를 검색하던 중 포토바기를 알게 된다. 또한 포토그래퍼 사용자는 아마추어로서 돈을 벌고 싶은 동기를 갖고 포토바기 서비스에 가입하게 된다.

다섯 번째, 사용자 여정 지도에 퍼소나를 함께 써주면 초점을 잃지 않고 구체화할 수 있다. AM599의 사용자 여정 지도를 보자(그림 9). '독립한 지 얼마 안 되었으며 불규칙한 식생활로 고생하고 있는 27세 여성'의 퍼소나를 포함했다. 이 지도는 불특정 다수가 아닌 김지은이라는 특정한 사람의 사용자 여정 지도가 되는 것이다. 이렇게 함으로써 뜬구름 잡는 식이 아닌 구체적이고 생생한 사용자 여정 지도를 제작할 수 있다.

또한 퍼소나는 사용자 여정 지도를 제작하는 사람뿐 아니라 읽는 사람에게도 효과적이다. 가상의 인물의 속 사정을 알게 됨으로써 고객은

김지은(27) 독립 초기 직장인

아침에 직장 나가는 버릇이 들지 않아 매일 아침이 힘들고 서글프다. 매일 엄마가 챙겨주던 생과일주스가 그립다. 일어나기도
벅찬데 아침은 사치가 되었다. 매일 굶주린 배를 잡고 출근해서 바로 일을 시작하는 바람에 불규칙한 식생활을 하게 되어 위장약을
먹는 게 일상이 되어버렸다. 회사에 도착하면 이미 지친 상태다. 아침의 여유를 다시 찾고 싶다.

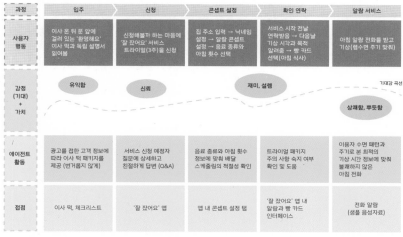

그림 9. AM559의 사용자 여정 지도

앞으로 펼쳐질 사용자 여정 지도에 더 공감할 수 있다. 모르는 누군가의
이야기가 아니라 나 혹은 내 주변 사람의 여정을 읽는 듯하기 때문이다.

여섯 번째, 사용자 행동을 doing(무슨 행동을 하는가), thinking(어
떤 생각을 하는가), feeling(어떤 감정을 느끼는가), experience(어떤 경
험을 했는가)[5]의 기준으로 나눠보는 것도 사용자 여정 지도를 상세화할
수 있는 방법 가운데 하나다. 타인의 서재 서비스의 사용자 여정 지도를
살펴보자(그림 10). 지루한 나날을 보내고 있는 한 학생의 퍼소나를 작
성한 뒤, 그 사람이 서비스를 이용하면서 하는 행동과 생각, 느끼는 감정
과 경험을 구성했다. 예를 들어 서점에 '다른 사람들은 여행하면서 어떤
생각을 할까?' 하는 궁금증을 갖고 책장에 붙어 있는 사진과 서평을 구경
한다. 서평을 구경하며 간접적으로 여행을 다녀온 감정을 느끼게 된다.

사용자 여정 지도와 서비스 청사진, 그리고 접점은 서로 긴밀한 상관
관계를 갖기 때문에 계속해서 수정 보완하는 작업이 필요하다.

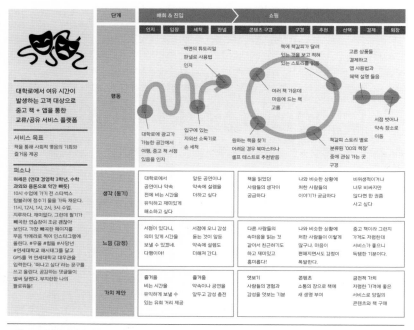

그림 10. 타인의 서재의 사용자 여정 지도

나가면서

이번 장에서는 가치 제안, 서비스 청사진, 사용자 여정 지도와 같이 지금까지 기획한 서비스의 콘셉트를 더욱 명확하고 구체적으로 디자인하는 방법론을 살펴보았다. 가치 제안 시에는 유용성, 사용성, 감성의 세 가지 가치 차원을 아우를 수 있도록 하는 것이 좋다. 또한 서비스와 관련한 다양한 이해관계자를 고려하며 종합적이고 거시적인 관점에서 가치 제안을 해야 한다. 서비스 청사진을 만들 때는 다섯 가지 층위가 어떻게 상호작용하는지 집중해야 한다. 해당 상호작용이 활발할수록 바람직하다. 사용자 여정 지도를 그릴 때는 서비스의 가장 중요한 요소인 시간의 흐름에 따른 경험들을 촘촘하게 배열한다. 위 세 가지 활동을 통해 이전보다 서비스의 윤곽이 훨씬 더 눈에 잘 들어오는 것을 느낄 수 있을 것이다.

토론하기

1

개발 단계의 세 가지 마음가짐 가운데 자신에게
부족한 점이 무엇인지 이야기해보자.

개발 단계의 특징적인 원칙은 무엇일까?
그 이유는 무엇인지 논의해보자.

2

자신이 경험했던 서비스 중 하나를 택해
해당 서비스의 가치 제안 도표를 그려보자.

본문에서 언급한 가치 외에 다른 가치를 제안하는
서비스를 선정해 가치를 분석해보자.

3

서비스 청사진을 설계했을 때와 안 했을 때의
차이점은 무엇인지 이야기해보자.
설계했을 때의 장점은 무엇이 있는가?

서비스 청사진의 특성에 따라서 네 가지로
나누었을 때 유형별로 서비스의 특징은 무엇이고,
개발 단계에서 어떤 시사점을 주는지 말해보자.

평소 자주 사용하던 서비스의 가상 서비스 청사진을
작성해보자. 작성하면서 발견한 문제점이나 개선
사항이 있는가?

가치 제안을 바탕으로 서비스 청사진을 설계해보자.

4

본문에 제시한 사용자 여정 지도의 요소 외에
또 어떤 요소를 추가할 수 있을지 생각해보자.

관심 있거나 기획하고 있는 서비스의
사용자 여정 지도를 작성해 보자.

사용자 여정 지도를 그리면서 새롭게 깨달은
부분을 반영하여 예전에 그렸던 서비스 청사진을
수정해보자.

생각해보기

발견 단계와 정의 단계에서 작업했던 현재 상태에
대한 지도 제작(사용자 여정 지도, 타임라인 지도,
이해관계자 지도)과 초기 상태의 서비스 청사진을
바탕으로, 개선된 서비스 여정 지도(가치 제안 지도,
서비스 청사진, 사용자 여정 지도)를 작성하여보자.

9장

새로운 서비스 구체화하기

좋은 이야기는 듣는 이들에게 내재되어 있던 감정을 분출하게 하고
빠져들게 하며 이를 통해 그들을 사로잡는 경험을 만들 수 있다.

스티븐 스필버그 | 미국 영화 감독

Good stories allow audiences to relate and extract emotions from
their subconscious, thus creating an involving experience.

Steven Spielberg

나의 부모님은 충주 근처 시골에 사신다. 주말에는 부모님도 뵐 겸 바람도

쐴 겸 시골집에 가서 정원 일도 하고 농사일도 돕는다. 주로 나무를 심거나 밭을

가는데 농업 지식이 없어서 실수하는 경우가 많다. 10여 년 전에 처음 땅을 사서

정원을 만들고 밭을 일굴 때 가장 먼저 한 것이 무엇이었을까? 우선 전체 땅의

조감도를 그리고, 그것을 바탕으로 어디에 무엇을 둘 것인지 생각했다. '소나무는

여기 심고, 채소, 호박, 방울토마토는 저기 심고……' 이런 계획들은 마치 앞서

배웠던 서비스 청사진과 같다. 나는 이 청사진을 가지고 해당하는 구역에

시험 삼아 작물을 한두 개씩 심어보았다. 전체를 바로 실행한 것이 아니라,

나무도 심어보고 채소도 가꾸어 보고 잔디도 심어본 것이다. 이렇게 하면서

단순히 청사진을 봤을 때와 실제로 심어보았을 때 느끼는 감정이 확연히 다름을

알게 되었다. 정원에는 작은 돌을 이용하여 여기에는 무엇을 심고 어떻게

할 것이라는 레이아웃을 표시해 두었다. 3D 모델을 활용하여 '여기에는

동산이 있고, 이곳에는 잔디밭, 그리고 여긴 연못' 식으로 자세한 프로토타입을

구현해보기도 하였다. 더 나아가 내가 흙 위에 직접 그린 레이아웃을 보며

전문 정원사와 의견을 공유하였다. 이렇게 조금씩 심어보고 난 뒤에는

그 주변 영역을 가득 채울 만큼 실행에 옮겼다. 프로토타입의 과정을 통해

나는 나만의 시골집 정원을 디자인할 수 있었고, 가장 좋았던 점은 실제 정원을

만들고 밭을 일구는 자체가 재미있는 경험이었다는 것이다. 이런 경험을

서비스 경험 디자인에 적용하면 어떻게 될까?

프로토타입과 스토리보드

프로토타입과 스토리보드는 '닭과 달걀' 같은 존재이다. 스토리보드와 프로토타이핑은 서로 맞물려 동시에 진행되는 경우가 많다. 닭이 먼저인지 달걀이 먼저인지 판가름하기가 어려운 것처럼 프로토타이핑과 스토리보드 또한 무엇이 먼저인지 알 수 없다. 프로토타이핑을 하고 스토리보드를 만드는 순차적 과정이 아니라 두 과정이 돌아가면서 반복적으로 이루어지며, 동시에 이루어질 수 있다. 프로토타입과 스토리보드를 만드는 과정을 살펴보면 그 이유를 쉽게 알 수 있다. 프로토타이핑을 하기 위해서는 서비스를 이용하는 구체적인 시나리오가 있어야 한다. 반대로 스토리를 보여주기 위해서는 필수적으로 무엇을 사용해 서비스를 이용할 수 있는지 접점을 구체적으로 보여주어야 한다. 따라서 무엇 하나만 해서는 프로토타이핑이나 스토리보드를 만들 수 없다.

이 장에서는 프로토타이핑을 먼저 소개하고 있지만, 프로토타이핑을 먼저 하라는 의미가 아니다. 스토리보드가 먼저 떠오른다면 스토리보드를 먼저 하고 프로토타이핑을 해봤다면 프로토타이핑을 먼저 하면 된다. 팀과 프로젝트 성격에 맞게 둘을 조화롭게 활용하자.

서비스 프로토타이핑

의미

프로토타이핑은 저가의 비용으로 서비스의 모형을 빠르고 간단히 만들어 서비스를 가시화하는 방법론이다. 기획하고 있는 서비스가 사람들에게 원하는 경험을 줄 수 있는지를 프로토타이핑을 통해 확인해볼 수 있으며, 여러 이해관계자들과 효과적으로 의사소통할 수도 있다. 또한 프로토타입은 훌륭한 생각의 도구가 될 수 있다. 주위에서 볼 수 있는 물건들을 활용하여 서비스의 맥락을 만들고 이를 계속 수정 보완하면서 서비스를 구체화하는 데 효과적이기 때문이다. 프로토타이핑은 많은 돈이나 노력, 시간을 들이지 않아도 쉽게 서비스를 파악해볼 수 있는 검증된 방법이라서 누구나 활용할 수 있다는 것이 장점이다. 또한 같은 모형을 놓고 여러 이해관계자와 얘기할 수 있으므로 서로의 생각이 얼마나 일치하는지 명확하게 알 수 있다. 수정이 필요하다면 빠르게 수정하고, 예상되는 문제점이 떠올랐을 때 빠르게 다른 방법을 찾아볼 수 있다는 점에서 서비스 경험 디자인 프로세스 전반에서 유용하게 활용될 수 있다.

그림 1은 AM559 팀의 아침 패키지 프로토타입이다. 가까운 마트와 카페에서 상자와 상자 안에 들어갈 물품들을 모두 구입하여 빠른 시간 안에 중요한 접점인 패키지를 만들었다. 무언가를 직접 만들지 않고 물품을 사는 것만으로도 손쉽게 프로토타이핑을 진행할 수 있으며 간편한 방법으로 서비스를 가시화해볼 수 있다.

그림 1. AM559의 패키지 프로토타입

원칙

프로토타이핑의 원칙은 빨리, 대충, 싸게 만드는 것이다. 프로토타이핑의 목적은 서비스의 콘셉트를 실험해보고 눈으로 보이는 실물로 구체화함으로써 콘셉트를 정확히 이해하는 것이다. 프로토타이핑의 아홉 가지 원칙을 살펴보자.

콘셉트와 사용자를 명료하게 이해하라

콘셉트가 주고자 하는 가치와 사용자의 특성을 명확하게 이해하는 것은 프로토타이핑의 가장 기본이다. 콘셉트를 명확하게 알지 못하면 무엇을 만들어야 하는지 감이 잡히지 않을 것이다. 또한 사용자를 이해하지 못하면 프로토타이핑 과정에서 초점을 잃게 된다. 사용자가 원하는 것이 무엇인지 알아야 그것을 프로토타이핑에 반영할 수 있기 때문이다. 포토바기 서비스의 경우 서비스 수혜자가 원하는 '보기에 예쁜 사진'을 이해하지 못한다면 평범한 파파라치 사진 서비스를 프로토타이핑하게 되어 결국은 사용자가 원하는 바를 놓치고 말 것이다. 사용자에 대한 이해는 필연적으로 수반되어야 한다.

계획하는 데 시간을 많이 쓰지 말고 일단 만들기 시작하라

프로토타이핑은 빨리 만들고 개선하는 것이 중요하다. 프로토타입을 만드는 이유가 서비스를 구체화하고 개발시키기 위함인데 그 과정을 길게 잡는 것은 비용과 시간만 소모시킬 수 있다. 원하는 접점의 모습이 아니더라도 흉내 낼 수 있는 물건이면 무엇이든 사용하는 것이 도움이 된다.

결과물을 예상하고 기대하라

이상적인 결과물이 어떠해야 하는지를 계속해서 생각하며 프로토타입을 만드는 것이 좋다. 완성된 모습을 계속해서 상상할수록 그에 가까워질 수 있기 때문이다. 원하는 모양이 나오지 않아서 실망할 필요도 없다.

계속해서 결과물을 기대하고 상상하다 보면 반복적인 과정을 통해 최종 서비스에 가까운 모습이 될 수 있다.

스케치를 두려워하지 말라

대부분의 사람이 미술을 전공하지 않았다고 스케치를 두려워하는 경향이 있다. 하지만 프로토타이핑을 할 때는 과감하게 스케치하는 것이 좋다. 그림을 잘 그릴 필요가 없으며 자기 생각을 개발시키고 팀원과 의사소통할 정도면 충분하다. 연필을 들고 종이에 그리는 것이 가장 쉽게 프로토타이핑을 할 수 있는 방법이기에 스케치를 활용하는 것이 좋다.

프로토타이핑은 예술이 아니다

프로토타이핑은 회화 작품이나 조각 예술품이 아니다. 사람들의 눈을 즐겁게 해주는 것이 목적이 아니라 실제로 제품 혹은 서비스가 완성이 되었을 때의 모습을 상상하고 그것을 개발시키기 위해 만드는 것이기에 아름다울 필요가 없다. 모양이 예쁘거나 멋있지 않아도 충분히 훌륭한 프로토타입이 될 수 있음을 잊지 말자. 아름다워야 한다는 강박관념이 있다면 반복적인 프로토타이핑 과정이 힘들고 지치는 작업이 된다.

제대로 만들 수 없다면 제대로 된 척이라도 하라

원하는 모양이나 기능을 구현할 수 없더라도 좋은 프로토타입이 될 수 있다. 제대로 된 척을 함으로써 프로토타입의 경험을 줄 수 있기 때문이다. 원하는 기능이 추가되지 않았다면 실제로 그 기능이 추가되었다고 가정하고 프로토타입을 사용해보라. 기능이나 모양이 구현되지 않았다면 부족한 부분을 상상력으로 메워 나가자.

필수적인 부분에 집중하라

서비스 절차가 복잡하거나 접점이 너무 많아 프로토타이핑 할 엄두가 나지 않는다면 필수적인 부분만 시행해보자. 모든 부분을 다 만들어서 시간과 비용을 낭비하기보다는 서비스에서 빠져서는 안 되는 접점 몇 개를 선정하여 만드는 데에 집중하는 것도 하나의 방법이다. 이 방법이 오히려 서비스를 완성하는 데에는 큰 도움이 될 수 있다.

일찍 시작하고 자주 행하라

제품이나 서비스에 관한 아이디어가 있다면 머리로만 생각하기보다 실제로 만들어보는 것이 좋다. 생각만 할 때는 알지 못했던 것들을 볼 수 있고 빨리 수정해나갈 수 있다. 또한 가능한 자주 수정하고 자주 만들어보자. 그 과정에서 프로토타입은 더욱 완벽해질 수 있다.

즐기라

가장 중요한 것은 프로토타이핑 과정 자체를 즐기는 것이다. 상상력을 마음껏 발휘하여 재미있는 시도를 해보자. 그러다 보면 생각지 못했던 좋은 아이디어가 떠오르고 풀리지 않던 문제가 풀릴 것이다.

유형

앞서 살펴보았던 프로토타이핑의 목적을 달성하기 위한 구체적 실행 방법들로 무엇이 있을까? 프로토타이핑의 원칙에 따라 쉽고 빠르며 저비용으로 해결할 수 있는 방법을 알아볼 것이다. 또한 각 방법이 실제로 어떻게 사용되었는지 구체적인 예시를 통해 배워보고 실제로 진행해보자.

생각 그려보기

아이디어를 개발시키는 가장 쉬운 방법은 기회와 문제점을 떠올려 말해보는 것이다. 그렇게 떠오른 생각들을 그려봄으로써 더욱 구체화할 수 있다. 접점들을 직접 만들어봄으로써 서비스를 체험할 수 있기도 하다. 디자인에서 스케치는 완성된 아이디어를 나타내는 것이 아니라 더욱 새로운 아이디어를 개발시키려는 방법이다.

　여기, 신촌 서비스는 프로토타입을 적절히 사용함으로써 그들이 제안하고자 하는 수많은 아이디어를 단 몇 가지의 핵심 기능으로 정리한 좋은 사례다(그림 2). 이 서비스의 프로토타이핑 과정은 크게 두 가지 측면에서 주목할 만하다. 첫 번째는 가치 제안 지도를 적극 활용했다는 점이다. 여기, 신촌 팀은 본격적인 프로토타이핑 작업에 들어가기 전에 가치 제안을 보다 견고히 하는 과정을 거쳤는데, 이는 사용자가 느끼게 될 가치와 경험에 대해 적극적으로 고려해보고 프로토타입에 녹여내는 데 도움이 되었다.

　두 번째는 손을 아끼지 않으며 과감하게 생각을 표현하였다는 점이다. 큰 스케치북 위에 손으로 직접 애플리케이션 화면을 그리면서 프로토타이핑을 진행한 결과물을 볼 수 있다. 직접 손으로 그려보며 아이디어를 발산함과 동시에 머릿속에 맴돌던 생각들을 하나씩 정리해나갈 수

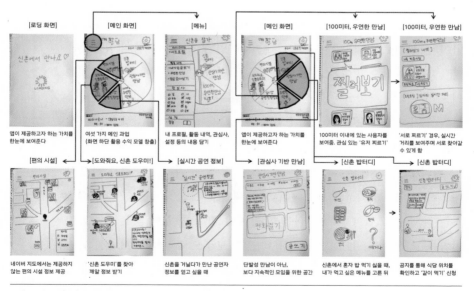

그림 2. 여기, 신촌의 프로토타입

275

있었다. 이렇게 가시화된 아이디어들은 팀원들 간의 커뮤니케이션을 더욱 풍부하게 하는 데에도 도움이 되었다.

본인들이 쓰던 노트에 쉽게 페이퍼 프로토타이핑을 진행하였는데, 진행 과정을 알기 쉽고 명료하게 보여주었다. 메뉴 UI의 크기 등 세부 조정은 필요해 보이지만 가장 중요하다고 생각되는 가치들을 중심으로 정리가 잘 되어 있다. 다양한 기능들을 콘셉트에 맞게 잘 넣었으며 로딩 화면과 같은 부수적인 부분들도 표현해 구체성을 높였다.

생각 개발시키기

일상에서 흔히 볼 수 있는 소재들은 프로토타입의 훌륭한 재료가 될 수 있다. 펜, 점토, 호일, 쓰다 남은 노트의 종잇조각까지도 프로토타입 재료로 충분히 활용할 수 있다. 실제로 인공물이 완성되었을 때 어떤 느낌일지 체험하기 위해 조잡하더라도 손으로 만질 수 있는 프로토타입을 빠르게 만들어보자. 마커와 지우개, 빨래집게를 활용해서 치과용 도구를 간단한 프로토타입으로도 만들어볼 수 있다. 재료 활용에 구애받지 않고 손에 잡히는 재료들을 충분히 활용하여 보자.

카드보드 프로토타이핑cardboard prototyping은 가장 많이 사용하는 방법이다. 실제로 종이로 된 카드보드를 오리면 구체적인 모양의 아웃풋을 만들어볼 수 있으며 빠르고 싸게 통찰력을 얻을 수 있다. 투자를 위한, 그리고 세부적인 사항을 위한 의사 결정을 내릴 때 이해관계자들과 실물을 보면서 이야기할 수 있어 의사소통에도 도움을 준다. 의사소통 과정에서 추가적인 통찰력을 얻을 수 있는 가능성도 커진다.

미라쿡 프로토타입 제작 시 푸드 트럭과 앱 두 가지를 중점으로 생각하였다(그림 3). 먼저 푸드트럭의 경우 내부에 재료를 파는 곳과 요리를 하는 곳, 그리고 소비자가 음식을 먹는 곳을 한 트럭에 어떻게 구성할 것인가를 보기 위해 카드보드를 활용하였다. 모형으로 만들어 보면서 팀원은 함께 공간에 대해 토론할 수 있었다. 또 건강하고 청량한 느낌을 주기 위해 푸드 트럭의 색을 초록색으로 정했으며 식욕을 돋우기 위해 포인트

그림 3. 미라쿡 카드보드와 앱 프로토타입

로 빨간색을 선택하였다. 카드보드로 프로토타이핑을 하면서 중요한 접점인 푸드 트럭이 세워졌을 때의 구조와 서비스 프로세스를 구체적으로 생각해볼 수 있었다. 그리고 다음 서비스 프로세스를 구체화하는 데 많은 도움이 되었다.

데스트톱 워크스루

데스크톱 워크스루desktop walkthrough는 실제로 서비스가 제공되었을 때의 환경을 책상 위에 축소판으로 만들어보는 것이다. 특히 서비스와 관련된 구체적인 환경 요소를 구현하는 데 초점이 있다. 각 접점과 환경 요소들이 견고한지, 어떤 부분에서 개선이 필요한지 등을 알 수 있다. 개발된 아이디어 하나하나를 구체적인 축소판 모형으로 만들었을 때, 전체를 한눈에 조망할 수 있다는 점도 장점이다. 전체를 내려다보았을 때 부족한 부분과 예상치 못했던 이슈가 보이기 때문이다. 또한 같은 서비스 환경에서도 사람들은 다른 경험을 할 수 있는데, 팀원들과 함께 같은 환경을 놓고 가능한 경우를 브레인스토밍 할 수 있다. 무엇보다도 프로토타입을 만드는 과정에서 다소 지루할 수 있는 평면이 아닌 더 역동적인 3D 환경으로 재미를 더하여 유연한 사고를 할 수 있다는 점도 데스크톱 워크스루의 장점이다.

포토바기 서비스의 프로토타입은 데스크톱 워크스루 방법을 활용하여 실제 서비스를 사용했을 때의 맥락을 잘 보여주고 있다. 데스크톱 워크스루를 진행하는 과정을 세 단계로 나누어 보자.

첫 번째 과정은 스토리보드의 시나리오를 기반으로 필요한 현장의 환경을 만드는 것이다. 우선 사용자의 목표와 시나리오를 잡은 다음 그것을 바탕으로 구체적인 사용 상황을 그려본다. 시나리오를 숙지한 뒤에 서비스 환경을 구축할 레고 모형을 준비한다. 레고 활용의 장점은 다양한 블록을 사용하여 상황에 맞는 적절한 배경과 소품을 만들어낼 수 있는 것이다. 레고를 활용한 시나리오는 제품이 사용되는 공간이 한정되어 있거나 같은 곳이 반복적으로 나타날 경우에 효과적으로 사용할 수 있다. 부분적으로 레고를 사용하고 공간은 사진으로 처리하는 등 여러 방법으로 적용할 수도 있다. 하지만 범위가 매우 넓은 야외 공간에서 사용하거나 공간 이동이 잦고 퍼소나가 많은 경우에는 레고로 공간 재현이 힘들고 인물과 공간의 구분이 어려워지므로 다른 방법을 활용하는 것이 더 효율적이다.

두 번째 과정은 디테일한 서비스 환경을 꾸민 뒤, 핵심 서비스 스테이지의 연출을 가다듬고 각 장면을 촬영하는 것이다. 레고 모형이 준비되었으면 사용 시나리오에 맞추어 중요한 요소가 무엇인지를 염두에 두고 프로토타이핑을 진행한다. 필요한 장면들을 연출하고 다양한 각도에서 사진 촬영을 한다. 실제 등장인물을 현장에 배치하면 훨씬 생생한 장면을 연출할 수 있다. 여러 가능한 상황들을 나열해보면서 새로운 시도를 해보고 그 과정에서 새로운 아이디어를 얻을 수도 있다.

포토바기 서비스의 프로토타입 촬영 사진을 살펴보자(그림 4). 사용자가 동물원으로 소풍을 가서 스냅 사진 서비스를 부르는 장면이다. 핵심적인 스테이지를 생각하다 보면 실제 서비스 상황에서 바로 포토그래퍼를 부르기 어렵다는 사실을 알아차릴 수 있다. 주변에 항상 대기하는 포토그래퍼가 없다면 즉시성이 요구되는 나들이 상황에서 스냅 사진 서비스를 이용하기 어렵기 때문이다.

그림 4. 포토바기의 스테이지 프로토타입

그림 5. 데스크톱 워크스루 시나리오

데스크톱 워크스루를 진행하는 마지막 단계는 촬영한 장면에 등장인물의 대사 및 장면에 대한 상세 설명을 덧붙여 시나리오를 완성하는 것이다. 특별한 그림 실력이 없어도 현실감 있고 흥미로운 스토리보드를 구성할 수 있다(그림 5).

행동으로 생각 표현하기

서비스 경험 환경을 구현하는 일 외에도 사용 절차를 그려보는 방법이 있다. 사용자가 완성된 서비스나 제품을 사용할 때 어떤 절차를 거칠지 그리며 생각을 구체화하는 것이다. 사용 절차를 스케치하거나, 페이퍼 프로토타입 위에 애플리케이션 화면 등을 그려서 표현하는 방법이 있다. 사용자가 서비스를 사용하는 전 과정을 프로토타입을 통해 수행하도록 하는 것이 목적인데, 이를 통해 서비스의 사용 절차에 문제는 없는지, 더 개선할 수 있는 점들은 무엇인지를 볼 수 있다.

A4용지만으로도 훌륭한 프로토타입을 만들 수 있다. 사용자가 서비스를 시작했을 때 인터페이스 화면을 종이 위에 그려서 표현한다. 특정 버튼을 눌렀을 때 연결되는 화면을 장면 하나하나 종이에 스케치한 다음 테스트하는 사람이 버튼을 누르면 해당 화면을 보여주는 방식으로 진행할 수 있다. 컴퓨터 화면으로 보지 않더라도 해당 서비스를 이용하는 경험을 충분히 느끼게 한다는 점에서 페이퍼 프로토타입은 훌륭한 도구가 될 수 있다.

버스킹 어라운드는 웹과 모바일을 기반으로 한 서비스라서 개발 과정에서 웹 페이지와 모바일 애플리케이션을 프로토타입으로 만들어보는 것이 중요했다. 그림 6에서 보는 것처럼 페이퍼 프로토타입 방법을 활용하여 대강의 구도를 그려 넣은 종이를 스마트폰이나 태블릿 PC 위에 붙이거나 사진으로 띄워서 실제로 서비스를 사용할 때 어떤 느낌이 드는지 확인해보았다.

그림 6. 버스킹 어라운드의 모바일 알림과 태블릿 PC 상의 페이퍼 프로토타입

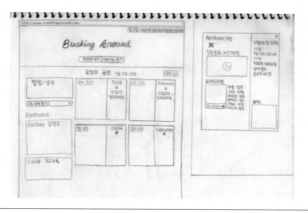

그림 7. 버스킹 어라운드의 웹페이지 홈 화면과 공연 프로필 프로토타입

또한 머릿속에서만 그리던 내용을 종이에 옮기면서 상상과는 달리 표현하기 힘든 요소들이나 보충해야 할 점들을 발견하였다. 예를 들어 웹사이트의 홈 화면에 달력과 지도, 공연 정보 등을 모두 표시하고자 했지만, 필요한 정보를 모두 배치하면 한 화면에 정보가 너무 많아짐을 알게 되었다. 그래서 출력 방식을 '공연정보 뉴스피드'와 '지도' 두 가지로 나누어서 문제를 해결하였다(그림 7). 이 외에도 모바일 알림이 뜨는 방식이나 공연 프로필 형식 등을 그려 넣고 서비스 스테이징 과정에서 이를 활용함으로써 서비스의 활용도를 검증하고자 하였다.

경험 프로토타이핑

서비스를 기획하는 데 있어 실제 경험을 해보는 것이 매우 중요하다. 사람들은 경험해보지 못한 부분을 생각하거나 판단하는 데 어려움을 겪는다. 프로토타입을 만들어서 서비스의 구체적인 부분들을 경험하고 그것이 진정 원하는 경험을 주는지 보는 것은 서비스 개발 단계에서 필수적인 과정이다. 경험 프로토타이핑experience prototyping은 디자인하고자 하는 제품 혹은 서비스를 사용하는 경험이 어떨지 이해하고 소통하고 체험해보기 위해 다양한 방법으로 묘사하는 것이다.¹ 경험 프로토타이핑을 할 때 핵심이 되는 경험을 재현하는 데 필요 없는 부분은 과감하게 제외하고 실행한다. 기획하고 있는 제품이나 서비스와 똑같지 않더라도 비슷한 경험을 줄 수 있으면 좋은 프로토타이핑이 된다. 경험 프로토타이핑의 세 가지 목적과 예시들을 살펴보자.

사용자의 경험을 이해하기

현재 사람들이 특정 서비스나 제품을 이용하고 있는 경험을 잘 이해하기 위해 경험 프로토타이핑을 활용할 수 있다. 일회용 카메라, 노트, 삐삐 등의 도구를 활용해서 심장마비가 왔을 때 환자의 경험을 프로토타이핑 한 사례를 살펴보자. 갑자기 쇼크가 온 상황을 삐삐가 울리는 것으로 알게하고, 그랬을 때 모든 동작을 멈추고 주위의 사진을 찍게 하였다. 그때 실험자가 어떤 생각을 했고, 어떤 느낌을 받았는지를 노트에 적었다. 예상치 못한 상황에서 어떤 방법으로 주변 사람에게 자신이 위험에 처했음을 알릴 수 있을지, 그와 관련한 경험을 디자인하기에 앞서 환자들의 경험을 이해하기 위해 쓰인 방법이다.

　포토바기 팀은 파파라치 사진 서비스의 경험을 프로토타이핑 하였다. 팀원들이 각자 역할을 나눠 누군가는 파파라치 포토그래퍼가 되어 보고, 다른 팀원은 파파라치 사진을 찍히는 대상이 되어 사진 서비스의 경험이 어떤지를 이해하고자 하였다. 사진을 찍어보고 또 찍혀봄으로써 서비스 제공자와 수혜자 모두를 이해할 수 있었다. 처음 프로토타이핑을 진행할 때는 사진을 찍히는 사람들에게 아무런 지침을 제공하지 않고 촬영하였다. 그 결과 찍힌 사람은 자신이 잘 찍히고 있는지 몰라서 답답하고, 찍는 사람은 고객이 원하는 컷을 찍어주기 위해 셔터를 계속 눌러야 하는 번거로움이 있었다. 또한 찍힌 사진의 질도 좋지 않아 서비스 콘셉트의 개선이 필요하다는 결론을 내렸다. 경험 프로토타이핑을 통해 완전한 파파라치 사진 서비스가 아니라, '파파라치 사진의 느낌만 나는 자연스러운 스냅 사진 서비스'로 콘셉트를 바꾸게 되는 계기가 되었다.

디자인 아이디어 탐색하기

경험 프로토타이핑의 두 번째 주된 목적은 여러 디자인 아이디어를 시도
해보는 것이다. 문제를 해결하는 데 가능한 대안들을 모색하고 개발시킨
다. 디자인 팀이 사용자의 경험을 만들어가는 데 손에 만져지는 요소들
을 활용하여 더욱 의미 있는 상상을 할 수 있게 해준다.

　　타인의 서재 팀은 서비스의 중요한 접점인 책갈피를 만들기 위해 책
갈피 그림을 그려보고 실제로 만들어보았다(그림 8). 책마다 그 책의 이
야기가 담긴 책갈피가 꽂힌다. 서점에서 책을 구경하는 사용자가 책마다
이야기를 엿볼 수 있도록 구성하였다. 이 책갈피에는 그 책을 판매한 사
람의 책 관련 추억이나 그 책을 읽었던 맥락 등을 쓰도록 구성하였다. 책
갈피를 실제로 만드는 과정에서 원래 그림으로 그렸던 모양과 다른 티백
tea bag 모양을 생각하게 되었다. 이 책갈피는 티백 형식으로 디자인되어
서 책을 뽑아 들지 않고 사연들만 읽을 수 있도록 디자인되었으며, 뒷면
의 QR코드를 통해 책의 총 발자취를 열람할 수 있도록 하였다. 디자인
아이디어를 검토해본 결과 실제로 만든 티백 모양의 책갈피가 더 좋다는
결론을 내렸다.

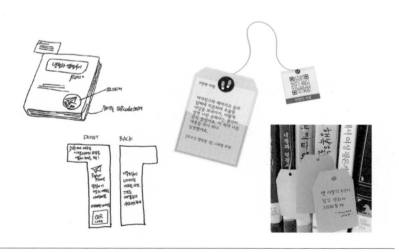

그림 8. 타인의 서재의 책갈피 프로토타입

경험 프로토타이핑의 역할과 목적은 고객, 동료 또는 사용자에게 직접 사용하게 함으로써 사용하지 않고는 느낄 수 없는 특유의 사용 경험, 주관적인 가치를 이해하게 하는 것이다. 특히 아이디어의 방향성이 옳게 가는지, 실현하기 어려운 아이디어는 아닌지 팀의 구성원과 이해관계자들이 직접 체험함으로써 알아볼 수 있다.

　　AM559 팀은 패키지가 완성되었을 때의 모습을 보여주기 위해 주변에서 가장 쉽게 구할 수 있는 물건들로 패키지를 만들었다. 문구점에서 쉽게 구할 수 있는 종이봉투와 카드, 카페에서 살 수 있는 스무디, 편의점에서 파는 사탕과 팀원 한 사람의 옷을 접어 수건으로 표현하였다. 이렇게 프로토타입을 만들어 찍은 사진으로 팀 외의 다른 사람들에게 아이디

어를 소개하였고, 그 과정에서 프로토타입의 힘을 체감할 수 있었다. 말로만 할 때는 잘 와 닿지 않던 아이디어가 사진으로 보여줬을 때 한 번에 이해시킬 수 있었기 때문이다.

그림 9. AM599의 패키지 프로토타입

스토리보드

스토리보드는 사용자 여정 지도와 프로토타입을 합친 것이다. 우리가 앞서 이야기 나눴던 사용자 여정 지도를 더 구체적으로 만들고, 그 지도에서 나타나는 접점들에 눈으로 보이는 프로토타입을 넣으면 스토리보드가 된다. 스토리보드가 만들어지고 나면 전체적 흐름과 사용자가 겪게 되는 서비스의 흐름을 이해할 수 있다.

그림 10에서는 스토리보드의 사례로 사용자가 처음 AM559 서비스를 접하는 단계부터 앱을 사용하여 서비스를 이용하는 과정이 담겨 있다. 스토리보드는 하나의 컷이 한 장면을 나타내고, 몇 개의 컷이 모여 하나의 에피소드를, 그리고 그 에피소드가 모여 큰 이야기를 이루는 마치 만

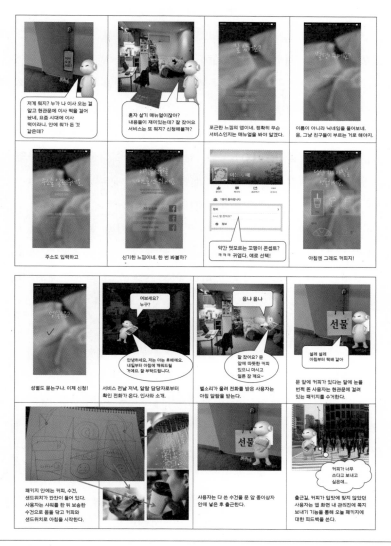

그림 10. AM599의 아침 배달 서비스 스토리보드

화같은 구성을 적용하는 것이다. 스토리보드의 한 컷은 사용자가 서비스의 물리적 접점과 마주하거나, 제공자와 이야기하는 등 시스템이 진행되는 한 번의 단위 작업을 표현한다. 스토리보드 작성 과정을 살펴보자.

스토리로 구체화할 내용 선정하기

스토리텔링을 할 때 서비스 전체에 관한 스토리를 만들면 가장 좋겠지만, 시간 또는 예산의 한계 때문에 현실적으로 어려운 경우가 많다. 따라서 스토리보드에 어떤 이야기를 담을 것인가를 선정하는 것이 좋다. 선정할 때는 먼저 서비스 여정에서 사용자 경험의 가장 핵심이 되는 요소와 연관된 이야기를 선정하자. 예를 들어 버스킹 어라운드 팀은 공연 당일이 서비스의 핵심적인 요소이기에 스토리보드에 버스킹 공연이 이루어지는 당일에 관한 이야기를 주로 담았다.

또한 공통적으로 사용하는 세부 흐름을 선정해볼 수 있다. 예를 들어 앱 첫 화면, 사용자 정보 입력, 상품 선택 화면, 성별 체크 화면 등은 아침 배달 서비스를 이용하고 싶을 때마다 반복적으로 사용하는 페이지이기 때문에 이러한 순서로 서비스를 이용할 수 있음을 쉽게 알 수 있다.

한편 사용자 경험과 관련되어 다른 이들에게 많은 논점이 제기된 스토리를 중심으로 스토리보드를 만드는 것도 좋은 방법이다. 미라쿡 팀의 경우 서비스를 구체적으로 이해시킬만한 시간이 부족했고, 따라서 공통적으로 비슷한 질문이 제기되곤 했다. 가령 일반인들이 만든 요리가 푸드 트럭에서 제공 가능한 요리가 될 수 있겠는가, 판매하기 위하여 하루 동안 대량의 요리를 반복적으로 만들어본 경험이 없는 일반인이 양질의 요리를 제공하는 것이 가능한가와 같은 시스템적인 질문들이었다. 이 부분들에 대해 많은 질문이 제기되었던 만큼 설명이 가장 중요한 부분임을 파악하여 이 부분을 구체적인 컷들로 가시화했다.

개별 프레임 만들기

스토리보드에서 표현할 스토리를 선정했으면, 이제 해당 서비스가 실제 사용자에게 어떻게 사용될 것이고 어떤 상황이 전개될 것인지 예상해 구체적인 사용 단계를 그려나간다. 먼저 사용자에 대해서는 일련의 행동을 수행할 때 분리된 행동의 묶음마다 하나의 개별 프레임을 작성한다. 그리고 이미지마다 번호를 매겨 순서 파악이 쉽도록 한다.

주된 행동이 아닌 그에 수반되는 다른 행동이나 다른 사람과 교류하는 행동도 표현한다. 또 어떤 목적을 가지고 행동을 수행하고 있는지를 표시해준다. 이때 사용자의 퍼소나 정보를 추가하면 도움이 된다. 각 단계를 진행하면서 사용자가 느끼는 감정이나 생각을 표시한다. 이는 결국 어떤 경험을 하는가에 대한 직접적인 자료로 활용될 수 있다. 그림 11의 스토리보드를 보면 각각의 컷마다 번호를 매겨 진행 순서를 쉽게 알 수

#1 10년 동안 강아지를 키워온 꼭지 엄마 (38세), 최근 꼭지를 하늘로 보내고 실의에 빠져 있다. 게다가 아직 마음을 정리하지 못해 꼭지와 관련된 물품들은 아직 그대로 집에 있다.

퍼소나

#2 꼭지 사후 49일째 되던 날, 꼭지 입양부터 다녔던 이리온에서 알람이 왔다. 가족처럼 여겼던 꼭지의 사후 49일째니, 49재를 기해서 연락을 준 것 같다. (종교 무관)

사용자 감정 표현

#3 꼭지에 관련된 모든 기록을 갖고 있는 이리온에서 꼭지를 기억해줘서 고맙다. 우측 하단의 아이콘을 클릭하면 바로 예약을 할 수 있도록 되어 있다.

#6 CC의 태블릿 PC에서는 꼭지 엄마의 정보와 꼭지의 진료 기록, 각종 사진, 특이사항 등이 DB로 관리되어 있는데, 이는 이리온 메인 DB와 연동되어 실시간 업데이트된다.

시스템에 대한 설명 제공

#5 꼭지 엄마가 입장함과 동시에 비콘이 작동하고, 미리 준비된 CC(companion coach, 동반자 코치)가 꼭지 엄마를 마중 나오며, 꼭지 엄마를 반갑게 맞이하는 CC의 손에는 태블릿 PC가 들려 있다.

#4 처음부터 꼭지를 돌봐주었던 이리온에서 꼭지를 추억할 수 있다니 위로가 되고, 추모 공원보다 무겁지 않고 친숙한 곳이어서 마음이 놓인다.

사용자 감정 표현

그림 11. 애견 서비스 스토리보드

있게 했고, 컷 아래 사용자 행동에 관한 객관적인 설명뿐 아니라 사용자에 대한 기본적인 정보와 특정 상호작용에서의 감정도 묘사하고 있다.

그다음 제공자와 시스템에 관해서는 사용자의 행위에 반응하는 서비스 시스템과 제공자의 상태 및 행동을 보여준다. 스토리보드 상에서는 어떤 행동이 실행되기 전 초기 상태를 제공한다. 이렇게 함으로써 행동의 변화를 좀 더 확연하게 구분할 수 있다. 너무 자세하게 작성할 필요는 없지만, 어떤 종류의 정보가 제공되고 그런 정보를 제공하기 위해 어떤 자료들을 취합해야 하는지는 제시되어야 한다. 필요하다면 제공자 및 시스템이 어떤 기술을 사용할 것인지 설명을 함께 제공한다. 그림 11의 여섯 번째 컷처럼 사용자 행위에 관한 컷은 아니지만 행위가 수반되기 위한 그리고 사용자에게 서비스를 제공하기 위해 제공자에게 필요한 자료를 한 컷에 따로 표현해줄 수 있다.

스토리보드 작성하기

마지막으로 각각의 프레임을 연결하여 스토리보드를 작성한다. 프레임들을 알맞게 배치하고 연결해 완성하는 스토리보드의 구조가 어떻게 구성되어야 할지 먼저 생각해본다. 현재 기획하고 있는 서비스가 실제 사용될 상황에서 일종의 시나리오를 짜는 것이다. 이 단계에서는 스토리보드의 구조가 묘사하려는 서비스 여정의 흐름과 일치하는지 지속해서 확인하는 것이 중요하다. 갑자기 다른 행동을 수행하거나 맥락에 맞지 않는 행동을 하는 장면이 없도록 자연스럽게 연결하는 것이 중요하다.

제작 중인 서비스의 특성에 따라 스토리를 선정했으면 그 스토리를 어떤 종류의 스토리보드로 표현할 것인지를 결정한다. 스토리보드의 종류에는 스크린샷 스토리보드, 그래픽 콘텍스트 스토리보드, 하이브리드 콘텍스트 스토리보드, 영화 각본 스토리보드, 혼합형 스토리보드 등이 있다. 각각에 대해서 간단히 알아보도록 하자.

스크린샷 스토리보드

스크린샷 스토리보드screenshot storyboard는 사용자 행동에 관해 특히 디지털 서비스가 화면에서 어떤 반응을 보일지에 집중해서 작성하는 것이다. 이 스토리보드의 장점은 시스템의 반응을 상세하게 표현해준다는 점이다. 문제는 시스템의 반응에만 초점을 맞추다 보니 주변 맥락의 변화나 사용자의 서비스 이용 상황 변화, 그리고 전체 여정에서 현재까지 진행 정도를 알기 어렵다는 점이다. 따라서 스크린샷 스토리보드는 사용자, 접점, 제공자 간 상호작용이 복잡하지 않은 간단한 서비스나 실제 사람이 제공하는 프로세스에 개입하지 않는 자동화된 디지털 서비스를 디자인할 때 유용하게 사용할 수 있다.

간판 제작 서비스에 대한 스토리보드는 스크린샷 스토리보드의 방식을 사용하고 있지만 각 장면이 어떤 장면이고 사용자는 어떤 정보를 볼 수 있는지 설명해주어 이해가 쉽다(그림 12). 그러나 오직 시스템상의 화면만 보여주고 있으므로 사용자가 어떤 행동을 취했을 때 저런 페이지에 갈 수 있는지를 직관적으로 알기 어렵다.

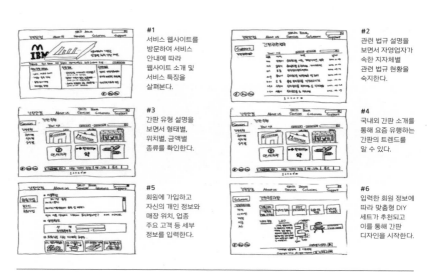

#1
서비스 웹사이트를 방문하여 서비스 안내에 따라 웹사이트 소개 및 서비스 특징을 살펴본다.

#2
관련 법규 설명을 보면서 자영업자가 속한 지자체별 관련 법규 현황을 숙지한다.

#3
간판 유형 설명을 보면서 형태별, 위치별, 금액별 종류를 확인한다.

#4
국내외 간판 소개를 통해 요즘 유행하는 간판의 트렌드를 알 수 있다.

#5
회원에 가입하고 자신의 개인 정보와 매장 위치, 업종 주요 고객 등 세부 정보를 입력한다.

#6
입력한 회원 정보에 따라 맞춤형 DIY 세트가 추천되고 이를 통해 간판 디자인을 시작한다.

그림 12. 스크린샷 스토리보드 예시

그래픽 콘텍스트 스토리보드

그래픽 콘텍스트graphic context는 사용자의 요구에 대응하는 서비스의 물리적 접점과 시스템의 작용 및 움직임을 화살표 등의 도식을 사용해 역동적으로 표현하는 기법이다. 서비스의 시스템상 반응뿐 아니라 그것을 촉발시키는 사용자 행동 또한 함께 살펴보는 데 적합하다. 일반적인 상호작용 디자인에 가장 널리 사용되는 기법이지만, 물리적 사용 맥락과 제공자의 행동에 대한 자료가 많지 않다는 단점이 있다.

포토바기의 스토리보드는 제공자(포토그래퍼)와 사용자(고객)가 만나는 접점 중에서 촬영을 마친 뒤 서로 소통하는 단계인 편집 과정과 피드백 수령 과정을 다루었다(그림 13). 주목할 점은 최종 피드백을 받은

포토그래퍼 상품 페이지 탐색

본격적으로 게피 개인 페이지에 들어가 프랑스 인상파 관련 스냅 사진 서비스를 탐색하는 밝사진 씨. 구체적으로 어떤 장소에 들를 것인지, 그리고 어떤 콘셉트로 사진을 찍을 것인지 및 다른 서비스 관련 사항 등이 매우 상세하게 설명되어 있어 마음에 들었다. "와, 좋다. 찍고 싶다."를 연발하며 예약 문의하기 버튼을 누른다.

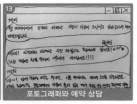
포토그래퍼와 예약 상담

버튼을 누른 밝사진 씨는 웹사이트 채팅방을 통해 게피와 본격적인 상담에 들어간다. 시간 및 장소에 대한 기본적인 상담뿐 아니라, 포토바기의 기본적인 방침 특히 예민할 수 있는 환불 정책 등에 대한 상세한 설명이 함께 들어간다. 게피의 이러한 친절한 상담에 촬영에 들어가기 전부터 만족 밝사진 씨. 게피와 촬영하기로 결정!

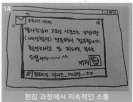
편집 과정에서 지속적인 소통

촬영이 끝난 뒤에도 게피와 밝사진 씨의 연락은 계속 된다. 바로 편집 과정 때문! 사진은 촬영 순간 못지 않게 편집 과정도 중요하기 때문에 게피와 밝사진 씨는 지속적인 커뮤니케이션을 한다. 밝사진 씨는 "역시 포토바기는 다르구나."고 느끼며 편집 과정에 열심히 참여한다. 자신이 원하는 것이 나올 때까지.

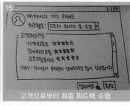
고객으로부터 최종 피드백 수령

게피는 편집을 완료하고, 포토바기는 밝사진 씨에게 최종 피드백을 요청한다. 게피의 사진에 매우 만족한 밝사진 씨는 성심성의껏 피드백을 작성한다. 이렇게 피드백을 진실되게 작성해야만 사진을 전달받는다는 의무 때문이기도 하지만 진실한 피드백이 좋은 사진을 준 고마운 게피에게 큰 도움이 되리라는 생각 때문에 더 그렇다.

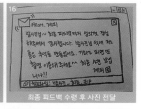
최종 피드백 수령 후 사진 전달

최종 피드백을 받은 게피! 처음 만들어본 상품인데 반응이 좋다! 뿌듯해하며 앞으로 어떻게 하면 다른 고객들에게 더 좋은 서비스를 제공할 수 있을지 밝사진 씨의 피드백을 보며 생각에 빠진다. 피드백을 받았으니 포토바기 정책에 따라 즉시 사진을 전송한다. 별다른 요청이 없었으므로 디지털 파일 형태로 전송한다.

그림 13. 포토바기의 그래픽 콘텍스트 스토리보드

뒤 사진을 전달하게끔 순서를 정했다는 점이다. 보통 사진을 전달받은 뒤에 피드백 과정이 이루어져 성의 있는 피드백을 받지 못하는 경우가 꽤 많은데, 좋은 피드백을 통해 포토그래퍼가 더욱 성장할 수 있도록 하기 위해 순서를 뒤바꾼 것이다. 포토바기 서비스는 촬영 전후로 모바일 애플리케이션과 인터넷 사이트 사용이 많으므로 실제 사용자인 포토그래퍼와 고객 관점에서 사용하기 편하고 재미있는 접점 구현이 중요했다. 실제 사용자들이 모바일과 인터넷상의 접점을 접할 때 느끼는 감정과 생각을 공감하기 위해 그래픽 콘텍스트 기법을 이용해 스토리보드를 구성했다.

하이브리드 콘텍스트 스토리보드

하이브리드 콘텍스트hybrid context는 실제 사용 정황을 최대한 스토리보드에 많이 반영하기 위해 사용하는 기법이다. 실제 사진과 외곽선 따라 그리기를 혼합해 원하는 정도의 스케치를 얻어내는 방법으로, 사용자가 주변 배경에서 부각되는 것이 특징이다. 하이브리드 콘텍스트 스토리보드는 사진을 통해 실제 사용 환경을 정밀하게 제공하므로 사용 정황에 따라 상호작용에 큰 영향을 받는 서비스에 사용할 수 있다. 그러나 사용자나 시스템의 반응은 자세하게 표시되지 못한다는 단점이 있다. 또한 스토리상의 각 단계가 얼마나 빠른 속도로 어떤 방향으로 전환되었는지에 대한 정보 역시 제대로 전달하지 못한다.

　　타인의 서재의 스토리보드는 허세은이라는 퍼소나를 주인공으로 중고 서점에 방문하여 책을 구매한 다음 책을 다시 판매하는 일련의 이야기로 구성되어 있다(그림 14). 스토리를 일부 구체적으로 소개하면 세은은 서점 안을 둘러보다가 책장에 꽂힌 티백 모양의 책갈피를 발견한다. 책갈피에는 그 책을 읽었던 사람들의 이야기가 적혀져 있다. 그리고 책갈피에 적혀진 이야기들이 비슷한 책들끼리 모아서 진열되어 있다. 각 콘셉트에 맞게 '○○의 서재'라고 이름이 붙어져 있다. 세은은 최근 취업 준비로 힘들었던 터라 '장그래의 서재'에 눈길이 간다. 세은은 이 서재에서 책들을 구경하며 그 책들에 달린 이야기를 하나하나 읽으며 즐거움을

대학로 인근에 자리잡은 타인의 서재 근처에서, 저녁에 연극을 보기 위해 허세은이 친구를 기다리고 있다.

친구를 만나기까지 빈 시간이 생긴 세은은 곳곳에 게시된 광고를 통해 타인의 서재를 알게 된다.

비는 시간을 유의미하게 보내기 위해 이 흥미로운 이름의 서점을 방문한다.

서점 곳곳에 서비스를 설명하는 튜토리얼이 벽에 새겨져 있다. 세은은 튜토리얼을 읽은 뒤 서비스를 이해한다.

세은은 티백 모양의 책갈피를 보게 된다. 책갈피에는 그 책을 읽었던 사람들의 이야기가 적혀 있다.

책들은 책갈피에 적힌 스토리가 비슷한 것끼리 모아서 진열되어 있다. 각 콘셉트에 맞게 'ㅇㅇ의 서재'라고 이름이 붙여져 있다. 취업을 준비하는 세은은 '장그래의 서재'에 눈길이 간다.

세은은 책마다 달려있는 스토리를 하나하나 읽으면서 즐거움을 느낀다. 스토리들이 자신과 비슷한 상황이라 더 공감하게 된다.

그림 14. 타인의 서재의 하이브리드 콘텍스트 스토리보드

느낀다. 책갈피의 뒷면에는 앱으로 연결되는 QR코드가 있다. 세은이는 이야기들을 더 알고 싶은 마음에 책갈피 뒷면의 QR코드를 스캔한다. 그러자 타인의 서재 앱에 접속된다. 앱을 통해 세은이는 자신이 고른 책이 어떤 여정을 거쳐왔는지, 각 여정에 담긴 스토리는 어떤지 볼 수 있다. 앱을 통해 책을 구매한 사람은 자신의 이야기를 등록할 수 있으며, 자신의 책 이외에도 다른 책에서 사람들이 어떤 맥락을 가지고 있는지 엿볼 수 있다. 책갈피의 이야기 중 가장 감명을 받은 책을 사고 몇 주 뒤 책을 다 읽은 세은이는 자신만의 스토리를 갖게 된다. 타인의 서재의 경우 오프라인 매장이 중요한 위치를 차지하므로 오프라인에서의 상호작용을 쉽게 보여주기 위해 하이브리드 콘텍스트 방식을 사용했다.

영화 각본 스토리보드

영화에서 자주 사용되는 기법이다. 화살표 등의 도식을 이용해 서비스의 행동을 표현한다는 점에서는 그래픽 콘텍스트 스토리보드와 유사하나, 장면 자체가 아니라 장면과 장면 사이의 '전환'에 초점이 맞추어져 있는 점이 다르다. 이 장면에서 저 장면으로 넘어가는 순간이 중요할 때 이런 영화 각본 스토리보드를 사용한다.

버스킹 어라운드는 공연 당일의 상황에 대한 영화 각본 스토리보드를 제작하였다(그림 15). 공연 전후 과정은 주로 인터넷상에서 간편하게 이루어지지만, 더 현장감 있고 기억에 남는 서비스의 핵심 경험이 바로 공연 현장 경험이다. 이 경험이 좋아야 사용자들이 다시 서비스를 이용하게 된다. 그러므로 이 경험에서 각 사용자의 입장과 그들이 처한 상황의 맥락을 자세히 살펴볼 필요가 있었다. 이를 위해 영화 각본의 형식을 활용하여 실제 일어날 법한 상황을 담은 시나리오와 자연스러운 장면 전환에 초점을 맞추었다. 추가로 각본에 나타나는 인물들의 퍼소나를 간단히 작성함으로써 스토리보드의 개연성을 높이고자 하였다. 최소한의 퍼소나 설정이 바탕이 되면 각 인물이 어떤 생각으로 행동을 이어나갈지 짐작할 수 있기 때문이다. 예를 들어 카페 주인 김재철은 카페에 특별한

그림 15. 버스킹 어라운드의 영화 각본 스토리보드

이벤트를 만들어 손님에게 특별한 경험을 제공하고 싶었지만 막상 혼자 무언가 꾸리기에는 막막했다. 그래서 버스킹 어라운드를 이용하여 바이올리니스트를 초대한다. 그는 평소에 음악 듣기를 좋아했지만 공연을 직접 열어본 적은 없다. 이 점을 반영하여 그가 이 서비스를 통해서 얼마나 간편하게 작은 공연을 열고 손님들에게 만족을 주게 되는지 스토리보드에 잘 나타내고자 하였다.

혼합형 스토리보드

여러 종류의 스토리보드를 필요에 따라 하나의 스토리보드에 혼합하여 사용할 수 있다. 서비스 스토리보드에서 가장 많이 사용하는 형식이다. 요리 경험 서비스인 미라쿡의 경우 스토리보드를 '미라쿡 시작하기' '요리 상용화 과정' '푸드 트럭 운영 및 DIY 재료팩 사용 과정'으로 나누어 전체 서비스의 거의 모든 과정을 스토리보드로 표현했다(그림 16). '미라쿡 시작하기' 단계에서는 사람들이 앱에 접속하여 미라쿡에 대한 정보

푸드 트럭 도착　　**DIY 1인 1식 재료팩 진열**　　**요리 판매**　　**DIY 1인 1식 팩 판매**

공장에서 재료 패키지를 담아서 상수동(이 주의 푸드 트럭 요리 선정 장소)으로 출발. 앱을 통해 사용자에게 푸드 트럭의 위치를 꾸준히 알려줌.

판매 3시간 전 요리 시작 "앱으로 예약한 손님이 이번에는 300명 정도 밖에 안돼네……"

"손님들이 신선하게 요리를 할 수 있게 어제 바로 제작된 DIY 재료팩이다. 흐흐흐"

"앱 이용해서 대기 번호를 받으니까 주변 구경하다 와도 되고, 편하네!"

"와우! 그럼 DIY 1인 1식으로 제가 방금 먹은 요리를 만들 수 있는거죠?"

(요리사) "그럼요! 그렇고 말고요. 레시피북 엄청 자세해요."

함께 받은 레시피를 보아도 헷갈리는 부분이 발생한다.

쿡톡에게 물어본다! "도와줘, 미라쿡!"

온라인 "미라쿡" 서비스의 쿡톡에서 궁금한 것을 물어본다.

"나도 이제 요리사가 됐어! 엄마, 아빠, 남자친구 모두에게 선물해야지!"

그림 16. 미라쿡의 혼합형 스토리보드

를 얻고 다른 사람들의 요리를 구경하고 투표하거나 자신의 요리를 올리는 등 앱 사용이 주로 이루어지기 때문에, 스크린샷과 그래픽 콘텍스트 방식을 사용하여 사람들이 앱과 상호작용하는 모습을 담았다. '요리 상용화 과정'은 대부분의 사용자가 직접 겪는 여정은 아니지만 서비스를 소개했을 때 많은 질문을 받았던 부분이라 스토리보드로 표현했다. 서비스 전면에서 제공자(스타 셰프나 요리 평론가들)와 사용자(최종 우승자)의 교류와 서비스 후면에서 보이지 않는 제공자들의 활동을 보여주기 위해 영화 각본 방식 등을 이용해 상용화가 어떻게 이루어지는지 자세히 묘사했다. 마지막 '푸드트럭 운영 및 DIY 재료팩 사용 과정'에서는 전에 만든 프로토타입을 활용하여 오프라인에서 제공자와 사용자의 상호작용을 입체적으로 가시화했고 실질적으로 어떻게 판매하고 사는지 보여주었다. 또 쿡톡이라는 미라쿡 내의 채팅 서비스를 그래픽 콘텍스트, 스크린샷 방식으로 표현하기도 했다. 미라쿡은 스토리보드 각 상황에 맞는 다양한 방법을 사용해 서비스의 전체 여정이 어떻게 이루어지는지를 보여주었다.

나가면서

서비스 기획 과정에서 프로토타이핑을 통해 눈에 보이지 않는 서비스를 눈에 보이는 형태로 제시하는 것은 매우 중요하다. 서비스의 중요한 접점들을 구체적인 실물로 만들면 서비스 과정에서 일어나는 상호작용을 경험해볼 수 있게 된다. 서비스가 완성되었을 때의 경험을 유사한 형태로 해보면 해당 서비스가 실제로 원하는 경험을 줄 것인지, 불편한 점은 없을지 알 수 있다. 불편한 점이 있다면 무엇을 어떻게 개선해야 하는지, 개선안 중에서는 어떤 것이 좋을지 또한 해결할 수 있다. 기획하고자 하는 서비스에 맞는 프로토타이핑 방법을 적극적으로 사용해보자. 무엇보다도 프로토타이핑은 즐겁게 창의적으로 수행할 수 있는 방법론이기에 팀과 서비스 모두에 활력을 줄 것이다.

프로토타입으로 서비스 여정에서의 접점을 표현했다면 이 접점들을 이어 하나의 이야기로 만드는 것이 스토리보드이다. 스토리보드 제작은 지금까지 막연하게 생각해왔던 실질적인 서비스의 여정을 가시화함으로써 서비스의 내용과 방향을 구체적이고 섬세하게 생각하게 된다. 또 프로토타이핑에서는 숨겨져 있던 제공자와 사용자, 또는 사용자 간의 상호작용이 드러나게 된다.

서비스 경험 디자인에서 프로토타이핑과 스토리보드 만들기는 그동안 프로젝트를 진행하며 자신들의 서비스 경험 여정에서 무엇이 빠져 있었는지, 또 무엇이 생략되었는지를 발견하고 보충, 수정할 수 있다. 또 서비스의 전 과정 또는 중요한 몇몇 과정을 가시화하면서 자신들의 서비스를 더 잘 이해할 수 있게 된다. 이 두 가지 방법은 서비스를 소개할 때도 아주 훌륭한 도구가 된다.

토론하기

재미있는 서비스 프로토타입의 예시를 찾아보고,
비슷한 방법으로 따라 해보자.

기획하고 있는 서비스에 '좋은 스토리의
세 가지 요소'가 잘 들어있는지 살펴보자.

기획하고 있는 서비스의 전체 여정에
어떠한 스토리보드 방식들이 적용될 수 있을지
생각해보자.

생각해보기

자신이 만들고 싶은 서비스의 접점을 찾아보고,
하나를 골라 제한 시간을 설정해 프로토타입을
빨리 만들어보자.

만든 프로토타입을 이용하여 가장 중요한
스토리에 대한 스토리보드를 작성하여보자.

전달 단계

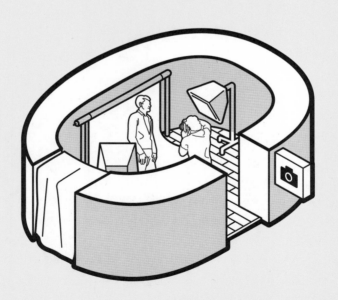

10장

서비스 비즈니스 모델

회사를 성공시키기 위한 가장 중요한 요소는 관련된 모든 사람의 말에 귀 기울이는 것이다. 모든 사람을 과정에 참여시키는 것이 매우 중요하다. 고객과 실제로 이야기를 나누는 일선의 직원에게서 가장 좋은 아이디어가 나온다.

샘 월턴 | 월마트 창립자

The key to success is to get out into the store and listen to what the associates have to say. It's terribly important for everyone to get involved. Our best ideas come from clerks and stock boys.

Sam Walton

몇 년 전 겨울, 크리스마스이브에 나와 아내는 좋지 못한 일로 뉴욕행 비행기를 타게 되었다. JFK 공항에 내려 장례식장까지 어떻게 도착했는지 경황이 없어 제대로 기억도 나지 않는다. 지인의 마지막 길을 배웅하며 슬픔에 잠겨 있다 보니 어느덧 크리스마스의 반나절이 지나 있었다. 공교롭게도 다음날 시애틀에 회의가 잡혀 있었다. 입관식까지 마치니 시애틀행 비행기를 탈 시간이 가까워지고 있었다. 뉴저지 공동묘지 한가운데에서 어떻게 공항으로 돌아갈까 한참을 고민하다 우버가 떠올랐다. 로밍해간 스마트폰 앱을 통해 근처 차량을 호출하자 10분 만에 한 자동차가 나타났다. 우버를 안전하게 타고 공항까지 도착할 수 있었다. 우버는 신용카드로 자동 결제하게끔 되어 있어 기사와 실랑이를 벌일 우려도 없어 더욱 좋았다. 우버에 대한 나름의 고마운 기억을 가지고 돌아온 뒤 최근 샌프란시스코에서 열린 학회에서 또다시 우버를 이용할 기회가 있었다. 하지만 이번에는 나와 동행자의 실수로 차량 두 대를 동시에 부르게 되었다. 내가 부른 차량보다 동행자가 부른 우버가 먼저 도착하여 그 차를 타고 이동하던 중 내가 불렀던 차량의 기사에게서 전화가 왔다. 그는 본인이 약속 장소에 도착하여 5분 이상 기다렸으니 앱 내의 취소 버튼을 눌러달라 요청하였고, 이에 대한 대가로 나의 신용카드에서 5달러가 즉시 결제되었다. 기존에는 요청한 손님을 못 태우면 기사로선 마냥 허탕 친 일일 수도 있는데, 우버의 제도는 수익 모델이 확실하다는 것을 느끼게 해주었다. 약속한 시각에 차량이 도착했지만 승객이 5분 이상 오지 않으면 취소 기능으로 요금을 부과하는 것은 공정하다는 생각까지 들었다. 지속적인 비즈니스가 가능하려면 적절한 수익 모델이 필요하며 이를 어떻게 설계하는가는 핵심적인 문제이다. 어떻게 하면 적절한 수익 모델을 만들 수 있을까?

전달 단계

더블 다이아몬드 프로세스 중 마지막 단계인 전달 단계는 최종적으로
아이디어를 한 지점으로 수렴시키는 과정이다. 서비스의 정체성을 나타
내는 일관된 메시지를 확정하고 서비스를 세상에 내보내기 위한 전반
적인 작업을 수행한다. 이때의 메시지는 사용자에게 서비스의 명확한
특징을 전달하는 것이 최우선 목표지만 실제로 서비스를 제공하는 내부
이해관계자에게도 서비스의 정체성을 전달하는 것이 중요하다.

목표와 마음가짐

전달 단계는 서비스 사용자 및 내외부 이해관계자에게 서비스의 명확한
정체성을 전달하는 것이 목적이다. 그러므로 발견 단계, 개발 단계와는
다르게 발산된 아이디어들을 한 지점으로 모으는 것이 중요하다. 서비
스 경험 디자인의 네 가지 구성 요소에서 사용자와의 상호작용을 중심에
두고 위에서 아래로, 또 아래에서 위로 피드백을 진행하여 최종적으로
는 비전과 미션을 수립하게 된다. 일반적인 제품의 가치 전달 과정이 비
전과 미션 수립 이후에 일방적으로 발생하는 것과는 다르게 서비스 경험
디자인에서는 상호 간의 의사소통을 통해 구체적인 요소와 추상적인 요
소 사이를 왔다 갔다 하면서 전체적인 시스템이 만들어진다.

전달 단계의 실행은 크게 네 부분으로 이루어진다. 비즈니스 모델, 브
랜딩, 론칭, 검증이 그 구성 요소이며 이 네 단계가 모두 실행되어야 비로
소 서비스의 가치 전달이 가능해진다.

첫 단계에서는 지속해서 수익을 창출할 수 있는 비즈니스 모델을 구
축하고, 브랜딩 단계에서는 서비스의 브랜딩 요소에 관한 기획이 이루어
지며, 론칭 단계에서는 사용자와 제공자 그리고 핵심 이해관계자들의 참
여 방안과 홍보 계획을 수립하게 된다. 검증 단계에서는 지속 가능한 운

영과 개선을 위한 방안을 수립하고 서비스의 전반적인 내용을 다양한 이해관계자들과 함께 평가한다.

전달 단계를 수행하는 동안 제작 중인 서비스가 실행 가능한지 알기 위해 지속해서 공동 창작과 공동 평가를 수행해야 한다. 일반적인 가치 전달 과정에 비해 단계가 복잡하고 지속적인 수정이 이루어져야 하는 단점이 존재하지만 공동 창작과 공동 평가를 통해 지속해서 서비스의 실행 가능성을 시험해보는 것은 차후 서비스의 수정과 개선을 효율적으로 만들 뿐만 아니라 적시에 서비스의 제공을 가능하게 한다.

비즈니스 모델과 전달 단계

보통 비즈니스 모델은 단순히 돈을 버는 방법을 도식화한 것이라고 생각한다. 하지만 비즈니스 모델은 단순히 어떤 사업의 수익성을 고민하는 차원을 넘어 해당 사업이 그 이해관계자들에게 어떠한 가치를 어떻게 제공할지 종합적으로 고려해야 한다. 단순히 수익과 비용을 비교하는 회계적인 차원의 문제를 넘어서 투자자부터 최종적인 소비자까지 모두에게 어떤 가치를 제공할지 고민하고 표현하여, 그것이 지속 가능함을 보여주는 것이 정확한 의미에서의 비즈니스 모델이라 할 수 있다. 다른 학자들이 비즈니스 모델에 관해 정의한 것을 살펴보자.

> 비즈니스 모델은 '한마디로 돈을 어떻게 벌 것인가에
> 관한 모든 것'이다.
> — 마이클 루이스Michael Lewis [1]

> 비즈니스 모델은 '경쟁력 있는 비즈니스를 창출하고 유지하는
> 핵심 종속 시스템을 디자인하는 것'이다.
> — 마이클 모리스Michael Morris [2]

비즈니스 모델은 '현재와 미래의 기업이 설계하고 개발한 핵심적으로 상호연관된 아키텍처, 공동 운영 및 금융 협정의 추상적인 표현이다. 뿐만 아니라 기업의 전략적 목표와 목적을 성취하는 데 필요한 협정에 기반을 두어 기업이 현재와 미래에 제공할 모든 핵심 제품과 서비스의 추상적 표현'이기도 하다.

— 무타즈 알드베이 모리스Mutaz Al-Debei, 람지 엘하다드Ramzi
El-Haddadeh, 데이비드 에이비슨David Avison[3]

위에서 볼 수 있듯이 넓은 의미에서 비즈니스 모델이란 '돈을 만드는 모든 방법'이다. 조금 더 구체적으로는 경쟁력 있는 비즈니스를 만들고 유지하는 시스템이며, 궁극적으로는 현재뿐 아니라 미래에도 전략적 목표들을 달성할 수 있는 데 필요한 방법의 추상화이다.

서비스 경험 디자인의 가장 중요한 목표는 사용자에게 좋은 경험을 제공하는 것이다. 하지만 사용자에게 좋은 경험을 제공하는 것이 서비스 경험 디자인의 전부는 아니다. 기획하고 있는 서비스가 예술이 아닌 디자인이 되기 위해서는 구체적인 비즈니스 모델 설계를 통해 서비스의 지속 가능성을 확보하는 것도 매우 중요하다.

비즈니스 모델 단계에서는 서비스의 사용자 및 내외부의 이해관계자 각자에게 제시하는 가치를 명확히 전달하고, 그 가치를 만들고 전달하는 과정에서 핵심적인 요소들을 구체적으로 표현한다. 이를 통해 서비스가 사용자와 제공자에게 전달하게 될 가치를 다시 한번 정리하며, 투자자에게 전달하는 가치도 확인하게 된다.

서비스 경험 디자인에서의 비즈니스 모델이 다른 영역에서의 비즈니스 모델과 다른 점은, 서비스 경험 디자인에서는 서비스 모델이 비즈니스 모델에 선행한다. 돈이 많은 시장을 먼저 찾고 그 시장에서의 서비스를 기획하는 것이 아니라, 사용자들의 경험 속에 있는 충족되지 않은 요구를 먼저 찾고 그것을 해결할 서비스를 기획한 뒤 지속 가능성의 관점에서 비즈니스 모델을 수립하는 것이다.

본 장에서는 사업성을 판단할 수 있는 비즈니스 모델을 수립할 때 유용한 프레임워크인 비즈니스 모델 캔버스를 다룰 것이다. 또한 사업성 설명에 중요한 수익 지대profit zone를 설명하고, 수익 지대의 대표적인 유형을 알아볼 것이다. 그리고 이러한 단계를 기반으로 그린 비즈니스 캔버스를 가치 제안과 서비스 청사진에 적용하는 방법을 배워보도록 하자.

비즈니스 모델 캔버스

서비스 경험 디자인에서 비즈니스 모델을 도식화하는 대표적인 방법으로는 비즈니스 모델 캔버스business model canvas가 있다. 비즈니스 모델 캔버스는『비즈니스 모델의 탄생』에서 소개된 비즈니스 모델을 도식화하는 템플릿으로(그림 1)[4] 서비스와 관련된 아홉 가지 블록을 통해 비즈니스 모델을 요약해서 표현하도록 도와준다. 전달 단계에서는 개발 단계까지의 내용을 바탕으로 아홉 가지 블록을 채워 나간다. 또한 지금까지는 구체적인 숫자로 생각하지 않았던 서비스의 가격과 비용을 정밀하게 추정하여 작성한다.

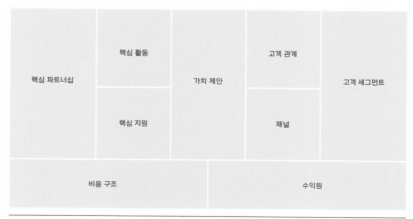

그림 1. 비즈니스 모델 캔버스

고객 세그먼트

고객 세그먼트customer segment는 서비스를 사용하게 될 직접적인 사용자로 '누구를 위해 가치를 창조해야 하는가?'에 대한 직접적인 답을 줄 수 있어야 한다. 서비스 경험 디자인 과정 중 퍼소나에서 작성한 가상의 사용자를 고객 세그먼트 블록에 간단히 표현한다. 단순히 퍼소나의 인구통계학적 정보뿐 아니라 해당 퍼소나가 가지고 있는 맥락까지 함께 담아내는 것이 중요하다. 예를 들면 단순히 '20대 직장인 여성'과 같은 인구통계학적 정보만으로 고객 세그먼트를 작성하기보다는 '출퇴근길 콩나물시루 지하철을 이용하는 20대 직장인 여성'과 같이 사용자의 중요한 맥락까지 제시할 수 있어야 한다. 서비스의 성격에 따라 고객 세그먼트는 하나가 될 수도 여러 개가 될 수도 있다.

고객 관계

고객 관계는 고객이 서비스를 이용하는 과정에 서비스 제공자가 어떤 수준의 도움을 주는 것이 가장 효과적이며, 그 과정에서 도움이 되는 관계를 정리하는 블록이다. 고객 관계 유형으로는 사용자가 서비스를 이용하는데 1:1로 단계적인 도움을 주는 개별 어시스트, 스스로 해결하게 하는 셀프서비스, 단계별로 자동화된 도움을 받게 하는 자동화 서비스, 사용자 집단이 자체적인 커뮤니티를 구성하여 서로 도움을 주는 사용자 커뮤니티, 그리고 SNS 서비스에서 고객 참여 등 여러 수준의 관계가 가능하다. 예를 들면 외국 여행 가이드와 같은 서비스는 사용자에게 밀착형 개별 어시스트를 제공하는 것이 좋다. 이 블록에서는 서비스 자체의 가치를 증진하는 고객 관계를 요약하여 표현한다.

채널

앞에서 작성한 이해관계자 지도와 서비스 청사진의 내용 중 상호작용선 부분을 바탕으로 고객 세그먼트와 가치 제안을 연결하는 채널을 작성해야 한다. 채널은 고객에게 가치를 제공하기 위해서 의사소통하고 서비스를 전달하는 방법으로 목적에 따라 크게 커뮤니케이션 채널과 유통 채널로 구분된다. 커뮤니케이션 채널은 고객에게 서비스를 알리고 서비스에 관한 평가 및 문의를 받는 창구로 이용된다. 대표적인 커뮤니케이션 채널로 고객에게 여러 정보를 전달하고 문의를 받는 웹사이트와 고객 센터가 있다. 유통 채널은 서비스를 직접적으로 전달하기 위한 통로이다. 택배 서비스의 경우 택배 기사가 서비스의 유통 채널이 되며, 스마트폰 애플리케이션 기반 서비스의 경우 그것을 내려받을 수 있는 구글의 플레이 스토어나 애플의 앱스토어가 대표적인 유통 채널이라 할 수 있다.

가치 제안

서비스 경험 디자인 과정 중 서비스 가치 제안 과정에서 작성한 내용을 바탕으로 고객들에게 어떤 가치를 제안할 것인지 간단히 정리하여 답을 제시해야 한다. 단순히 서비스가 가지는 가치를 나열하는 것보다는 해당 서비스가 다른 경쟁자에 비해 비교우위를 갖는 부분을 중심적으로 작성하는 것이 좋다. 타인의 서재 서비스의 경우 이미 존재하는 여러 중고 책 판매 서비스에서 충족시키지 못하는 다른 사람들의 생각 엿보기라는 연결성을 가치 제안에서 강조할 수 있다.

핵심 활동

핵심 활동key activities은 이해관계자 지도상에서 제공자가 고객에게 가치를 전달하기 위하여 하는 활동들을 의미한다. 단순히 고객에게 직접적으로 서비스를 제공하는 것뿐 아니라, 서비스 청사진의 후면에서 수행되는 활동도 포함한다. 버스킹 어라운드 서비스에서 공연자와 손님을 유치하는 홍보 활동뿐 아니라 카페 주인에게 서비스를 소개하고 장소를 유치하는 영업 활동 또한 이 서비스의 핵심 활동이라 할 수 있다.

핵심 자원

서비스를 통해 고객에게 가치를 전달하기 위해서는 어떤 물적 및 인적 자원, 지적 자산 및 재무 자원이 필요한지 핵심 자원key resources에 작성해야 한다. 여기, 신촌의 경우 가맹 카페를 영입·관리하는 인적 자원, 사용자가 문제 상황에 서비스를 떠올릴 수 있는 브랜드 가치, 사용자 중심으로 설계된 웹사이트 및 모바일 앱 등을 핵심 자원으로 정리하였다.

핵심 파트너십

후면에서 필요한 여러 자원을 공급해줄 수 있는 여러 공급자와의 네트워크로 앞서 작성한 이해관계자 지도를 바탕으로 핵심 파트너십key partnership 블록을 작성하여야 한다. 서비스와 직접 연관되는 공급자뿐 아니라 전략적 제휴를 통해 긍정적인 시너지를 낼 수 있는 다른 서비스 또한 핵심 파트너십에 함께 표현되어야 한다. 포토바기는 서비스와 직접 연관되는 카드 결제 업체, 웹·앱 개발 에이전시뿐 아니라 함께 시너지를 낼 수 있는 소규모 여행사 또한 핵심 파트너로 인식하였다.

수익원

고객이 어떤 시점에 어떤 가치를 위해 지불하며 그 방식이 어떠한지는 수익원revenue streams 블록에 작성하여야 한다. 위에서 정리한 고객 세그먼트, 가치 제안, 채널, 고객 관계 네 가지 모두를 기반으로 고객의 구매력과 해당 맥락에서의 구매 의지를 바탕으로 가격을 설정하고, 어떤 방식으로 지불하는지 설명해야 한다. AM559 서비스의 경우 20-30대 여성 직장인이 아침에 느끼는 여러 문제를 해결하는 데 사용하고자 하는 비용을 여러 정성적 조사를 통해 도출하여 아침 패키지 배달에 월 6만 9,000원이라는 고정 가격을 설정하였다.

비용 구조

위에서 정리한 핵심 활동, 핵심 자원, 핵심 파트너십을 바탕으로 고객에게 가치를 전달하는데 드는 비용에 대해 시장 가격을 조사하여 구체적 수치로 정리한다. 비용은 변동 비용과 고정 비용으로 분류한다. 예를 들어 미라쿡 서비스에서 서비스가 일 단위 증가할 때마다 재료 원가, 포장 비용 등과 같이 서비스가 제공되는 횟수에 비례하여 증가하는 비용을 변동 비용이라 하고, 서비스가 제공되는 횟수의 변동이 일정 수준 이상으로 크지 않다면 고정되어 있는 비용을 고정비라 한다. 일정 수준이란 해당 시스템이 처리할 수 있는 업무 범위를 말한다. AM559 서비스에서 한 명의 배달원이 새벽 시간 동안 수행할 수 있는 최대 범위가 열 명이라면, 한 명에게 배달하는 것과 열 명에게 배달하는 것이 같은 비용을 발생시키며, 열한 명에게 배달하기 위해서는 새로운 배달원을 고용하여야 한다. 이처럼 일정 범위에서는 같은 비용을 발생시키며 계단적으로 증가하는 비용을 고정 비용이라 한다.

비즈니스 모델 캔버스를 작성할 때 주의할 점은, 구체적인 숫자로 표현해야 한다는 것이다. 비즈니스 모델을 만든다는 것은 예상되는 매출과 비용을 최대한 정확한 수치로 추정하고, 그 바탕으로 수익성을 판단하는 과정이다. 예상되는 수입과 비용을 추산하고 수익을 만들어낼 수 있는지 서비스의 지속 가능성을 확인해볼 수 있다.

비즈니스 모델 캔버스 사례

포토바기 사례를 통해 비즈니스 모델 캔버스 각 부분이 지금까지 서비스 경험 디자인 과정 중 어떤 것에 바탕을 두고 작성되는지 확인해보자. 이 서비스는 고객들이 원하는 장소에서 아마추어 사진가에게 기존 스냅샷 서비스보다 저렴한 가격으로 사진 촬영을 받을 수 있도록 연결해주고 그에 따른 수수료로 매출을 얻음을 알 수 있다.

핵심 파트너십	핵심 활동	가치 제안	고객 관계	고객 세그먼트
- 소규모 여행사 예) 여행사 역시 자신의 여행 상품 가치를 증진시키기 위해 포토런 사진 상품을 패키지로 넣을 유인이 있음 - 카드 결제 시스템 관련 업체 - 포토북 앨범 제작 업체 - 웹·앱·에이전시(구축/유지)	- 웹사이트/웹 구축·관리 - 포토그래피 관리(홍보, 승인, 가이드라인, 공지, LV) - 고객 관리(홍보, 각종 정책 마련, 전달) - 연 1회 전시회 주최	- 연결 직접 연결 - 소통 1) 피드백 2) 클라이언트도 적극적으로 자신이 원하는 상품 요청 3) 포토그래퍼 간 정보 공유 및 연례 전시회 - 즐거움 색다른 상품 - 수익성 아마추어도 수익 창출 저렴한 고퀄리티 스냅사진	- 고객 요청 게시판 고객이 직접 기획한 상품 - 포토그래퍼가 직접 기획한 색다른 상품 - 포토그래퍼 검색창 (다양한 조건별) - 피드백 창	- 클라이언트 커플(허니문, 데이트) 가족(피크닉, 여행) 여행객(국내외) - 일반인 사진을 잘 찍든 못 찍든 사진으로 특별한 경험을 원하는 사람 - 포토그래퍼 아마추어 포토그래퍼: 평소 사진에 관심이 많으며 수준급의 사진 실력을 갖추고 있어서 사진 촬영 관련된 부업을 삼길 희망
	핵심 지원 - 포토런 웹사이트, 웹·앱 - 포토런 스태프 (와썬언썹) - 서비스 홍보		**채널** - 하이브리드 웹·앱(사이트에서 복잡한 과정이 이루어지지 않기에 좀 더 신속한 접근을 용이하게 하기 위해서 모바일 버전 필요하다.) - 포토런: 사진을 달리다 웹사이트	

비용 구조		수익원	
- 고정 비용 웹사이트, 웹·앱 구축 비용 웹사이트, 웹·앱 유지 비용 운영진 급여(유지, 관리, 영업) 홍보 비용	- 변동 비용 신용카드 결제 수수료 세금	- 포토그래퍼 가입비 아마추어 작가가 고객을 만날 수 있는 환경(다른 작가들과의 소통, 전시회를 통한 자아 실현)을 제공해주기 때문에 그 대가로 가입비를 받는다. - 수수료 수익	- 다른 사이트에서는 쓸 수 없는 색다른 상품을 통해 고객과 작가를 만나게 해주고 지속적인 소통이 가능한 환경을 제공하는 대가로 수수료를 받는다. - 광고(여행사, 포토북 액자 제작 업체) 우리 사이트에 오는 클라이언트 대부분은 여행이나 포토북 앨범 제작에 관심이 많을 확률이 높으므로 관련 업체와 광고 제휴를 맺어 수익 창출 가능

그림 2. 포토바기의 비즈니스 모델 캔버스

포토바기에서는 스냅 사진 서비스를 원하는 커플, 가족, 여행객 등을 타깃 고객으로 잡고 그들에게 연결, 소통, 즐거움, 수익성이라는 가치를 제공하고자 한다. 이러한 가치를 전달하기 위한 채널로서 포토그래퍼와 고객을 연결해주고 커뮤니케이션을 가능하게 해주기 위해서는, 편리하게 사용할 수 있는 모바일 애플리케이션과 웹사이트가 필요하다. 그리고 해당 웹과 앱을 통해서 고객에게 자동화된 서비스를 제공한다.

포토그래퍼와 고객을 연결해주는 플랫폼 서비스의 기본적인 가치인 연결과 의사소통을 제공하기 위해서는 중심적인 채널인 앱·웹이 핵심 자원이며, 이를 구축하고 관리하는 핵심 활동이 필요하다. 포토바기 팀 내부에는 개발자와 디자이너가 없기 때문에 핵심적인 파트너로 웹·앱 에이전시가 추가되었다. 이 외에도 사진가에게 수익성이라는 가치를 제공하기 위해서는 고객이 결제하는 과정에 불편함을 줄여 주어야 한다. 그렇기에 핵심 파트너십에 카드 결제 시스템 관련 업체를 추가하였다.

또한 가장 핵심적인 사용자인 포토그래퍼에게 차별화된 가치를 전달하기 위해서 포토그래퍼를 별로도 관리하고, 연 1회 전시회 등을 주최하는 등 포토그래퍼를 위한 고객 서비스도 핵심 활동이라고 볼 수 있다. 마지막으로 앞에서 설명한 핵심 활동을 하는 데 스스로 할 수 없는 일에 대해 여행사, 카드 결제 밴VAN 사 등과 파트너십을 통해 수행할 수 있다.

웹·앱 구축을 위한 개발자와 디자이너가 내부에 없어 이를 구축하고 관리하는 비용을 고정 비용으로 인식하였다. 또한 포토그래퍼 및 고객을 관리하고 전시회 등의 여러 프로모션을 준비하는 운영진의 급여 또한 고정비용이다. 결제 과정에서 발생하는 카드 결제 수수료 및 매출에 대한 세금은 변동 비용으로 인식하였다.

이렇게 정리한 매출 구조와 비용 구조를 실제로 추정하여 두 수치를 비교한다(그림 3, 4). 포토바기 팀에서는 정성적 조사를 토대로 고객 세그먼트상 고객의 구매력과 스냅 사진 서비스에 대한 기대 가격을 도출하여 평균 거래 대금을 건당 5만 원으로 설정하고, 포토그래퍼 입장에서 합리적이라고 느껴지는 수준인 10퍼센트를 거래 수수료로 설정하였다.

수수료 수익

거래 한 건 발생할 때 포토바기가 얻는 수수료 수익

평균 거래 대금	50,000원 *
지급 수수료	2%
실제 거래 대금	49,000원
거래 수수료율	10%
거래 1건 당 수수료 수익	**4,900원** **

* 일 인당 평균 상품 가격을 25,000원, 거래 한 건당 평균 2인이 이용할 것이라는 가정으로 계산
** 포토바기는 거래가 한 건 발생할 때마다 해당 거래 대금의 10퍼센트를 중개수수료로 수취

광고 수익

- 포토바기 사이트 내 배너 광고에 대해 CPC방식으로 수익 창출
- 클릭 일 회당 100원 과금

촬영 대금 수취 및 지급 시점

고객 이용 및 포토그래퍼 활동 가이드라인

포토그래퍼와 고객 사이에 중개자가 없는 기존의 경우
후불제: 고객이 촬영을 끝내고 대금 지급 없이 잠적할 위험 존재
선불제: 포토그래퍼가 촬영에 불성실할 위험 존재

촬영 대금 수취 시점과 지급 시점 사이에 생기는 시간적 간격을
활용해 부수적인 투자 수익을 얻을 수도 있다.

그림 3. 포토바기의 수익 구조

고정 비용 구조 및 계산 내역

1차년도 고정비용

웹·앱 구축 비용	35,000,000원[1]
웹·액 유지 비용	7,000,000원[2]
인건비	72,000,000원[3]
광고 선전비	54,400,000원[4]
기타 제비용	12,000,000원
합계	180,400,000원

n차년도 고정비용

웹·앱 유지 비용	7,000,000원
인건비	72,000,000원
광고 선전비	16,100,000원[5]
기타 제비용	12,000,000원
합계	107,100,000원

기타 제비용: 접대비, 비품비 등의 잡비와 예상치 못한 금액이 발생할 수 있으므로 매달 1,000,000원의 여유 비용을 계산에 반영

---

1. 웹 구축비용

웹 개발	8,000,000원
웹 디자인	7,000,000원
서버 구축	5,000,000원
합계	20,000,000원

2. 하이브리드 웹·앱 구축 비용

15,000,000원

참조: 웹앱 개발 플랫폼 사이트 프리모아

3. 와썹언썹 네 명

×	1,500,000원
×	12개월
	72,000,000원

와썹언썹 예산 조직도

마케팅 | 인사 | 재무 | 경영 지원

마케팅 온오프라인 홍보, 고객 관리, 제휴 파트너 관리, 상품 콘테스트 및 전시회 주최
인사 직원 월급 관리, 포토그래피 면접 및 공지 사항, 전반적인 관리
재무 고객 결제대금 관리, 포토그래피 대금 지급, 회계장부작성 및 법인세 납부
경영 지원 전반적인 사이트 유지 및 관리, 국내 및 국외로의 확장 전략 수립 및 수행

5. 광고선전비

포털사이트(네이버, 구글) 키워드 광고		스탠딩 간판 광고	
사이트별 일일 지정 예산	30,000원	간판당 비용	150,000원
사이트 개수(N사, G사)	× 2	제휴 카페수	× 10
일수	× 365	합계	1,500,000원
합계	15,330,000원		

4. 광고선전비

포털사이트(네이버, 구글) 키워드 광고

사이트별 일일 지정 예산	20,000원
사이트 개수(N사, G사)	× 2
일수	× 365
합계	14,600,000원

버스 정류장 광고

월 평균비용	1,500,000원
정류장 개수	× 2
개월 수	× 12
합계	36,000,000원

스탠딩 간판 광고

간판당 비용	150,000원
제휴 카페 수	× 20
합계	3,000,000원

주요 일간지 인터넷 사이트 언론 홍보

기사 게재 비용	200,000원
게재 일간지 개수(매경, 중앙)	× 2
게재 사이트 개수(N사, G사)	× 2
합계	800,000원

위 계산은 보수적인 가정에 입각했으며, 각 금액은 인터넷으로 알아본 시장 평균 가격. 실제 운영 시 금액은 이와 달라질 수 있음.

그림 4. 포토바기의 비용 구조

또한 수수료 수입 외에도 서비스와 연계될 수 있는 여러 상품 및 서비스에 관해 웹사이트와 애플리케이션 내에서 광고 수입도 발생할 것으로 예상하였다. 비용 측면에서는 위에서 언급한 웹·앱 구축 및 관리의 시장 가격을 조사하여 반영하였고, 서비스 광고 및 인건비 또한 실제 시장 가격을 조사하여 반영하였다.

포토바기 서비스는 플랫폼 서비스의 특성상 서비스 단위가 늘어날 때마다 추가로 발생하는 한계 비용이 결제 수수료 및 세금 외에는 거의 없는 수준이다. 그렇기에 고정 비용을 감당할 수 있는 수준 이상으로 성장하기만 한다면, 그 이후에는 높은 수익성을 달성할 수 있는 사업 구조다. 위의 수익과 비용 구조를 토대로 손익 분기점을 계산해본다면 그림 5에서와 같이 일 평균 약 100건의 거래가 필요하며, 현재 스냅 사진 시장 상황을 고려하였을 때 충분히 달성 가능한 수준이라 추정하였다.

포토바기가 일차적으로 투자한 약 1.7억 원의 비용 회수를 위해서 평균적으로 약 3만 6,816건의 거래가 발생해야 한다. 목표 회수 기간을 1년으로 설정한다면, 등록 포토그래퍼가 평균적으로 약 30건의 거래를 발생시킬 시 출시 직후 1년간 약 1,227명의 포토그래퍼의 등록이 필요하다. 현재 전국에서 활동하는 아마추어 포토그래퍼에 대한 공격적인 프로모션을 진행한다면 가능한 목표치로 추정하였다. 이처럼 비즈니스 모델 캔버스를 작성하고, 수입원과 비용 구조 측면에 작성된 내용을 구체적인 수치로 추정하여 해당 서비스의 사업적 지속 가능성을 확인할 수 있다.

손익분기점 거래량(현금 기준)

	연 거래 횟수	월 거래 횟수	일 거래 횟수
1차년도	36,816	36,816	102
n차년도	21,857	1,821	61

그림 5. 포토바기의 손익분기점 계산

수익 지대 모형

수익 지대란 '어떻게 고객에게서 대가를 받을 것인가'[5]에 초점을 맞춘 이윤 창출 과정을 말한다. 과거엔 시장 점유율을 비즈니스 모델 설계의 가장 중요한 목표로 삼았지만, 빠른 기술 발전으로 진입 장벽이 낮아지고 서비스 생산 원가가 낮아지는 등 시대가 변하면서 '시장 점유율이 높으면 이윤도 따라온다'는 전제가 무너졌고, 시장에서의 점유율보다 비즈니스 모델 자체의 이윤 가능성이 더욱 중요한 시대가 도래하였다. 이렇게 이윤 가능성에 주목한 비즈니스 모델이 수익 지대 모형이다. 수익 지대 모형을 설계하기 위한 선결 조건으로는 고객의 관점으로 문제에 접근하는 고객 중심적 사고customer-centric thinking가 필요하다(그림 6).

에이드리언 슬라이워츠키Adrian J. Slywotzky는 저서 『수익 지대』에서 일반적으로 기업들이 가질 수 있는 스물 두 가지 수익 지대 모형을 정리하였다(표 1).[6] 수익 지대 모형은 서비스를 디자인하는 과정에서 어떠한 방식으로 수익 지대를 만들 것인지 여러 방법을 제시해주는 하나의 템플릿으로, 디자인하는 서비스의 특성에 맞추어 혼합 및 변형하여 사용하는 것이 좋다. 실제로 프로젝트에서 어떻게 수익 지대 모형을 혼합 및 변형하여 활용하였는지 살펴보자.

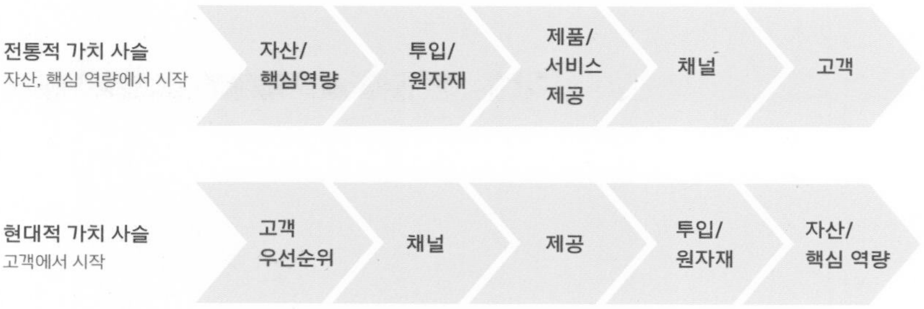

그림 6. 수익 지대 모형 설계를 위한 선결 조건

포토바기 팀은 특정 지역에서 사진을 남기고 싶어 하는 소비자들과, 전문 포토그래퍼로 입문한지 얼마 안 되었지만 해당 지역을 잘 알아서 좋은 구도의 멋진 사진을 찍어줄 수 있는 포토그래퍼를 연결하여 수수료 수익을 얻는 비즈니스 모델을 구상하였다. 이는 위의 스물두 가지 수익 지대 모형 중 스위치 보드 이익 모델로(4번), 포토바기에게 수수료를 지불하는 대신 구매자와 판매자 모두 금융 지출과 탐색 비용을 줄일 수 있다. 또한 포토바기 팀은 이러한 플랫폼의 영향력을 강점으로 삼아, 사진

이익 모형	설명	예시 기업
1. 고객 솔루션 이익	초기에 고객에게 투자하여 배우고, 정보를 바탕으로 솔루션 제공	GE, USAA, 노스트롬, ABB, 날코, HP
2. 제품 피라미드 이익	제품에 층위를 만들어 다변화하여 진입 장벽을 만든다	SMH, 마텔
3. 다요소 시스템 이익	같은 제품을 다양한 방식으로 사업화한다	코카콜라, 미라지 리조트
4. 스위치 보드 이익	서로에 대한 정보가 부족한 공급자와 수요자를 이어준다	슈왑, USAA, 오토바이텔, CAA
5. 시간의 이익	새로운 시장을 개척하여 초기에 독점적 이익을 얻는다	인텔, 뱅커스 트러스트, 소니
6. 블록버스터 이익	대규모 투자를 통해서 짧은 기간 동안 엄청난 누적 이익을 얻는다	머크, 디즈니, NBC
7. 이익 승수	하나의 핵심 제품을 다양한 산업군에 적용한다	디즈니, 버진, 혼다
8. 창업가 이익	조직을 분화시켜 규모의 비경제를 해소시킨다	서모일렉트론, ABB, 3M
9. 전문화 이익	기술적 전문성을 기반으로 이익을 얻는다	ABB, EDS, 왈라스
10. 기반 조성 이익	기초가 되는 제품을 통해서 필수적인 추가 제품 구매를 유도한다	오티스, 질레트, GE
11. 업계 표준 이익	업계 표준이 되어 시장을 지배한다	마이크로소프트, 오라클
12. 브랜드 이익	브랜드의 인지도, 인식, 신뢰 등의 무형자산으로 제품을 강화	인텔, 코카콜라, 나이키
13. 전문제품 이익	모방하는 데 시간이 드는 전문 제품으로 이익을 얻는다	허큘레스, 머크, 3M
14. 지역 리더십 이익	지역적인 특성을 잘 이해하여 지역에서의 선두 기업이 된다	스타벅스, 월마트
15. 거래 규모 이익	거래 규모를 늘리고 횟수를 줄여 비용을 줄인다	모건스탠리, 브리티시에어웨이스
16. 가치 사슬 포지션 이익	가치 사슬에서 경쟁이 적은 부분에 집중하여 이익을 얻는다	인텔, 블로버스터 비디오
17. 사이클 이익	계절적인 순환을 겪는 산업군에서 호황기를 극대화한다	도요타, 다우케미컬
18. 판매 후 이익	제품 자체에서보다 그 후속 가치 사슬에서 이익을 얻는다	GE, 소프트뱅크
19. 신제품 이익	고객의 가치를 반영한 신제품을 통해 이익을 얻는다	컴팩, 크라이슬러
20. 상대적 시장 점유 이익	규모의 경제를 통한 비용 절감으로 이익을 얻는다	프록터앤갬블, 필립모리스
21. 경험 곡선 이익	학습을 통한 전문화로 비용이 줄어들어 이익을 얻는다	밀리켄, 에머슨일렉트릭
22. 저비용 사업 설계 이익	기존 사업모형을 넘는 창의적인 사업 설계로 저비용을 실현한다	누코, 사우스웨스트, 델

표 1. 세부적인 수익 지대 모형

과 관련된 여러 서비스 및 상품을 판매하는 기반 조성 이익 모델(10번)에 해당하는 수익 지대를 구상하였다. 기존 기반 조성 이익 모델은 상품 판매와 관련된 개념으로 중심적인 제품을 판매하고, 부수재를 동반하여 판매하는 개념이었지만, 포토바기 팀에서는 서비스 측면에서 해당 모델을 변형하여 플랫폼에서의 영향력을 기반으로 부수적인 상품의 판매를 끌어내는 수익 지대 모형을 설계하였다

AM559 팀은 현재 서브스크립션 서비스[7]에서 고객을 충족시키지 못하고 있는 감성적 보살핌 욕구를 발견하고 이를 해결해줄 수 있는 아침 패키지 서브스크립션 서비스를 계획하였다. 이는 시간 이익모델(5번)과 유사한 수익 지대 모형이다. 시간 이익 모델은 최초 진입자가 새로운 시장에 뛰어들어 모방자가 이익을 잠식해오기 전까지 높은 수익성을 얻을 수 있는 모델이다. 경쟁자가 생기면 수익성이 떨어지는 만큼, 지속적인 혁신을 통해 모방을 어렵게 하는 것이 중요하다. AM559는 기능적으로 필요한 것을 전달하면서도 감성적인 욕구도 충족시켜주는 서브스크립션 서비스라는 새로운 시장을 개척하여 시간 이익을 달성하는 수익 지대 모형을 만들었다. 또한 기존 서브스크립션 서비스에서 높게 책정된 유통 비용을 최소한으로 절감하여 저비용 사업 설계 이익(21번)을 실현하고자 한다. 기존에는 그 서비스 대상이 매우 넓고 배달 주기가 확실하지 않아서 유통 비용이 많이 들었다. 하지만 AM559 팀은 사업 지역을 한정하고 배달 주기를 고정하여 유통 비용을 최대한 낮춘 수익 지대 모형을 만들 수 있었다.

타인의 서재 서비스는 스위치 보드 이익 모델을 따른다. 다수의 공급자와 다수의 구매자가 비효율적인 상황에 있을 때 서비스가 중개하는 역할을 한다. 맥락을 담은 책을 판매하여 추억과 정보를 공유하는 물리적 허브 역할을 함으로써 수익을 얻는다. 또한 비용 구조를 감당하기 위해 대기 시간이 길고 아날로그 감성이 존재하는 대학로를 장소로 택했다.

미라쿡 서비스는 요리를 남들에게 뽐내고 싶어 하는 사람들과 여러 레시피를 구경하고 실제로 만들어보고 싶어 하는 이들을 연결하는 스위

치 보드 이익 모델을 구상하였다. 여기서 나온 레시피들을 핵심 자원으로 방송의 소재로 제공하고, 사람들에게 레시피에 나온 요리 재료를 판매하는 등 여러 방법으로 활용하는 이익 승수 모델을 적용하였다(7번). 이 모델은 하나의 핵심 자산을 중심으로 그것을 재생산하여 여러 방식으로 판매하는 수익 지대 모형이다. 대표적으로 디즈니 같은 영화 제작사에서 캐릭터를 주인공으로 한 영화를 개봉한 뒤 이 캐릭터를 인형, 게임 등 다양한 콘텐츠에서 활용하는 것이 있다.

여기, 신촌은 실시간으로 공간을 원하는 사람과, 카페 등과 같이 해당 시간대에 비어 있는 장소를 연결해주는 실시간 장소 예약 서비스다. 이는 플랫폼 서비스로 위에서 설명한 스위치 보드 이익 모델을 통해 수익을 실현하는 서비스를 설계하였다. 또한 한 지역을 거점으로 서비스를 제공하여 홍보 및 고객에게 직접 전달하는 데 드는 비용을 최소화하는 지역 리더십 이익 모델을 통해 초기에 신촌이란 지역에 집중하여 저비용으로 네트워크 효과를 빠르게 달성하고, 서비스 설계 경험과 브랜드를 통해 다른 지역으로 확산할 예정이다.

버스킹 어라운드는 버스킹 장소를 중개하는 정보 플랫폼 서비스로 스위치 보드 이익 모델을 따른다. 다수의 공간 주인과 다수의 아티스트가 만나 거래할 때 지불하는 가격에서 수수료를 얻는다. 모바일 팁 결제 모듈에서도 수익을 얻는다. 플랫폼 서비스인 만큼 더 많은 사용자를 끌어들여 네트워크 효과를 노리는 전략이 필요하다.

위와 같이 수익 지대 모형은 어느 한 가지를 선택하여 서비스를 설계하는 것이 아니라, 여러 가지 수익 지대 모형을 서비스의 성격에 맞추어 적절히 혼합 및 변형하여 서비스의 비즈니스 모델을 설명하는 데 사용할 수 있다.

개발 단계와 전달 단계의 일관성

사용자에게 좋은 경험을 제공하더라도 서비스가 지속 가능성 측면에서 충분한 수익을 창출할 수 없다고 확인되면 서비스 모델을 수정할 필요가 있다. 타인의 서재 팀은 비즈니스 모델을 정교하게 설계하고, 이를 통해 서비스 지속 가능성을 확인하여 서비스 방향성을 수정할 수 있었다.

타인의 서재 팀은 서점, 그중에서도 중고 서점을 프로젝트 주제로 선정하고, 중고 서점이 단순히 책을 판매하는 것이 아니라 진정한 경험을 줄 수 있는 방향으로 서비스 콘셉트를 설정하였다. 팀은 중고 서적이 주는 경험을 해외여행과 연결해 실제 소설 속 주인공이 된 듯한 경험을 사용자들에게 제공하고, 나아가 그것을 다른 사람과 나눌 수 있는 채널로 중고 책과 SNS를 제공하는 서비스를 기획 중이었다. 그 경험을 완성하는 중요한 요소 하나가 공항 면세점이라는 장소였다.

하지만 비즈니스 모델 캔버스를 작성하는 과정에서 면세점의 연 임대료가 평당 1억 3,000만 원 수준으로 매우 비싸다는 걸 알게 되었다. 그렇기에 많은 초기 투자 비용이 필요하며 손익분기점을 넘기 위해서는 매우 많은 판매량을 기록해야 한다는 장벽을 실감했다. 그 뒤 서비스의 내용을 수정했다. 이처럼 서비스 모델과 비즈니스 모델의 일관성을 가져가는 것도 전달 단계에서 해야 할 일이다.

가치 제안과의 일관성

서비스 가치 제안이란 서비스가 이용자, 주요 관계자, 제공자에게 전달하는 가치와 의미를 뜻한다. 서비스 가치 제안은 다양한 관계자의 관점에서 서비스의 존재 이유와 목적을 설명할 수 있어야 한다.

서비스 경험 디자인 회사 엔진은 연구 결과에서 "좋은 서비스가 되려면 이용자와 제공자 모두에게 최고의 가치를 줄 수 있어야 하며, 서비스

가치 제안상에서의 실무 조사, 분석 단계가 곧 전체 서비스 프로젝트의 발견 및 정의 단계"[8]라 언급하며 가치 제안이 서비스 경험 디자인 전 과정에 걸쳐서 고려해야 하는 핵심적인 기준이라고 밝혔다.

　비즈니스 모델 작성 또한 엔진에서 언급한 것과 같이 서비스 가치 제안을 가장 중요한 참고 자료로 삼아야 한다. 비즈니스 모델은 위에서 설명한 것처럼 여러 이해관계자 중 투자자의 관점에서 서비스의 지속 가능성을 검증해보는 단계로, 넓은 의미에서 서비스 가치 제안의 일부분이라 할 수 있다. 수익과 비용 구조를 작성하다 보면 자칫 사용자에게 핵심 가치를 전달하는 일보다 비용을 최소화하고 수익을 극대화하는 일에 치우치기 쉬우므로, 비즈니스 모델을 작성하면서도 서비스 가치 제안을 항상 염두에 두고 서비스의 지속 가능성과 사업성을 개선하는 일이 사용자에게 전달하는 핵심 가치를 저해하지 않도록 주의해야 한다.

　앞에서 설명한 타인의 서재 팀은 비즈니스 캔버스를 그리고, 지속 가능성 확인을 통해 서비스의 비용을 줄여야 한다는 방향성을 얻을 수 있었다. 타인의 서재 팀이 사용자에게 가장 효과적으로 가치를 전달할 수 있는 장소로 선정한 공항 면세점의 비용이 과했기에, 서비스 가치 제안으로 돌아가서 사용자에게 가치를 효과적으로 전달할 수 있는 다른 장소를 탐색하게 되었다.

　타인의 서재 팀은 중고 책으로 사용자에게 전달할 수 있는 가치를 정리하였다(그림 7). 그리고 다른 중고 서점과 차별화할 수 있는 요소로 콘텐츠와 공유라는 가치를 극대화하길 원했다. 이 가치를 전달하기 위한 또 다른 장소로 대학로를 선정해 새로운 비즈니스 모델 캔버스를 작성하였다(그림 8). 기존의 비즈니스 모델 캔버스보다 상대적으로 비용이 많이 줄어 더욱 확실한 수익 지대가 형성되었음을 알 수 있다. 이같이 비즈니스 모델을 통해 서비스를 수정 및 보완할 때는 서비스 가치 제안으로 돌아가서, 사용자에게 전달할 가장 핵심적인 가치는 무엇인가 고민하고, 매출을 증가시키거나 비용을 감소시키면서도 핵심 가치 전달을 방해하지 않는 방향으로 서비스를 개선해야 한다.

중고 책 구매자
중고 책 판매자
서비스 제공자

책갈피
중고 책 구매자

⟷ 중고 책

트래킹 맵
중고 책 판매자

콘텐츠

자신의 책이 어떻게 이동하고
있는지 트래킹 정보

버려진 책에 새 생명을 주는
문화 사업가라는 자부심

중고 책에 이야기를
남김으로써 책의 가치를
높여준다는 내적 만족감

연극 보기 전의
설렘 극대화

대학로 대기 시간의
무료함 해소

책을 찾아가는 과정의
여행적 느낌 최대화

즐거움

오프라인뿐 아니라 온라인
채널을 통한 중고책 매입

책 구매 가격이 싸다

읽지 않는 책을 공유하면서
금전적 이득 봄

새 책을 판매하는
것보다 높은 마진을 남김

책에 적힌 이야기를 통해 나와 깊은
공감을 이끌어내는 우연한 만남

타인들의 책에 대한 생각
엿보기 요구 해소

책에 적힌 사연의 내용을
기준으로 한 책장 비치

금전적 이익

공유

그림 7. 타인의 서재의 서비스 가치 제안

핵심 파트너십	핵심 활동	가치 제안	고객 관계	고객 세그먼트
- 건물 임차인 - 중고책 판매 상인 - 대학로 위치 업체 단체 - 인근 카페, 식당 업소 - 파워 블로거를 비롯한 광고 매체	- 택배 시스템을 이용한 중고책 매입 - 책별로 등록된 사연을 책갈피화 - 책을 테마별로 책장에 비치 - 플랫폼 운영 관리 **핵심 지원** - 대학로 반지하 서점 공간 - 책과 함께 등록되어 있는 사연 콘텐츠 - 책 분류/관리 시스템	- 대학로 대기 시간의 무료함 해소 - 연극 보기 전의 설렘을 극대화 - 타인의 책에 대한 생각 엿보기 요구 해소 - 책을 찾아가는 과정의 여정적 느낌 최대화 - 자신의 책이 어떻게 이동하고 있는지 트래킹 정보	- 구매 시: 원격 서비스를 통한 객관적인 매입의 관계 - 판매 시: 직접적인 물리 공간에서 서비스를 이용할 수 있도록 돕는 조력자 관계 **채널** - 매장의 물리 공간을 이용한 책, 서비스 제공 - 모바일 앱을 통해 온라인에서 사용자에게 서적과 관련된 공유의 장과 정보 제공의 플랫폼을 제공	- 메인 타깃 A: 연극, 식사 등의 약속 때문에 대학로에 도착했으나 여유 시간이 발생하여 킬링 타임이 필요한 사람 - 메인 타깃 B: 대학로를 돌아다니며 시간을 보낼 수 있는 새로운 콘텐츠를 찾는 커플 - 서브 타깃: 희귀 서적을 찾아다니는 나끼마와 같은 기존 중고책방 헌터

비용 구조		수익원	
- 서점 임대료 - 중고 책 매입 원가 - 정 직원 두명 임금	- 책갈피 제작 비용 - 북 커버 구매 비용 - 제휴 업체 판관비	- 한 권당 발생하는 마진 25% - 책 커버 구매당 1,500원 - 책 선물용 우편함 권당 3,000원	

그림 8. 타인의 서재의 비즈니스 모델 캔버스

서비스 청사진은 사용자 여정의 설계, 접점의 디자인, 상호작용 및 행동 설계, 시스템 설계 등 실제 서비스 제작 활동을 한눈에 파악할 수 있는 종합 상황판 역할을 수행한다. 서비스 청사진에 비즈니스 모델 또한 반영되어 사용자 행동과 물리적 증거에서 매출 구조를, 기초 및 후방 행동에서 비용 구조를 설명할 수 있어야 한다.

　　서비스 청사진에 비즈니스 모델을 반영할 때에는 먼저 서비스 청사진의 구성 요소와 비즈니스 모델 캔버스에서 작성한 내용이 연결되는지 확인해야 한다. 비용 구조에서는 전면과 후면의 제공자의 행동 영역과 비즈니스 캔버스상의 핵심 활동이 연결되고, 후방 지원 시스템의 내용이 핵심 파트너십, 핵심 자원에 반영되어야 한다. 타인의 서재 서비스 청사진에 앱 관리, 중고 책 가격 책정, 중고 책 관리, 매장 관리 등 제공자의 행동 영역 부분이 비즈니스 모델 캔버스상의 핵심 활동인 중고책 매입·판매·관리, 플랫폼 관리 등에 반영되었음을 알 수 있다.

　　매출 구조에서는 사용자가 느끼는 가치가 사용자의 생각 부분에서 비즈니스 모델 캔버스상의 핵심 가치로 연결되고, 이 가치가 전달되는 물리적 증거가 핵심 채널로, 상호작용선 부분이 핵심 관계로 연결되었다. 마지막으로 비즈니스 모델 캔버스에서 산출한 매출과 비용이 발생하는 시점과 관련 활동들을 서비스 청사진상에 표시해주어야 한다.

　　이처럼 비즈니스 모델을 서비스 청사진에 반영할 때에는 사용자 여정 상에서 정확히 어느 시점에 어느 가치가 실제로 제공되었는지, 그 가치는 서비스 가치 제안상에서 어디에 위치하는지, 그 가치는 어떤 사용자 접점을 통해서 실현되는지 설명하여야 한다. 더 나아가 사용자 여정 중 어느 시점에 실제로 어떤 과정을 거쳐서 서비스에 대한 대가를 지불하는지 구체적으로 표현해야 한다.

사용자에게 좋은 경험을 제공해주는 것만으로는 서비스의 지속 가능성을 확보할 수 없다. 사용자에게 좋은 경험을 제공하면서도 그 과정에서 발생하는 비용을 감당할 수 있는 수입이 발생해야 한다. 서비스 경험 디자인은 사용자의 필요에서 출발하지만, 이해당사자 가운데 투자자 또한 존재한다는 것도 잊지 말아야 한다. 투자자 관점에서 서비스 경험 디자인의 지속 가능성을 확인해보는 것도 필요하다. 그런 의미에서 실제로 서비스를 론칭하기 전에 서비스의 지속 가능한 운영을 위해서 필요한 수익과 이에 상응하는 비용의 구조를 수립하는 것이 비즈니스 모델을 구축하는 가장 큰 목적이다. 이러한 비즈니스 모델이 수립되었다는 전제 아래 다음 장에서는 해당 서비스가 제공하는 가치를 실제 사용자에게 어떻게 전달할 것인지 알아보자.

토론하기

1

본인이 생각하고 있는 서비스를 통해
고객, 서비스 제공자, 이해관계자에게 어떤 가치를
어떻게 제공할지 이야기해보자.

가치를 효과적으로 전달할 방법을 찾기 위해서
비즈니스 모델을 만들어보자.

2

실생활에서 자주 사용하는 흥미로운 서비스에 관한
비즈니스 모델 캔버스를 작성해보자.

현재는 사양길로 접어든 서비스(미국의
마이스페이스, 프리챌 등)에 대한 비즈니스 모델
캔버스를 작성해보고, 비즈니스 모델 측면에서
문제점을 확인해보자.

3

본문에서 언급되지 않은 수익 지대 모형 중 본문의
사례에 추가적으로 적용할 수 있는 것을 논의해보자.

많은 스타트업의 경우 실질적인 수익을 창출하지
않은 채 수년 동안 생존하기도 한다. 이들은
어떻게 기업과 서비스 운영을 유지해왔는지
사례를 찾아보자.

4

앞에서 그린 비즈니스 모델이 서비스 가치 제안과
잘 연결되는지 확인해보자. 비즈니스 모델에만
매몰되어 핵심 가치에 집중하지 못하는 경우가
있다. 핵심 가치에 집중하려면 어떤 개선이 필요한지
이야기해보자.

서비스 청사진에 비즈니스 모델 캔버스를
적용해보자. 서비스의 사용자 여정에 매출 구조를
연결해보자. 서비스의 후방 지원 단계에
비용 구조를 연결해보자.

생각해보기

우리 팀 서비스의 핵심 가치 제안을 토대로
비즈니스 모델 캔버스를 작성하고 수정 및 보완할
사항을 생각해 본다.

앞에서 작성한 비즈니스 모델 캔버스를 서비스
청사진 및 가치 제안서에 적용해보고 처음 생각했던
가치가 제대로 전달되는지 확인해보자.

11장

서비스 브랜딩

브랜드는 더 이상 소비자에게 전달만 하는 것이 아니다.
브랜드는 소비자와 함께 만들어가는 것이다.

스콧 쿡 | 인튜이드 창립자

A brand is no longer what we tell the consumer
it is—it is what consumers tell each other it is.

Scott Cook

교수라는 직업의 특성상 학회에 참석하는 일이 많다. 그중 많은 수가 해외에서 개최되어 바쁜 일정 속에서도 1년에 한두 번씩은 겸사겸사 국제선을 이용할 기회가 생긴다. 멀게는 14시간이 넘게 비행기 안에서 보내다 보면, 그 비행기를 탄 다른 사람들이나 승무원들을 곰곰이 관찰하게 된다. 저 사람은 누구를 만나러 가고 있을까? 얼마나 설레는 기분일까? 이런 나의 마음을 이해해서인지 크리스마스에 비행기를 탔더니 어떤 항공사는 산타클로스를 등장시켜 승객들의 소원을 이루어주는 이벤트를 해주었다. 그 항공사는 크리스마스에 산타클로스가 선물을 주는 항공사라고 확실하게 각인되었다. 그 뒤부터는 해외 출장을 갈 때 같은 값이면 그 항공사를 이용하곤 한다. 국내 항공사 중에는 한 곳이 신혼여행지 노선 항공편을 중심으로 기내 프러포즈 이벤트를 펼치고 있는데 상당히 기발하다. 고객들의 스토리와 맥락을 이용하여 진정한 경험을 제공한다는 것이 이런 게 아닐까. 매해 비행기를 타고 공항을 이용할 때마다 변화된 서비스에 놀라곤 한다. 이런 항공사들은 단순히 승객을 목적지까지 데려다주는 것만이 아닌, 비행시간 동안의 즐거움을 스스로 창조해 나간다. 그 결과 한 번 이용했던 고객들이 다시 찾는 항공사가 되어 가고 있다. 이처럼 우리 서비스를 한 번 사용한 사람들에게 서비스를 강력하게 각인시키고 지속해서 서비스를 사용하게 만들 방법은 무엇일까?

서비스 브랜딩

주요 개념과 특징

서비스 브랜딩service branding이란 서비스를 이용하면서 향후 계속될 수 있는 경험 및 편익에 관한 약속이다. 여기에서 '약속'을 도식화하여 살펴보면 그림 1과 같다. 브랜딩 과정은 기업, 서비스 제공자, 사용자라는 세 주체 간에 이루어진다. 기업은 사용자에게 어떤 가치를 제공할 것인지를 약속하고, 기업은 서비스 제공자에게 가치의 제공이 가능하도록 지원하게 된다. 기업의 지원을 바탕으로 서비스 제공자는 사용자가 기대하는 약속의 내용을 이행한다. 그렇기 때문에 서비스 브랜딩에서 이 세 주체는 불가분의 관계를 맺고 있다. 결국 서비스 브랜딩이란 고객과의 약속을 이행하기 위한 기업과 서비스 제공자, 고객의 상호작용 전반을 일컫는 것이다.

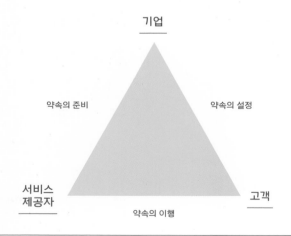

그림 1. 서비스 삼각 모형[1]

일반적인 브랜딩에서는 고려되지 않는 서비스의 제공자가 가치 전달 과정에 포함되면서 서비스 브랜딩에는 크게 두 가지 특징이 생긴다. 첫 번째는 기업과 서비스 제공자의 내부 의사소통이 매우 중요해진다는 점이다. 서비스는 생산과 소비가 동시에 이루어지고(불가분성) 품질의 표준화가 어렵기 때문에(이질성) 직접 서비스를 제공하는 서비스 제공자의 역량이 서비스의 가치를 좌우하게 된다. 그러므로 그림 2에서 보이듯 사용자에게 명확한 가치를 전달하고 싶다면 내부의 서비스 제공자와 가치를 공유하는 것이 우선 되어야 한다. 이를 위해 내부 서비스 정책이나 운영 지침 등 구체적이고 명확한 형태로 기업이 추구하고자 하는 방향을 공유하는 것이 효과적이다.

서비스 제공자의 만족도와 동기가 서비스의 품질과 사용자 만족으로 이어진다. 서비스 제공자의 직무 만족도는 직무 동기에 영향을 끼치고, 높은 동기를 지닌 서비스 제공자로부터 고품질의 서비스가 전달되어 결과적으로 사용자의 만족도가 높아지면 총 판매가 늘어나게 된다. 이는 다시 서비스 제공자의 직무 만족에 영향을 끼치는 선순환 구조를 만든

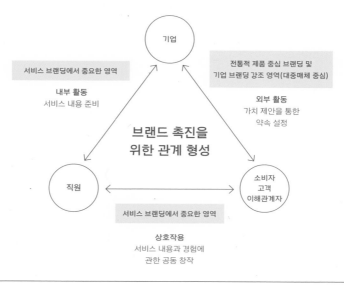

그림 2. 서비스 삼각 모형

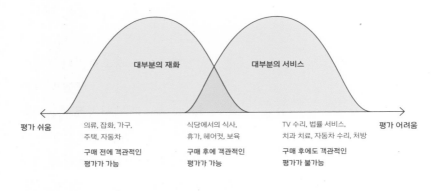

평가 쉬움   평가 어려움

의류, 잡화, 가구, 주택, 자동차	식당에서의 식사, 휴가, 헤어컷, 보육	TV 수리, 법률 서비스, 치과 치료, 자동차 수리, 처방
구매 전에 객관적인 평가가 가능	구매 후에 객관적인 평가가 가능	구매 후에도 객관적인 평가가 불가능

그림 3. 제품과 서비스의 평가 용이성 비교[2]

다. 서비스 제공자의 만족이 만들어내는 선순환 구조는 서비스 브랜딩에서 기업과 서비스 제공자 간 의사소통의 중요성을 보여준다.

두 번째 특징은 서비스 제공자와 사용자 간의 의사소통이 중요해졌다는 점이다. 그림 3에서 보이는 바와 같이 유형의 제품같은 경우에는 구매 이전에 제품의 속성에 관해 객관적인 평가가 가능하지만 서비스의 경험적 속성은 구매 이전에 평가가 이루어지기 힘들고, 또 구매 뒤에도 서비스 경험의 신뢰도를 명쾌하게 평가하기 어렵다. 특히 서비스는 생산과 동시에 소비가 일어나며(불가분성) 경험이 종료됨과 함께 소멸하기 때문에(소멸성) 구매 시점부터 경험의 종료 시점까지 신뢰성과 호감을 느낄 수 있도록 가치 전달이 이루어져야 한다. 그러므로 사용자의 참여를 염두에 둔 쌍방향 의사소통으로 사용자에게 진정한 경험을 제공하고 서비스에 관여도를 높여 긍정적 태도와 신뢰를 유발하는 전략이 필요하다.

그림 4는 서비스 브랜딩을 간략하게 도식화한 것으로 브랜드의 자산이 만들어지는 과정을 한눈에 볼 수 있다. 그림 윗부분에 있는 빨간색 네모 상자는 기업이 전달하려는 가치가 브랜드의 인지도 가치에 영향을 미치는 과정을 보여주고, 아래의 빨간색 상자는 사용자가 직접 경험한 내용이 브랜드의 연상 가치에 영향을 주는 과정을 보여준다. 보통의 제품 브랜딩이 브랜드 인지도와 관련된 활동 중심인 데 반하여 서비스 브랜딩은 브랜드의 인지도 형성과 브랜드의 연상가치를 형성하는 과정이 동시에 진행된다. 그러므로 브랜드의 자산을 키우기 위해서는 전달하고자 하는 브랜드의 가치뿐 아니라 실제 사용자가 경험하게 되는 브랜드의 가치까지 면밀히 고려할 필요가 있다.

그림 5는 사용자가 브랜드를 평가할 때 어떤 요소들이 영향을 끼치는지 보여준다. 브랜드에 대한 평가는 서비스 이용 경험의 구체적인 구성 요소들과 서비스가 외부에 알려지는 양태 간의 상호작용 결과로 나타나게 된다. 이 상호작용을 통해 사용자는 브랜드에 만족을 느끼게 되고 브랜드에 관한 태도를 형성하게 되며 브랜드에 관한 평가를 진행하게 된다.

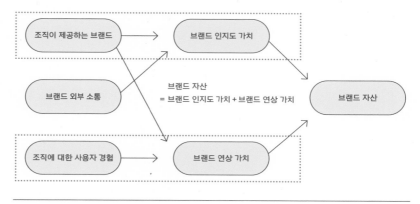

그림 4. 서비스 브랜딩 모델[3]

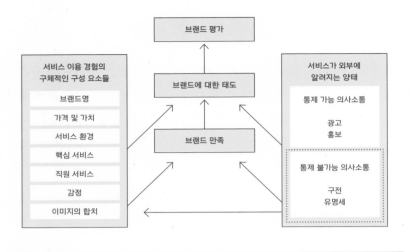

그림 5. 서비스 브랜딩 모델

이 모델에서 특히 유의하여 볼 부분은 서비스가 외부에 알려지는 양태 중 하단에 표시된 빨간색 네모다.

이용 경험의 구체적인 요소와 광고, 홍보 등은 기업이 추구하는 방향으로 조정 가능한 데 비해 사용자 간의 구전, 유명세 등은 기업이 관여하기 어렵다. 그러나 이 부분을 효과적으로 관리할 경우 브랜드의 자산을 키우고 브랜드의 평가 가치를 올릴 수 있는 중요한 부분이므로 진정한 경험을 제공해 사용자의 자발적인 구전 활동을 독려하는 것이 중요하다.

구성 요소

서비스 브랜드를 이루는 구성 요소로는 브랜드 이름, 로고, 가격, 서비스의 핵심 내용, 서비스 경험에 대한 느낌, 서비스 제공자, 서비스 환경, 서비스 개성, 구전 효과, 홍보, 광고 등이 있다. 이 구성 요소들이 중요한 이유는 브랜드에 관한 사용자들의 만족도 측정의 지표가 되어주기 때문이다. 성공적인 사업 확장을 위해서는 서비스 특유의 이질성을 유지하면서도 일관된 서비스 품질을 달성해야 한다. 제품 브랜딩은 제품의 가시적인 속성이 브랜드에 반영되어 만족도 측정이 수월한 반면 서비스 브랜드는 대부분의 과정을 눈으로 볼 수 없기에 더 세심한 측정이 필요하다.

서비스 브랜드를 만든다는 것은 위에서 말한 서비스 구성 요소들을 어떤 식으로 조합해서 사용자에게 보여줄 수 있을까를 고민하는 과정이다. 비가시적인 서비스 브랜드를 어떻게 하면 보이는 것처럼 생생하게 전달할 수 있을지, 사용자 여정 지도의 어느 포인트에서 어떤 모습으로 접점을 만들어 나갈지를 고민해야 한다. 따라서 브랜드를 구성할 때는 최대한 일관성 있고 명확한 단 하나의 가치를 중심으로 요소들을 모아야 한다. 브랜드 포지션을 명쾌하고 집중되게 선택하고, 이름이나 로고 색상과 같은 기본 요소들에 일관성을 부여하고, 브랜드가 지향하는 가치를 간단하고 알기 쉽게 표현하는 등의 노력을 통해 마치 보이는 것처럼 서비스 브랜드를 전달할 수 있다.

여기, 신촌은 서비스에서 중심이 되는 시간과 장소를 모티브로 하여 브랜딩을 진행하였다(그림 6). 잠재적 사용자들이 브랜드의 로고만 보아도 이 서비스가 장소와 시간이 연관된 서비스라는 것을 알 수 있도록 디자인하였다. 광고 역시 '여신(여기, 신촌의 줄임)과 함께라면 당신은 이미 앉아 있다.'라는 카피를 통해서 시간과 장소 중심으로 브랜딩이 이루어지고 있다. 브랜드를 구성하는 구성 요소들이 하나의 가치를 중심으로 명확하고 쉽게 표현된 사례이다.

여신과 함께라면 당신은 이미 앉아 있다
You Already Got a Seat!

신촌 지역 기반 실시간 예약 서비스

그림 6. 여기, 신촌 브랜딩 예시

기적을 요리하다

당신에게 달려가는 진정한 요리 경험 서비스

그림 7. 미라쿡 브랜딩 예시

미라쿡 서비스의 특별한 점은 사용자 중심으로 메뉴 선정이 맞춰져 있다
는 것인데, 요리를 하는 사람이라면 누구나 자신이 만든 음식과 레시피
를 올려 투표할 수 있고 운이 좋으면 자신의 메뉴가 푸드 트럭의 메뉴로
선정될 수도 있다. 여러 이유로 요리사의 꿈을 포기한 사람들에게 이 서
비스는 기적이 되어줄 수 있다. 미라쿡은 그래서 서비스의 이름을 '기적
Miracle'과 '요리하다Cook'를 합쳐 '미라쿡MiraCook'으로 만들고 푸드 트
럭의 모양을 로고에서 형상화하여 브랜드의 정체성을 드러내고자 하였
다(그림 7). 이 서비스 역시 요리라는 중심을 가지고 일관된 브랜딩을 진
행하였음을 알 수 있다.

미래 기사 헤드라인 만들기

서비스 브랜드를 구체화하기 위해 서비스에 관한 미래 기사의 헤드라인
future headline을 뽑아보는 것도 효과적인 방법이다. 현재 기획 중인 서비
스가 신문에 실렸을 때 보도자료가 어떻게 나올지 미리 써보는 것이다.
서비스와 관련된 이야기가 모두 들어가야 하므로 먼저 헤드라인과 부제
를 잡고 핵심 문단을 써본다. 그를 바탕으로 이야기를 이어갈 수 있다.
미라쿡의 미래 기사는 서비스가 가져올 수 있는 사용자의 변화에 중점을
두고 작성하였다(그림 8). 요리를 출품하는 셰프형 사용자와 먹는 것을
좋아하는 소비형 사용자 그리고 요리를 배우고자 하는 새댁형 사용자가

THE WALL STREET JOURNAL
월스트리스저널

지난 17일 요리 경험
서비스 미라쿡의 <도전,
푸트요리>가 상수동에서
진행되었다.

미라쿡(MiraCook), 요리로 기적을 꿈꾸다
"눈으로 보고, 입으로 먹고, 손으로 만들어요"

By Hyunji Lee (volcanogirl@wsj.com)

매일 퇴근길에 이정규 씨(27)는 요리 경험 서비스 '미라쿡(MiraCook, 기적의 요리)'으로 요리 사진을 본다. 스마트폰 스크롤을 계속 내리며 예쁜 요리를 감상하다 보면 시간 가는 줄 모른다. 좋아하는 요리에 '숟가락(좋아요)'을 누르고, SNS로 공유한다. 5등 안에 선정된 요리 중 상용화 테스트를 통과하면 2주 후에 푸드 트럭에서 직접 먹어볼 수 있다. 미라쿡이 제공하는 서비스인 '도전, 푸트요리'이다.

2주에 한 번씩 요리 테마를 정해주면 팔방 곳곳에서 전국의 요리인들이 자신이 만든 요리를 사진으로 올린다. 이번 주 테마는 닭 요리다. 평소에 즐겨 먹던 양념 통닭, 닭갈비는 기본이고, 좀처럼 보지 못했던 닭카레조림, 닭가슴살 스테이크까지 미라쿡에 올라오고 있었다.

이정규 씨는 '미라쿡'의 열혈 사용자다. "저번엔 자투리타타를 푸드 트럭에서 직접 먹어볼 수 있었거든요." 미라쿡은 요리 초보자에게도 최적화된 레시피와 재료를 제공한다. 요리 지식이 전무했던 이정규 씨는 미라쿡 요리 패키지로 요리를 하더니 이제는 신메뉴까지 개발할 수 있는 실력이 되었다. "이제 저도 자투리타타를 요리할 수 있게 되었어요. 요리 초보자인 제게 기적이 일어난 거죠." 도전, 푸트요리의 쉐프로 출전하기 위해 이정규 씨는 주말마다 자신의 메뉴를 개발하고 있다.

바야흐로 '식(食)'의 시대다. 삼시세끼, 냉장고를 부탁해, 마이리틀티비 쇼 백종원, 수요미식회, 테이스터로드, 해피투게더 야간매점 등 요리는 이제 리얼리티 예능의 대세가 되었다. "요리의 핵심은 맛보는 것이건만 눈으로 요리를 지켜만 보고 있자니 시청자들이 갈증을 느낄 우려가 있다." tvN백수지 PD의 지적이다. '미라쿡'은 소비자의 갈증을 3단계로 해소시킨다. 우선 철저히 눈으로 요리 사진을 즐기게 하여 먹고 싶은 마음을 키운다. 도전 푸트요리에 일주일간의 투표 이후 푸트요리로 선정된 요리는 푸드트럭에서 직접 먹어볼 수 있다. 마지막으로 레시피북과 맞춤형 패키지 재료를 소비자에게 제공하여 직접 요리할 기회를 준다. 2주마다 열리는 '도전, 푸트요리'의 우승자가 스타 쉐프가 되어 얻게 되는 인기는 덤이다.

지난 17일에 상수동에서는 파슬리 계란 볶음면을 판매하는 연두색 푸드 트럭이 등장했다. 주말에 상수동에 놀러 온 300명이 넘는 시민들이 푸트요리를 기다리고 있었다. 시민들은 미라쿡 앱을 통해 대기 순번을 받고 기다리며 주변에서 쇼핑 중이었다. "3분 남았습니다" 앱에서 알림이 뜨자 커플이 푸드트럭으로 달려왔다. 상수동에서 온 백민철(25) 씨는 볶음면을 4,500원에 구입한 뒤 레시피북과 재료 패키지까지 샀다. "투표했더니 정말 먹을 수 있네요. 여자친구에게 자취방에서 볶음면을 해줄 거예요. 오늘은 나도 볶음면 요리사!" 레시피북이 포함된 재료 패키지의 가격은 2,500원이었다. 푸드 트럭을 상수동에서 처음 접한 시민 (김규인, 22)은 즉석에서 앱을 내려받아 미라쿡을 사용해보기도 했다. "신기하네요. 그런데 정말 사 먹은 것처럼 제가 요리를 맛있게 먹을 수 있는 건가요?"

눈으로 보고, 입으로 먹고, 손으로 만든다. 미라쿡을 개발한 스타트업 Team Q 대표 안미나(23) 씨가 강조한 캐치프레이즈다. '진정한 경험'을 요리로 전달하겠다는 취지다. Team Q는 스트레스 해소를 위한 서비스로 창업 아이템을 기획했다. 사업 계획 실행 단계에서는 모든 사람이 공감하고 즐길 수 있는 것이 요리라는 생각으로 요리 경험 서비스를 개발했다. Team Q는 CZ 푸드빌과 조인트 벤처로 재료 패키지 개발을 함께하고 있다. 김보명 CZ 사장은 "글로벌 미라쿡 프로젝트에 100억을 투자하여 전 세계에 즐거운 요리 문화를 정착시키는 것이 목표"라고 말했다. Team Q는 요리로 세상을 이롭게 하는 날을 꿈꾼다.

그림 8. 미라쿡의 미래 기사 헤드라인

각각 미라쿡 서비스를 이용하는 모습과 생각을 담아내려고 했다. 또한 미라쿡의 포부와 미래를 마지막에 언급해 이 서비스의 성장 가능성이 높다는 것을 알려주었다.

미라쿡 서비스의 헤드라인은 감성적인 접근이 잘 와 닿는다. 실제 판매 트럭을 촬영한 듯한 사진 자료는 독자의 이해를 돕고 있고 구성 측면에서 실제 신문 기사와 거의 유사한 형식으로 서비스를 표현하고 있다. 처음에 서비스의 대략적인 성격을 소개하고 인터뷰와 현재 세대에 이르기까지 구성이 매우 탄탄하다. 나이나 실제 장소, 시간, 가격 등을 기재하여 실재감 있게 구성한 점이 돋보인다.

사용자 참여

사용자 참여 행동

인게이지먼트engagement란 연관성을 의미하는 단어로 사용자 참여 행동 user engagement behavior은 서비스와 연관된 사용자의 행동 징후를 포괄하는 용어이다. 사용자들은 단순히 브랜드의 거래 혹은 구매 행동만을 하는 것이 아니라 적극적인 참여를 통해 공동 창작을 진행하기도 하고, 브랜드에 깊숙하게 감정 이입하여 자신에 대한 이미지를 형성하기도 하며, 사용자 간 구전 활동을 발생시키기도 한다. 서비스 브랜딩에서 기업은 이러한 사용자의 자발적인 참여 활동을 극대화하기 위해서 사용자를 격려할 필요가 있다. 그러므로 어떤 요소가 사용자의 행동에 영향을 주는지, 어떤 요인이 사용자의 행동을 발생시키는지를 분석하고, 어떻게 사용자가 서비스에 대해 긍정적인 방향의 행동을 취하게 만들 수 있을까 고민해야 한다.

사용자 참여 행동 모델

사용자 참여 행동 모델user engagement behavior conceptual model은 브랜드에 대한 사용자의 행동을 유발하는 원인과 사용자 행동에서 얻을 수 있는 결과를 보여주는 모형이다. 사용자 관점에서 느끼는 만족감, 신뢰, 브랜드 자체의 개성, 사회적 환경 등이 복합적으로 작용하여 사용자의 행동을 끌어내는 원인으로 작용함을 알 수 있다. 따라서 기업은 사용자들의 활발한 참여를 유도하기 위해서는 사용자뿐 아니라 제공자 조직, 제공 맥락에 이르기까지 복합적인 이해와 분석이 필요하다.

특히 서비스 브랜딩에서는 사용자의 참여가 중요하기 때문에 사용자

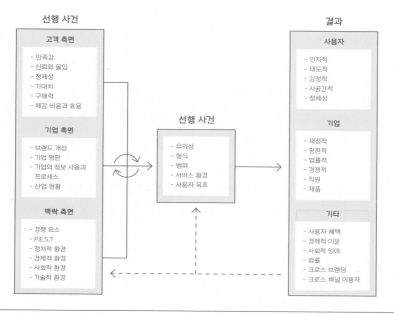

선행 사건

고객 측면
- 만족감
- 신뢰와 몰입
- 정체성
- 기대치
- 구매력
- 체감 비용과 효용

기업 측면
- 브랜드 개성
- 기업 평판
- 기업의 정보 사용과 프로세스
- 산업 현황

맥락 측면
- 경쟁 요소
- P.E.S.T
- 정치적 환경
- 경제적 환경
- 사회적 환경
- 기술적 환경

선행 사건
- 유의성
- 형식
- 범위
- 서비스 환경
- 사용자 목표

결과

사용자
- 인지적
- 태도적
- 감정적
- 시공간적
- 정체성

기업
- 재정적
- 평판적
- 법률적
- 경쟁적
- 직원
- 제품

기타
- 사용자 혜택
- 경제적 이윤
- 사회적 잉여
- 법률
- 크로스 브랜딩
- 크로스 채널 이용자

그림 9. 사용자 참여 행동 모델[4]

가 어떤 환경에 처해있는지, 또 어떤 맥락에서 서비스를 사용하는지, 그때 발생하는 요구에는 어떤 것들이 있으며 그것이 기업의 브랜드 특성과 어떻게 유의적으로 연결되어 있는지를 잘 살펴야 한다. 기업이 제공하는 서비스의 목표와 고객이 추구하는 목표가 부합할 때 사용자는 브랜드에 대한 긍정적인 감정과 태도를 형성할 수 있으며 기업의 경쟁력 제고도 가능해진다. 이렇게 만들어진 결과들은 다시 사용자의 행동을 유발하는 선행 사건antecedents이 되어 이후의 사용자 참여를 끌어내는 밑바탕이 되어주기에 서비스 브랜딩에서 사용자, 제공자 조직, 제공맥락에 대한 이해와 분석은 그 중요도가 매우 높다고 할 수 있다.

1인 가구를 위한 서브스크립션 서비스 AM559는 사용자에게 진정한 경험을 제공해주기 위해서 상황 밀착형 관찰을 진행하였다. 단순히 사용자 인터뷰만을 한 것이 아니라 사용 상황에 직접 뛰어들어 사용자에 대한 이해와 사용 맥락을 분석하였다. 이는 주로 발견 단계에서 수행하는 분석이지만 이 서비스는 사용자에 관한 깊은 이해와 서비스 개선을 위해 전달 단계에서도 베타 테스트를 진행하였다. 사용 상황 및 맥락 분석을 통해 AM559는 사용자들에게 아침이라는 시간이 '하루를 디자인하는 시간'이라는 점을 발견할 수 있었다. 특히나 다양한 아침 이미지를 선택할 수 있도록 만든 점이 사용자의 경험에 매우 중요한 포인트가 됨을 알았다. 또한 베타 테스터로 참여한 사용자는 일상을 챙겨주는 이 서비스의 친근한 이미지가 매력적이라는 평을 했는데, AM559는 이런 사용자의 의견을 적극적으로 반영하여 서비스를 강화하였다. 사용자의 요구, 상황에 대한 분석과 공동 창작을 효과적으로 수행한 예시로 볼 수 있다.

사용자 참여 행동의 촉진과 관리

그림 10은 사용자의 참여를 끌어내기 위한 기업 활동의 구조와 방향을 보여주는 모형이다. 브랜드의 개성을 확립하고 평가하고 행동을 취하는 사용자 행동 모델에서 기업은 모든 과정의 전반에 걸쳐 다양한 마케팅 활동과 의사소통을 집행하고, 활동에 효율성을 부여하기 위한 유지 시스템을 구축한다. 그리고 사용자 행동의 방향과 평가의 방향에 따라 세분화하여 극대화leverage, 자극stimulate, 완화mitigate, 무효화neutralize라는 대응을 진행하게 된다.

사용자 참여 과정 모형

그림 11은 엔진 사의 사용자 참여 과정path to participation 모형을 나타낸 것이다. 이 모형은 사용자의 행동 시나리오를 기반으로 구체적인 대응 방안을 구상할 수 있도록 여섯 단계를 제시한다. 서비스를 알지 못하는 단계unaware, 서비스의 존재를 아는 단계aware, 서비스를 이해하고 서

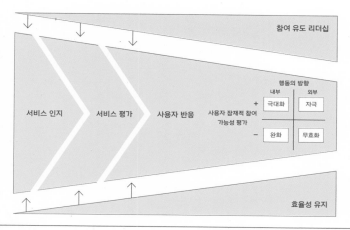

그림 10. 이론적 기초와 연구 방향

그림 11. 엔진 사의 사용자 참여 과정

비스를 찾는 단계find, 서비스를 시도해 보는 단계try, 서비스를 사용하는 단계use, 그리고 서비스의 경험을 공유하는 단계tell이다.

첫 번째, 서비스 무지 단계

잠재적인 사용자가 서비스를 알지 못하는 단계로 서비스에 관한 기본적인 정보 전달이 중요하다. 잠재적인 사용자에게 서비스의 존재와 대략적인 내용을 전달할 수 있도록 로고나 광고 카피를 제작하는 것이 유리하다. 구체적인 내용에 호기심을 불러일으킬 수 있도록 티저 광고 등을 전략적으로 사용할 수도 있다.

미라쿡의 주요 이용자 3인의 음성으로 자기소개 미라쿡 글씨 등장 후 상승 글씨에서 세 가지 화살표와 각 요소가 차례로 등장

세 가지 요소 차례로 확대 및 부연설명(음성)

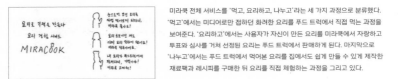

미라쿡 전체 서비스를 '먹고, 요리하고, 나누고'라는 세 가지 과정으로 분류했다. '먹고'에서는 미디어로만 접하던 화려한 요리를 푸드 트럭에서 직접 먹는 과정을 보여준다. '요리하고'에서는 사용자가 자신이 만든 요리를 미라쿡에서 자랑하고 투표와 심사를 거쳐 선정된 요리는 푸드 트럭에서 판매하게 된다. 마지막으로 '나누고'에서는 푸드 트럭에서 먹어본 요리를 집에서도 쉽게 만들 수 있게 제작한 재료팩과 레시피를 구매한 뒤 요리를 직접 체험하는 과정을 그리고 있다.

그림 12. 미라쿡의 광고 콘티

미라쿡의 광고 콘티를 보자(그림 12). 이 콘티는 잠재적 사용자에게 서비스에 대한 기본적인 정보 전달을 하기 위한 광고로, 서비스를 알지 못하는 사용자 대상으로 제작되었다. 사용자가 마주할 수 있는 요구를 제시하고 그것을 충족시키는 방안으로 서비스를 제시하는 광고 콘티는 서비스의 진행 과정을 한눈에 이해할 수 있다. 사용자들을 서비스의 존재를 인식하는 단계로 안내하기에 효과적인 예시이다.

두 번째, 서비스 인지 단계

어떤 서비스가 있다는 것은 알지만 구체적인 내용을 알지 못하는 단계다. 잠재적 사용자를 서비스 사용까지 연결하기 위해서는 구체적인 정보에 대한 접근 단계를 최소화하여 중도 이탈자가 발생하지 않도록 하

인지	
페이스북 페이지에 상세한 앱 설명 업로드 유튜브에 앱 소개 동영상 업로드	실시간 앱 배너 광고 - 저렴한 가격으로 우리 앱(서비스)에 광고가 가능함을 설명 - 신촌 상인만의 특권이라는 것을 강조
신촌 플레이버스 - 앱에 대한 상세한 설명 제공 - 플레이버스에 구비된 컴퓨터에서 서비스를 자유롭게 이용해보도록 함 (정상적인 루트는 회원 가입이지만, 비회원 상태로도 이용 가능함)	손님이 없는 시간이나 갑자기 예약이 빈 시간이 생기면 서비스를 통해 저렴한 비용으로 고객을 유인할 수 있다는 점을 어필
대형 스크린이나 미디어폴을 통해 앱을 체험하도록 함. 설치 장소는 타깃 사용자가 주로 이용하는 장소 (예: 지하철, 유플렉스 앞, 학교 굴다리 앞, 도서관 미디어폴)	개인 사용자가 증가함에 따라 네트워크 효과가 생겨 광고 효과가 클 것임을 강조
웹 공간에서 PPT 템플릿, 발표 팁, 유용한 서식 등을 제공하여 서비스와 조모임 간의 연관성을 높임	영업 직원과 밀접하게 연락함으로써 구두/서면으로 서비스를 설명 (성인 사용자에게는 상인 계정을 따로 발급해 일반 사용자와는 다른 화면을 제공할 예정)
플레이버스 전광판과 연동하여 전광판 광고 서비스 제공	

그림 13. 여기,신촌의 서비스 인지 단계 전략

는 것이 중요하다. 최근에는 스마트폰 등의 모바일 기기를 활용하여 광고판에 QR코드를 삽입하거나 온라인 배너를 통해 상세 페이지로 바로 연결되도록 하는 등의 방법이 사용되고 있다.

여기, 신촌 서비스는 이 단계의 사용자에게 서비스의 상세 내용 전달을 위해 예상 사용자가 쉽게 찾을 수 있는 공간을 탐색하였다(그림 13). 20대 대학생이 주 사용자로 예상되는 경우 20대가 친숙한 온라인 공간(페이스북, 유튜브 등)을 활용하여 서비스의 상세 정보를 제공하는 한편 오프라인에서는 학교 도서관을 중심으로 정보를 제공한다. 주 사용자가 될 신촌 지역 상인들에게는 온라인보다 오프라인 위주의 전략을 취했는데, 직접 영업 사원을 보내 상세 설명을 전달한다. 사용자 유형별로 정보에 대한 접근성을 최대화하여 이 단계의 잠재적 사용자에게 서비스를 효과적으로 전달하는 예시로 볼 수 있다.

세 번째, 서비스 탐색 단계

사용자가 서비스를 인지한 다음 단계로, 잠재적 사용자의 요구가 발생하여 서비스를 찾고자 하는 단계다. 여기서 잠재적 사용자는 서비스에 대한 명확한 이해와 요구가 있기 때문에 서비스의 실제 사용자가 될 가능성이 매우 크다. 따라서 이들의 요구가 발생한 시점부터 서비스를 찾는 데까지의 과정을 쉽고 간편하게 디자인하는 것이 중요하다. 검색했을 경우 찾기 쉽도록 상위에 서비스 가입 페이지를 링크시키거나 연관된 서비스와 가까이에 가입 페이지를 위치시키는 전략들이 사용되고 있다.

앞선 단계에서와 마찬가지로 여기, 신촌 서비스는 이 단계에서도 사용자를 유형별로 나누어 서비스에 대한 접근성을 높였다(그림 14). 온라인에서는 연관 검색어를 사용하거나 홍보 공간에 QR코드를 삽입하는 등의 전략을 통해 큰 품을 들이지 않고도 사용자가 서비스를 찾을 수 있도록 만들었다. 상인 사용자의 경우에는 사업의 운영과 관련된 정보를 제공하는 신촌 번영회나 서대문구청 등의 공간을 통해서 서비스를 찾을 수

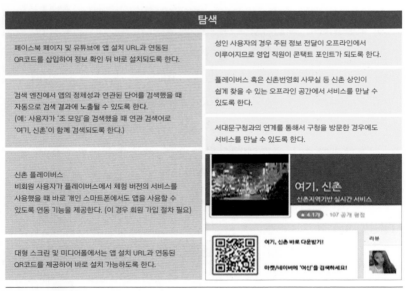

그림 14. 여기, 신촌의 서비스 탐색 단계 전략

있도록 한 점이 특징이다. 이 단계에서 가장 중요한 점은 사용자가 쉽고 간편하게 서비스를 찾을 수 있도록 환경을 조성해주어야 한다는 점이다.

네 번째, 서비스 체험 단계

잠재적인 사용자가 실제 사용자가 되는 단계로 서비스에 대한 첫 경험이 이루어지는 단계다. 처음 서비스를 사용하며 느끼는 감정과 태도는 뒤에 일어나는 감정과 태도에 큰 영향을 미친다(초두 효과). 그래서 이때 사용자에게 어떤 경험을 제공하느냐에 따라 지속적인 사용자 확보가 쉬워지거나 어려워질 수도 있다. 첫 회원에게 가입 축하 마일리지를 주거나 처음은 무료로 사용하게 하는 등의 방안들이 사용되기도 한다.

　　AM559는 첫 사용자에게 체험 기간을 주어 한 달 동안 서비스를 할인하여 제공했다. 이 단계는 독립적으로 시행되는 것이 아니라 전 단계의 연장선에 있는 점이 특징이다. 사용자가 서비스를 체험하게 하는 것은 그들에게 서비스의 일관된 정체성을 느끼게 하는 좋은 방법이다.

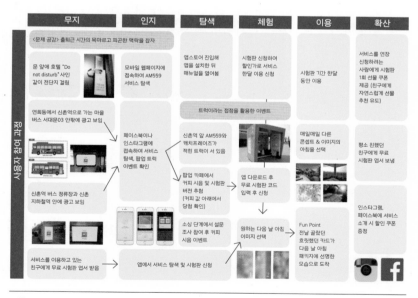

그림 15. AM559의 사용자 참여 과정

다섯 번째, 서비스 이용 단계

서비스를 지속해서 유지하기 위해서는 신규 사용자의 확보만큼이나 사용자의 지속적인 유지가 중요하다. 지속적인 사용자의 확보는 서비스 운영상의 불확실성을 줄여줄 수 있으며 이미 누적된 데이터를 통해 더욱 고품질의 사용자 맞춤형 서비스 제공이 가능하도록 한다. 그렇기에 사용자에게 진정한 경험을 제공하는 것이 중요하다. 이를테면 서비스 이용 고객이 자주 찾는 서비스에 대한 쿠폰을 제공한다거나 가입 기간이 오래된 사용자에게 특별한 서비스를 제공하는 등이 지속적으로 사용자를 유지하기 위한 전략이라고 볼 수 있다.

여기, 신촌 서비스는 신규 사용자와 차별화된 기존 사용자만을 위한 혜택으로 재미라는 요소를 선택했다(그림 16). 이 서비스를 이용하는 빈도에 따라 신촌 지역 지도에 색이 채워지는 장치를 앱에 내장하였는데, 이를 통해 사용자는 서비스를 이용할수록 신촌 지역을 채워간다는 성취감과 공유를 통한 재미를 함께 느낄 수 있다. 상인 사용자의 경우에는 유용성 측면을 선택하여 월별 분석 리포트를 제공하고 전략 상담을 함께 진행하는데, 이를 통해 지속적인 파트너십을 유지한다. 사용자의 이탈을 막고 지속적인 재구매를 유도하기 위한 좋은 전략이다.

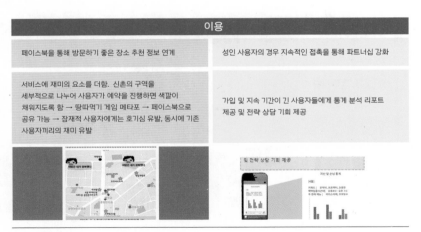

그림 16. 여기, 신촌의 서비스 이용 단계 전략

여섯 번째, 서비스 확산 단계

사용자가 구전을 통해 주변인에게 서비스 경험을 공유하는 단계인데, 전단계에서 진정한 경험을 겪은 사용자들이 자발적으로 발생시킨다. 그러므로 서비스의 경험을 공유하는 단계가 성공적으로 수행되기 위해서는 이전 단계에서 진정한 경험을 제공하는 것이 매우 중요하다. 경험을 공유하기 수월하도록 플랫폼을 제공하는 것도 좋은 방법인데, 온라인 쇼핑몰에서의 후기 작성란이나 앱스토어의 별점 등록란 등이 그 예시이다.

여기, 신촌은 서비스의 연장선에서 서비스의 공유가 자연스럽게 일어날 수 있도록 전략을 수립하였다(그림 17). 모임 공간을 예약해주는 서비스의 특성상 모임 구성원 내부에서 확산이 일어나기 쉽다는 점에서 착안하여 예약 내역을 공유할 수 있도록 하거나, 모든 구성원이 서비스에 가입할 경우 결제 금액을 나누어서 결제할 수 있도록 서비스를 디자인하였다. 서비스의 연장선에 있지만 자연스럽게 서비스의 경험을 공유할 수 있도록 플랫폼을 제공한 좋은 사례이다.

서비스를 알지 못하는 단계에서 서비스를 시도해보는 단계에 이르기까지는 초기 단계의 사용자 참여가 발생하는 구간으로 이때는 서비스 인지 및 첫 경험이 일어나는 시점이기에 일관성 있는 브랜드 가치 전달이 가장 중요하다. 그 후 서비스를 사용하는 단계와 서비스 경험을 공유하는 단계는 정규적 참여가 발생하는 구간으로 이때는 서비스 사용 가치를 극대화하여 사용자가 진정한 경험을 할 수 있도록 유용성과 사용성, 감성을 전달하도록 한다. 특히 이때에는 사용자와의 상호작용이 매우 중요한데 그 이유는 서비스 사용 단계에서 진정한 경험을 전달해주지 못하면 서비스 경험의 공유가 일어나기 어렵기 때문이다.

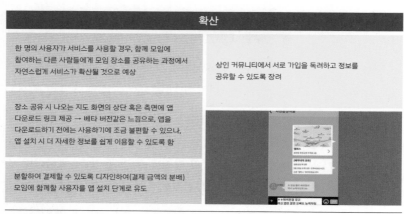

확산

한 명의 사용자가 서비스를 사용할 경우, 함께 모임에 참여하는 다른 사람들에게 모임 장소를 공유하는 과정에서 자연스럽게 서비스가 확산될 것으로 예상

상인 커뮤니티에서 서로 가입을 독려하고 정보를 공유할 수 있도록 장려

장소 공유 시 나오는 지도 화면의 상단 혹은 측면에 앱 다운로드 링크 제공 → 베타 버전같은 느낌으로, 앱을 다운로드하기 전에는 사용하기에 조금 불편할 수 있으나, 앱 설치 시 더 자세한 정보를 쉽게 이용할 수 있도록 함

분할하여 결제할 수 있도록 디자인하여(결제 금액의 분배) 모임에 함께할 사용자를 앱 설치 단계로 유도

그림 17. 여기, 신촌의 서비스 확산 단계 전략

나가면서

이번 장에서는 서비스의 가치 전달 단계 중에서 브랜딩과 사용자 참여에 대해 배워보았다. 먼저 제품의 브랜딩과 서비스 브랜딩의 차이점을 중심으로 서비스 브랜딩의 구성 요소와 브랜드 구성 시 유의점을 살펴보았다. 기억할 점으로 서비스 브랜딩이란 기업과 사용자의 커뮤니케이션뿐 아니라 서비스를 직접 제공하는 서비스 제공자와 사용자, 기업 세 주체 간의 상호작용을 모두 고려하여 디자인해야 한다는 점이다. 서비스 제공자에게 기업의 가치와 목표가 온전히 공유되어야만 사용자에게 진정한 경험을 전달해줄 수 있다는 것을 명심하자. 또한 서비스 경험 디자인에서 고객 참여 행동이 어떤 의미를 가지며 이를 극대화하기 위해서는 어떤 활동과 전략이 수반되어야 하는지 살펴보았다. 사용자의 요구를 반영해 진정한 경험을 전달할 때에야 가치를 얻을 수 있는 서비스의 특성상 사용자와의 끈끈한 관계를 유지하는 것이 중요함을 기억하자.

이번 단원을 통해 서비스 사용자와 제공자가 서비스의 가치를 형성하는 중요한 구성원임을 다시 한번 상기하고 서비스의 가치를 효과적으로 전달하는 방법을 터득했기를 바란다.

토론하기

1

제품 중심의 브랜드와 서비스 브랜드를 하나씩
떠올려보고 두 브랜드의 차이를 이야기해보자.

자신이 선호하는 브랜드를 떠올려보고
해당 브랜드의 구성 요소를 분석해보자.

2

사용자의 참여를 성공적으로 끌어 낸 서비스
브랜드를 찾아보고 사용자 참여 과정의 어느 단계에서
참여가 적극적으로 일어나는지 알아보자.

사용자의 참여를 잘 끌어내지 못하는 서비스를
떠올려보고 개선 방안을 논의해보자.

생각해보기

서비스 브랜딩 개념과 방향성을 바탕으로
서비스의 핵심 브랜딩 요소들을 기획해보자.

엔진 사의 사용자 참여 과정 여섯 가지에 대한 방안을
요약 정리해보자.

우리 서비스를 최종 사용자에게 소개하는
시각화된 미래 기사 헤드라인을 간단하게 제작해보자.

현재 그리고 미래 탐색

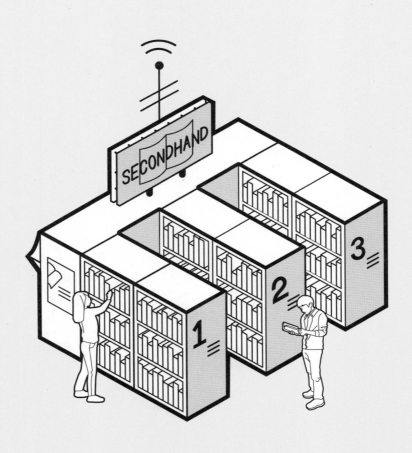

12장

서비스 출시와 운영

힘이나 지능이 아니라 꾸준한 노력이야말로 잠재력을 깨울 열쇠다.

윈스턴 처칠 | 영국 정치가

Continuous effort—not strength or intelligence—is the key
to unlocking our potential.

Winston Churchill

10년 전에 소나무 200그루 정도를 시골집에 심었다. 그 뒤 수년에 한 번씩 소나무 심는 작업을 하고 있다. 일반적으로 사람들은 소나무는 심고 나서 그냥 두면 혼자서 잘 자란다고 생각한다. 하지만 소나무가 잘 자라기 위해서는 지속적인 관리가 필요하다. 봄이 되면 소나무 가지에 새순이 올라온다. 이때 새순을 따줘야 나머지 가지들이 건강하게 자랄 수 있다. 여름에는 소나무에 병충해가 생기지는 않았는지 약과 양분을 준다. 가을철에는 다가오는 겨울에 대비하여 눈이 쌓여 가지들이 부러지지 않도록 지지대 작업을 해준다. 이번 봄에는 처음으로 블루베리를 심어보았다. 생각보다 엄청난 관심과 관리가 필요했다. 블루베리는 물을 좋아하기 때문에 주말마다 블루베리에 물을 흠뻑 준다. 또 물을 줄 때 비료가 쓸려가지 않도록 블루베리를 위한 퇴비를 특별히 따로 준비한다. 이렇게 농사를 짓는 작업은 씨앗을 심은 뒤에도 주기적으로 물을 주고 양분을 제공해주는 등의 지속적인 관심과 관리가 필요하다. 서비스 또한 마찬가지다. 농사에 추수라는 단계가 있듯이 앞서 여러 과정을 거쳐 서비스를 완벽하게 키웠다고 해도, 서비스를 출시하는 데는 또 다른 단계가 필요하다. 나는 지속해서 신경 써서 관리한 뒤 처음으로 블루베리를 수확하였을 때의 뿌듯함을 잊을 수 없다. 우리가 만드는 서비스에서도 이런 뿌듯함을 느끼기 위해서는 어떤 조치가 필요할까?

서비스 출시를 위한 준비 사항

서비스 출시 단계는 디자인된 서비스를 실제로 사람들에게 전달하기 위해 서비스 후면에서 다수의 고객을 감당할 수 있는지 확인하고, 실제 서비스를 제공했을 때 발생할 수 있는 문제를 예상하여 이에 대한 대응책을 고안해 놓은 뒤 서비스를 홍보하는 단계다. 이전까지의 디자인 과정이 '서비스 과정 안에 들어온 사용자의 경험'을 중점적으로 생각하는 것과 달리 서비스 출시 단계는 서비스 밖에 있는 사람들에게 '서비스를 알리는 것'을 목표로 하는 과정이기에 새로운 단계가 필요하다.

서비스 출시 단계에서는 서비스 브랜드를 상징하는 기본적인 요소인 명칭, 슬로건, 로고 등을 만들고, 그것들을 고객에게 전달할 내용을 작성한다. 최종적으로는 서비스 브랜딩 자료, 서비스 출시 계획, 향후 서비스 개선 계획, 서비스 운영 매뉴얼, 서비스 평가 보고서 등을 결과물로 내야하는 단계다.

메시지 전달의 기본 요소

서비스를 출시하기에 앞서 사람들에게 전달할 핵심 이미지인 브랜드를 시각화할 자료들이 필요하다. 서비스 브랜드를 상징하는 기본적인 요소들로는 서비스 명칭, 슬로건, 로고 등이 있다. 서비스의 명칭은 서비스의 정체성을 전달하는 가장 기본적이며 중요한 수단이다. 사람들은 그 명칭을 통해 서비스를 인지하고 이미지를 형성한다. 이름을 지을 때는 서비스의 비전을 쉽게 전달할 수 있는 명칭이 좋다. 서비스 가치 제안을 통해 생각해보는 것도 이름을 짓는 좋은 방법이 될 것이다.

슬로건은 서비스가 제공하는 가치를 간결하게 나타낸 구호이다. 상업적 서비스의 영역에서는 캐치프레이즈가 같은 의미로 사용된다. 대표적인 슬로건으로는 올림픽의 '더 빨리, 더 높이, 더 강하게'가 있다. 발음,

연상, 기억이 쉬우면서도 의미 전달, 파급 효과, 중독성이 강하여 좋은 슬로건의 모든 조건을 갖췄다 할 수 있다. 로고는 기본적으로 상표, 브랜드를 표기하는 이름을 시각 디자인화한 것이다.[1] 텍스트만으로는 부족한 정보를 보충해줄 수 있는 디자인을 선택하는 것이 좋다.

그림 1에서 보이는 '아까이북' 서비스는 명칭과 슬로건이 훌륭하게 구성되어 한 번만 들어도 쉽게 기억되며, 비슷한 상황에서 자연스럽게 떠올릴 만큼 중독성이 강하여 사람들에게 친숙하게 기억될 서비스 브랜드의 기본 요소를 가지고 있다.

그림 2는 명칭, 슬로건, 로고가 매우 유기적으로 연결되어 메시지를 효과적으로 전달하고 있다. 명칭, 슬로건, 로고만 떼어놓고 보면 단순하고 일반적인 단어와 그림의 조합이지만, 그것들이 합쳐져서 기억하기 쉬우면서도 특별한 메시지를 전달하는 서비스 브랜딩 자료를 만들었다. 명칭, 슬로건, 로고가 독립적으로 메시지를 전달하지 않고 상호 보완적으로 서비스의 메시지를 전달하고 있다는 점이 훌륭하다.

그 책 어딨어? 아까 읽던 아까이북!
책은 읽었지만 며칠 지나면 아무 것도 기억나지 않는
우리의 현실. ARCHIBOOK에서 기억의 조각을 맞춰
퍼즐을 완성하세요.

그림 1. ARCHIBOOK 사례

여신과 함께라면 당신은 이미 앉아 있다
You Already Got a Seat!
신촌 지역 기반 실시간 예약 서비스

그림 2. 여기, 신촌 사례

앞에서 서비스의 메시지를 전달하는 기본적인 요소를 설명했다면, 그것을 사람들에게 효과적으로 알릴 방법을 고민해야 한다. 첫 번째 조건으로 서비스 가치 제안에 대한 간단명료한 설명이 필요하다. 사용자에게 서비스가 제공하고자 하는 기본적인 가치들을 쉽게 전달하고 사용자의 공감을 얻을 수 있어야 한다.

닥터 스터디Dr. study라는 서비스는 '시험 기간에는 공부 말고 무엇을 해도 재미있다'라는 학생들이 쉽게 공감하는 문제를 해결해주는 자기 관리 도움 서비스로, 시험 기간에 가장 큰 유혹이 되는 스마트폰 게임을 차단해주는 서비스이다. 서비스의 명칭을 사람들이 공감할 수 있는 일반적인 상황과 연결해서 기억하기 쉬우면서도, 해당 서비스가 제공하는 가치를 전달하고 있다. 사람들이 시험 30일 전에 느끼는 공통의 경험을 지적하면서, 그와 동시에 나약함으로 게임 등의 유혹에 빠지는 문제를 제시하고 있다. 문제 상황과 직접 연결되는 명칭 사용으로 사람들이 쉽게 서비스를 떠올리도록 유도하고 있다.

두 번째로 서비스가 제공하는 가치를 전달하기 위해 특징과 효익을 쉽게 설명할 수 있어야 한다. 타인의 서재 서비스는 책을 통해 타인의 생각과 이야기를 전달한다는 핵심적인 가치를 책이 쌓여 발자국 형상을 띄는 로고와 브랜드 이름을 통해 직관적이며 감각적으로 그렸다(그림 3).

이 과정에서 주의할 점은 의사소통의 효율성과 유머와 같은 감각적 요소를 잘 이용해야 한다는 것이다. 전달하는 메시지가 쉽고 명료하고 간단하게 서비스를 설명해야 하며 감각적 요소를 통해 서비스를 제공하는 회사 특유의 문화를 전달하여, 친숙한 느낌을 주는 메시지를 만들어야 한다. 어린아이도 이해할 수 있을 만큼 쉽고 직관적인 메시지가 좋은 메시지다. 여기에서 더 나아가 사람들의 감정을 움직일 수 있다면 최고의 메시지가 될 것이다.

세 번째로는 서비스의 가상 시나리오에 대한 시각 자료가 필요하다.

타인의 이야기를 책과 함께 전달하는 중고책 판매 서비스

- 책 자체뿐만 아니라 책을 고르는 과정에서도 사회적 맺음의 즐거움을 제공하자
- 책을 통해 스토리를 주고받는 즐거움을 제공하자

그림 3. 타인의 서재의 서비스 가치

그림 4. AM559의 영상 메시지[2]

사용자가 전에 경험해보지 못한 서비스의 여정을 직관적으로 이해하기 위해서는 그림 4의 영상 같은 시각 자료를 이용하여 서비스의 진행 과정을 사용자 경험과 연결해주는 것이 좋다. 서비스 발전 단계에서 제작했던 스토리보드 영상을 기반으로 서비스의 주된 사용자 여정을 충실하게 보여주면서도 추가로 사람들이 매력을 느낄만한 마케팅 포인트를 군데군데 강조하여 '한번 사용해볼까?'라는 마음을 불러일으키면 좋다.

네 번째는 서비스 제공자에 대한 설명이다. 불안감은 서비스의 경험을 해치는 매우 부정적인 요소다. 아무리 좋은 서비스라도 서비스 제공자에 대한 신뢰가 없으면 불안감을 느낄 수밖에 없다. 사용자가 신뢰할 수 있도록 서비스 제공자에 관한 충분한 정보를 전달해 서비스 환경에

그림 5. 타인의 서재 홍보 이미지

대해 약속해야 한다. 예를 들어 택배 기사라는 일반적인 명칭을 대신하여 '쿠팡맨'이라는 이름과 밝은 이미지를 부여하여 고객에게 서비스 제공자의 정보를 제공하며 서비스 환경에 대한 약속을 전달할 수 있다.

마지막으로, 보도자료 및 SNS 등 기타 커뮤니케이션 접점에 게시할 내용이다. 서비스의 메시지를 잘 전달하기 위해서는 각각의 커뮤니케이션 접점마다 다른 고유의 특징을 잘 반영한 내용이 필요하다. 각 접점마다 특징들을 무시한다면, 서비스의 메시지 전달이 오히려 서비스에 대해 좋지 못한 선입견을 심어줄 수 있다. 그림 5는 모바일 환경에서 가독성을 고려하여 타인의 서재 서비스의 홍보 이미지로 구성한 예이다.

서비스 제공자 대상 준비 사항

서비스를 출시할 때 사용자에게 서비스를 알리는 것만큼, 서비스 제공자 측면에서도 준비된 서비스 전면 및 후면을 확인하는 것이 중요하다. 서비스를 출시하여 다수를 상대로 서비스를 제공하는 것은 단순히 프로토타이핑하는 것과는 차원이 다르다.

　다수의 사용자에게 균등한 서비스 제공이 가능한지 엄밀한 사용성 검사를 통해 확인하여야 한다. 또한 서비스 과정에서 발생 가능한 문제를 예상하고, 대응 방법에 관해 미리 계획해야 한다. 그리고 문제 상황 모니터링 및 대응 프로세스 구축으로 문제가 발생하였을 때 즉각적인 대응이 가능한 시스템을 준비해야 한다

　예를 들어 AM559의 경우 일차적으로 배달 사원이 제시간에 일어나서 배달 장소에 도착하는 것에 예외가 발생할 수 있으며, 혹시 모를 문제가 발생했을 때의 안내와 같은 고객 서비스를 담당할 지원 인력이 준비되어야 한다. 이렇게 예외 상황을 가정하여 그에 대응할 수 있는 시스템을 서비스 후면에 구성하여야 한다.

　문제 대응 시스템을 한 번에 구축하는 데 부담을 느낀다면, 베타 버전 출시를 통해 사용자에게 완성되지 않은 버전임을 미리 공지하고 출시해 점진적으로 개선해나가는 방법이 있다.

서비스의 지속 가능성을 위한 실무적 내용

서비스의 지속 가능성이란 서비스 출시 이후 사용자에게 반복적이고 지속적으로 균일한 경험을 제공하고, 효율적인 비용 구조로 운영되어야 함을 말한다. 지금부터 서비스의 지속 가능성을 위해서 어떤 방법이 있는지 알아보자.

중심 조직 구성 및 대내 커뮤니케이션

서비스 경험 디자인의 마지막 단계인 전달 단계에서는 서비스 사용자 외에도 서비스 제공자인 직원도 매우 중요해진다. 직원의 동기부여와 참여

는 지속적인 서비스의 실행을 위해서도 매우 중요하다.[3] 때문에 조직을 이끄는 중심 조직이 있어야 하고, 그 중심 조직을 통해 모든 직원이 하나가 될 수 있어야 하며, 중심 조직은 직접 서비스를 제공하는 직원들에게 긍정적인 영향을 미칠 수 있는 문화를 조성하고 조직을 설계해야 한다. 그리고 서비스를 디자인하는 초기 단계에서부터 모든 직원 간 의사소통이 원활하게 진행되어야 하며, 직원의 의견을 무시해서는 안 된다.

모든 구성원 간 의사소통을 원활하게 하려면 두 가지가 중요하다. 하나는 투명성transparency이다. 조직 내부에서 진행되는 일이 투명하게 모든 구성원에게 공개되어야 하며 서로 의사소통이 투명하게 이루어져야 한다. 또한 무엇보다 복잡하지 않아야 한다straightforwardness. 조직이 복잡해서는 안 되며 의사소통하기 쉬운 환경을 제공해주어야 한다. 아마존의 CEO 제프 베저스Jeff Bezos가 전 직원에게 보낸 이메일 내용을 보면 앞의 두 가지 원칙이 얼마나 중요한지를 알 수 있다.

모든 팀들은 데이터와 기능들을 서비스 인터페이스로 연결하라.
팀들은 이 인터페이스를 통해 연락해야 한다.
다른 어떤 커뮤니케이션 방법도 허용되지 않는다.
(…)
이를 실천하지 않는 사람은 누구든 해고될 것이다.

제프 베저스는 모든 구성원들을 한 가지 의사소통 수단으로 연결시켰으며, 다른 의사소통 수단은 통제함으로써 은밀히 일어날 수 있는 소통을 차단하여 조직 문화를 투명하게 만들고자 노력했다. 하나의 수단으로 모든 직원의 소통이 이루어지면서 일이 겹치거나 누락되는 일도 줄어들었고, 일의 효율도 눈에 띄게 증가하였다.

그림 6은 타인의 서재에서 작성한 중심 조직 구성 방법과 대내 의사소통 방법이다. 어떤 조직을 중심 조직으로 삼을 것인지, 조직이 전체적으로 어떤 방식으로 운영되어야 하는지가 왼쪽에 설명되어 있다. 타인의

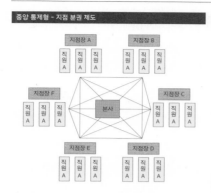

중앙 통제형 - 지점 분권 제도

- 책갈피를 이용한 만남이라는 중고 서점의 틀은 유지하되 지점별 상권 위치, 유동 인구에 특화된 테마를 잡아 운영
- 각 지점의 운영 지침 사항은 상향식으로 본사에 올려 허가를 받은 뒤 시행하는 구조

내부 커뮤니케이션 채널의 일원화

- 지점별 다른 테마를 가지는 만큼 서비스 품질 경험 관리가 어려워질 가능성 존재
- 중앙 본사에서 시스템에선 지점별 이슈와 의견 등을 전자적으로 모니터링 할 필요가 있기에 일원화된 본사, 지점별 커뮤니케이션 채널 필요

업무 커뮤니케이션에 적합한 그룹 메시지

JANDI (잔디)
메시지 검색과 파일 저장이 가능한 업무용 메신저
파일 업로드, 대화 검색뿐 아니라 구글 문서,
드롭박스와 연동.

그룹 메시지, 파일, 내부 회계 자료 등 또한 공유

- 지점별, 지점장별, 지점장-본사별 소통 채널을 만들고 각종 서비스 관련 사항 및 내부 경영 지표 등을 교류하여 상호보완적인 아이디어와 동시에 차별화할 수 있는 긍정적인 경쟁심 가지도록 함

그림 6. 타인의 서재의 중심 조직 구성 및 대내 커뮤니케이션 방법

서재의 경우 체인점을 기본으로 한 중고 책 서점이므로 본사를 중심 조직으로 삼고, 중앙 통제형으로 중앙에서 각 지점을 통제하는 형식이다. 각 지점은 상권 위치와 유동 인구에 따라 특화된 테마를 잡아 운영할 예정이며, 지점별 운영 지침 사항은 상향식으로 본사에 요청하면 본사에서 허가를 받은 뒤 지침을 시행하는 구조를 갖는다. 그림 오른쪽을 보면 아마존과 같이 내부 커뮤니케이션을 위해서 한 가지 채널을 제공하고 있다. 지점별 다른 테마를 가지고 있는 만큼 서비스 품질 관리가 어려워질 수도 있으므로 본사의 통합 채널을 통해 커뮤니케이션 수단을 제공함으로써 내부 커뮤니케이션 채널을 일원화시켰다.

앞서 살펴봤듯이 서비스 청사진은 서비스 가치가 제공되는 전 과정을 모든 관점에서 시각화시켜놓은, 서비스의 단순화된 설계도를 말한다. 서비스 사용자 관점뿐 아니라 서비스 제공자의 관점도 포함하고 있어 직접 서비스를 제공하고 운영을 맡은 직원에게 꼭 필요한 지침서가 될 수 있다. 또한 사용자 여정 지도는 사용자가 서비스를 이용하면서 체험하는 내용을 시간의 흐름과 서비스의 내용으로 순차적으로 배열하여 시각화한 설계도다.[4] 이를 통해서 서비스의 전체적인 흐름을 파악할 수 있다. 때문에 직원들도 사용자 여정 지도를 알고 있어야 한다.

서비스 청사진과 여정 지도의 교육과 위임은 워크숍 및 강의 형태로 진행되는 경우가 많다. 이를 통해서 서비스를 직접 제공하는 직원들은 서비스가 사용자에게 제공하고자 하는 가치와 서비스 사용자의 관점, 서비스의 전체적인 사용 흐름 등을 숙지하고 있어야 한다. 서비스의 직접적인 제공자가 서비스 경험 디자인의 초기 단계부터 협업을 수행할수록 내용 전달에 효과적이다.

그림 7은 타인의 서재에서 작성한 서비스 제공자 교육과 위임 방법이다. 타인의 서재는 책을 판매하는 서비스가 아닌 '책을 만나는 과정의 경험'을 판매하는 서비스라는 것을 핵심 교육 목적으로 삼고 워크숍 등을 통해 교육한다는 것을 구체적으로 보여주고 있다. 이를 통해 직원은 서비스 여정을 잘 이해하고 고려하여 고객과의 접점에서 적절하게 행동하게 된다. 그 외에도 각 지점장과 직원의 의견을 교류하고 제공할 수 있는 정보의 장을 제공해줌으로써 모든 직원이 서비스의 지침서에 피드백을 줄 수 있는 공간을 마련하였다. 지점별로 테마가 달라 본사가 서비스 사용자의 이해가 부족할 수 있다는 점을 지적하면서 각 지점에서 먼저 내부 변화 및 지침 변화를 제안한 뒤 본사에서 허가하는 위임 방식을 채택하여 사용하고 있다. 이러한 지침서를 통해서 서비스의 후면과 후방 지원 시스템 영역에서 제공되는 서비스의 품질 및 일관성을 높일 수 있다.

서비스 교육

1. 교육 목표	2. 주요 교육 요점	3. 교육 단계	4. 능력 배양
특성을 가진 개별 서점이 타인의 서재 본연의 가치 제안을 명확하게 이해하고 서비스를 제공하게 함	타인의 서재는 책을 판매하는 서비스가 아닌, 책을 만나는 과정의 경험을 파는 서비스임을 명확하게 교육	1) 본사 워크숍 2) 지점별 OJT 3) 추후 매뉴얼 개선 사항 제시	지점별로 지점장과 직원의 의견을 교류하고 제공하도록 해 정보의 장 제공

1. 자신의 이야기로 타인에게 영향을 미치는 즐거움
2. 내 책을 읽는 타인의 이야기를 엿볼 수 있는 즐거움
3. 내 책의 여정을 지켜보는 즐거움

책갈피
중고 책 구매자

트래킹
중고 책
스토리

추적 지도
중고 책 판매자

1. 타인의 이야기를 엿보는 즐거움
2. 적시에 알맞은 책을 고르는 유용함

워크숍
본사의 비전, 미션, 그리고 업 전반에 공유하는 비전을 갖게 하는 교육 과정

매뉴얼 OJT
본사의 비전, 미션, 그리고 업 전반에 공유하는 비전을 갖게 하는 교육 과정

네트워크
지점과 직원 서비스와 관련한 개선안을 자유롭게 제시하여 주도적으로 학습

위임

1. 배경	2. 위임 목적	3. 위임 단계
'맥락을 가진 책'을 만난다는 기본 콘셉트는 같지만 지역과 유동 인구 특성에 따라 서점의 테마가 달라야 함	본사가 각 지점의 주요 테마를 함께 정할 수 있으나 이용자 성향에 따른 세세한 서비스 이용자를 이해할 수 없으니 각 서점에서 내부 변화 및 지침 변화를 제안한 뒤 본사에서 허가하는 위임 필요	1) 본사의 테마 확정 2) 지점의 개선안 제시 3) 본사의 허가 뒤 변경

1) 대학로: 아날로그 감성, 연인, 연극
2) 공항: 여행, 자기계발서
3) 서울역: 직장인
4) 해운대: 사진, 스쿠버다이빙 등
5) 판교: IT, 개발 관련 서적

관찰
지점별 서비스 이용 고객을 분석하여 필요한 서비스 개선 사항 발견

목표
구체적인 서비스 개선 사항을 본사에 제시하여 본사에서 검토 진행

수정
반영된 제안은 실제 서비스 변경으로 이어지고 효과를 측정하여 본사에 보고

그림 7. 타인의 서재의 서비스 제공자 교육과 위임 방법

FAQ 및 가이드라인 작성

서비스를 실행한 뒤에는 고객의 불편 및 불만 사항들이 접수되기 마련이다. 이 경우에 대비해서 FAQFrequently Asked Question를 미리 작성해둘 필요가 있다. 서비스 출시 전에 서비스 여정을 기반으로 그림 8의 왼쪽과 같이 실제 사용자의 입장이 되어서 서비스의 FAQ 예상 질문 목록을 뽑아보고 답변을 작성해보는 것은 향후 운영상 발생할 문제에 대응하는 데 유용하게 활용될 수 있다.

서비스 제공자를 위한 가이드라인도 필요하다. 출시 전에 사용자 입장에서의 FAQ뿐 아니라, 서비스 모형과 후면의 내용을 기반으로 서비

사용자 입장에서 서비스 FAQ 질문 리스트업 및 답변 적어보기	서비스 제공자에게 필요한 FAQ 질문 리스트업 및 답변 적어보기

앱스토어의 국가별 수익 배분 기준은?

신용카드 외 결제 수단은 언제쯤 제공된다고 알려줘야 하나?

정보 서비스 사용자 가입 시 성인이
아닌 경우 부모의 인증을 반드시 받도록 하는데
이 경우에는 어떻게 하는가?

홍보 배너의 경우 운영 주기를 우리나라 국경일에 맞춰
진행하려면 관리자 메뉴에서 어떻게 조작해야 하나?

해당 서비스에 익숙하지 않은 최초 사용자를 가정하고 질문을 리스트업 → 주로 서비스 여정에 관한 내용	서비스 작동 및 운영 방식에 관한 내용 → 서비스 모델, 후면에 관한 핵심적인 내용

그림 8. 서비스 사용자와 제공자 입장에서 작성한 FAQ 질문 목록과 답변

타인의 서재

타인의 서재는 무슨 서비스인가요?
타인의 서재는 타인의 이야기를 책과 함께 전달하는 중고 책 판매 서비스입니다.

책갈피

책갈피는 무엇인가요?
책갈피는 독자가 자신의 이야기와 감성을 공유할 수 있도록
직접 작성하여 책에 끼워두는 '흔적'입니다. 타인의 서재에서
이용하는 책갈피는 저희만의 디자인으로 독자의 이야기가
잔잔히 우러난다는 의미를 상징하여 티백(tea bag) 모양으로
디자인되었습니다.

책갈피는 어디서 구하나요?
책갈피는 오프라인 매장에서 1,500원에 판매하고 있습니다.

스토리를 작성하는데 가장 중요한 점을 무엇인가요?
저희는 스토리에 대한 제한을 두고 있지 않습니다. 이 책을
읽었을 때의 맥락, 감성, 관련된 이야기 등 책과 관련된 당신의
진솔한 이야기를 전해주세요.

스토리의 분량은 어느 정도여야 하나요?
책갈피에 물리적으로 무리 없이 들어갈 정도면 됩니다.

애플리케이션

애플리케이션은 어디서 다운로드받나요?
애플리케이션은 애플 앱스토어나 안드로이드 앱 마켓에서
타인의 서재를 검색하여 내려받을 수 있습니다.

애플리케이션의 기능은 무엇인가요?
온라인 서적 판매, 도서 트래킹, 도서 브라우징 등의
기능을 제공합니다.

판매

스토리의 가격 책정은 어떤 기준으로 이루어지나요?
가독성, 진실성, 흥미도 등 여러 기준에 따라 내부 심사
과정을 거쳐 북마스터에 의해 책정됩니다.

온라인에서도 판매할 수 있나요?
애플리케이션에서도 사진과 소개 글을 첨부하여
판매할 수 있습니다.

택배비는 본인 부담인가요?
다섯 권 미만일 경우 판매자의 몫이지만 다섯 개 이상을
한 번에 판매할 경우 타인의 서재가 부담합니다.

QR코드

QR코드는 무엇인가요?
QR코드는 이차원 바코드로 다양한 미디어 정보를 담을 수
있습니다. 타인의 서재에서는 책갈피마다 고유의 QR코드를
부여하여 트래킹이 용이하도록 했습니다.

QR코드는 어떻게 사용하나요?
QR코드 스캐너 애플리케이션을 사용하면 됩니다.
(주로 내장되어 있습니다.)

QR코드를 스캔하면 어떻게 되나요?
책갈피의 QR코드를 스캔할 시 해당 책의 여정 페이지로
연결됩니다.

QR코드는 저장할 수 있나요?
용이한 트래킹을 위해 코드를 사진 찍어서 스마트폰에
저장해둘 수 있습니다.

그림 9. 타인의 서재의 FAQ

스 제공자 입장에서의 FAQ를 그림 8의 오른쪽과 같이 별도로 준비하여 더욱더 효과적인 서비스 전달과 위임이 되도록 한다.

특히 모바일 및 IT 서비스의 경우 통신 사업자(버라이즌Verizon, 보다폰Vodafone 등)와 플랫폼 서비스 제공자(구글 등), 현지 운영 스태프 조직의 주요 관리자, 현지 유통 관련 직원 등 사용자와 서비스를 연결하는 제공자와 주요 이해관계자가 매우 다양하게 분포할 수 있다. 때문에 이런 다양한 제공자와 이해관계자들의 입장을 고려하여 각각에게 맞는 FAQ와 가이드라인을 작성하여 제공해야 한다.

그림 9는 타인의 서재에서 작성한 서비스에 대한 FAQ이다. 서비스에 관한 간략한 설명을 FAQ에 추가하였으며, 서비스와 관련하여 자주 나올 법한 질문들을 카테고리별로 나눠서 제시하고 있다. 사용자를 위한 FAQ뿐 아니라 판매와 같은 카테고리처럼 서비스 제공자를 위한 FAQ도 있다. 이러한 FAQ는 사용자의 서비스 이용을 좀 더 수월하게 해주며 효과적인 서비스 전달을 가능하게 해준다.

정책 수립과 집행

아무리 쉬운 서비스라도 다양한 사용 맥락 및 사용자 특성에 따라 한 가지의 행동 설계만으로는 100퍼센트 대응이 어려운 상황이 발생할 수밖에 없다. 따라서 예외 상황을 처리하는 일관된 기준과 지침 및 서비스 정책이 필요하다. 특히 개인 정보 수집, 금전 거래와 관련된 상호작용을 상세히 설계하다 보면 다양한 상황에 대처하기 위한 일관된 내부 기준과 지침 마련이 필요하다. 정책 수립 뒤에는 법률 자문 및 검토를 통해 분쟁 상황 발생 시 대응책과 처리 과정을 사전에 준비하여 예외적인 상황에 즉각적으로 대응할 수 있도록 한다.

의사 결정 지침이 될 수 있는 정책서 작성은 매우 중요하면서도 어려울 수 있다. 작성 과정에서 중요한 사항이 빠질 수도 있고, 당시에 잘

못 생각하여 지침을 잘못 작성하였을 수도 있다. 이러한 상황을 방지하고 빠르고 간략하게 서비스 정책서 초안을 작성하기 위해서 현재 제작 중인 서비스와 유사한 속성을 지닌 서비스의 이용자 약관EULA, End User License Agreement을 참고하는 방법이 있다. 유사한 속성을 지닌 서비스의 이용자 약관을 꼼꼼하게 읽어보고, 차례와 구성 요소 및 정책 사항들을 참고한다면 정책서 내용을 빠짐없이 작성하는 데 도움이 될 것이다.

엔진 사는 서비스 정책 수립을 위한 다섯 가지 핵심 원칙을 제시하고 있다. AM559가 이 원칙을 어떻게 서비스에 적용했는지 알아보자

첫 번째, 사용자와 약속한 사항은 꼭 지켜야 한다. 만약에 지키지 못할 경우에는 반드시 적절한 대응과 해결 방안이 필요하다. AM559는 실제로 아침 패키지를 배달하는 프로토타이핑을 수행하며 '배달 실패'라는 예외적인 상황에 관해 알 수 있었고, 그 상황에서 사용자 경험을 들어볼 수 있었다. 일차적으로 미리 해당 시간대에 배달되는 것을 확인할 인력이 필요하다는 것과, 혹시라도 이런 상황이 발생했을 때 '사람'이 표면적으로 드러나는 인간적인 사과와 2-3일 정도의 기간 연장과 같은 보상이 적절함을 알 수 있었다.

두 번째, 사용자의 시간과 노력을 절감해줄 수 있는 서비스를 제공해야 한다. AM559는 사용자가 아침에 사용하는 커피, 샌드위치, 수건 등 일상적인 물건들을 패키지로 구성해서 그것들을 얻는 데 드는 노력을 줄여주고, 배달한 뒤 일부 수거하는 방법에서는 수건을 나가는 길에 놔두게 하는 것과 같이 사용자가 최대한 자연스러운 시간 동선을 구성할 수 있도록 서비스를 설계했다.

세 번째, 사용자가 안도감을 느낄 수 있어야 한다. 사용자가 서비스에 의심을 가지면 안 되고 서비스를 사용할 때 불확실함을 느껴서도 안 된다. AM559는 식품이 포함된 패키지이기 때문에 서비스 기획 초기부터 이 원칙을 매우 중요하게 생각했다. 정직한 식품을 제공하고, 그 정보 또한 소비자들이 접근하기 쉬운 채널인 페이스북 페이지, 웹사이트, 애플리케이션 정보 등을 통해 제공해서 불확실함을 느끼지 않도록 하였다.

네 번째, 사용자에게 관심이 있음을 표현할 수 있어야 하고, 사용자를 잘 알고 있다는 것과 사용자를 중요하게 생각하고 있다는 것을 느끼게 해야 한다. 특히 AM559의 서비스는 사용자의 기대감을 높여주기 위한 어느 정도의 모호함이 있었기에 사용자와 지속적인 의사소통으로 사용자의 의견을 수렴하고, 그들에게 관심이 있음을 표현하려 하였고, 그 채널은 SNS와 개인별 전담 매니저로 서비스와 사용자와의 관계가 단순히 상업적 관계로 한정되는 것을 막고자 하였다.

다섯 번째, 사용자에게 열정적으로 안내를 해야 한다. 사용자에게 제공하려는 서비스가 무엇인지 확실하고 분명하게 보여줘야 한다. AM559는 첫 배달 패키지에 서비스 소개 책자를, 그리고 3주의 테스트 기간을 통해 해당 서비스를 정확히 체험해볼 수 있도록 하였다.

이러한 원칙들은 사용자 여정 지도에서 정해질 수 있다. 여정 지도를 그리면서 발생할 수 있는 상황을 생각해보고 그에 맞는 원칙과 지침을 정해놓는 것이 좋다. 갈등 발생 상황이나 문제 발생 시 대응책에 관한 일관된 행동 설계를 위한 지침은 결국 발견, 정의, 개발 단계를 거쳐 계속 정제되어온 서비스 경험 설계의 기조에서 근본을 찾을 수 있다. 다음 단원에서는 앞서 제시했던 지속 가능한 서비스에서 한 단계 더 나아가서 지속적으로 서비스를 개선하고 혁신을 불러일으킬 수 있는 추가적인 고려 사항을 살펴보고자 한다.

나가면서

서비스는 출시 이후 반복적이고 지속적으로 사용자에게 균일한 경험을 제공할 뿐만 아니라 점차 개선되어야 한다. 서비스의 지속성을 확보하기 위해서는 서비스를 제공하는 조직 내에서 지속해서 서비스를 집행하고 운영하려는 노력이 필요하고, 사용자와 서비스의 상호작용을 통해 끊임없는 개선과 혁신이 필요하다.

서비스의 지속 가능성 확보를 위해서 조직 내에서는 서비스 중심 조직을 구성하고 그 조직이 전체 조직을 이끌어나갈 수 있는 능력이 필요하다. 그리고 조직 내에서 투명하고 직관적인 의사소통이 가능해야 하며, 이런 의사소통이 쉽게 이뤄질 수 있는 분위기와 문화를 만들어주는 것이 중요하다. 서비스의 가치는 사용자뿐 아니라 제공자까지 포함되었을 때 발생할 수 있다. 따라서 직접 서비스를 제공하고 운영을 맡을 직원에게 서비스 청사진 및 여정 지도를 교육시키고 위임하는 것이 서비스의 가치를 온전히 제공하는 데 반드시 필요하다. 사용자가 서비스를 제대로 사용하여 목표로 한 가치를 경험하게 하기 위해서는 서비스에 대한 FAQ와 가이드라인 작성이 필수적이다. FAQ를 통해 사용자는 서비스 이용 과정 중 의문점이나 불편 사항 등을 빠르게 해결할 수 있으며, 가이드라인을 통해 서비스 이용 과정에 어려움이 없어야 한다. 또한 서비스가 완성되었다고 끝이 아니라 계속해서 수정하고 개선해야 하는데, 서비스를 운영하면서 의사 결정의 지침이 될 수 있는 정책 사항들을 도출하여 이를 정책서로 정리하고 지속적으로 업데이트하여 서비스 운영 중 의사 결정에 도움이 되도록 해야 한다.

이번 장에서는 이전 과정을 거쳐 만들어진 서비스가 지속해서 운영되려면 어떻게 해야 하는지 살펴보았다. 이번 장에서 배운 지속적인 측정, 평가, 반복을 통하여 개발된 솔루션은 현실 세계에 영향을 미치며 안정적으로 뿌리내리고 서비스를 계속해서 진화시킬 것이다.

토론하기

1

서비스 메시지 전달의 기본 요소를 가장 잘 구성한
예시를 찾아보자.

앞의 과정에서 작성했던 서비스 청사진을 기준으로
1,000명의 고객이 서비스를 사용한다면 어느 정도
규모의 서비스 후면 시스템을 구성해야 할지
예상해보자.

2

본인이 서비스의 제공자라면 서비스 중심 조직
구성을 어떻게 할 것이고, 대내 커뮤니케이션을
투명하고 간단하게 하기 위해서 어떤 방식을
사용할 것인지 생각하고 논의해보자.

새롭게 제시하려는 서비스나 관심 있는 서비스를
선정하여 서비스 FAQ 및 가이드를 작성해보자.

서비스를 지속적으로 유지시키기 위해서
어떤 서비스 정책이 필요한지 생각해보자.

생각해보기

서비스 출시를 준비하기 위한 서비스 메시지 전달의
기본 요소인 로고, 이름, 슬로건을 만들어보자.

서비스 사용자를 대상으로 한 준비 사항을 만들어보자.

서비스 제공자를 대상으로 한 준비 사항을 만들어보자.

13장

미래를 향한
서비스 경험 디자인

지속 가능한 개발은 미래 세대의 필요를 충족시키면서
현재의 요구도 함께 충족시키는 것을 의미한다.

유엔연합총회, 1987

Sustainable development is development that meets
the needs of the present without compromising the ability of
future generations to meet their own needs.

United Nations General Assembly

최근에 학회 일 때문에 베트남 다낭(Danang)을 다녀오게 되었다. 학회를
마친 뒤, 짧게나마 짬이 나서 떠나기 전에 베트남을 돌아보려고 마음먹었다.
네 시간 정도 남아 어디를 다녀올까 하다가 호이안(Hoi An)이라는 곳을
가기로 했다. 호이안은 관광지라서 상당히 시끄러웠는데 한 찻집에 들어갔더니
굉장히 조용해졌다. 책을 읽을 겸 자리에 앉았는데, 주변을 살펴보니
작은 나무 블록과 연필이 테이블 위에 가지런히 놓여 있었다. 용도를 물었더니
주문할 때나 필요한 것이 있을 때 여기에 적어달라는 답변이 돌아왔다.
무슨 이유로 그렇게 하느냐고 물어보았는데 이전에 베트남에 내전이 많아서
그 후유증으로 잘 듣지도 못하고 말하지도 못하는 분들이 많아 그런 분들이
이 찻집에서 서빙을 하면서 생긴 찻집만의 문화라고 하였다. 나무 블록에 연필로
물이나 계산서 등 필요한 것들을 적어서 테이블에 올려두면 직원이 주변을
돌다가 블록을 발견하고 들고 가서 고객이 원하는 바를 들어주는 형태로 서비스가
제공되고 있었다. 이런 경험을 통해서 서비스 제공자와 서비스 사용자의
공동 경험으로 서비스가 완성되었다는 느낌을 받았다. 엄청난 기술이 아니더라도
서로의 조그마한 배려를 통해 만들어진 공동 경험으로 아주 기분 좋은 경험이
완성된 것이다. 이처럼 서비스는 사용자들과 제공자 간의 상호작용을 통해서
계속해서 진화하고 발전할 수 있다.

지속 가능한 혁신을 위한 서비스 경험 디자인

세상에 나온 서비스가 지속 가능할 뿐만 아니라 그 제공 범위를 확산하여 구조적인 변화를 불러일으킬 수 있도록 추가로 네 가지 주제를 고려해볼 수 있다.

지속적인 혁신의 파이프라인 구축하기

서비스가 실행되면 사용자에게 계속해서 정보를 수집하고 피드백을 받아야 한다. 서비스를 매일 운영하면서 향후 서비스를 업데이트하거나 개선하기 위한 요건들을 체계적으로 수집하기 위한 내부 프로세스와 추적 시스템이 필요하다(그림 1). 서비스가 실행된 뒤 얻을 수 있는 정보로는 투자대비수익ROI와 같은 정량 지표와 사용자의 직접적인 요청VOC이 있을 수 있다. 주요 정량 지표의 경우 매일 점검하여 주 또는 월 단위로 당시 동향과 시사점을 확인해야 한다.

사용자가 직접 요청하는 경우는 서비스 개선의 직접적인 단초가 되므로 착실하게 모아서 정리해야 한다. 불만 요청이 많은 서비스의 경우 오히려 반응이 없는 서비스보다 개선 및 혁신에 훨씬 유리할 수 있다. 즉, 적극적인 악플(악성 댓글)이 무플(댓글이 없는 상태)보다 좋고 적당한 선플(좋은 댓글)보다도 좋을 수 있다.

덴마크 코펜하겐은 정보를 수집하는 좋은 사례를 보여준다. 시민이 이용하는 자전거 바퀴에 모바일 센서를 달아 도로의 혼잡도, 상황 등을 실시간으로 받고 추가로 대기 상태, 소음 등까지 수집할 수 있다. 코펜하겐은 자전거 바퀴에 달린 센서를 통해 도시 환경에 대한 다양한 자료를 수집하여 시 운영 정책 결정 시 참고 자료로 사용하고 있다.

버스킹 어라운드 서비스의 경우 직접적인 사용자의 의견을 받기 위해 애플리케이션을 활용하고 있다. 해당 서비스는 제공자와 사용자 사이

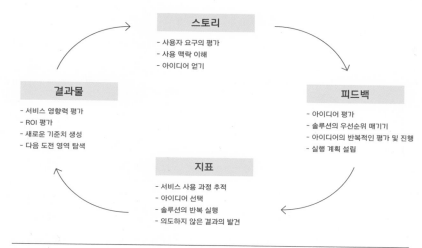

스토리
- 사용자 요구의 평가
- 사용 맥락 이해
- 아이디어 얻기

피드백
- 아이디어 평가
- 솔루션의 우선순위 매기기
- 아이디어의 반복적인 평가 및 진행
- 실행 계획 설립

지표
- 서비스 사용 과정 추적
- 아이디어 선택
- 솔루션의 반복 실행
- 의도하지 않은 결과의 발견

결과물
- 서비스 영향력 평가
- ROI 평가
- 새로운 기준치 생성
- 다음 도전 영역 탐색

그림 1. 지속적인 혁신의 파이프라인 구조[1]

연결을 스마트폰 앱으로 제공해주는데, 카페 주인과 공연자가 서로 대화한 내용을 통해 데이터를 분석하고 사용자의 불편한 점, 만족한 정도 등을 파악해나간다. 그리고 앱에 따로 Q&A 등의 게시판을 제공함으로써 사용자의 각종 불만 사항이나 질문 사항 등 직접적인 의견을 받을 수 있도록 노력하고 있다.

파트너십을 통한 시너지 발생시키기

모든 가치를 단독으로 제공할 수 없을 때는 파트너십을 이용하는 것도 좋은 방법이다. 접점 중 상호 보완이 가능한 부분에 대해 파트너십으로 서비스를 제공하면 효율성뿐 아니라 후광 효과halo effect를 통한 이미지 제고 효과도 달성할 수 있다. 여기서 말하는 후광 효과란 어떤 대상이나 사람에 관한 일반적인 견해가 그 대상의 구체적인 특성을 평가하는 데 영향을 미치는 현상을 말한다. 이러한 파트너십을 통해 미처 제공하지 못했던 가치를 사용자에게 제공할 수 있고, 함께 성장해나가는 공동 브랜딩 효과도 기대할 수 있다.

나이키는 2006년 'Nike+iPod'이라는 새로운 무선 시스템 서비스를 소개했다. 아이팟을 착용하고 운동을 즐기는 사용자를 위해 아이팟 스크린으로 운동량을 확인할 수 있는 서비스를 제공했다. 사용자는 나이키 신발에 장착된 센서를 통해 운동 거리, 시간, 속도, 소비한 열량 등을 수집하여 아이팟에서 확인할 수 있다. 스포츠 브랜드로 잘 알려진 나이키와 음악을 듣는 도구인 아이팟의 파트너십을 통해 헬스 케어 서비스라는 새로운 가치를 제공해주는 플랫폼의 역할을 보여주는 좋은 사례이다.

포토바기 서비스도 이와 비슷하게 사진 촬영 서비스와 여행 가이드 서비스를 결합하는 새로운 아이디어를 제시하였다. 포토그래퍼가 사진 촬영뿐 아니라 여행 가이드도 제공해줌으로써 다양한 여행지에서도 포토바기 서비스를 활용할 수 있도록 하였다.

자기 복제 플랫폼 구축하기

자기 복제self-replicating는 하나의 기본 구조를 다양한 상황에서 복제하여 응용할 수 있다는 말이다. 여기서 기본 구조는 플랫폼이라고 할 수 있다. 플랫폼이란 다양한 상품을 생산하거나 판매하기 위해 공통으로 사용하는 기본 구조이다. 플랫폼은 상품 거래나 응용 프로그램을 개발할 수 있는 인프라가 된다. 자동차 틀과 같은 하드웨어 측면에서 플랫폼이 있을 수 있고, 윈도와 같은 소프트웨어 측면에서의 플랫폼이 있을 수 있다.

서비스의 플랫폼화는 서비스를 구성하는 다양한 기술적 요소 일부를 외부의 조직이나 서비스가 활용할 수 있도록 개방하여 확장 가능성 있는 네트워크를 구축하고 해당 서비스 중심의 생태계를 조성하는 것을 말한다. 이를 두고 오픈 API Open Application Programming Interface라고 한다.[2] 서비스의 플랫폼화를 통해 서비스 사용자, 제공자, 핵심 이해관계자들은 서로 유기적으로 연결되며, 모두 서비스의 가치를 지속해서 증가하는 데

그림 2. 하드웨어 플랫폼과 소프트웨어 플랫폼

참여할 수 있다. 서비스 제공자의 별다른 개입 없이도 플랫폼상에서 사용자 간의 공동 경험 및 창작으로 자가 증식할 수 있는 서비스는 진정한 서비스의 진화라고 할 수 있다.

페이스북은 서비스의 플랫폼화를 매우 잘하는 기업 중에 하나이다. 페이스북은 소셜 그래프social graph를 오픈하는 정책을 펼쳤는데, 소셜 그래프란 소셜 네트워크의 구조를 표현하기 위해 사용되는 구조로, 노드와 링크로 이루어진 전체적인 소셜 네트워크망을 시각화해놓은 그래프다. 페이스북은 이를 뉴스피드에 보여지는 콘텐츠 선정에 사용한다. 그리고 소셜 그래프라는 API를 오픈 그래프open graph라는 이름으로 개방함으로써 연결된 웹사이트의 콘텐츠가 업데이트될 경우 그 정보가 해당 콘텐츠를 '좋아요like' 한 사용자에게 바로 알려지는 것처럼 실시간으로 푸시 알림을 보내는 기능을 만들 수 있게 되었다. 사용자는 새로운 애플리케이션들을 활용하여 공유하고 싶은 활동들을 편하게 뉴스피드에 보여줄 수 있다. 예를 들어 음악, 영화, 요리, 운동 애플리케이션을 활용하여 어떤 음악을 듣는지, 어떤 영화를 봤는지, 요리를 어떻게 해야 하는지, 얼마나 먼 거리를 달렸는지 등을 타임라인에 업데이트할 수 있다.

타인의 서재의 경우 이와 비슷하게 서비스 플랫폼을 제시하였다. 이들은 중고 책의 이야기를 공유할 수 있는 SNS와 같은 플랫폼을 제공함으로써 내가 다닌 도서관, 서점, 읽은 책들을 SNS에 올릴 수 있도록 했다. 이렇게 모인 데이터를 통해 사용자가 관심 있는 분야의 책들이나 자주 다니는 서점 또는 도서관 정보를 사용자의 SNS 화면에 제공해준다.

공동 경험

공동 창작은 사람들이 혁신적인 서비스를 만들어내는 과정에 필요한 가장 중요한 도구라고 할 수 있다. 이러한 공동 창작은 공동 경험의 한 형태라고 할 수 있다. 철학적 의미에서 공동 경험은 인간이 다른 사람들과 함께하는 진정한 경험을 의미한다. 이러한 공동 경험은 공동 창작과 맥을 같이하는 합작 외에도 공유와 공조가 있다. 각각에 대해 알아보자.

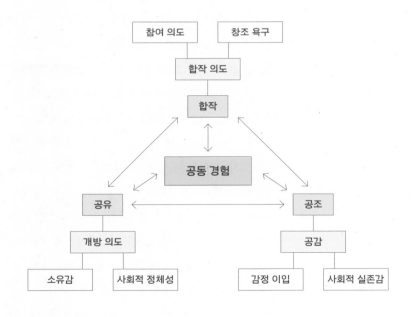

그림 3. 공동 경험의 세 가지 형태[3]

합작

합작co-creating experience은 두 명 이상의 사용자가 함께 창조 욕구를 지니고 무엇인가 새로운 것을 만들어내는 경험을 말한다. 철학적 의미에서 합작이라는 경험이 서비스 경험 디자인에서 특화되었을 때에 이를 공동 창작이라고 할 수 있다. 합작의 경험을 제공하는 대표적인 예로 쿼키Quirky를 들 수 있다. 쿼키는 단순한 일상생활 속에서 발견한 일반인들의 아이디어를 실현해주는 웹사이트다. 쿼키는 사용자가 아이디어를 사이트에 올리고 이 아이디어를 다른 사용자들이 평가하도록 한 뒤 채택된 아이디어를 직접 제품화하는 형태의 아이디어 플랫폼이자 소셜 제품 개발 플랫폼이다. 쿼키는 아이디어 제안, 평가, 제품화, 출시에 이르는 각 과정에서 참여자의 영향력을 점수화하고 종합 점수에 따라 판매 수익의 일부를 참여자에게 보상한다. 보상 시스템으로 아이디어 제출과 평가 활동을 활성화 한 반면 왜곡 방지 장치를 마련해 양질의 아이디어 제출과 평가를 유도했다. 쿼키는 지금까지 이러한 방식으로 36만 명으로부터 아이디어를 받아 305개를 제품화했다. 쿼키에서 제품화한 피봇 파워Pivot Power라는 제품은 멀티탭을 구부려 공간의 활용도를 높였다. 출시 1년 만에 아이디어 제공자인 제이크 진Jake Zien은 아이디어 제공만으로 3억 원의 수익을 올렸고 현재까지 약 6억 8,000만 원의 수익을 올리고 있다고 한다. 이처럼 쿼키는 사용자의 아이디어를 실제 제품으로 만들어 줌으로써 사용자의 창조 욕구를 만족하게 하고 사용자들이 함께 새로운 것을 만들어내는 합작을 이루어낸다.

공유

공유sharing experience는 자기 소유의 어떤 것을 다른 사람에게 제공하여 함께 사용할 수 있게 하는 경험을 말한다. 미국에서 만들어진 패이션츠

라이크미PatientsLikeMe라는 웹사이트는 사용자의 삶이 증진되기를 희망하여 실시간으로 환자들에게 필요한 정보를 제공하는 일종의 검색 네트워크 서비스다. 이 서비스를 통해서 동병상련의 환자끼리 약과 음식에 대한 정보를 교류하고 그 외에도 자신들의 경험을 공유하면서 소통한다. 소통 과정에서 실시간으로 얻어진 정보들은 메타 데이터로 처리해서 제약회사나 병원, 의료 기기 회사 등 다양한 곳에서 연구 목적으로 쓰이고 있다. 그리고 이를 통해 더 효과 좋은 약과 서비스, 치료를 제공하기 위해 노력한다. 사용자는 자신만 알고 있던 치료법이나 좋았던 경험들을 이 서비스를 통해 공유함으로써 다른 사용자들과 함께 사용할 수 있게 하며 나아가 앞으로의 질병 관련 연구에도 기여할 수 있게 된다.

공조

공조pro-social experience는 여러 사람이 자발적으로 다른 사람들을 도와주는 경험 또는 친 사회적 행동이라고 한다. IDEO에서는 HCD connect라는 웹사이트를 제공하고 있다. 사용자가 아이디어는 있지만 전문적인 지식이 부족할 경우 이 웹사이트에서 다양한 사람들의 조언과 정보를 얻을 수 있다. 사람들은 모두 자발적으로 답변을 해주며 IDEO에서 무료로 제공하는 디자인 툴킷도 참고할 수 있다. IDEO는 이 사이트를 통해 사람 중심의 디자인 툴킷Human Centered Design Toolkit의 전 세계 사례를 공유하고 프로젝트에 대한 기금이나 실무적 해결책까지 제공해준다. 이 웹사이트는 여러 사람들이 다른 사람들을 도와주는 공조뿐 아니라 사용자들 간의 공유, 여러 사람이 함께 창조해내는 공간을 제공해준다.

사회적 혁신

서비스는 서비스 제공자와 사용자에게 경제적, 사회적, 환경적으로 어떤 영향을 주는지 논의하고 최종적으로 비전과 미션 그리고 패러다임을 제시해야 한다. 서비스 경험 디자인 프로젝트를 통해 사용자들의 행동을 변화시키면, 이것이 장기적으로 서비스 제공자 조직 내부뿐 아니라 해당 서비스가 제공되는 사회적, 문화적 환경에도 변화를 불러일으켜야 하는 것이다. 기업이 경제적 이익에 사회적 책임과 환경적 지속성까지 고려하여 기업 활동의 결과로 인식해야 한다는 지속 가능한 경영 프레임이 있다. 이를 트리플 바텀 라인triple bottom line이라고 한다(그림 4).[4] 이런 지속 가능한 경영을 통해 일어나는 조직적 변화와 사회적 변화는 모두 비슷한 구조와 절차를 거쳐서 일어난다. 조직적 변화의 경우 서비스 제공자 조직 내부로 범위가 국한된다면, 사회적 변화는 서비스가 제공되는 사회 전반에 변화를 일으키는 것을 말한다(그림 5).[5]

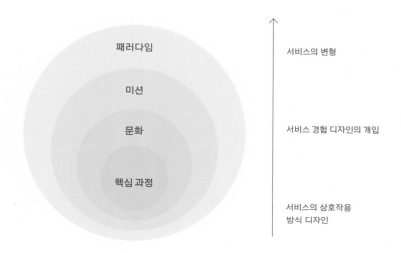

그림 4. 지속가능 경영 프레임인 트리플 바텀 라인[6]

375

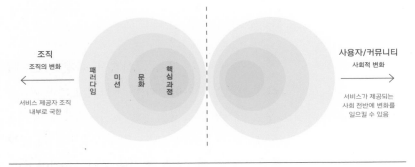

조직		패러다임	미션	문화	핵심과정	사용자/커뮤니티

조직
조직의 변화
패러다임 미션 문화 핵심과정
사용자/커뮤니티
사회적 변화

서비스 제공자 조직
내부로 국한

서비스가 제공되는
사회 전반에 변화를
일으킬 수 있음

그림 5. 지속 가능한 경영을 통해 일어나는 조직적 변화와 사회적 변화

공공 서비스 경험 디자인

기존 상황을 더욱 바람직한 상황으로 바꾸는 것이 디자인이라면, 결국 디자인은 전보다 나은 사회를 꿈꾸고 있다고 볼 수 있다. 사실 공공 서비스 경험 디자인이라는 개념은 최근에 생겨난 것이 아니다. 우리가 모르는 사이에도 계속해서 공공 서비스 경험 디자인은 다른 형태로 계속해서 이루어졌기 때문이다. 그러나 최근 들어서 점차 디자인적 사고가 중요해짐에 따라 하나의 학문 영역으로 자리 잡아가고 있다.

　예를 들어 스탠포드대학교의 디자인 스쿨에서는 '초저 비용을 위한 디자인Design for Extreme Affordability'라는 과정이 있다. 이 과정은 다양한 학문적 배경을 가지고 있는 여러 사람이 팀을 이루어 세계 빈곤층의 문제를 파악하고 이를 해결할 수 있는 제품 및 서비스 혁신 프로젝트를 운영한다. 과정에 대한 보다 자세한 설명은 다음 웹사이트에서 확인해 볼 수 있다(http://extreme.stanford.edu). 이 과정에서 개발해낸 제품으로 딜라이트A1d.light A1라는 태양광 랜턴이 있다. 전기 혜택을 누리기 어려운 개발도상국 사람들이 안전하고 편리하게 사용할 수 있는 태양광 랜턴으로서 5달러라는 합리적인 가격에 제공된다. 이러한 공공 서비스 경험 디자인이 적용될 수 있는 분야는 무궁무진한데, 대표적인 분야별 주제들을 보면 표 1과 같다.

교육	- 학생들의 창의성을 증진시키는 기분 좋은 교육 환경 만들기 - 교육 효과를 높이는 디자인 - 인성 교육 강화를 위한 콘텐츠 개발 및 프로그램 디자인	- 학원 폭력, 왕따 문제 해결을 위한 디자인 - 교사와 학생 간 상호작용을 돕는 초등학교 교실 환경 디자인
의료/노령화	- 의료사고 감소를 위한 디자인 - 노령화 대비 건강 유지 디자인 - 스트레스 관리를 위한 서비스 등	- 개인 맞춤 의료 디자인 - 건강검진 체계 개선을 위한 디자인
치안/국방	- 범죄 예방 환경 가이드라인 - 병영 환경 개선을 통한 군내 사고율 감소 - 치안 및 국방 분야 근무 환경 개선을 위한 디자인	- 경찰의 진압 효과를 높이는 디자인 - 비무기 체계 디자인
교통	- 대중교통 서비스 개선을 통한 활용도 향상 - 대중교통 실시간 알림 서비스의 통합 구축 등장	- 무인 통행료 징수 체계 개선 - 운전면허 시험 제도 개선을 위한 디자인
행정 시스템	- 행정 프로세스 디자인 - 세금 징수 비율 효율화 및 사용성 강화를 위한 디자인 - 다문화 가정의 사회 적응을 돕는 디자인	- 시민 연대 활용 정책 디자인 - 정치 커뮤니티 디자인
문화 관광	- 여가 활동, 엔터테인먼트 몰입도 증진을 위한 디자인 - 지역 특산품 및 공간 스토리텔링 디자인	- 재래시장 리디자인, 지역 상권 부흥을 위한 디자인 - 여행 상품 개발을 위한 디자인 등
보건 복지	- 무장애 도시를 위한 디자인에 대한 표준 모델 개발 - 아동 건강 증진을 위한 디자인 - 의료 상식 및 복지혜택 공유에 따른 지식 격차 해소를 위한 디자인 등	- 자살 예방 프로그램의 효과를 높이기 위한 디자인 - 아이를 더 많이 낳아 키울 수 있도록 장려하는 디자인

표 1. 공공 서비스 경험 디자인의 분야별 주제

공공 서비스 경험 디자인의 가치

공공 정책 개발에 서비스 경험 디자인이 제공할 수 있는 가치들은 다음과 같다. 첫째, 정책 목표를 효과적이고 효율적으로 달성할 수 있다. 실제 서비스 사용자의 요구 사항에 맞는 서비스가 가능하기 때문이다. 서비스 경험 디자인은 사용자 경험에 대한 문화인류학적인 관찰과 이해에서 시작한다. 또한 실제 정책 수요자들과의 공동 창작 활동을 진행한다. 이런 일련의 활동을 통해 실제 수요자들이 받아들일 가능성이 크고, 설정한 목표를 효과적으로 달성하는 서비스를 디자인할 수 있게 된다. 또한 이러한 서비스 효과의 향상은 서비스 실행 단계에서의 시행착오로 인한 불필요한 자원의 낭비를 막아 정책 예산이 더욱 효율적으로 사용되는 데 기여하기도 한다.

둘째, 서비스 경험 디자인을 통해 서비스 제공자와 수요자 간 상호 이해와 신뢰성을 높일 수 있다. 서비스 경험 디자인의 여러 단계는 제공자뿐 아니라 수요자도 함께 진행한다. 협업 활동을 통해 제공자는 수요자가 원하는 사항들이 무엇인지, 수요자는 제공자가 어떤 사정이 있는지 서로를 더욱 잘 이해할 수 있다. 이러한 이해를 바탕으로 한 상호 신뢰는 실제 개발된 서비스에 대한 만족도를 높이기도 한다. 실제 공공 서비스에 불만이 많던 서비스 사용자들이 서비스 개발 과정에 참여하여 공공기관의 고충과 노력을 알게 되면서 이들을 응원하는 경우들이 많이 있다. 즉, 사용자들이 서비스 경험 개발 과정에 참여하는 것은 사용자 중심 디자인을 가능하게 할 뿐만 아니라 그들의 서비스 신뢰도를 높여 결과적으로 더욱 높은 사용자 만족도를 끌어낼 수 있다는 점에서 가치 있다고 할 수 있다.

공공 서비스 경험 디자인 프로세스

서비스 경험 디자인이 공공의 영역과 만났을 때 정책 개발 프로세스는 표 2와 같이 정리해볼 수 있다. 정책 프로세스는 크게 네 단계로 정리할 수 있다. 문제의 본질을 파악하는 '정책 형성' 단계에서 시작해, 이해관계자들과의 의사소통을 통해 타당한 목표를 설정하는 '정책 수립' 단계, 그리고 실제 기획한 정책을 시행해나가는 '정책 집행' 단계를 거쳐 최종적으로 정책에 대한 만족도를 평가하고 정책을 수정, 보완하는 '정책 평가' 단계로 끝난다. 정책 개발 과정에서 조심해야 할 점은 실제 현장 조사가 부족함에도 정책에 대한 국민의 일시적인 관심을 유도하기 위해 별도로 임시변통적인 방안을 마련하는 데 힘쓴다는 점이다. 그러나 국민의 관심을 유도하면서 동시에 국민이 원하는 바에 가까운 정책을 수립하기 위한 가장 좋은 방법은 바로 서비스 디자인 방법론의 수용이다.

정책 단계	정책 형성	정책 수립		정책 집행	정책 평가
단계별 주요 목표	문제의 본질 파악	- 목표 설정: 타당성 검토 - 이해관계자와 합리적 의사소통		일관성 확보 만족도, 운영 실태 수시 확인	만족도 측정 및 반영
	지속적인 국민 관심 유도를 위한 수시방안 마련				
문제점	현장 조사가 필수 사항 아님	정상적인 타당성 검토 부재		주기적 현장 점검 필수 사항 아님	정성적인 평가 부재
디자인 단계	문제 발견	아이디어 수립	해결책 구체화	적용	평가

디자인 역할	- 사전 조사
	- 직접 의견을
	  청취해 문제 설정
		수요자
		주도로 세부
		과제와 목표
		설정
			세부 해결
			방안 구성,
			발표 및
			제안
				- 수요자의
				  자발적 조직 구성
				  촉진하여 실행
				- 행정 지원
					제도 기반 및
					민관 협력
					담당 조직 마련

서비스 디자인 방법론	- 관찰 - 사용자 경험 지도 - 접점 지도 - 심층 인터뷰	- 이해관계자맵 - 시스템맵 - 서비스 블루프린트 - 스토리보드 - 경험 프로토타이핑		- 서비스 가이드라인 - 서비스 템플릿 - 역할 대본 - 과업 분석표	

차별점	- 문헌 및 정량
	  조사
	- 방문 의견 청취
	  동시 실행
	- 수요자 주도로
	  정책 전반의 미래
	  비전 수립
	- 문제 설정
		- 해당 정책 분야 및 분야별
		  세부 과제
		  목표 수립을 기반으로
		  아이디어 제시
		- 발표, 서적 배포 등을 통해
		  행정 및 대중에 공적 제안
				- 수요자가
				  의사 결정에 참여
				- 단체 구성과
				  활동을 통한
				  수요자 주도 실행
					- 커뮤니케이션
					  담당 조직의
					  지속적인 관리
					- 디자인 전문가가
					  지속적 성과 확인
					- 민간 중심 운영.
					  ·미 단계별 피드백
					  수렴으로 성과
					  관리를 위한
					  별도 단계
					  필요성 줄어듦

표 2. 공공 서비스 경험 디자인 프로세스

정책 개발 과정에서 대두하는 대표적인 문제는 실제 서비스 제공 현장과 관련 이해관계자에 대한 이해와 분석이 부족하다는 점이다. 실제 정책이 수행되는 현장에 대한 조사가 필수 사항이 아니므로 정성적인 자료 수집 측면에서 한계가 있다. 그러므로 정책 개발 과정에도 서비스 경험 디자인 방법론의 적용이 필요하다. 서비스 경험 디자인은 공동 창작을 기본 철학으로 하며 항상 현장과 실제 이해관계자를 중심으로 프로세스를 진행한다. 따라서 일반적인 정책 개발 과정에 서비스 경험 디자인 방법론을 적용하면 일련의 프로세스 진행 가운데 지속해서 실제 서비스와 관계된 사람들의 서비스 경험에 초점을 맞추기 때문에 서비스의 효과와 결과에 대한 만족도가 높아진다. 또한 정책 개발 과정에 많은 이해관계자를 참여시키면 별도의 홍보를 시행하지 않아도 국민의 관심도가 저절로 높아지게 된다.

공공 서비스 경험 디자인 사례

일본 아마정 진흥종합계획7

일본 시마네현 소속의 작은 섬 아마정海士町은 원주민뿐 아니라 외부 이주민과 유턴민(이주했다 다시 돌아온 사람) 등 다양한 주민들로 구성되어 있다. 그러나 문제는 주민 간 소통이 활발하게 이루어지지 않는다는 점이었다. 마을은 외부 디자인 팀과 손잡고 이러한 문제를 해결하고 더 행복한 섬을 만들기 위한 프로젝트를 진행한다.

'우리 지역의 미래를 만든다.'라는 주제로 기업, 자치회 활동가, 주민 참여 활동가 등 여러 단체의 협조를 얻어 주민 50여 명을 모아 네 개 팀을 만들었다. 팀을 만들 때는 참여 주민의 관심 분야는 물론 이주민, 유턴민, 토착민의 구성비와 연령대 비율까지 세심하게 고려하였다. 이를 통해 활발한 토론이 이루어지고 좋은 아이디어들이 많이 나올 수 있었다. 또한 실제 서비스를 제공하게 될 주민센터 직원과 워크숍을 열어 구체적인 서비스 진행 방식과 현실적인 문제들을 논의했다.

이렇게 서비스의 실제 사용자인 주민과 제공자인 주민센터 직원과의 교류를 통해 네 개 팀의 프로젝트는 모두 충분한 성과를 낼 수 있었다. 기금이 조성되고 자발적 마을 지원단도 형성되면서 성과는 지속되었다.

위 사례를 통해 서비스 경험 디자인이 정책의 지속 가능성을 높이는 데 효과적으로 기여함을 알 수 있다. 정책 형성 과정에 주민이 직접 참여함으로써 정책이 어떻게 만들어지고 수행되는지를 알게 되었고 주민이 진정으로 원하는 내용을 정책에 반영시킬 수 있었다. 정책 개발이 완료된 뒤에도 스스로 자치 단체를 꾸려 적극적으로 정책을 수행해나가는 자발적 추진 동력이 나타나게 되었다.

이전에는 문제가 발생하면 불만을 간접적으로 토로할 수밖에 없었던 주민들이 직접 그 문제를 해결할 수 있는 아이디어를 내고 정책을 수립하고 수행하면서 느끼는 즐거움도 공공 서비스 경험 디자인에서 빼놓을 수 없는 사용자 경험이라고 할 수 있을 것이다.

서울시 마포구 염리동 범죄 예방 디자인 프로젝트[8]

서울시에서 계획하고 디자인 기업들과 함께 수행한 이 프로젝트는 치안과 범죄라는 공공 정책 분야에 서비스 경험 디자인 방법론을 적용한 국내의 대표적 공공 서비스 경험 디자인 사례이다.

염리동은 서울시의 대표적인 범죄 다발 지역이었다. 하지만 지역 내 커뮤니티가 활성화되어 있으며 주민센터를 중심으로 사회적 기업이 활발하게 운영되고 있어 범죄 예방 사업의 시범 대상 지역으로 적합했다.

지역 특성상 추가로 시설에 투자하는 것이 어려웠기에 기존 시설에서 효과적인 해결책을 제안하는 것이 중요했다. 이를 위해 여러 주민과 설문, 인터뷰를 하고 지역에 대한 깊은 관찰을 통해 해결의 실마리를 찾을 수 있었다. 살인마 오원춘은 이런 말을 한 적이 있다. "여자가 소리를 질러도 주변에서 내다보고 도와주지 않을 것이라고 생각했다." 이러한 범죄자의 심리를 억제하기 위해 디자인 팀은 인적이 드물어 무서웠던 좁은 골목길에 사람들이 오가고 어린이들이 뛰어놀게 하는 등 양성화를 통한 감시 기능이 자연적으로 생기는 것을 목표로 했다. 이 결과로 주민들이 범죄에 대한 불안감을 느낄 만한 곳들을 연결해 '소금길'이라는 이름으로 건강, 문화, 커뮤니티의 통로 역할을 할 수 있는 길을 조성하게 되었다. 가로등을 촘촘하게 설치하고 전봇대에는 비상벨을 달아두었다.

프로젝트는 성공적이었다. 범죄 예방 효과는 물론 주민들의 높은 만족도와 서로 끊겼던 소통까지 다시 불러일으키는 결과를 가져왔다. 염리동 프로젝트의 성공으로 서울시는 영등포구 대림 2동, 은평구 응암동 등

좁은 골목길 열 곳을 선정해 범죄 예방 디자인 프로젝트를 확대 계획하게 되었다.

기존에 이러한 프로젝트가 공공 기관의 주도로만 이루어졌었다면 이번에는 디자인 전문 기업 주도로 이루어졌다는 점이 주목할 만하다. 공공 서비스 경험 디자인 영역이 새로운 시장으로 접어들었음을 상징적으로 보여주고 있기 때문이다. 실제 서비스가 수행될 장소와 사용자 심리 등에 대한 깊은 이해와 관찰을 통해 국내 정책 기획과 집행 단계에 걸쳐 서비스 경험 디자인적인 방법론이 성공적으로 적용된 대표적인 사례라고 할 수 있을 것이다.

휠에이블

연세대학교 학부생들로 구성된 '인사이드 아웃' 팀이 진행했던 이 프로젝트는 휠체어를 사용하고 있는 장애인을 대상으로 새로운 지도 및 길 찾기 서비스를 제시하였다. 서비스명은 휠Wheel과 에이블Able이 합쳐진 휠에이블WheelAble로 모두에게 어디든지 갈 기회를 주는 것을 목표로 만들어졌다. 크게 세 가지 서비스를 제공하고 있는데, 경로 탐색, 장소 검색, 추천 기능을 제공하고 있다. 일반 지도 검색 서비스와 크게 다르지 않은 기능이지만 팀은 다른 사람들에 비해 몸이 불편하여 움직임이 자유롭지 않은 장애인에게 초점을 맞추어서 특색 있게 디자인하였다.

경로 탐색 시 출발지와 도착지를 설정하면 최단 거리를 보여주는 것이 아니라 휠체어를 타고 갈 수 있는 경로 위주로 탐색해준다. 예를 들어 현재 위치에서 가까운 지하철역 출구가 아니라 휠체어 리프트가 있는 출구를 추천해주며 엘리베이터와 가까운 지하철 칸을 알려준다. 버스의 경우 휠체어로 쉽게 탈 수 있는 저상 버스를 추천해준다. 또한 경로를 설정한 뒤 경로 안내 시에는 건물 내부 경로를 상세하게 보여준다.

장소를 검색할 때는 필터를 설정할 수 있는데, 필터 목록은 장애인 화장실, 전동 휠체어 충전소, 영화관, 편의점 등으로 구성되어 있다. 영화관이나 편의점 같은 곳도 검색 결과를 장애인 주차장, 장애인 화장실 등이

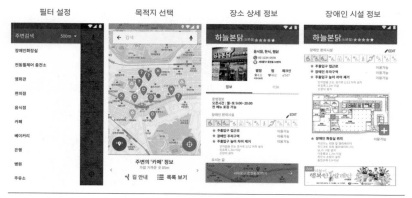

필터 설정 　　　 목적지 선택 　　　 장소 상세 정보 　　　 장애인 시설 정보

그림 6. 휠에이블의 장소 검색 기능 예

있는지에 따라 필터링할 수 있다. 그리고 검색 결과에도 장애인 편의 시설 여부와 출입구의 접근 가능성(접근로, 높이 차이)을 나타내줌으로써 다양한 정보를 제공하고 있다(그림 6).

　이 서비스는 기획 단계이고 프로토타입 수준으로 진행 중이지만 서비스를 세상에 내보였을 때 많은 장애인 사용자에게 도움이 될 것이다.

서비스는 출시 이후 지속해서 사용자에게 균일한 경험을 제공할 뿐만 아니라 점차 개선되어야 한다. 이를 위해서 서비스의 건강 상태를 매일 확인할 수 있는 모니터링 프로세스 구축을 추천한다. 다양한 센서를 통해 다양한 데이터를 수집할 수 있는 시대가 왔듯이 다양한 데이터를 이용해 서비스를 진화시킬 방법을 고민할 수 있는 체계적인 프로세스가 필요하다. 단독으로 서비스를 유지하고 개선하기 어려운 경우에는 파트너십을 맺어 새로운 가치를 제공하는 계기를 마련하는 것도 좋은 방법이다. 서비스의 플랫폼화는 서비스를 구성하는 다양한 기술적 요소 일부를 다른 조직 및 서비스들이 활용할 수 있도록 개방한 것으로 새로운 네트워크를 구축하고 서비스 중심의 생태계를 조성하도록 만들어준다. 자신이 만든 서비스를 개방하고 다른 사람들의 다양한 의견을 받아들이고 활용하면서 서비스는 진화할 수 있다. 이 과정에서 사용자도 서비스의 혁신에 기여할 수 있다.

서비스 경험 디자이너들은 공공 정책과 관련한 여러 전문가와 협업하여 기존에 그들이 생각해낼 수 없었던 새롭고 가치 있는 서비스를 디자인할 수 있다. 관련 전문 지식은 부족하지만 오히려 그렇게 익숙하지 않은 영역이기에 자신의 디자인 사고 방식을 통해 더 좋은 서비스를 기획해낼 수 있다. 공공 서비스 영역에서의 서비스 경험 디자인의 중요성을 인식하고 공공 서비스 경험 디자인이 더욱 활성화되기를 기대한다.

토론하기

1

서비스가 실행되면 사용자로부터 계속해서 정보를
수집하고 피드백을 받아야 한다. 현재 출시된 서비스
중 피드백을 받고 서비스 개선에 적극 활용하고 있는
서비스가 있는지 생각해보고 어떤 식으로 운영되고
있는지 알아보자.

나이키와 아이팟의 파트너십처럼 서비스 일부분을
공유하는 사례가 많다. 다른 사례를 찾아보고
어떤 점에서 유익한지 생각해보자.

자기 복제하는 서비스는 기본적으로 플랫폼 구조를
가지고 있다. 그러나 서비스의 플랫폼화는 쉬운 일이
아니다. 서비스의 플랫폼화를 어렵게 하는 요소에는
어떤 것이 있으며, 성공적으로 플랫폼화하기
위해서는 어떤 전략이 필요한지 이야기해보자.

2

사용자가 자발적으로 공유하게 하는 인센티브로는
어떤 것들이 있을까? 공유라는 경험을 끌어내기
위해서는 어떻게 서비스를 구성해야 할지 논의해보자.

공조의 경험을 제공해주는 대표적인 국내 사례로는
어떤 것들이 있을까? 탐색해본 뒤 활성화 방안을
논의해보자.

3

국내 공공 서비스 경험 디자인 사례 하나를 선정해
디자인적 사고가 어떻게 적용되었는지 분석해보고,
앞으로 더욱 발전시켜야 할 점을 생각해보자.

사적 영역에 있는 서비스 가운데에서도 공공 서비스
성격을 가지는 서비스가 있을 수 있다. 구체적인
사례를 수집하고 어떤 점에서 공공 서비스적 성격을
지녔다고 판단할 수 있는지 근거를 들어보자.

생각해보기

서비스의 지속적인 혁신 방안을 강구해보자.
본 장에서 제시한 방법 외에 추가적으로
어떤 방법들을 활용할 수 있는지 생각해보자.

서비스의 제공 및 사용에 공동 창작 및 공유와 공조의
기회를 만들 방안을 생각해보자.

주

1장 서비스와 경험 디자인

1   박진우, 최용민, "우리나라와 주요 선진국의 서비스 산업 고용 비교:
    지식 서비스 산업 및 기반 서비스 산업을 중심으로", *Institute for International Trade:
    Trade Focus*, 10(21), 2011.
2   온기운, "서비스 활성화, 정치권 협조가 중요하다", 《정경뉴스》, 2014.
3   Kotler, P. and Armstrong, G., *Principles of Marketing*, Pearson Education, 2010.
4   Sasser, W. E., Olson, R. P. and Wyckoff D. D., *Management of Service Operation:
    Text, Cases, and Readings*, Allyn & Bacon, 1978.
5   정기영, 『서비스 경영』, 신지서원, 2008.
6   이유재, 『서비스 마케팅』, 학현사, 1995.
7   Pmg지식엔진연구소, 『시사상식사전』, 박문각.
8   정기영, 『서비스 경영』, 신지서원, 2008.
9   NY Times Study, "Psychology of Sharing: Why Do People Share Online?"
    NY Times, 2010.
10 강정수, "소셜 시대의 디지털 뉴스가 가치를 키우는 법" 《슬로우뉴스》, 2014. 10. 16.
11 Morgan Stanley, *2012 Mary Meeker Internet Report*.
12 윤성원, 『서비스디자인, 서비스산업을 다시 디자인하다』 한국디자인진흥원, 25, 2014.
13 행정자치부, 「정부3.0 표준교육교재」, 2015, 10쪽.
14 Richard Buchanan, "Design Research and New Learning" *Design Issues*, 17(4), 2001.
15 제니아 빌라다스 지음, 이원제 옮김, 『서비스 디자인하라』, 비즈앤비즈, 2011.
16 이 책에서는 서비스 디자인을 고객이 무형의 서비스를 구체적으로 경험하고
    평가할 수 있도록 고객과 서비스가 접촉하는 모든 경로의 유무형 요소를 창조하는
    것이라고 정의하였다.
17 https://www.service-design-network.org
18 존 듀이, 『경험으로서의 예술』, 책세상, 2003.
19 King, O., "What Is the Difference between Service Design and UX?"
    UX London Confernce, 2011.
    http://enginegroup.co.uk/news-and-views/service-design-and-
    user-experience-same-or-different
20 https://desonance.wordpress.com/2011/06/17/service-design-ux-design-
    po-tay-topo-tar-to-or-as-umami-is-to-salty/
21 https://www.ted.com/talks/tim_bro wn_urges_designers_to_think_big?l anguage=ko#
22 Engine, Field Service Evaluation Guide, 2011

23 김진우, 『Human Computer Interaction 개론』, 안그라픽스, 2012.

24 하라 켄야의 우메다 병원 시각 시스템 디자인 작업.
    http://www.ndc.co.jp/hara/en/works/2014/08/umedahospital.html

25 http://www.participle.net/ageing

26 2017년 1월 현재 타겟 사의 약국이 CVS에 인수되어 해당 약병의 사용이 중지되었다.
    https://en.wikipedia.org/wiki/ClearRx

2장 서비스 경험 디자이너

1   Hassi, L. and Laakso, M., "Making Sense of Design Thinking" in Karjalainen,
    T-M., Koria, M. and Salimäki, M.(eds.), *IDBM papers* 1. Helsinki: IDBM Program,
    Aalto University, 2011, pp. 50-63.

2   Boland, R. J. and Collopy, F., *Design Matters for Management*(na.), 2004,
    pp. 3-18; Cooper, R., Junginger, S. and Lockwood, T., "Design Thinking and Design
    Management: A Research and Practice Perspective" *Design Management Review*,
    20(2), 2009, pp. 46-55; Dew, N., "Abduction: A Pre-condition for the Intelligent
    Design of Strategy" *Journal of Business Strategy*, 28(4), 2007, pp. 38-45.

3   Brown, T., "Design Thinking" *Harvard Business Review*, 86(6), 84., 2008; Fraser,
    H. M. "The Practice of Breakthrough Strategies by Design" *Journal of Business Strategy*,
    28(4), 2007, pp. 66-74; Holloway, M., "How Tangible Is Your Strategy? How Design
    Thinking Can Turn Your Strategy into Reality" *Journal of Business Strategy*, 30(2/3),
    2009, pp. 50-56.

4   Gloppen, J., "Perspectives on Design Leadership and Design Thinking and How
    They Relate to European Service Industries" *Design Management Journal*, 4(1), 2009,
    pp. 33-47; Brown 2008; Fraser 2007.

5   Drews, C., "Unleashing the Full Potential of Design Thinking as a Business Method"
    Design Management Review, 20(3), 2009, pp. 38-44.; Martin, R.
    The Design of Business, Massachusetts: Harvard Business School Publishing, 2009.

6   Drews 2009; Junginger 2007; Martin 2009.

7   Fraser, H., "Designing Business: New Models for Success" *Design Management Review*,
    20(2), 2009, pp. 56-65; Lockwood, T., "Transition: How to Become a More Design-
    minded Organization" *Design Management Review*, 20(3), 2009, pp. 28-37; Martin 2009.

8   Boland, R. J. and Collopy, F., "Design Matters for Management" in *Managing as
    Designing*, R. J. Boland and F. Collopy(eds.), Standford University Press, 2004,
    pp. 3-18; Drews 2009; Lockwood, T., "Design Thinking in Business: An Interview
    with Gianfranco Zaccai" *Design Management Review*, 21(3), 2010, pp. 16-24.

9   Dunne, D. and Martin, R., "Design Thinking and How It Will Change Management
    Education: An Interview and Discussion" *Academy of Management Learning
    & Education*, 5(4), pp. 512-523; Fraser 2009; Martin 2009.

10 Brown 2008; Fraser 2009; Martin 2010.

11 Brown 2008; Holloway 2009; Ward, A., Runcie, E. and Morris, L., "Embedding
    Innovation: Design Thinking for Small Enterprises" *Journal of Business Strategy*,
    30(2/3), 2009, pp. 78-84.

12 Boland and Collopy 2004; Lockwood 2010; Rylander, A. "Design Thinking
    as Knowledge Work: Epistemological Foundations and Practical Implications"
    Design Management Journal, 4(1), 2009, pp. 7-19.

13 Carr, S. D., Halliday, A., King, A. C., Liedtka, J. and Lockwood, T.,
    "The Influence of Design Thinking in Business: Some Preliminary Observations"
    Design Management Review, 21(3), 2010, pp. 58-63; Drews 2009; Ward et al 2009.

14 Bonald and Collopy 2004; Drews 2009; Sato, S., Lucente, S., Meyer, D.
    and Mrazek, D., "Design Thinking to Make Organization Change and Development
    More Responsive" *Design Management Review*, 21(2), 2010, pp. 44-52.

15 Dunne and Martin 2006; Gloppen 2009; Sato et al. 2010.

16 Marc Stickdorn, *This is Service Design Thinking*, BIS Publishers, 2011.

17 Roger Martin, Integrative Thinking theory.

18 C. K. Prahalad and Venkatrum Ramaswamy, "Co-opting Customer
    Competence" *Harvard Business Review*, 2000.

19 김미현, "코크리에이션(Co-creation)에 기초한 서비스디자인 방법론"
    〈성신여자대학교 대학원 융합디자인예술학과 석사학위논문〉, 2014.

3장 서비스 경험 디자인 프로세스

1   한수련, "서비스디자인(Service Design) 측면에서 공공서비스평가 방향연구"
    〈이화여자대학교 디자인대학원 디자인학과 석사학위 논문〉, 2008.

2   Katarina Wetter-Edman, *Service Design — A Conceptualisation of an Emerging
    Practice*, School of Design and Crafts, 2011.

3   Tim Brown, "Designers, Think big!" TED Global, 2009.
    http://www.ted.com/talks/tim_brown_urges_designers_to_think_big.html

4   James March, "Exploration and Exploitation in Organizational Learning"
    Organizational Science 2, 1991, pp. 71-87.

5   Roger Martin, *The Design of Business: Why Design Thinking Is the Next
    Competitive Advantage*, Harvard Business Review Press, 2009.

6   IDEO, *Human Centered Design Toolkit 2nd ed.*, 2010(Retrieved Jun, 2015).
    http://www.ideo.com/work/human-centered-design-toolkit/

7   Design Council, A Study of the Design Process, 2005.

4장 관찰하기

1   배호순, 『교육평가용어사전』, 학지사, 2004.

2   Jane Fulton Suri and IDEO, *Thoughtless Acts:
    Observations on Intuitive Design*, Chronicle Books, 2015.

3   타임랩스 비디오는 유튜브에서 시청할 수 있다.
    https://youtu.be/gdpkB4U6iD8

5장 듣기

1   Antti Oulasvirta, Esko Kurvinen and Tomi Kankainen, "Understanding Contexts by Being There: Case Studies in Bodystorming" *Personal and Ubiquitous Computing*, 7, pp. 125-134.
2   Informal communications with Carol Berning translated to Korean by the author.
3   IDEO, *Design Thinking for Educators Toolkit 2nd ed.*, 2011, p. 29.
4   Eric von Hippel, "Lead Users: A Source of Novel Product Concepts" *Management Science* 32, no. 7, pp. 791-805.
5   Rogers, Everett M., *Diffusion of Innovations*, New York: Free Press of Glencoe, 1962.

6장 발견 단계의 결과 종합하기

1   The SILK Method Deck, Social Innovation Lab for Kent(SILK) http://socialinnovation.typepad.com/silk/2008/10/clustering.html
2   한국정보통신기술협회, IT 용어사전 http://terms.tta.or.kr/
3   http://socialinnovation.typepad.com/silk/2008/10/points-tisi.html
4   Alan Cooper, "The Origin of Personas" *Cooper Journal*, May 15, 2008.
5   John Pruitt and Tamara Adlin, *The Persona Lifecycle: Keeping People in Mind Throughout Product Design*, Morgan Kaufmann, 2006.
6   Bruce Hanington and Bella Martin, *Universal Methods of Design: 100 Ways to Research Complex Problems, Develop Innovative Ideas, and Design Effective Solutions*, Rockport Publishers, 2012, pp. 166-167.
7   Olsen, Interaction by design, Persona Creation and Usage Toolkit, 2004.
8   PXD, 〈퍼소나 제대로 활용하기〉, 2011.

7장 발상과 콘셉트 브리프

1   IDEO, *Design Thinking for Educators Toolkit 2nd ed.*, 2011.
2   김진우, 『Human Computer Interaction 개론』, 안그라픽스, 2012.

8장 새로운 서비스 윤곽 잡기

1   마르크 스틱도른, 야코프 슈나이더 지음, 이봉원, 정민주 옮김, 『서비스 디자인 교과서』, 안그라픽스, 2012.
2   박나리, "지상 최대의 문화 궁전, 도서관"《럭셔리》, 디자인하우스, 2010. 1.
3   http://premium.britannica.co.kr/bol/topic.asp?article_id=b01g0693a
4   다카시마 젠야 지음, 김동환 옮김, 『아담 스미스: 근대화와 민족주의의 시각에서』, 소화, 2004, 175-177쪽.
5   Experience Map for Rail Euope, 2011. 8. Map http://adaptivepath.org/uploads/documents/RailEurope_AdaptivePath_CXMap_FINAL.pdf

9장 새로운 서비스 구체화하기

1 Buchenau, M. and Suri, J. F., "Experience Prototyping" In Proceedings of the 3rd conference on Designing Interactive Systems: Processes, Practices, Methods, and Techniques, 2000, August, pp. 424-433.

10장 서비스 비즈니스 모델

1 Michael Lewis, *The New New Thing: A Silicon Valley Story*, W. W. Norton & Company, 2014.
2 Morris, M., Schindehutte, M. and Allen, J., "The Entrepreneur's Business Model: Toward a Unified Perspective" *Journal of Business Research*, 2005.
3 Al-Debei, M. M., El-Haddadeh, R. and Avison, D., "Defining the Business Model in the New World of Digital Business." In Proceedings of the Americas Conference on Information Systems(AMCIS), 2008, pp. 1-11.
4 알렉산더 오스터왈더, 예스 피그누어 지음, 유효상 옮김, 『비즈니스 모델의 탄생: 상상과 혁신 가능성이 폭발하는 신개념 비즈니스 발상법』, 타임비즈, 2011.
5,6 Adrian J. Slywotzky, David J. Morrison and Bob Andelman, *The Profit Zone: How Strategic Business Design Will Lead You to Tomorrows*, Crown Business, 2002.
7 사용자가 신제품을 저가에 체험하기 위해 일정액을 내면 공급자가 다양한 제품을 모아 배달해주는 유통 서비스 (Pmg 지식엔진연구소, 『시사상식사전』, 박문각)
8 Engine, Fundamentals of Service Design, 2008.

11장 서비스 브랜딩

1 Berry, L. L., "Cultivating Service Brand Equity" *Journal of the Academy of Marketing Science*, 28(1), 2000, pp. 128-137.
2 Zeithaml, Valarie, "How Consumer Evaluation Process Differ Between Goods and Services, 1981. in *Marketing of Services*, J. A. Donnelly and W. R. George, eds. Chicago: American Marketing Association, pp. 186-190.
3 Grace, D. and O'Cass, A., "Service Branding: Consumer Verdicts on Service Brands" *Journal of Retailing and Consumer Services*, 12(2), 2005, pp. 125-139.
4 Van Doorn, J., Lemon, K. N., Mittal, V., Nass, S., Pick, D., Pirner, P. and Verhoef, P. C., "Customer Engagement Behavior: Theoretical Foundations and Research Directions" *Journal of Service Research*, 13(3), 2010, pp. 253-266.

12장 서비스 출시와 운영

1 Meggs, Philip B., *A History of Graphic Design* (3rd ed.), Wiley, 1998.
2 http://vimeo.com/130169925

3 마르크 스틱도른, 야코프 슈나이더 지음, 이봉원, 정민주 옮김,
  『서비스 디자인 교과서』, 안그라픽스, 2012.
4 한국디자인진흥원, 〈서비스 디자인의 동향과 정책 방향〉, 2010.
  http://usableweb.co.kr

13장 미래를 향한 서비스 경험 디자인

1 IDEO, *Human Centered Design Toolkit 2nd ed.*, 2010(Retrieved Jun, 2015).
  http://www.ideo.com/work/human-centered-design-toolkit/
2 http://en.wikipedia.org/wiki/Application_programming_interface
3 김진우, 『Human Computer Interaction 개론』, 안그라픽스, 2012.
4,5 Daniela Sangiorgi, "Transformative Services and Transformation Design"
  International Journal of Design, ImaginationLancaster, Lancaster University, UK.
  http://www.ijdesign.org/ojs/index.php/IJDesign/article/view/940/344
6 Junginger and Sagor 2009.
7 한국디자인진흥원 서비스디지털융합팀, "공공정책, 책상에서 현장으로"
  한국디지털협회, 2013.
8 디자인정글
  http://magazine.jungle.co.kr/cat_magazine_special/special_temp5_2.aspidx_
  caller=2374&idx=2589&idx_special=181&ref=671&page=1&main_
  idx=2593&main_menu_idx=1&sub_menu_idx=21&menu_idx=301&all_flag=

마치며

짐작하셨겠지만 "시작하며"에 등장한 Y대학 K교수는 바로 나다. 20년 넘게 학교에서 강의를 하다가 지난 겨울에 큰 방향 전환을 했다. 회사를 차리고 직접 사업을 해보기로 한 것이다. 꼭 할 일이 생겨서다. 사람들에게 없어져가는 동반자를 복원시켜주기 위해서였다.

페이스북 친구가 1,000명이 넘어도 식사 한 끼 함께할 친구가 없는 젊은이가 많다고 한다. 신촌에는 혼자 밥 먹어도 어색하지 않은 혼밥 식당이 생겼다. 5-6년 뒤에는 혼자 사는 가정이 우리나라에서 가장 많은 가구 형태가 된다고도 한다. 또한 요즘에는 아들이나 딸 하나만 있는 경우가 대부분이다. 아예 자식이 없는 경우도 허다하다. K교수의 여성 제자들은 똑똑하고 좋은 직장에 다니지만 결혼 생각이 없는 경우도 많다.

과거에 우리 주위에 많이 있었던 형제, 자매, 친구, 부부가 없어지고 있다. 우리 삶의 동반자가 없어지는 것이다. 그러다 보니 외로움을 느끼는 사람도 많고 우울증을 호소하는 경우도 많다. 심지어는 제자 중 몇 명, 똑똑한 친구들이 스스로 목숨을 끊고 세상을 떠나기도 했다. 그때는 너무 슬프고 안타까워 학교에 사직서를 제출했던 적도 있다.

그러다 이런 문제점을 해결하려면 학교와 회사가 함께해야 한다는 생각이 들었다. 학교에서의 기본적인 연구를 바탕으로 회사에서 구체적인 서비스를 개발하고 사람들에게 전달하는 것이 가장 이상적이기 때문이다. 그래서 나이가 많이 들었지만 스타트업을 시작했다. 시작하면서 참 감사하다고 느꼈다. 지금이 가장 적기라는 생각이 들어서다. 더 일찍 시작했으면 설익었을 것 같고, 더 늦게 했다면 힘들어서 못 했을 것 같다.

이 회사의 이름은 'Haii'이다. 모르는 사람을 처음 만났을 때 하는 말이 영어로 하이(비록 영문 철자는 다르지만)다. 좋은 이야기를 듣고 답하는 말은 일어로 하이(비록 어조는 다르지만)다. 이 서비스를 통해 사람들에게 잊혀가는 동반자를 복원해주고자 한다. 더는 외로워서 죽는 사람은 없길 바란다. 그렇다고 어설픈 로봇을 만들거나 만남(데이팅) 서비스를 만들 생각은 없다. 그보다 우리 모두에게 언젠가는 있었던 그런 동반자를 복원시켜주는 일을 하는 아주 최소한의 기능을 가진 컴패니언 로봇 서비스companion robot service를 통해 제공하려 한다.

이 책에서 제시한 서비스 경험 디자인 방법론을 Haii 서비스를 기획하고 개발하고 출시하고 운영하는 데 적용할 예정이다. 이제 막 시작하는 회사의 운명과 이제 막 출간된 이 책의 운명이 소기의 목적을 달성할 수 있기를 기원한다. K교수의 꿈속에 나온 스티브 잡스도 동감하였듯 정말 꼭 필요하며, 좋은 취지로 만들었으니 말이다.

감사의 글

이 책은 많은 분의 도움으로 만들어졌다. 지면을 빌려 그분들께 감사의 말을 전한다. 먼저 이 책은 연세대학교 HCI Lab의 전체 구성원의 노력과 봉사로 진행되었다. 특히 이 책이 세상에 빛을 보는 데 도움을 준 서배너 예술 디자인 대학Savannah College of Art and Design, SCAD 정은기 교수에게 감사를 전한다. 2010년부터 진행했던 디지털 서비스 디자인이라는 수업을 2012년에 서비스 디자인으로 변경하면서, 첫해에 나와 함께 이 수업에 관한 전체적인 교수요목을 만들고 수업 조교를 하며 이 책의 기본 골격을 잡아주었다.

연세대학교 HCI Lab 김현영, 김보명에게도 감사한다. 두 사람이 없었으면 책이 세상에 나오기는 불가능했다. 2015년에 서비스 디자인 수업 조교를 했고 그 수업에서 이 책에 나오는 대부분의 사례가 만들어졌다. 더불어 2015년부터 K-MOOC Korea Massive Open Online Course에서 서비스 디자인 강좌를 진행하고 있는데 그 강좌의 조교를 맡아서 2,000명 넘는 수강생들의 의견과 바람을 정리해주었다. 그것이 책의 내용을 작성하는 데 큰 도움이 되었다. 앞으로 경험 디자인 분야의 훌륭한 연구자가 될 두 사람의 앞길에 이 책이 도움되기를 바란다.

이 책에 수록된 일곱 개의 사례는 많은 학생의 도움을 받아서 만들어졌다. 강동연, 강선유, 고정용, 김규인, 김나은, 김동심, 김민재, 김수현, 김영우, 김유진, 김진우, 김하늘, 김현영, 김혜명, 노대원, 류수연, 문찬양, 박영상, 백민철, 성중호, 송서희, 안미나, 유민정, 유선엽, 유진슬, 윤보령, 이미나, 이예원, 이의, 이정규, 이현지, 임슬기, 장하은, 정유진, 최건호, 홍남호에게 고마움을 전한다. 특히 이 책의 초안 작성에 참여해준 강선유,

김규인, 김나은, 김동심, 김보명, 김송현, 김수현, 김현영, 노대원, 이현지, 임슬기, 유민정에게 감사한다.

또한 K-MOOC 강좌를 수강하는 분들이 부담 없이 내용을 접할 수 있도록 이 책의 초안을 이북으로 만들어주신 북큐브의 남지원 이사님께도 감사한다.

마지막으로 이 책을 출판해준 안그라픽스에 감사한다. 자기 책밖에 모르는 저자에게 싫은 소리 한 번 하지 않고 대한민국에서 가장 좋은 책을 만들어주는 분들이다. 안상수 파주타이포그라피학교 교장님, 김옥철 사장님, 문지숙 주간님, 우하경 편집자, 그리고 안마노 디자이너에게 감사한다.

The author really appreciates Hyun Young Kim and Bomyeong Kim for their sincere and persistent supports for this book. They also helped the author to plan and run Service Design class in online K-MOOC service where more than 2,000 people registered. It wouldn't be possible to run such classes without their supports.